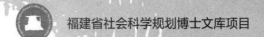

福建省社会科学规划博士文库项目

INTERACTIVE DEVELOPMENT OF
MANUFACTURING AND LOGISTICS INDUSTRY:
MECHANISM, MODES AND
EFFICIENCY EVALUATION

制造业与物流业的联动发展：
机理、模式及效率评价

王珍珍　著

社会科学文献出版社
SOCIAL SCIENCES ACADEMIC PRESS (CHINA)

国家社科基金青年项目（项目编号：14CJL001）的阶段性研究成果

教育部人文社科基金青年项目（项目编号：12YJC630220）的阶段性研究成果

2014年福建省社会科学规划博士文库项目资助

出版说明

　　为了鼓励福建省青年博士在学术和科研领域勇于进取，积极创新，促进学术水平进一步提高，更好地发挥青年社科人才的作用，进而提升福建省社会科学研究总体实力和发展后劲，经福建省哲学社会科学规划领导小组同意，在2010年实施福建省社会科学规划博士文库项目计划（博士文库第一辑）的基础上，2014年继续实施福建省社会科学规划博士文库项目计划，资助出版福建省社会科学类45岁以下青年学者的博士论文，推出一批高质量、高水平的社科研究成果。该项目面向全省自由申报，在收到近百部博士论文的基础上，经同行专家学者通讯匿名评审和评审委员会全体会议审议，择优资助出版其中的25部博士论文，作为博士文库第二辑。

　　福建省社会科学界联合会拟与社会科学文献出版社继续联手出版博士文库，力争把这一项目打造成为福建省哲学社会科学的特色品牌。

序 言 ⬛

　　王珍珍博士的《制造业与物流业的联动发展：机理、模式及效率评价》即将出版，可喜可贺。

　　王珍珍是我指导的博士生，她在中山大学岭南学院攻读博士学位，在校期间兢兢业业，勤奋好学，善于钻研。本书是她在博士论文的基础上增删打磨而成。

　　世界经济的快速发展、科学技术的进步、电子商务的迅猛发展使物流业作为现代经济的重要组成部分和工业化进程中最为经济合理的综合服务模式，正在全球范围内迅速发展。2009 年 3 月，国务院立足于优化我国的产业结构，出台了《物流业调整和振兴规划》，"制造业与物流业联动发展工程"被列为其中的九大重点工程之一（国发〔2009〕8 号），使制造业与物流业联动发展成了研究的热潮。2014 年 6 月 11 日，在李克强总理主持召开的国务院常务会议中，讨论通过了《物流业发展中长期规划（2014 ~ 2020 年）》，9 月 12 日以国发〔2014〕42 号文正式发布。这是继 2009 年国务院《物流业调整和振兴规划》出台以来，又一个指导物流业发展的纲领性文件，对于指导制造业与物流业的联动发展同样具有重要意义。

　　作为目前国内外关于"制造业与物流业联动发展"少有的几部学术专著之一，本书从产业共生理论的角度出发，对制造业与物流业联动发展的机理、模式以及效率评价做了较为全面系统的论述。

　　本书从产业共生理论的视角出发，分别围绕自组织演化、合理分工、合作竞争、共同进化四个方面，同时结合寄生、偏利共生、非对称性互惠共生、对称性互惠共生模式达到稳定性状态的解的条件，对制造业与物流业的共生机理进行分析。

王珍珍博士运用了大量翔实的数据和材料对制造业与物流业联动发展的机理、模式以及效率进行分析，运用了哈肯模型、系统动力学、种群生态模型、产业分工理论、演化博弈论、Logistic 模型、Volterra 模型等多种研究方法。

本书探讨了机理、模式和效率评价，其中机理和模式是作者原先博士论文中的主要内容，本书在此基础上做了进一步深化，增加了一部分全新的内容即效率评价，分别考虑了制造业子系统、物流业子系统的效率值，并探讨了制造业与物流业互为投入产出系统的效率值。

本书可以说是共生理论在经济管理领域运用的充分体现，在其即将出版之际，再次向王珍珍博士表示衷心祝贺。

陈功玉

2015 年 8 月

摘　要

　　制造业与物流业的联动发展是近几年来讨论得比较热门的话题之一，尤其是制造业与物流业联动发展大会的召开，《物流业调整和振兴规划》中制造业与物流业联动发展工程的出台掀起了两业联动发展研究的热潮。但当前我国制造业与物流业的供需结构存在尖锐的矛盾，既是"制造大国"，又是"物流小国"，制造企业与物流企业的利益分配问题更是引起理论界和实业界的高度关注，而这些问题的解决都有待于对制造业与物流业联动发展机理、模式与效率的研究。对这一问题的研究对当前我国制造业降低成本、产业结构转型升级、转变"制造大国"与"物流小国"的地位至关重要。

　　本书在产业共生理论的框架下，从产业共生系统的共生单元、共生模式以及共生环境出发，分析制造业与物流业联动发展的机理、模式以及效率评价。在联动发展的机理分析过程中围绕产业共生的自组织演化、共同进化、合理分工和合作竞争的内涵，将理论分析与实证分析相结合，揭示制造业与物流业联动发展的内在机理。在联动发展的模式分析过程中围绕Logistic 模型和 Volterra 模型对两者联动发展的互不利共生模式、寄生模式、偏利共生模式、非对称性互惠共生模式及对称性互惠共生模式进行分析，并引入共生度、共生关系和共生寿命等概念，计算不同地区制造业与物流业对彼此的共生度，在此基础上拟合出共生度随着时间演化的曲线方程，最终求解出不同地区达到对称性互惠共生大致所需要的时间。同时，还以宝供与宝洁联动发展为例，探讨双方联动发展模式的演化过程。在此基础上，基于超效率 DEA 模型和 Malmquist 指数进一步指出制造业子系统、物流业子系统以及制造业与物流业互为投入产出时系统效率值的变化情况，最终分别从共生单元、共生模式和共生环境分析制造业与物流业联动发展的影响因素以及演化路径。

书中运用的主要方法包括哈肯模型、系统动力学、种群生态模型、产业分工理论、演化博弈论、Logistic 模型、Volterra 模型、拟合曲线方程、案例分析、超效率 DEA 模型等。文章分析的逻辑遵循着"发现问题—分析问题—解决问题"的思路，最终得出如下结论。

（1）制造业与物流业联动发展的共生系统中包含制造业与物流业两大共生单元、共生模式以及共生环境。其中共生单元主要指的是制造业与物流业两大共生单元，可以通过象参量和质参量的变化来描述这两大共生单元的基本特征；共生模式包括互不利共生、寄生、偏利共生、非对称性互惠共生和对称性互惠共生模式，不同发展阶段、不同共生单元所选取的共生模式不一样；共生环境包括政府政策、法律制度及信息技术等。

（2）制造业与物流业联动发展的机理包括自组织演化、共同进化、合理分工及合作竞争关系。制造业与物流业的联动发展是一种自组织现象，制造业与物流业会在系统涨落力情况下达到新的耦合状态，两者通过合理分工和合作竞争的原则使联动发展后的利益大于联动发展之前的利益，出现共同进化、协同演化的过程。

（3）从制造业与物流业联动发展的自组织演化中可得出制造业工业增加值是这一联动发展系统的序参量，制造业工业增加值的变化支配着物流业货物周转量的演化，系统中的状态变量和控制变量稍有变化，系统的结果就会向完全不同的方向转化。

（4）种群生态学中的传染病模型、密度依赖模型及双密度依赖模型反映出制造业与物流业之间存在协同演化规律、双方之间存在传染行为、制造业与物流业之间处于互利共生阶段但也存在一定程度的竞争关系。

（5）制造业与物流业合理分工后的利益分配受到联动发展系统所处的市场结构、投入成本、制造企业与物流企业的需求弹性、两者的关联程度等因素的影响。物流企业在一定范围内的集聚可以使下游的制造企业减少搜寻成本，从而提高制造企业的利润；制造企业在一定范围内的集聚亦能够使上游的物流企业共享需求扩张的优势，从而提高物流企业的利润。

（6）制造业与物流业联动发展过程中的合作竞争关系及系统的演化方向受到两者联动发展所处的初始状态、联动发展的收益、联动发展的成本、贴现值的大小、政府的补贴机制等因素的影响，数值模拟进一步验证了不同参数值对系统演化方向的影响。

（7）制造业与物流业联动发展的共生模式包括互不利共生、寄生、偏利共生、非对称性互惠共生及对称性互惠共生模式。其中互不利共生、寄生和偏利共生模式下计算出来的其中一方的产出水平低于双方在独立状态下的产出水平，因此，这几种模式只是短暂的状态。在非对称性互惠共生模式下，物流企业力量比较薄弱，在联动发展过程中提供的物流服务具有较大的相似性，存在竞争，制造企业作为其中的核心企业，吸附能力较强，对物流企业的贡献程度较大，获得大部分的利益；在对称性互惠共生模式下，制造企业在联动发展过程可以通过技术、信息、资源、管理等手段与物流企业达成联动发展，物流企业也可以通过上述手段与制造企业达成联动发展，要求双方对彼此的贡献大于对对方发展构成的阻滞作用。非对称性互惠共生是现有共生模式的常态，而对称性互惠共生是最为理想的状态。这种共生模式的演化方向遵循着从寄生、偏利共生到非对称性互惠共生并最终向对称性互惠共生模式的过渡。

（8）分别选取制造业工业增加值和物流业增加值代表制造业与物流业发展的主质参量，实证分析1978年以来除西藏外的其他地区制造业与物流业对彼此的共生度的差异，共生度计算结果显示，不同地区制造业对物流业的共生度以及物流业对制造业的共生度存在显著的差异。除了个别地区外，大部分地区制造业与物流业在联动发展过程中大致会经历从寄生模式到非对称性互惠共生模式的转变，并向对称性互惠共生模式演化。拟合方程曲线结果显示，不同地区向对称性互惠共生模式转化的时间不一样。东部地区向对称性互惠共生模式演化的速度普遍快于其他地区，时间上早于其他地区。

（9）宝供与宝洁之间的联动发展模式遵循着从偏利共生到非对称性互惠共生最终向对称性互惠共生演化的过程。这集中体现出宝供在提供物流服务时由之前单纯的仓储企业向第三方物流企业以及最终向供应链一体化企业所做出的转变。

（10）基于超效率 DEA 模型，分别对制造业子系统以及物流业子系统的效率值进行测算，在此基础上将物流业发展因子纳入原先的制造业子系统中，然后将制造业发展因子纳入物流业的子系统中。实证发现，在考虑了制造业与物流业互为投入要素的系统中，大部分地区系统的整体运作效率有所提升，说明联动发展之后总体的效率值是有所提升的。

（11）制造业与物流业联动发展主要受到以下因素的影响：共生单元所处的地理位置、交易费用、核心成员、市场结构特征、政府的相关政策支持、法律制度以及信息技术平台等。其中共生单元的市场结构是影响双方之间共生的最主要因素。

（12）制造业与物流业联动发展的演化路径可以从共生单元、共生环境及共生界面入手。对于政府、行业、企业而言，必须从多视角、多思维角度思考制造业与物流业联动发展的关系。政府和行业协会应该加强对制造业与物流业联动发展的引导，促进有效竞争共生秩序的形成，为制造业与物流业提供互动、沟通与合作的平台，促进企业间建立正式与非正式的交流网络，尽可能创造制造业与物流业的共生机会，为企业之间长期的互惠共生合作关系创造条件。制造企业和物流企业则应该充分认识到自身在联动发展中所处的生态位，提高共生单元自身的水平。物流企业之间的联盟是未来联动发展的路径之一，可以通过发挥产业集聚的作用带动两业的联动发展，物流外包是制造业与物流业联动发展的契机，物流信息系统的建立和使用、信息共享是制造业与物流业能够实现联动发展的关键。

关键词：制造业与物流业，联动发展，共生模式，产业共生理论，效率评价

contents
目 录

表目录

图目录

1

绪 论

世界经济的快速发展、科学技术的进步、电子商务的迅猛发展使物流业作为现代经济的重要组成部分和工业化进程中最为经济合理的综合服务模式，正在全球范围内迅速发展。当今，物流业被认为是国民经济发展的动脉，经济发展的加速器，提高制造业效率、提升核心竞争力以及企业降低物质消耗、提高劳动生产率的"第三利润源泉"（彼得·德鲁克，1962）。2009 年 3 月，国务院立足于优化我国的产业结构，出台了《物流业调整和振兴规划》，"制造业与物流业联动发展工程"被列为其中的九大重点工程之一（国发〔2009〕8 号），使制造业与物流业联动发展成了研究的热潮。2014 年 6 月 11 日，在李克强总理主持召开的国务院常务会议中，讨论通过了《物流业发展中长期规划（2014～2020 年）》，9 月 12 日以国发〔2014〕42 号文正式发布。这是继 2009 年国务院《物流业调整和振兴规划》出台以来，又一个指导物流业发展的纲领性文件，[①] 对于指导制造业与物流业的联动发展同样具有重要意义。

1.1 研究背景

1.1.1 后国际金融危机时期发达国家"再工业化"战略的实施

美国联邦储备委员会前主席格林斯潘称，2008 年爆发的全球经济危

---

① 何黎明：《2014 年我国物流发展回顾与 2015 年展望》，http://csl. chinawuliu. com. cn/html/19888155. html。

001

机，是"世纪一遇的金融海啸"，① 其规模之大、扩散速度之快和全球波及范围之广是前所未有的。② 当前世界经济已经进入后国际金融危机时期的深度调整阶段，大部分发达国家注意到过度依赖以金融业为代表的虚拟经济是导致金融危机爆发的重要原因，针对工业在国内各产业中的地位不断降低、某些工业品在国际市场上的竞争力相对下降、大量工业性投资移师海外而国内投资相对不足等状况而提出了"回归"战略，即重回实体经济，避免出现"产业空洞化"的"再工业化"战略。以美国企业为代表，大批发达国家企业如消费品巨头加顿、卡特彼勒、耳机生产商 Sleek Audio、玩具生产商 Wham - O、福特公司、户外运动产品生产商 Coleman、ATM等，正在从包括珠三角在内的中国悄然撤退，越来越多的"中国制造"摇身变为"美国制造"。在 2009 年召开的 G20 峰会中，美国出台了《美国制造业振兴法案》，旨在帮助美国制造业降低生产成本，增强国际竞争力，提振实体制造业，创造更多就业岗位。作为美国重振制造业战略的实施细则，《2010 制造业促进法案》于 2010 年 8 月正式公布；该法案与 2010 年 7 月底美国众议院通过的一系列法案一起，构成了美国振兴制造业的法律框架。2011 年 6 月，美国政府通过了《先进制造伙伴计划（AMP）》，强化关系国家安全的关键产业的本土制造能力，研究开发创造型节能制造工艺等。2012 年 1 月，美国政府发布《国情咨文》，通过税收优惠等方式将美国制造商拉回美国。美国波士顿咨询公司发表的一份咨询报告显示，未来六年美国工业竞争力将持续上升，每年将从其他出口大国"夺取"700 亿到 1150 亿美元的制造业出口额。③ 除此之外，欧盟以西班牙、法国、英国和比利时等为代表，也开展了"再工业化"战略。④ 欧盟为应对化石能源时代的终结，已经制定了走向绿色制造的路线图，德国则提出了"工业4.0"⑤ 和"互联工厂"战略，其中"工业 4.0"包含三大主题，分别是智

---

① 《20 世纪 30 年代美国经济危机的历史原因剖析》，http://9455. net/read/03a569312b315f19d67e 19b2. html。
② 谢祖墀：《重塑全球价值链》，《21 世纪商业评论》2009 年第 7 期。
③ 中国行业研究网：《中国制造业仍主要集中在中低端阶段》，2014 年 2 月 24 日。
④ "再工业化"战略是欧美发达国家刺激经济增长的政策，通过政府的帮助来实现旧工业部门的复兴和鼓励新兴工业部分的增长。
⑤ 工业 4.0 是德国政府提出的一个高科技战略计划，旨在提高制造业的智能化水平，建立具有适应性、资源效率和人因工程学的智慧工厂。

能工厂、智能生产和智能物流。① 日本在 2010 年发布了《日本制造业》专题报告，2011 年公布了以制造业等为主要对象，应对日元升值和产业空洞化的《应对日元升值综合经济对策》等。这一轮的制造业回流与再工业化战略的实施并不是传统的制造业回归，而是生产模式的创新、生产效率的提升与新兴产业的发展，尤其是充分运用 3D 打印、智能机器人、人工智能、云计算、大数据、虚拟现实、移动互联网、物联网等技术。这将使我国的外部市场需求大幅度减弱，而国内制造业订单减少、业务量萎缩，再加上原料和劳工成本上涨，制造业利润会大幅下降。受此影响，我国物流业也面临着巨大的挑战，物流产业增速回落，物流市场环境不确定性加大，物流产业转型升级趋势明显（何黎明，2014），因此，迫切需要实现物流业与多个产业尤其是制造业的联动发展。

1.1.2 "制造业大国"背景下发展物流业的紧迫性

在全球产业转移和产业升级的巨大背景下，我国已成为"全球制造中心"及"制造大国"，据统计，中国 2013 年进出口贸易额达到 4.16 万亿美元，约占同年全球贸易总额的 12%，而制造业是第二产业的核心，在 GDP 中的比重持续高于 30%。② 但我国制造业在发展过程中面临着两方面的夹击，一方面是来自发达国家的，与发达国家相比，我国制造业仍处于产业价值链（U 形微笑曲线）③ 的低端，产品附加值和技术含量偏低，产业可持续发展能力不强，尤其是近几年的产能过剩问题一直困扰着我国制造业的发展。据统计，2012 年入围中国 500 强的 272 家制造业企业利润占比仅为 25.04%，在苹果手机 650 美元的价格中，产品的组装者制造业仅仅获得 2.3% 的微笑利润。另一方面是来自其他发展中国家的，我国在发

---

① 智能工厂重点研究智能化生产系统及过程，以及网络化分布式生产设施的实现，智能生产主要涉及整个企业的生产物流管理、人机互动以及 3D 技术在工业生产过程中的应用等，智能物流主要通过互联网、物联网、务联网，整合物流资源，充分发挥现有物流资源供应方的效率，而需求方，则能够快速获得服务匹配，得到物流支持。

② 《中国制造业目前还处于较低端水平》，中国自动化网，http://www.job1001.com/aboutus/newsDetail.php? id=8911399864865261。

③ "微笑曲线"是一个产业经济学概念，产业链从研发设计到生产制造，再到销售服务的一条长链中，从利润空间看，链条两端段的附加值较高，而中间段的附加值较低，从而形成了一条类似于微笑脸型的曲线，故称为"微笑曲线"。

展过程中面临着劳动力成本上升的问题，发达国家已经将部分产业转向劳动力成本更低的其他发展中国家。因此，进一步推动我国制造业产业升级、提升其国际竞争力，已成为我国走新型工业化道路的一个重大战略问题。

国际经验表明，物流具有衔接供应链上下游，挖掘企业"第三利润源"的能力，已成为提高制造企业竞争力的重要手段之一。[①] 中国要想成为供应链中的主要成员甚至核心成员，必须实现从"中国制造"向"中国服务"方向的转变。作为与制造直接配套相关的"物流服务"对于中国提升核心竞争力、增强综合实力有着非常关键的作用（付涛和王玫，2008）。通过联动发展，引导制造企业实施流程再造，整合、分离、外包物流业务，实行专业化运作，优化供应链资源配置，有利于降低物流成本，提高运营效率，提升核心竞争力，最终实现制造业产业升级和国际竞争力的整体提升。但当前我国物流业的整体水平与"制造业大国"的地位不相匹配，尤其是支撑制造业的物流业发展相对不足，一些高端物流服务为外资物流企业所控制。据不完全统计，全球前50名著名跨国企业大部分已经进入中国市场，物流网络已经覆盖到全中国200多个城市，在中国的分支机构超过了500多个。[②] 而本土企业仍停留在低端的服务领域，制造业大国而非制造业强国使物流业的发展显得更为紧迫（黄有方，2010）。如何让物流业发挥它的积极效应，改变制造业价值链低端的陷阱，实现与制造业的联动发展，成了当前理论界和实业界共同关注的一大热点问题。

1.1.3 制造业与物流业联动发展的实践活动渐趋活跃

制造业与物流业之间有着天然的内在联系，在一般商品从原材料到产成品的演变中，纯粹生产的时间只占全部生产流程总时间的10%，而仓储、运输、搬运、包装及配送等各种物流时间占90%；生产成本只占总成本的10%，而采购与物流成本占90%；生产的利润只占总利润的10%，而物流与销售利润占总利润的90%。这三个"90%"充分说明了制造业与

---

① 李扬：《制造业与物流业联动发展对优化三次产业结构、实现重点产业振兴具有重要意义》，http://boxtrans. blog. 163. com/blog/static/1272461852009102211243 4706/。

② 《制造业与物流业两业联动进展不尽如人意》，《现代物流报》，http://www. chinawuliu. com. cn/cflp/newss/content/201102/674_127822. html。

物流业之间唇齿相依的关系（丁俊发，2009）。在制造业与物流业联动发展大会的推动下，制造企业与物流企业的合作逐渐被重视。全国现代物流工作部际联席会议办公室主编了《全国制造业与物流业联动发展示范案例精编》，收录了 131 家全国制造业与物流业联动发展的示范企业的案例。表 1-1 给出了其中的 26 家制造业与物流业联动发展的典型案例，从中可以看出，两者联动发展的实践活动已经渐趋活跃。因此，很有必要对这些案例进行归纳总结，找出引导双方合作的机理以及模式，并且深入分析当前制造业与物流业联动发展的效率情况。

表 1-1　制造业与物流业联动发展的典型案例

时间	制造企业	物流企业	联动发展内容	实施主要路径	成效
1999	杭钢集团	八方物流	提出了"搭建平台基础，协调均衡运输"的铁路物流全面解决方案	研发新设备，再造原料入厂物流流程；分析运输需求，创新专列开行解决方案；参与疏港工作	整车卸车时间缩短 3.5 小时
2001	上海家化	惠尔物流	物流外包业务	实现分阶段网络融合、优化企业仓储管理、全面协调联动机制	存货周期天数平均减少 10 天，单位产成品物流成本下降 20%，订单完成率达到 99% 以上，订单完成周期缩短 30%
2002	奇瑞汽车	芜湖长久	商品车的仓储管理	优化运输组织，完善运营模式，提高合同管理效率	空驶率下降 10%，产品破损率小于 0.17%，客户满意度大于 99%
2003	东风日产	风神物流	东风日产华东片区的入厂物流项目	重视物流技术应用及人才培养、注重物流信息平台建设	车辆装载率提高了 25%，分库满足率由 65% 提升到了 85%
2003	仁宝电子	飞力达物流	电子制造业一体化物流外包服务项目	VMI 和 DC 服务、三方信息系统对接	存货周期缩短 20 天、单位产成品物流成本低于行业平均水平 10% 左右
2003	联想	中外运久凌	双方业务范围包括运输业务、成品仓储管理、空运及配送管理、VMI 仓储管理、工厂上线	物流业务分离和外包、高效的标准操作流程、信息系统对接	库存周转期从 7~10 天缩短到半天、整体物流运作时间从 30~100 小时缩至 3~5 小时

续表

时间	制造企业	物流企业	联动发展内容	实施主要路径	成效
2004	巨石集团	宇石物流	巨石集团有限公司通过母公司振石控股集团有限公司出资并购嘉兴市宇翔国际集装箱有限公司	大力开展公路甩挂运输、积极拓展铁路与水路运输、自行开发信息管理软件并进行信息对接	订单完成率从82%提高到95.5%，订单完成周期从之前的15天缩短为7天
2005	北重公司	京城物流	京城物流为北重公司提供部分原材料和全部工辅料的采购、配送，京城物流投入4000万元用于该项目	创新"VMI协同模式"、业务流程重组、沟通机制建立、信息系统连接	采购成本降低6%，其他采购费用降低1%左右，节省员工成本100万元
2005	拜耳材料	华谊天原	签订了合作期长达10年、总投资达2亿元的PC物流联动项目	拓展生产线后端物流增值服务、提供延伸的一体化物流服务、建立联动协调机制	破损率降到了0.05%以下，PC材料优级品率从考核要求的98%提升到99%
2005	云天化集团	天马物流	云天化集团磷复肥产业主要原材料进口和产品出口的集装箱散装对流运输	利用干散货集装箱，联动双方信息系统对接	干散箱的周转周期仅为8.9天
2005	敬业集团	顺邦物流	提供产品的仓储服务，共同进行产品的出入库管理，并进行钢材的销售及配送	开发了钢铁现货交易平台、与银行合作开发第三方支付平台，开发了BAB金融服务模式	物流总成本下降1%~2%，订单完成率由87%上升到95%
2006	特变电工	沈阳中深	特变电工将国际货代、报关报检、报税仓储、运输装卸等物流业务全部外包给沈阳中深	承接国际物流业务、制订运输装载方案、拓展金融物流服务、参与制造企业厂内物流协调、构建物流信息平台、备有应急物流预案	订单完成率提升5%，电子单证管理率提升了15%，产品破损率下降0.5%
2006	众品食业	众品物流	物流外包	VMI运作模式、联合配送、信息系统对接	单位产品物流成本由原来的4.5%下降到2.7%，物流订单完成率达100%，准时到货率为98%

续表

时间	制造企业	物流企业	联动发展内容	实施主要路径	成效
2008	欧阳豪杰公司	万林公司	基于VMI的木材采购与产品配送服务外包项目	规范采购服务流程、规范库存管理流程、信息系统的对接	原材料周转天数由90天缩短为35天,原材料总流动资金占用由原来的11.3%下降为4%
2008	鸿霖制衣有限公司	嘉晟公司	供应链管理平台项目	销售外包、采购外包、供应链整合	通关效率由2007年的5天下降为2011年的2天,原材料库存周转天数从2007年的12天下降为7天
2009	鑫展旺集团	鑫展旺物流	鑫展旺危险化学品一体化供应链服务项目	提供一体化供应链服务、推进信息系统建设与对接	综合物流成本下降12%、物流业务收入同比增长87%
2009	大地食品	海隆物流	签订两业联动发展协议	优化业务流程,剥离物流资产、业务和人员,共享信息资源,优化配送网络	产品成品率由原来的72%提高到76%,营业利润同比提高了10%
2009	顶津食品	万集物流	将仓储、运输、配送、信息一体化全部外包给万集物流	整合信息系统、协调干线运输和市区配送	产品的单位物流成本降低了4.5%,年节约230万元
2008	临工-沃尔沃	立晨物流	签订了《山东立晨物流股份有限公司-临工-沃尔沃供应链管理服务项目》,立晨物流计划投资2200万元	承担采购物流业务,实现供应物流一体化,拓展金融物流服务,建立专用信息系统,服务规范化	订单完成率提升了11%,产品发货准时率提升了5%,库存周转天数减少了7天
2008	福建三钢	港务集团	三钢运输业务外包	优化运输网络、调整组织结构、规范作业流程、共享信息平台、拓展增值服务	总体货损货差率低于0.7%
2009	北船重工	中储青岛分公司	签订了《船用钢材仓储合作合同》,项目投资总额150万元	调整联动双方组织结构,量身开发船板管理信息系统,实施船板管理流程再造,联合运用库区设施设备	造船周期缩短20%,卸收货速率提高了近30%

时间	制造企业	物流企业	联动发展内容	实施主要路径	成效
2009	普天公司	中捷环洲	基于汽摩配产业集群的中捷环洲与玉环普天生产供应链解决方案	优化流程对接模式，信息联动	采购成本下降 50 元/吨
2009	申特钢铁、舜立机械	淮矿物流	以制造企业为节点、由物流企业来串联的闭环供应链	利用电子商务平台、构建综合物流体系	订货到生产的周期平均缩短 50%，货物变现率提高了 40%
2009	美的冰箱	安得物流	签订了美的冰箱销售物流的一体化外包协议	物流资源管理策略、合作双方业务流程的协调、合作双方信息系统的对接	仓储利用率提升 60% 以上，运输成本下降 30%，平均库存周转率由合作之前的 7 次/年提升到 13 次/年
2010	上海通用	安吉物流	上海通用汽车整车物流总集成总承包项目	3.5PL 模式、绿色低碳物流网络的建立与优化	总能源消耗比 2009 年下降 5% 以上
2010	3M 公司	新杰物流	信息系统改造、物流配套建设、团队人员培训等，投资总额达 500 万元	设置规范的电子商务管理流程，对接双方信息系统	产品发货准确率达到 99.99%，产品完好率达到 99.99%，库存周转率达到每月 2 次左右

资料来源：根据"全国现代物流工作部际联席会议办公室编《全国制造业与物流业联动发展示范案例精编》（中国物资出版社，2011 年 12 月）"整理而得。

1.1.4 制造业与物流业联动发展供需结构的矛盾尖锐

笔者在 2009~2015 年对广东、福建、云南部分地区制造业与物流业联动发展的初步调研过程中发现，当前我国制造业与物流业联动发展过程中存在的最大问题仍然是供需结构的矛盾。

（1）制造企业的物流需求没有完全有效地转化为社会化的需求

我国制造企业在发展过程中受"大而全"及"小而全"观念的影响，再加上现代物流进入我国制造业的时间也就只有 10 多年，属于比较年轻的行业，因此，很多制造企业在物流运作和管理上仍习惯于选择自营物流的模式，物流外包程度不高。据统计，在世界 500 强企业中，有 400 多家在华投资，90%左右的外资企业选择了物流外包，而中国企业的物流外包比例只有15%左右（何明珂，2007）。[1] 在制造企业中，82%的原材料物流由企业自身或供应方承担，在产品销售中，第三方物流承担的比重仅为16%（彭永华，2008）。这种自营物流的模式，不仅物流费用过大［据统计，2013年，我国社会物流总费用[2]达到10.2万亿元，社会物流总费用占GDP的比重为18.0%，尽管比2000年有所下降（表1－2），但仍然高出美国、日本等发达国家一倍多，造成制造业的低效率］，而且严重制约了物流业的发展。即便是选择物流外包的模式，制造企业一般也只开放运输业等供应链末端的环节，并且在外包过程中过多地注重价格问题，缺乏对物流外包风险的有效控制。

表1－2　2000～2013年中国GDP增速和物流费用增速统计表

年份	2000	2001	2002	2003	2004	2005	2006	2007	2008	2009	2010	2011	2012	2013
GDP（亿元）	99215	109655	120333	135823	159878	184937	216314	265810	314045	340903	401513	473104	519470	568845
GDP增长率（%）	8.4	8.3	9.1	10.0	10.1	11.3	12.7	14.2	9.6	9.2	10.4	9.3	7.7	7.7
社会物流总费用（亿元）	20041	21821	23224	25671	30057	34398	39585	48909	56842	61703	71469	84213	93504	102392
占GDP比重（%）	20.2	19.9	19.3	18.9	18.8	18.6	18.3	18.4	18.1	18.1	17.8	17.8	18	18

注：此处GDP增长率指的是名义上的增长率，2000～2003年的社会物流总费用根据国内生产总值以及社会物流总费用占GDP的比重计算而得。

资料来源：国家统计局；《中国物流年鉴》《中国物流运行情况通报》等。

（2）物流服务能力不高

我国物流企业在发展水平和管理体制上还很落后，与世界先进地区有很大差距。目前多数物流企业在处理外包时，仍把短期的利润增长作为绩

---

① 何明珂：《2007年中国制造业物流的新进展及突出问题》，http://jpkc.chd.edu.cn/gjwlx/bbsxp/ShowPost.asp? ThreadID＝8117。

② 社会物流总费用是指报告期内国民经济各个方面用于社会物流活动的各项费用支出的总和，包括支付给运输、储存、装卸搬运、包装、流通加工、配送、信息处理等各个物流环节的费用，应承担的物品在物流期间发生的损耗费用，社会物流活动中因资金占用而应承担的利息支出，社会物流活动中发生的管理费用等。因此，社会物流总费用包括运输费用、保管费用和管理费用。

效考核的目标，为了扩大规模，获取更多的收入，物流企业与制造企业之间的合作倾向于短期合作。为了尽快完成合同订单，货物运输过程中发生货损货差、拖欠货款甚至携款潜逃现象的案例屡见不鲜，物流企业缺乏提供优质服务的动力。这不仅给物流业的信誉蒙上了阴影，阻碍了物流业与制造业联动发展的步伐，也极大地伤害了制造企业的利益。商务部调查显示，目前我国以"物流"命名的企业有73万多家，但大部分还是单纯地停留在运输层面上，与国外先进的物流企业相比，供应链整体解决方案、增值服务创新和物流服务网络等都需要进一步加强。中国有270多万家公路运输企业，但是平均每家只拥有1.43辆运营车辆。根据美世咨询公司（Mercer）的调查报告，我国第三方物流供应商基本上属于小型企业①（黄福华和谷汉文，2009）。由于资源、技能有限，大多数公司不可能与中国的国家品牌相称，难以适应发展，运输效率低下。2010年底，中远物流退出我国汽车物流市场，其原因是中远物流认为当前我国绝大多数汽车制造商拥有自己的汽车物流公司使其生存的空间有限。② 2010年8月，国内家电物流领域的佼佼者海尔物流被海尔电器全资附属公司青岛新日日顺收购，海尔物流一直倾向于做社会化的第三方物流公司，但目前主要的服务对象仍然是海尔，物流社会化的难度较大。2013年4月第七届制造业与物流业联动发展大会指出，我国物流行业平均利润在不断下降。很多制造企业与物流企业之间所建立的是短期的合作关系，这种短期的合作不利于制造业总体利润的提升和成本的降低，不利于物流业提高服务能力，制造业与物流业之间供需结构层次上的矛盾依然很尖锐。因此，很有必要从理论上深入分析制造业与物流业联动发展的深层次机理及模式。

1.1.5 电子商务迅猛发展对物流业的巨额需求

电子商务作为通信、网络和IT技术高速发展的结晶，利用强大的数字信息网络和高效的通信网络把传统商务的企业、供应商和用户紧密地联系

---

① 按照我国现行的行业标准，这里的小型企业指年营业额在5000万元以下的企业。
② 《制造业与物流业两业联动进展不尽如人意》，《现代物流报》，http://www.chinawuliu.com.cn/cflp/newss/content/201102/674_127822.html。

在一起，改变着世界的经济格局。近年来，我国电子商务蓬勃发展，市场规模迅速扩大。据统计，截至 2013 年底，我国电子商务交易总额突破了 10 万亿元，达到 10.28 万亿元（如图 1-1 所示）。我国网络购物用户规模达到了 3.02 亿人，比 2012 年增加了 5987 万人，同比增长 24.7%。[①] 2006~2012 年，我国网络零售额增速大约是美国的 8 倍，2012 年网络零售总额突破了 1 万亿元，达到 1.3 万亿元，占到社会消费品零售总额的 6.3%。根据中国互联网络信息中心（CNNIC）发布的《第 33 次中国互联网络发展状况统计报告》，2013 年，我国网络购物使用率提升至 48.9%，网购用户规模达到 1.41 亿人，团购的使用率为 22.8%。[②] 电子商务为提升企业经营效率、促进城乡居民消费、带动传统经济转型升级发挥了突出的作用。

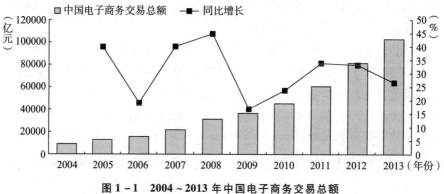

图 1-1　2004~2013 年中国电子商务交易总额

资料来源：历年《中国电子商务报告》。

电子商务的迅猛发展所带来的是根据市场需求进行随机变化，能够即时满足顾客个性化的需求，这就要求在物流运作方面，能够对外部市场迅速做出反应。2007~2012 年我国快递行业订单量年平均增长 37.3%，2013 年全国规模以上快递服务企业业务量累计完成 91.9 亿件，而快递行业中 50% 的收入是来自电子商务的。物流作为电子商务发展过程中必不可少的一个环节，其发展水平直接制约着电子商务行业"最后一公里"的服务水平，而当前物流在发展过程中仍然面临着诸多的问题需要解决，包括物流

---

① 中国电子商务研究中心：《2013 年度中国电子商务市场数据监测报告》，2014 年 2 月。
② 中国互联网络信息中心：《第 33 次中国互联网络发展状况统计报告》，2014 年 1 月。

总费用的降低、物流信息化水平的普及、物流人才的培养等，因此，有必要深入地探讨制造业与物流业的联动发展。

1.1.6 产业共生理论研究思潮的兴起

近几年来，与生物学和生态学相关的管理研究逐步兴起，社会经济体的生态学特征使一些学者开始尝试从生态学的角度研究社会、经济和管理领域中的一些问题，如产业集群、工业园区建设、大中型企业与中小企业之间的关系等。起源于生物学的共生理论得到了不断的发展，这不仅在很大程度上推动了生物学科本身的进步，也推动了一系列相关学科和领域的发展。它企图寻找企业生存和持续成长的途径，以最终实现与自然和谐共存的目的（楼园和韩福荣，2004）。共生涉及的最本质的问题即是利益分配问题，因此，本书尝试从共生的本质内涵出发，探讨制造业与物流业联动发展的机理、模式与效率问题。

综上，全球制造业回流浪潮的出现、第四次工业革命的发展、我国制造业发展尚处于价值链低端、国内大多数物流企业仍处于以价格为核心的竞争状态、两者联动发展中存在供需结构的矛盾、双方的利益分配等问题逐渐引起学者的关注。其中联动发展的机理以及利益分配问题又是所有问题的症结。而双方的利益分配又和制造业与物流业联动发展的模式有关。作为《物流业调整和振兴规划》的九大工程之一，制造业与物流业联动已成为国家相关部委主力助推的重点工程，两业联动发展的呼声日益高亢。而对这方面的理论研究还有所欠缺，当前我国制造业与物流业联动发展的机理是什么？这些机理之间存在哪些深层次的联系？联动发展模式有哪些？不同模式下制造业与物流业达到均衡的稳定性条件是什么？不同地区制造业与物流业联动发展的模式又存在哪些区别？这种地区之间制造业与物流业联动的模式又存在怎样的时空演化路径？当前我国制造业与物流业联动发展的效率如何？未来制造业与物流业的联动发展受到哪些因素的影响？未来制造业与物流业应该如何实现联动发展？本书正是从当前制造业与物流业联动发展所出台的政策和存在的问题出发，在产业共生理论的框架下，探讨制造业与物流业联动发展的机理、模式以及运作效率。

1.2 研究意义

1.2.1 理论意义

1.2.1.1 丰富物流产业研究的理论内容

社会的生产、交换和消费活动均离不开物流活动的参与，但对物流进行研究的历史相对来说比较短暂，尤其是在我国只有短短三十几年的时间。与国际先进水平相比，我国现代物流的发展无论是在理论上还是在实际操作上都存在较大差距，尤其是在物流理论研究上，更多的是将物流定义于企业层面，研究企业具体的物流运作过程，而将其上升到产业层面进行研究的还比较少。本书的主旨在于以产业共生理论为基本的分析框架，从产业层面和空间区位层面入手，研究制造业与物流业联动发展的机理、模式及效率，并对不同区域制造业与物流业联动发展模式的差异、效率的差异进行实证研究，将微观研究和宏观研究相互结合，丰富物流理论的内容，对现实具有一定的指导意义，尤其是对地区制定物流发展政策具有重要的参考价值。

1.2.1.2 为制造业与物流业联动发展提供一种研究视角

已有的文献主要从定性的角度对制造业与物流业的联动发展进行研究，并没有深入分析制造业与物流业联动发展背后的深层次机理及共生模式的差异。本书首先拟从自组织演化（Self-organization Evolution）、共同进化（Co-evolution）、合理分工（Reasonable Specialization）及竞争合作（Co-opetition）等视角构建制造业与物流业联动发展的机理模型，并揭示它们四者之间的内在联系，为制造业与物流业的联动发展提供理论支撑；其次，拟对制造业与物流业联动发展的模式在空间上和时间上的演化规律进行总结，并结合共生度、共生关系、共生寿命对制造业与物流业之间的共生模式进行实证检验；最后，本书拟运用效率研究方法对我国以及不同省区市制造业与物流业联动发展的效率进行实证研究，这将为制造业与物流业的联动发展提供一种崭新的研究视角。

1.2.1.3 使共生理论在物流业领域的运用又前进了一步

环境的污染问题、资源的稀缺、社会的可持续发展对人与自然的和谐与共生发展提出了越来越高的要求，将共生理论运用于制造业与物流业联动发展的研究中乃是本书的一大特色，共生理论的进展可以使我们真正把握两业联动发展的本质问题，为人与自然的和谐发展提供一种范式，可以使我们从利益分配的角度更深层次地分析共生单元之间的关系，也使共生理论在经济领域的运用又取得了新的进展。

1.2.1.4　构建一种动态的视角分析制造业与物流业联动发展的关系

制造业与物流业的联动发展作为当前经济发展的一大问题，应该是一个复杂的动态演化系统（Arthur W. B.，Steven N. D. & David A. L.，1997），通过生态学、协同论、系统论等方法的引入，有利于从系统理论的角度探讨经济系统中的问题，构建一种动态演化的视角对制造业与物流业联动发展的机理及模式进行研究，使研究的结论更具有说服力。

1.2.2　实践意义

1.2.2.1　有利于现代物流产业健康有序发展

物流产业的健康发展离不开相应理论的支撑，物流园区的规划与建设更需要相关理论的指导和支持，对制造业与物流业联动发展模式的研究有利于现代物流产业充分认识其自身所处的共生环境，把握制造业对其发展所提出的需求，有利于物流产业健康有序发展。

1.2.2.2　为现代物流产业的发展提供政策依据

目前，国家和地方政府都十分重视物流产业的发展，分别在职权范围内对物流产业的发展规定了一些急需的政策。但是，与国外发达国家的物流产业相比，我国在政策的系统性、科学性、空间性上还有一定的差距，因此，对制造业与物流业联动发展机理与模式的研究，可以使产业政策更加行之有效，可以更加充分地利用制造业与物流业联动发展的政策环境，更好地促进现代物流产业的发展。

1.2.2.3　为制造业产业结构升级优化提供有效路径

中国制造业素有"世界工厂"之称，但是制造业的发展并没有带来效益的快速增长。从十八大到十八届二中全会、三中全会、四中全会，贯穿经济工作的主线是调整经济结构、转变经济发展方式，其中优化产业结构是重中之重（王慧敏，2014）。我国制造业在"微笑曲线"的价值链利益分配中，处于低端。其中一个方面的原因是当前我国物流服务水平仍然较低，物流业乃至整个流通服务体系的不发达，使制造业不能摆脱生产成本低、交易成本高的不平衡。发达国家的经验表明，在工业化步入中后期发展阶段后，必须借助服务业来推动制造业的转型升级和产业结构的优化（这些国家物流业的增加值占到了服务业增加值的 17% 左右）。只有实施制造业与物流业的联动发展，迅速提高我国物流服务水平，降低交易成本，才能使我国长期保持优良的投资环境，实现国家长远的战略目标。

1.3 研究思路与方法

1.3.1 本书的结构框架

本书包括六大部分，第一部分为第 1 章和第 2 章，为提出问题部分，主要是研究的绪论及文献综述。

第 1 章，绪论。主要阐述本书研究的背景、目的、意义、思路和方法。

第 2 章，制造业与物流业联动发展：相关概念及国内外研究述评。主要对制造业与物流业联动发展的相关概念和内容进行界定，对与制造业与物流业研究相关的内容进行综述（包括对产业共生理论的综述、对制造业与物流业关系的综述），最终找出现有研究中存在的不足。

第二部分包括第 3 章，是描述问题部分，主要通过共生系统的构建，依托现有的统计数据，对制造业与物流业发展的现状进行描述。

第三部分包括第 4 章、第 5 章、第 6 章和第 7 章，是分析问题部分，主要通过理论和实证研究对两者联动发展的机理进行分析。其中第 4 章和第 5 章是从行业的视角出发，而第 6 章和第 7 章主要是从企业的视角出发，并揭示这四大机理之间的内在本质联系。

第 4 章，制造业与物流业联动发展的机理分析：自组织演化。该章主要从自组织的开放性、非线性、非均衡性及涨落性对制造业与物流业联动发展的机理进行分析，并运用哈肯模型对这一自组织系统构建的系统动力学演化方程进行实证检验。

第 5 章，制造业与物流业联动发展的机理分析：共同进化。该章主要运用种群生态学中的传染病模型、密度依赖模型以及双密度依赖模型对制造业与物流业之间的关系进行实证研究。

第 6 章，制造业与物流业联动发展的机理分析：合理分工。该章主要将物流业视为制造业的中间产品投入部分，分析制造企业与物流企业之间的利益分配问题。

第7章，制造业与物流业联动发展的机理分析：合作竞争。该章主要利用演化博弈模型分析制造业与物流业联动发展的机理，得出影响系统演化方向的因素。

第四部分包括第8章、第9章和第10章，亦是分析问题部分，对制造业与物流业联动发展的模式进行分析。其中第8章为理论研究部分，第9章和第10章为实证研究部分，第9章主要从中宏观行业和区域视角出发，而第10章主要从微观企业视角出发。

第8章是基于Logistic模型与Volterra模型的制造业与物流业联动发展模式研究。该章主要从生态学Logistic模型与Volterra模型的视角分析制造业与物流业联动发展的模式，具体包括互不利共生模式、寄生模式、偏利共生模式、非对称性互惠共生模式及对称性互惠共生模式，并且分析每种模式下达到共生的稳定性条件，同时运用Matlab工具分析模型中参数的变化对系统产出的影响程度以及对现实的启示。

第9章基于共生度分析方法测算了全国及八大综合经济区中的各个省区市（除了西藏）制造业与物流业对彼此的共生程度，拟合出不同地区制造业与物流业对彼此的共生度的曲线方程，进一步求解出不同地区达到对称性互惠共生所需要的时间。此部分为联动发展模式的实证检验。

第10章，案例研究——以宝供物流为例分析制造业与物流业联动发展模式的选择及演化，此部分是从企业的视角对制造业与物流业联动发展模式的检验，也是第8章的实证分析部分。

第五部分包括第11章和第12章，仍是分析问题部分，主要侧重于对制造业与物流业联动发展效率的评价并且找出影响双方联动发展的因素。

第11章，制造业与物流业联动发展的效率评价：基于超效率DEA模型，主要运用超效率DEA模型对制造业子系统、物流业子系统的效率进行评价，并考虑了双方作为彼此的投入要素时系统效率的差异。

第12章致力于对制造业与物流业联动发展的影响因素进行分析。

第六部分包括第13章和第14章，是结尾部分。第13章主要是制造业与物流业联动发展的演化路径分析。此章在以上分析的基础上进行综合汇总，得出制造业与物流业联动发展的主要路径。

最后的第 14 章是结论与展望部分，对本书在研究中得出的结论及不足进行总结，进而指出未来研究的方向。

本书试图从动态演化的角度对制造业与物流业联动发展的机理、模式及效率进行研究，并辅以不同综合经济区的数据、不同企业的发展历程对制造业与物流业联动发展的机理、模式及效率进行实证研究，进而总结出未来向对称性互惠共生模式演化以及实现高效率的联动发展所依赖的路径。全书的框架结构如图 1-2 所示。

1.3.2 本书研究的方法

本书在前人研究的基础上，尝试从生态学产业共生理论出发对制造业与物流业联动发展的机理及模式等进行探讨，主要采用以下方法。

（1）实证分析和规范分析相结合

实证分析与规范分析是经济学研究中的两个基本方法。实证分析是指对经济现象、经济行为或经济活动及其发展趋势做客观分析，它排除了主观价值判断，只考虑经济事物间相互联系的规律，回答的是客观事物"是什么"以及具有哪些特点等问题，侧重于研究经济体系如何运行。规范分析是依据一定的价值标准，判断某一具体经济事物是否符合某种价值标准，它回答的是某一事物"应该是什么"的问题。本书将规范分析和实证分析结合起来，更能全面分析制造业与物流业联动发展的内涵和演化的规律性。在分析制造业与物流业联动发展的自组织系统、联动发展的合理分工，进行联动发展模式稳定性的求解时采用规范分析的方法；在对制造业与物流业联动发展的机理、模式以及效率在时间和空间上的差异及演化轨迹进行分析时采用实证分析的方法。

（2）定性分析和定量分析相结合

定性分析是指在一定的理论基础、认识水平和经验积累的基础上，研究者确定研究对象是否具有某种性质、变化规律或因果关联的方法。定量分析是指研究者运用统计、计量经济模型、数理模型等对研究对象进行科学量化分析，以验证和预测研究对象之间关系的方法。定性方法受研究者知识水平、价值取向和实践经验等因素影响较大，因此主观性较强，在研究工作中过多地使用会产生说服力不强的后果。定量化的研究则容易让人

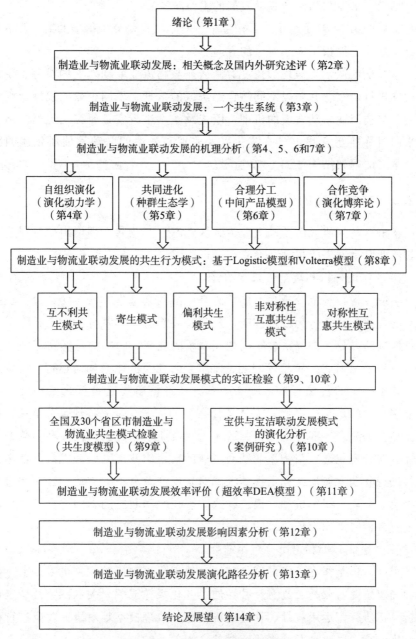

图 1-2　本书研究的基本框架

信服，但定量分析一般是在对研究对象进行假设和抽象的基础上进行的，一定假设前提下构建的数理模型会受到不同程度的约束。同时，由于受主客观多种因素的制约，不可能把所要研究的对象完全量化。本书结合定量和定性分析方法，采取定性研究的方法来分析一些不易量化的问题，如对制造业与物流业联动发展的自组织特性、合理分工、联动发展模式及演化路径等的分析；定量部分主要采取哈肯模型、传染病模型、密度依赖模型、双密度依赖模型、曲线拟合回归、数值模拟、超效率 DEA 模型等分析方法。

（3）静态分析与动态分析相结合，以动态分析为主

静态分析是在某个时点考察制造业与物流业联动发展的状况。虽然制造业与物流业联动发展的程度是不断发生变化的，但从某个时点去考察是相对稳定的，通过静态分析，有助于揭示不同地区在同一时点联动发展的情况，如书中对哈肯模型的分析。动态分析是研究制造业与物流业联动发展的程度随着时间的推移所显示出的各种变化和演进规律。由于制造业与物流业的联动发展是一个动态系统，结构内部每时每刻都存在能量、物质以及信息的转换，因此不能满足于静态分析，而应进一步从长期、动态的角度去分析联动发展程度的变化，如书中所构建的种群生态模型和超效率 DEA 模型等。

（4）比较分析法

比较分析法是将属于同一范畴的两个以上的事物进行对比研究，分析它们的共性和区别。本书运用比较分析方法研究了不同综合经济区制造业与物流业联动发展模式的差异。这种比较分析方法也运用于文献的阅读过程中。在本书写作过程中，笔者参阅了大量文献，通过对文献进行分类、比较、总结及综合，得出了现有研究中存在的不足及本书重点要解决的问题，这不仅为本书的选题提供了基础，而且在研究方法上也具有重要的借鉴意义。

（5）以多学科的理论和技术作为支撑来开展研究

本书将产业共生理论、协同学理论、系统论、产业分工理论、演化博弈论、超效率 DEA 模型及案例分析等相结合，对制造业与物流业联动发展中的机理、模式及效率做了比较深入的分析。这些方法的应用将在相关章节中做深入的介绍。书中涉及的研究阶段及相应的研究方法如表 1 - 3 所示。

表1-3 本书的研究阶段及研究方法

具体章节	研究阶段	研究方法
第一部分（第1、2章）	通过图书馆、国内外电子数据库和专业网站搜集和整理了相关的文献和数据，对研究的背景、意义等进行分析，并对制造业与物流业联动发展及产业共生理论的研究现状进行归纳整理	比较研究、归纳研究
第二部分（第3章）	依托于产业共生理论，构建制造业与物流业联动发展的共生系统，具体包括共生单元、共生模式以及共生环境三要素	统计分析
第三部分（第4、5、6、7章）	分别从自组织、共同进化、合理分工和合作竞争等产业共生的内涵对制造业与物流业联动发展的机理进行分析	系统动力学、自组织理论、哈肯模型、种群生态学、分工理论、演化博弈理论
第四部分（第8、9、10章）	基于制造业与物流业之间的合作竞争关系对两者联动发展的模式进行分析，包括三种模式理论模型的构建、实证检验、案例分析	Logistic 模型和 Volterra 模型、曲线拟合方程、数值模拟、案例研究
第五部分（第11、12章）	运用超效率 DEA 模型对制造业与物流业联动发展的效率进行评价，并分析了物流业与制造业联动发展的影响因素	超效率 DEA 模型
第六部分（第13、14章）	制造业与物流业联动发展的演化路径分析，并对本书研究中的结论、存在的不足以及未来研究的方向进行总结	归纳总结

1.4 研究创新与重点难点

1.4.1 研究创新

与已有的文献相比，本书在选题、研究方法上可能存在以下几点创新之处。

（1）从产业共生理论的内涵出发揭示了制造业与物流业联动发展的深层次机理

已有的研究中并没有系统地对制造业与物流业联动发展的机理展开分析，本书从产业共生理论的自组织演化、共同进化、合理分工及合作竞争的内涵出发，运用数理分析方法，分析制造业与物流业联动发展的机理。其中在自组织演化分析中，运用哈肯模型，找出了制造业与物流业联动发展中的序参量及系统达到稳定性条件的状态变量和控制变量；在共同进化分析中，运用了种群生态学中的传染病模型、密度依赖模型及双密度依赖模型对制造业与物流业之间的协同演化关系进行了实证研究，得出两者之间的协同进化关系；在合理分工分析中，将物流业作为制造业发展的中间投入部分，构建了两者的利润函数并进行求解，得出了双方的利益分配情况；在合作竞争关系分析中，运用了演化博弈理论对制造业与物流业联动发展路径的选择进行了分析，并运用 Matlab 模拟了参数变化对系统演化的影响。

（2）从合作竞争关系出发对制造业与物流业联动发展的模式进行深层次的分析

已有的研究在分析制造业与物流业联动发展的模式时主要是从 Logistic 模型出发，而忽略了两者之间的竞争关系。本书从合作竞争这一本质内涵出发，分别探讨在互不利共生、寄生、偏利共生、非对称性互惠共生及对称性互惠共生模式下制造业与物流业联动发展的合作竞争关系达到稳定性的条件及对现实的解释和启发，并运用 Matlab 模拟了参数变化下系统产出随着时间的演化趋势。

（3）从共生度、共生关系和共生寿命的角度分析了不同地区制造业与物流业之间达到对称性互惠共生模式大概所需要的时间

笔者前期的相关研究成果主要是运用 VAR 模型分析了制造业与物流业对彼此的贡献程度的差异（王珍珍和陈功玉，2011），但是并没有办法计算出制造业与物流业大致在多少年以后会达到对称性互惠共生的模式。本书在此部分内容的探讨上又前进了一大步，基于已有的共生度模型，测算了 1978～2013 年不同地区制造业与物流业对彼此的共生度的差异，同时运用 Matlab 拟合了共生度关于时间变化的曲线方程，并求解出了两条曲线的相交时刻，从而得出各个地区大致达到对称性互惠共生的时间。

（4）从实证的角度分析了不同综合经济区制造业与物流业联动发展的效率值

制造业与物流业联动发展之后，关于其联动发展的效率如何，现有的研究中探讨的甚少。本书基于超效率 DEA 模型分别测算了制造业子系统、物流业子系统、考虑了制造业作为投入因子的物流业子系统、考虑了物流业作为投入因子的制造业子系统的效率值，并且对这些效率值进行了比

较，得出了效率值变化的趋势。

1.4.2 研究重点与难点

从产业共生理论的角度对制造业与物流业联动发展的机理与模式进行研究是一种新的尝试，在分析的过程中，难免碰到一定的困难。

（1）本书在对制造业与物流业联动发展的机理进行分析时，遵循了产业共生理论自组织演化、共同进化、合理分工及合作竞争的内涵，从这一内涵出发，分析了制造业与物流业联动发展的自组织机理、共同进化机理、合理分工机理及合作竞争机理，并对每种机理做了深入的探讨，最终找出这四种机理的内在本质联系，这可以说是本书的重点以及难点之一。

（2）本书在对制造业与物流业联动发展的模式进行分析时，在传统的Logistic 模型的基础上考虑了竞争关系，引入了 Volterra 模型，对原有的 Logistic 模型进行改进，并且构建了互不利共生、寄生、偏利共生、非对称性互惠共生以及对称性互惠共生模式下制造企业与物流企业的竞合关系，并对其稳定性进行了求解，这属于研究的重点和难点之二。

（3）本书在实证研究部分，进行了分区域讨论，运用了共生度的计算方式，测算了不同地区制造业与物流业对彼此的共生度的差异，并进一步拟合出曲线方程，求解出不同地区达到对称性互惠共生所需要的时间，这是本书的研究重点以及难点之三。

（4）本书在研究的过程中将宏观视角与微观视角结合起来，宏观视角包括对制造业与物流业之间自组织演化以及共同进化机理的分析，对制造业与物流业联动发展共生模式的实证检验；微观视角包括对制造业与物流业合理分工以及合作竞争关系的分析，对制造业与物流业共生模式以及宝供与宝洁案例的分析。在机理分析部分和模式分析部分都分别地从宏观视角逐渐过渡到了微观视角。由于企业才是最终产业联动的主体，如何将这种宏微观的研究视角进行紧密的结合也是本书研究的一大重点和难点（之四）。

（5）本书在效率评价部分运用了超效率 DEA 模型对八大综合经济区制造业子系统、物流业子系统、考虑了制造业作为物流业投入因子的子系统以及考虑了物流业作为制造业投入因子的子系统的效率值进行了测算，这是本书的重点和难点之五。

2

制造业与物流业联动发展：
相关概念及国内外研究述评

2.1　研究概念及内容的界定

2.1.1　制造业与物流业

（1）制造业相关定义

制造业是工业的一部分，是现代工业的主体，是国民经济发展的支柱。我国是制造业大国，制造业的发展速度反映了经济总体的增长速度。制造业效率的提高对于提升制造业竞争力至关重要（杨杰和叶小榕，2009）。

从统计年鉴上看来，制造业是指第二产业中除采矿业，电力、燃气及其生产和供应业，建筑业以外的所有行业，包括 30 个大类，169 个中类，482 个小类，如食品加工、纺织与服装制造、机电设备制造、化工制造、石油加工、木材与木制品、造纸及相关产品、冶金及非金属矿产品等行业。制造业是我国经济发展的基础产业，是打造我国经济结构转型的基础性和核心性内容。考虑到统计数据的可得性，本书中部分制造业数据是以工业数据代替进行分析说明的，制造业作为工业中最为核心也是最重要的产业，其产值占了工业产值的 90% 以上，因此总体上能够反映出制造业变化的趋势。

（2）物流业相关定义

物流一词最早出现在 1915 年 Arch Shaw 的 *Some Problems in Marketing Distribution* 一书中，其将企业的流通活动划分为创造需求的活动和物流活动两部分，最早提出了 Physical Distribution 的概念。日本人将其译为"物的流通"，1978 年 11 月国家物资总局赴日考察团将其带回国内。

物流业是将运输、仓储、装卸、搬运、包装、流通加工、配送及信息平台等基本功能根据实际需要实施有机结合的活动的集合，是一个"复合产业"（汪鸣，2002）或"聚合型产业"（丁俊发，2003）。[①] 目前，国内外学者对物流业概念的认识还存在不同程度的差异。王之泰（2001）通过列举的方式给出了物流产业的基本架构，包括物流基础设施业（运输线路、节点及理货终端）、物流服务业、货主物流业、物流装备制造业、物流信息技术及物流系统业。帅斌（2005）认为物流业是指由五大不同运输基础设施，以及不同工业和不同商业（生产、销售、综合物流）企业为实现物流产品和服务的实体位移所形成的产业。杨春河（2005）认为物流业是指对物流资源、技术、信息等的综合管理和操控。蒋笑梅和李贵春（2010）从产品内分工的视角给物流下的定义是"以第三方物流业为主体，由第三方物流业企业和从事各专业物流运作环节的货物运输业、仓储业、装卸搬运和其他运输服务业、邮政业等类物流业企业共同构成的多层次企业集合"。《物流业发展中长期规划（2014～2020 年）》指出物流业是融合运输、仓储、货代、信息等产业的复合型服务业。它是生产性服务业的一大部分，涉及将多个产业的物流资源进行优化整合。在国外文献中，通常用"Logistics Industry"或者"Logistics Sector"指代物流产业，主要出现在Armstrong & Associates 及 Datamonitor 等商业咨询公司的研究报告中，目的在于掌握整个物流产业的发展状况和趋势，为工商企业物流外包提供参考。国际仓储物流协会认为物流业是由供应商、物流信息查询平台、不同运输方式管理机构、物流服务承运方、仓储配送企业所组成的。本书主要将物流业视为制造企业生产过程中的中间投入环节，即生产性服务业的一大组成部分。物流业是国民经济发展的新引擎，是国民经济的动脉系统。随着电子信息技术和网络科技的迅猛发展，物流业也朝着信息化、网络化以及电子化的方向发展。物流业是支撑国民经济发展的基础性、战略性产业。

在统计方面，目前各国统计的产业分类体系中都没有"物流产业"这一分类体系，《中国物流年鉴 2008》对物流产业的介绍主要包括交通运输

---

① 丁俊发：《在全国省区市物流社团组织座谈会上讲话》，http://chinawuliu.com.cn/cflp/newss/content/200312/30_4406.html。

业、包装业、仓储业、邮政物流业和快递业。① 各国物流业增加值中所统计的交通运输、仓储和邮政业占到了物流业增加值总量的 83% 以上，基本上能代表物流产业的情况。因此，本书所界定的物流业包括货物运输业、仓储业、邮政业三大部门，其中货物运输业包括铁路货运业、公路货运业、管道运输业、水上货运业、航空货运业、其他交通运输及交通运输辅助业（刘秉镰和余泳泽，2010）。

2.1.2 产业联动

在新华字典中，"联"即联结、联系、联合，"动"指变动、波动。因此，联动是指基于联结关系而发生的联合变动，即相互联系的主体之间，一个发生变动会引起另一个也随之发生改变。因此，"联动"有两大特征：联系及互动。联系强调产业间的内在联系结构，是联动的基础（刘玥，2008）；"互动"是一种对象之间由于相互作用彼此发生改变的过程，互动强调两个方面：（1）多个主体间沟通与回应的主动积极性，需要每个对象都做出主动沟通和积极回应的行为，单方面的行为往往效能很有限；（2）以多个主体的各自既定条件作为前提，互动的进程和效果直接受到双方各自基础条件的制约（余菲菲和张阳，2008）。

产业联动具有几大方面的特性，结合所阅读的文献，本书将其做如下总结：产业联动会形成具有中间性的网络组织，企业是产业联动的主体，产业联动体现出竞争与合作并存的关系（刘玥，2008）。产业联动中凸显出区域的特征（沈正平和简晓彬等，2007），区域的产业集聚是产业联动的重要载体（王红霞，2007），产业联动是一个动态、复杂的发展过程，是对产业联动经济效益与成本不断进行权衡的结果（陈丽平，2009）。产业联动强调产业之间的互补、合作与相互作用，强调区域内产业之间形成合理的分工体系，实现区域内资源的优势互补及协同发展，从而优化区域产业结构，增强区域产业竞争力。

产业联动是基于产业关联的产业协作活动（吕涛和聂锐，2007），这一提法具有中国特色，在国外研究中以 "Industry Interaction、Industry Linkage、Industry Cooperation、Industry Links、Industry Inter-Dynamics" 为

---

① 中国物流与采购联合会编《中国物流年鉴 2008》，中国物资出版社，2009。

关键词搜索到的学术文献较少，相似的表述有 Fawcett 等（1993）提出的 logistics/manufacturing interaction，主要集中于工商企业物流外包、第三方物流、供应链整合、物流战略联盟等模块。[①] Egeraat（2006）指出产业联动不仅发生在地区之间，而且在全球层面上展开。Schmitz（1999）指出区域产业联动是促进产业链升级、应对全球竞争和提升区域竞争力的有效途径。Shah（1994）以印度阿默达巴德的纺织机械配件制造业为案例，分析了不同规模的企业之间建立联合与合作的过程。Ricardo（2006）选取西班牙瓦拉地区的 33 家汽车供应商，分析了区域内的产业联动行为对区域内经济的影响。Funderburg（2008）以南加州地区的 20 个制造业为例，采用主成分分析法研究了其产业集群及产业联动的情况。

国内研究中，CNKI 中的文献对产业联动的研究尚处于初步阶段，表 2－1是截至 2015 年 1 月 16 日在 CNKI 期刊网上输入关键词"产业联动""联动发展""制造业＋物流业""制造业＋物流业＋联动发展"之后所得到的结果。

表 2－1　国内对产业联动、联动发展研究的现状

单位：篇

关键词	2000年	2001年	2002年	2003年	2004年	2005年	2006年	2007年	2008年	2009年	2010年	2011年	2012年	2013年	2014年
产业联动	6	14	13	26	38	53	47	81	72	94	55	38	44	49	57
联动发展	71	109	158	194	278	270	326	411	400	461	288	135	169	184	193
制造业＋物流业	2	4	5	9	12	16	19	45	44	52	63	68	70	87	97
制造业＋物流业＋联动发展	0	0	0	2	2	0	3	10	15	33	38	37	42	55	45

注：2015 年关于"产业联动"的文献有 2 篇，一并计入 2014 年的统计中。

从表 2－1 可以看出，对"产业联动"的研究 2009 年达到了研究的高峰，为 94 篇，对"联动发展"方面的研究也是在 2009 年达到了高峰，为

① Fawcett, S. E. and Closs, D. J.（1993），"Coordinated Global Manufacturing, the Logistics/Manufacturing Interaction, and Firm Performance", *Journal of Business Logistics*, Vol. 14 No. 1, pp. 1－25.

461 篇，对"制造业 + 物流业"方面的研究则一路处于上升的趋势，2014
年达到了 97 篇，而对"制造业 + 物流业 + 联动发展"在 2013 年达到了研
究的高峰，为 55 篇。从文章标题及内容上看，早期的文章以报道性文章居
多，学术理论分析文章偏少；一般性期刊文章居多，核心期刊文章较少；
定性分析居多，定量分析较少。近几年来研究的方法已经逐步规范、成
熟，理论研究方面也开始有一些深入的探讨，但还有待于进一步增强。

2.1.3 制造业与物流业联动发展的含义及特点

制造业与物流业的联动发展属于产业联动的范畴，不同的学者给出了
不同的定义。崔忠付（2011）指出制造业与物流业联动发展是指以制造业
和物流业的产业关联为基础，将制造业的物流业务与物流企业的物流运作
联合起来，进行产业协作的活动，共同促进双方发展。王佐（2009）认为
两业联动是基于物流外包的一种协作境界，从而将制造业与物流业联动等
同于物流外包。李虹（2009）把制造业与物流业的联动看作在产业关联的
基础上，物流企业与制造企业间进行的协作活动，包括运输、仓储、配
送、生产制造等环节中的合作发展。郭淑娟和董千里（2010）指出两业联
动发展落到实处，就是要物流企业和制造企业在国家宏观政策的支持下开
展企业间各项物流服务合作，让物流企业通过介入制造企业的管理，为其
提供低成本和高效率的物流服务，同时实现其自身机构的优化升级。苏东
水（2010）指出在经济发展的各个阶段，产业间的协调发展包括如下四个
方面：（1）产业间素质的协调；（2）产业间联系方式的协调；（3）产业
间相对地位的协调；（4）产业间供需结构的协调。赵曼（2010）指出制造
业与物流业协调的最终目的是形成两个系统之间彼此结构的匹配和实现整
体的最优、健康和可持续的发展，其进一步指出制造业与物流业协调发展
的特点是互相服务、互相促进、工序相适应、技术水平相当以及发展阶段
相当等。王宁（2011）指出制造业与物流业的联动是制造业与物流业围绕各
自核心利益，以共生发展为目标，在互惠及互补原则下所形成的产业合作互
动关系。王自勤（2012）认为物流业与制造业的联动发展是指超越一般市场
交易关系的产业关联与互动发展过程，双方必须进行一定程度的关系性、专
用性资产投资。**制造业与物流业的联动发展是指在两者相互关联的基础上，
制造企业与物流企业之间进行的协作活动，包括在仓储、配送、运输、生产**

制造等环节中的合作发展。**两业联动的主体是企业，联动的基础是产业关联，联动的目的是提高制造业的核心竞争力，以高质量的物流服务降低企业运营成本，提高制造业生产效率，提高物流业服务水平，最终使制造业与物流业能协调发展和共同提高，因此，联动的本质是实现共赢。**联动发展的内在动力机制和运作机理、联动发展具体的模式以及效率是本书中所要重点讨论的内容。因此，本节亦将对机理和模式的概念进行界定。

2.1.4 机理

机理有两种解释，一种是指为实现某一特定功能，一定的系统结构中各要素的内在工作方式以及诸要素在一定环境条件下相互联系、相互作用的运行规则和原理。另一种是指事物变化的理由与道理，其在化学动力学中的应用非常广泛。[①] 制造业与物流业联动的机理是指制造业带动物流业发展和物流业促进制造业发展的内在联系和基本原理（徐剑和韩锡琴，2009）。

2.1.5 模式

模式源于英文"Pattern"（弗·布鲁斯，1986）或者"Mode"，指可以让人们参照的样式、形式或格式。它有多重含义：（1）典型，供模仿的方法体系；（2）样式、类型；（3）对某一运作方式、发展思路的理论概括。模式其实就是解决某一类问题的方法论。把解决某类问题的方法总结归纳到理论高度，就是模式。模式是一种指导，一个良好的指导有助于完成任务，做出一个优良的设计方案，达到事半功倍的效果，甚至会得到解决问题的最佳办法。[②] 模式的合理选择可以实现要素、组织和行为上的优势互补，最终形成持续的市场竞争优势（肖丕楚，2002）。

制造业与物流业联动发展的模式是指一个国家或地区在发展地区经济过程中，为了推进本地区制造业与物流业的联动发展而采取的某种产业发展范式，集中体现了对社会经济系统中各种要素的整合。因此，这种发展模式应该具有可持续性、适应性、普遍性等特点。由于不同的经济区域所处的区位、物流基础设施条件、产业结构与规模、产业组织及其相互间的关联程度、产业布局、区际产业之间的联系及原材料输入地和产品输出地

---

① http://baike.baidu.com/view/925888.htm.

② http://baike.baidu.com/view/37878.htm.

（消费地）、区域市场等方面存在的差异，不同的区域存在不同的联动发展模式，作为区域经济系统子系统的区域物流系统，必然是在区域经济发展战略的总体目标和模式框架下，根据区域的区位、产业活动、流通活动等特点，开展独特有效的物流活动（海峰，2006）。

本书重点从利益分配的角度进行分析，在"两业联动"背景下，供应链管理能否成功，制造企业与物流企业之间是否能够积极主动地参与到供应链管理的建设和发展过程中，与利益分配的合理性无法截然分开。因此，本书的模式强调的是利益分配的模式，即共生行为模式（袁纯清，1998）。按能量特征和分配特征不同，共生行为模式可分为寄生模式、偏利共生模式、非对称性互惠共生模式以及对称性互惠共生模式。为了便于比较分析，本书将重点探讨制造业与物流业联动发展的互不利共生模式、寄生模式、偏利共生模式、非对称性互惠共生模式和对称性互惠共生模式。

2.1.6　效率

物理学中的效率（Efficiency）是指有用功率对驱动功率的比值。结合不同的学科，这一概念引申出了不同的含义。经济学上的效率是指在不会使其他人境况变坏的前提下，如果一项经济活动不再有可能增进任何人的经济福利，则该项经济活动就被认为是有效率的。从管理学上讲，效率是指在特定时间内，组织的各项投入与产出之间的比率关系。效率评价（Efficiency Evaluation）是指在干预措施实施后，服务量与质的变化（产出）与项目实施所投入的资源之间的比较评价，即每提供单位资源所产生的符合质量要求的服务量。① 因此，本书所探讨的效率评价既包括对物流业和制造业子系统所做出的效率评价，也包括对有了物流业作为投入项的制造业子系统的效率评价以及有了制造业作为投入项的物流业子系统的效率评价，并对其进行比较分析。

2.2　对制造业与物流业关系的研究述评

已有文献中直接对制造业与物流业的联动发展进行理论与实践研究的

---

① http://baike.baidu.com/link? url = RfTo8WBKE3Of2D - 6OjV7Jq - FxdgZHw7Q3fAUOv3FHeqZq2 M0PtWOv6qo0kOYz - em - qUZISAbeEvUVUsWYVtGJ_.

成果远不如对制造业与生产性服务业关系研究的成果来得成熟。由于制造业与物流业的联动发展属于制造业与物流业关系的一个组成部分，物流业是生产性服务业的重要组成部分，而经济增长又在很大程度上通过制造业的发展得到体现（这三部分的内在关系可通过图2-1反映），因此以下将分别对有关制造业与生产性服务业的互动关系、物流业与经济增长的关系以及制造业与物流业的联动发展的研究进行综述。

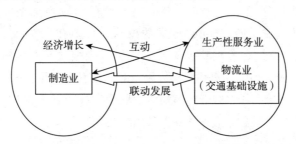

图 2 - 1　制造业与物流业的关系

2.2.1　制造业与生产性服务业互动关系研究述评

近年来，制造业与生产性服务业的关系成为理论界研究的热点问题之一，比较流行的观点有："需求遵从论"（Cohen & Zysman，1987；Marshall，1989；薛立敏，1993；Rowthom & Ramaswamy，1999；Klodt，2000；张世贤，2000；Guerrieri & Meliciani，2003，2007；刘志彪，2006；林子波，2008；Corbett & Michael，2009），认为生产性服务业的需求来源于制造业，且随着制造业对其需求的质量和水平逐步提升，它们会逐渐从制造业中分离出来；"供给主导论"（Pappas & Sheehan，1998；Karaomerlioglu & Carlsso，1999；Fixler，1999；Eswarran & Kotwal，2001；Hutton，2003；江小涓，2004），认为高效的生产性服务业对制造业提高产品竞争力和生产效率有推动作用；"互动论"（Park & Chan，1989；Shugan，1994；Bathla，2003；叶茂盛，2007；马风华，2008），认为生产性服务业与制造业二者相互依赖、共同发展，前者的发展依赖于后者的需求，后者的运作离不开前者的补充和支持；"融合论"（Windrum & Tomlinson，1999；植草益，2001；Drejer，2002；周振华，2003；Banga & Goldar，2004；Pilat & Wolf，2005），认为随着科技的发展，尤其是各种信息技术的应用，制造业与生产性服务业的边界越来越模糊，互动关系愈发紧密，呈现出相互渗透、相互融合的发展趋势。这一方面的文献综述已达到相当成熟的阶段，相关生产性服务业的文章中均给出了综述（唐强荣和康泽永，2010；李洋，2007；张小兵，2008），本书在此仅对有关两者之间互动关系的理论和实证研究进行综述。

2.2.1.1 理论综述

生产性服务业是制造企业价值链中不可或缺的一环，两者唇齿相依、共同发展，随着制造业结构形式的不断变革，作为中间投入要素的生产性服务已经越来越多地融入制造业中（郑吉昌等，2004）。公文俊平（1987）指出制造业与生产性服务业相互依赖的关系正在加深，制造业服务化与服务业机械化、自动化是两大产业相互渗透的革新。格鲁伯和沃克（1993）引用奥地利学派的生产迂回学说，解释生产性服务业与制造业之间的互动关系。有学者认为，生产性服务业能够推动制造业的产业结构升级，促进制造业的快速发展（王玉梅，2003）。随着制造业部门的扩大，对贸易、金融、交通、宾馆、教育、医疗服务及社会保险等服务业的需求迅速增加，这些需求的增加也提高了制造业部门的生产率；制造业部门中间投入的增加也进一步促进了服务业的增长，随着经济发展程度的提高，两者之间彼此依赖的程度加深（Park & Chan，1989；Shugan，1994；Bathla，2003）。陈宪和黄剑锋（2004）基于分工理论深入考察了服务业与制造业之间的动态演进，指出了服务业与制造业之间相互依赖、相互作用、良性互动的关系。邓丽姝（2007）指出在经济发展实践中，制造业和服务业之间的逻辑关联主要包括基于产业链的产业互动、服务业对制造业的支撑、制造业活动重心向服务业的转移、制造业与服务业的融合发展等。另有学者认为，物流业通过专业化服务优化了制造业的运营流程，提高了产业运行效率。生产性服务业的发展有助于社会生产的分工深化，使产业链的分工可以在更大的市场范围内，采用更丰富的组合方式进行，从而提高了社会生产的整体效率（刘志彪，2001）。生产性服务业依赖于制造业的发展，制造业是生产性服务业的主要服务对象，制造业的发展拉动生产性服务业的发展，有助于工业企业选择将服务外部化，进而促进制造业生产组织结构的变革和分工的深化（李正明，2004）。制造业规模的大小制约着生产性服务业的发展（王玉梅，2003）。

生产性服务业可以通过各种途径作用于制造业的发展、升级和竞争力提升，如通过促进人力资本和知识资本等新型资本深化（Grubel W.，1991；高传胜和刘志彪，2005），推动专业化分工的深化（Francois，1990），降低社会交易成本（刘志彪，2001），培育产业低成本优势和差异化优势（高传胜和刘志彪，2005），通过地区创业和创新机制，支撑制造业的集聚式发展（Lefebvre，1991；Smallbone，1993；Tuson，1993；Illeris，1994；Berman，1995；Bessant Rush，1995；Alan Macpherson，1997）等[1]。

2.2.1.2 实证研究综述

(1) 投入产出分析法

投入产出法是刻画制造业与生产性服务业互动关系的最主要的方法。国外不少学者使用该方法对不同地区制造业与服务业直接的演进关系进行了研究，如 Se-Hark Park（1975，1985）分析了太平洋地区八个国家，Karaomerlioglu 和 Carlsson（1999）分析了美国的情况，Guerrieri 和 Meliciani（2004）对 OECD 六个代表性国家进行了分析。[2] 国内学者中胡晓鹏和李庆科（2009）对长三角地区三地的生产性服务业和制造业的共生关系进行了分析。王金武（2005）对生产性服务业与制造业互动发展的整体水平进行了综合研究。李冠霖（2002）分析了美国、日本、澳大利亚、俄国、英国和中国等六国服务业（尤其是生产性服务业）与制造业之间的产业关联效应。薛立敏等（1993）对台湾地区两者之间的关系进行了分析。邱灵等（2008）运用相关分析、投入产出模型、空间自相关模型、变异系数、地理联系率等，对生产性服务业与制造业互动的产业关联与空间分布进行了实证研究。陈伟达（2009）和田家林（2010）运用投入产出分析法，计算出直接消耗系数、完全消耗系数、影响力系数和感应度系数。刘书瀚、张瑞和刘立霞（2010）运用投入产出表对我国的生产性服务业和制造业进行了产业关联分析。赵放和成丹（2012）则使用了在关联性分析中常用的数学方法——投入产出分析法，分析了东亚制造业及生产性服务业之间的产业关联性，认为两个产业之间的融合度沿制造业需求主导→对称性均衡→生产性服务业供给主导的路径过渡。朱培培（2012）以 2002 年和 2007 年的北京投入

---

[1] 转引自高传胜、刘志彪《生产者服务与长三角制造业的集聚和发展——理论实证与潜力分析》，《上海经济研究》2005 年第 8 期。

[2] 转引自申玉铬、邱灵、王茂军等《中国生产性服务产业关联效应分析》，《地理学报》2007 年第 8 期。

产出表为数据，运用投入产出分析法，研究两者的互动关系。宋晗菲（2013）则对 OECD 14 个代表性发达国家两者的互动关系进行了研究。

（2）计量经济学分析方法

计量经济学中的面板数据被广泛地应用于生产性服务业与制造业的互动关系研究中（顾乃华等，2006，2008；冯泰文，2009）。除此之外，回归分析以及协整检验等也被用于分析生产性服务业与制造业的关系。陈宪和黄建锋（2004）对 2000 年中国 31 个省区市的截面数据进行回归分析发现，生产性服务业在提高制造业生产效率方面发挥了重要作用，其效率接近于服务业作为整体对制造业生产率促进效应的三倍。张小兵（2008）利用产业增加值，通过 Granger 因果关系检验证明了生产性服务业与制造业互为因果、相互促进的关系。Shouming Chen、Jie Li 和 Meijuan Jia（2009）运用协整检验理论，通过对上海生产性服务业和制造业的时间序列数据进行检验，认为制造业与生产性服务业的发展存在相关性。

（3）问卷调查、访谈方法

问卷调查、深度访谈等微观企业调查方法也越来越引起重视。Hansen（1991）对丹麦制造业企业进行调查后发现，生产性服务业的外部化有利于企业降低生产风险和应对应急需求，进而专注于核心技术。Macpherson（1997）运用问卷和电话访谈等调查方法，指出生产性服务外购在纽约制造业企业创新活动中占据着重要的地位。Marshall（1989）的研究表明在英国的伯明翰、里兹和曼彻斯特三地，制造商购买的生产性服务中 80% 来自同一地区的服务提供者，当地生产性服务业的发展提高了公司的绩效。Mckee（1988）认为，发展中国家当地生产性服务的发展对于主导产业部门非常重要。[①] Martinelli（1991）认为外围经济体的工业基础与生产性服务业的发展存在相互牵制的作用。徐学军（2008）也通过调查问卷的方式对我国尤其是珠江三角洲地区制造业与生产性服务业之间的互动关系进行了研究。

（4）其他研究方法

Martin（2004）研究了制造业和生产性服务业的空间协同效应，指出

---

① 转引自李江帆、毕斗斗《国外生产服务业研究述评》，《外国经济与管理》2004 年第 11 期。

两者互为函数，并对 2000 年瑞典分区域的相关数据进行了检验。Paolo 和 Valentina（2003）以 OECD 11 个成员国的服务贸易和工业数据为基础，运用技术差距方法（Technology-gap Approach），采用国家专业化水平和国际竞争力水平等指标进行实证研究后发现，一国服务经济的发展成效与制造业结构密切相关，制造业基础对生产性服务业的国际竞争力具有重要影响。Wong Y. C. R. 和 Tao Z. G.（2000，2002）运用 Grubel 和 Walker（1989）首创的方法研究了香港生产性服务部门对制造业的支撑作用。陈伟达等（2007）指出苏州地区制造业与生产性服务业之间的关系涉及许多因素，这些因素之间的关系错综复杂，它们共同构成一个动态系统。他们应用系统动力学的方法，分析了影响苏州地区制造业和生产性服务业发展的主要因素，建立了各个主要因素之间的系统动力学方程，并对未来 15 年苏州地区生产性服务业与制造业互动发展的演变过程进行了仿真分析。张沛东（2010）构建了两业所形成系统的耦合协调度模型，并以实证研究为主，结合定性分析方法研究得出，中国不同省份的生产性服务业及制造业发展并不十分协调。张莹（2013）在运用 DEA 测算各制造业行业全要素生产率的基础上，分析了生产性服务业对制造业所产生的前向或者后向的技术溢出效应。李停（2014）分别探讨了制造业与生产性服务业在水平竞争、水平协作和垂直协作下模型的均衡解。

文献中对制造业与生产性服务业互动关系的实证研究方法总结如表 2 - 2 所示。

表 2 - 2　制造业与生产性服务业互动关系实证研究文献总结

方法	代表作者	主要内容及结论
投入产出法	Se-Hark Park（1975, 1985）；Karaomerlioglu & Carlsson（1999）；Guerrieri & Meliciani（2004）；李冠霖（2002）；王金武（2005）；邱灵等（2008）；胡晓鹏和李庆科（2009）；刘书瀚、张瑞和刘立霞（2010）；赵放和成丹（2012）；朱培培（2012）；宋哈菲（2013）	不同国家、不同地区制造业与生产性服务业之间的共生演进关系；制造业与生产性服务业之间的产业关联效应；生产性服务在生产过程中扮演协调、控制、计划、评估等重要功能
计量经济学（DEA、面板数据模型、回归分析、Granger 因果检验等）	顾乃华等（2006, 2008）；陈宪和黄建锋（2004）；张小兵（2008）；冯泰文（2009）；Shouming Chen, Jie Li, Meijuan Jia（2009）	生产性服务业的发展有利于提高制造业的竞争力，市场化程度越高的地区，生产性服务业同制造业之间的互动关系越突出

续表

方法	代表作者	主要内容及结论
问卷调查、访谈方法	Marshall（1989）；Mckee（1988）；Hansen（1991）；Martinelli（1991）；Macpherson（1997）；徐学军（2008）	生产性服务业通过与制造业的相互协作，在制造业技术进步和创新过程中发挥着重要作用
案例研究、技术差距法、共生模型等	Paolo & Valentina（2003）；Martin（2004）；陈伟达等（2007）；张沛东（2010）；张莹（2013）；李停（2014）	制造业基础对生产性服务业的国际竞争力具有重要影响

资料来源：笔者依据所阅读的文献归纳整理而得。

2.2.2 物流业与经济增长关系的研究述评

现代物流的发展与经济增长之间存在紧密联系（潘孝礼，2008），不同的学者通过不同的方法验证了两者之间的关系（Brewer，2001；Joong Kun，2001；张文杰，2002；桂寿平，2005；等等）。主要使用的研究方法包括投入产出分析、灰色关联分析、协整检验、系统动力学及面板数据模型等。物流业既满足企业物流活动社会化的要求又为企业物流活动的社会化提供保障（翁心刚，2000），物流业的发展要以需求为基础，以产业为依托，服从并服务于产业发展的需求（欧新黔，2007）。[①]

部分学者结合不同地区物流业发展的情况对物流业与区域经济增长的协同发展进行研究。Mirjam I.、Remmelt T. 和 Batxt K.（2002）通过总结特立尼达岛、多巴哥岛以及新加坡等经济区物流发展的经验，分析了经济区域物流产业发展之间的关系。[②] Markus H.（2004）针对柏林布兰登堡区域的经济发展变化带来的交通货运等物流问题，提出通过郊区货运中心的建设、本地交付服务水平的提高以及专业物流中心的建设可以解决这些问题。谭清美（2003）、海峰（2005）、程世平和彭其渊（2006）、邵扬（2008）、陶良虎和辛洁（2008）、侯方淼（2009）、郑慕强（2009）、李力和杨柳（2006）、廖迎和阮陆宁（2008）等运用计量经济学（协整检验、Granger 因果检验、回归分析、VAR 模型、面板单位根等）揭示了不同地区（长三角地区、广东、北京、江苏、湖北等）的物流业与经济发展的相互关系。

---

① 欧新黔：《制造业与物流业联动迫在眉睫》，《经济参考报》2007 年 9 月 25 日。
② 崔晓迪、王耀球：《国内外区域物流系统规划研究述评》，《综合运输》2008 年第 2 期。

除此之外，还有部分文献从交通基础设施的角度出发，具体论述交通基础设施建设与经济增长，尤其是与制造业发展之间的关系。Garlno 和 Voith（1992）、Boarnet（1998）、Krugman（1993）、Holtz-Eakin 和 Schwartz（1995）以及 Rietveld 和 Nigkamp（2000）认为运输设施与经济发展之间存在正向联系。Banister 和 Berechman（2001）认为交通基础设施投资会产生乘数效应。Adelheld（2004）认为交通基础设施的改善促进了地理集中的过程。Aschauer（1989）检验了美国基础设施对私人产出和全要素生产率的关系，结果发现美国全要素生产率的下降来源于基础设施建设的减缓。区域经济与区域交通运输状况相辅相成（Bolton，1993），物流业中的交通基础设施对经济增长能起到重要的促进作用，是工业发展与经济起飞的社会先行资本之一（罗斯托，1960）。现代运输业的引入能够产生各种各样的机会，从而促进经济的增长（B. 豪伊尔，1973），发达的交通运输网络能够促进企业开拓新市场、降低生产成本，减少生产，良好的基础设施还能通过提高劳动力素质和劳动效率影响企业生产率。在建设消费品工业之前，必须建立和完善主要的交通运输设施。更好的交通基础设施通过降低交通成本、专业化、刺激创新和网络效应，能导致规模经济、集聚效应和更好的存货管理（Baldwin et al.，2003；Straub，2008）。[1] 区域交通基础设施投资所产生的空间可达性和服务质量对区域经济生产和运输服务可产生重要影响（Talley W.，1996）。[2] 制造业对先进航空运输服务的需求与公司的知识密集度、规模以及国际化程度有关（Bowen & Leinbach，2003）。公路基础设施降低了建设新厂房和大型机器运输的成本，从而降低了企业的调整成本（Agenor A.，2006）。交通基础设施的建设直接影响着区域产业的关联效应（黄志刚，2005），不仅可以降低区域间的联系成本，而且会使产业前后向联系更加紧密，为制造业与物流业的联动发展提供良好的条件，对落后地区引进外资、吸收产业转移至关重要（张孝峰，2006）。刘秉镰利用中国大中型制造业企业的省际面板数据，检验了交通基础设施

---

[1] 转引自张光南、朱宏佳、陈广汉《基础设施对中国制造业企业生产成本和投入要素的影响——基于中国 1998 – 2005 年 27 个制造业行业企业的面板数据分析》，《统计研究》2010 年第 6 期。

[2] 转引自陈奇宇《区域物流能力及其测度评价研究》，《山西财政税务专科学校学报》2013 年 4 期。

对企业库存成本的影响，实证表明公路基础设施特别是高速公路能显著降低企业的库存成本。郑振雄通过省际动态面板数据实证检验了公路交通基础设施的就业效应，认为公路基础设施的长期均衡就业弹性要大于即期就业弹性。李忠民、刘育红和张强（2011）基于多维要素空间面板数据模型探讨了促进"新丝绸之路"交通经济带持续快速发展的对策。张学良（2007）研究表明中国的交通基础设施与经济增长表现出很强的空间集聚特征，经济增长与交通运输主要集中在东部沿海发达地区，并形成了由东往西逐步递减的梯度。Wei-Bin Zhang（2007）研究了运输条件对区域经济增长的影响。Marcial 等（2010）利用 1966～2006 年的数据，对巴西航空运输与经济增长之间的关系进行了实证分析。申亮等（2014）指出物流业的发展内生于经济发展过程，要根据我国交通基础设施条件的不同，系统、动态地看待我国的交通基础设施投资行为，并重新考虑合适的物流业发展政策。尹希果和刘培森（2014）实证分析了我国省际城市化、交通基础设施对制造业集聚的空间效应。"十二五"规划也重点指出要推进国家运输通道建设，基本建成国家快速铁路和高速公路网，发展高速公路，加强省际通道和国省干线公路建设，积极发展水运，完善港口和机场布局，改革空域管理体制。[①] 这也充分说明了交通基础设施对经济增长的巨大推动作用。交通基础设施与区域经济增长之间的关系如图 2－2 所示。

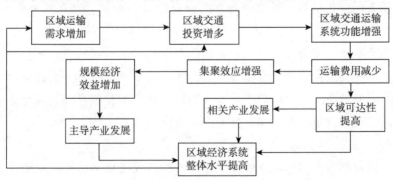

图 2－2　交通基础设施与区域经济增长之间的关系图

资料来源：根据"张文尝、金凤君、樊杰主编《交通经济带》，科学出版社，2002"改编而成。

[①] 《中共中央关于制定十二五规划的建议》，中国法院网，http://www.chinacourt.org/html/article/201010/28/433483.shtml。

2.2.3 制造业与物流业联动发展的研究述评

2.2.3.1 按照研究内容分的制造业与物流业联动发展研究综述

（1）制造业与物流业联动发展的机理分析

对制造业与物流业联动发展机理的分析主要集中于探讨两者之间内在关系的理论层面的解释。刘娟（2007）从产业经济学的角度探讨了两者之间的协调关系。丁俊发（2008）运用产业梯度化理论分析认为第二产业的物流服务外包是"第三产业化"的重点。刘一霖（2008）以第三方物流为例，对第三方物流业与制造业的协同创新理论进行了研究。王晓艳（2009）从经济学、管理学的角度指出，制造业与物流业联动发展的理论基础包括产业关联理论、制造企业管理理论、物流管理理论、供应链管理理论、交易费用理论、博弈论、组织管理理论以及战略联盟理论等。王佐（2009）从物流业发展的本源出发指出，制造业与物流业联动发展的机理在于制造业企业资源配置方式的选择和对物流管理是自营还是外包之交易成本的权衡。王珍珍和陈功玉（2009）指出，制造业与物流业联动发展的内涵包括制造业与物流业之间的完善合作、制造业与物流业发展的层次性以及制造业与物流业之间的竞争合作关系。彭本红（2010）用共生理论分析了现代物流业与先进制造的互动关系，借用协同学序参量演化方程探讨了两者的演化机理，指出两者之间的合作是一种互惠互利的合作方式。韩锡琴（2010）分析了制造业与物流业联动发展三个不同阶段（磨合联动、啮合联动、耦合联动）联动机理的差异。张快娟（2011）将核心竞争力理论、交易费用理论、合作博弈理论和协同学理论引入了制造业与物流业的协调发展中。王珍珍和陈功玉（2012）运用演化博弈理论对制造业与物流业之间的竞争合作机理进行了深入的分析。

（2）制造业与物流业联动发展的模式研究

目前对制造业与物流业联动发展模式的研究主要集中探讨两业之间的利益分配模式、组织模式。马士华（2000）基于战略合作角度指出企业关系模式演进要经过传统的关系模式、物流关系模式和合作伙伴关系模式。Chen Y. W. 和 Larbani M.（2005）分析了由两个供应企业、三个制造企业、两个物流企业、三个客户组成的供应链价格联盟问题，为物流企业和制造企业之间的联盟提供了理论支持。胡蔚波（2005）从制造企业角度比较物流联盟模式和制造企业原有物流模式（自营物流模式）的优劣，证明了制造企业对物流联盟模式需求的必然性并提出了制造企业构建物流联盟的三种模式——供应链物流联盟、行业物流联盟、地区物流联盟。黎继子和刘春玲（2005）指出产业集群中的物流本质是以中小企业为主导的物流，集群中的物流外包模式可分为五种：简单的物流外包、准物流外包、"1＋n"物流合作外包、"n＋1"物流整体外包和"n＋n"物流整体外包。这五种模式是相互融合的，没有严格的区分界限，很多中小企业往往同时采用多种物流方式。许国兵（2007）根据制造企业物流外包的程度，将物流外包模式分为分项物流外包、组合物流外包和完全外包。杨达（2008）将物流外包分为管理外包、功能外包和一体化外包。王晓艳（2009）指出制造业与物流业融合渗透、联动发展的新型合作模式主要有：物流战略联盟模式、物流托管模式、合资模式、物流集成外包模式及物流交易所模式。王珍珍和陈功玉（2009）运用 Logistic 模型分析了制造业与物流业联动发展的偏利共生模式、非对称性互惠共生模式及对称性互惠共生模式。王见喜（2010）指出物流业与制造业联动发展的模式有四种：（1）基于资源未整合的物流外包模式；（2）基于资源整合的物流外包模式；（3）基于3PL－HUB 的物流外包模式；（4）战略联盟模式。郭淑娟和董千里（2010）总结了制造业与物流业联动发展的合作模式，包括一次性合作模式、短期合同合作模式、基于实物运作的合作模式、基于管理活动的合作模式和物流战略合作模式。汪标（2010）指出物流战略联盟模式是供应链环境下制造业与物流业联动发展的理想模式。李肖钢和赵莉（2010）提出了宁波市制造业与物流业联动发展的协同采购平台模式和商贸物流一体化模式。吴群（2011）指出制造业与物流业之间的关系包括依托共生型模式、平等共生型模式、互补共生型模式、嵌入共生型模式以及辅助外生型模式。云程浩等（2014）根据联动时间的差异将联动发展模式分为交易式、咨询式、委托式和联盟式。以上所探讨的模式汇总如表 2－3 所示，从这些分析中可以看出**对称性互惠共生模式和物流战略联盟是最为理想的模式**。

表 2－3　制造业与物流业联动发展的模式汇总

代表作者	发展模式
Weng Z. K.（1997）	物流服务联盟

代表作者	发展模式
Chen Y. W. & Larbani M. (2005)	供应链价格联盟
胡蔚波 (2005)	供应链物流联盟、行业物流联盟、地区物流联盟
黎继子和刘春玲 (2005)	简单的物流外包、准物流外包、"1 + n"物流合作外包、"n + 1"物流整体外包和"n + n"物流整体外包
王晓艳 (2009)	物流战略联盟模式、物流托管模式、合资模式、物流集成外包模式及物流交易所模式
王珍珍和陈功玉 (2009)	偏利共生模式、非对称性互惠共生模式及对称性互惠共生模式
王见喜 (2010)	基于资源未整合的物流外包模式、基于资源整合的物流外包模式、基于3PL - HUB的物流外包模式、战略联盟模式
郭淑娟和董千里 (2010)	一次性合作模式、短期合同合作模式、基于实物运作的合作模式、基于管理活动的合作模式、物流战略合作模式
汪标 (2010)	物流战略联盟模式
李肖钢和赵莉 (2010)	协同采购平台模式和商贸物流一体化模式
吴群 (2011)	依托共生型模式、平等共生型模式、互补共生型模式、嵌入共生型模式、辅助外生型模式
云程浩等 (2014)	交易式、咨询式、委托式和战略联盟式

（3）制造业与物流业联动发展的影响因素分析

现有研究主要通过实证研究的方法探讨制造业与物流业联动发展的影响因素，部分研究将其与物流外包结合起来，探讨制造企业选择物流外包的影响因素。Bowersox（1990）和 Andersson（1997）强调了合同的签订、信任、沟通、承诺、公平性、信息共享、兼容性、相互依赖等对物流业与制造业联动的影响。Stank 和 Daugherty（1997）将影响物流外包的因素分为六个方面：资产的专用性、交易量、市场需求量、市场的集中性、差异性以及易变性。Skjoett-Larsen（2000）从企业物流外包的角度出发，认为制造企业在资产专用型不高或者不确定性较低的情况下所形成的物流外包关系较为稳定。Chen（2003）从伙伴特性以及经营环境方面对影响联盟形成的关键因素进行分析，具体包括资源的充裕性、环境的动态性和环境的复杂性。田宇（2007）具体分析了物流外包关系中影响物流服务需求方信任的因素，指出物流服务需求方对以往合作的满意度是影响物流服务需求方建立信任的最重要因素。Juga 和 Huntunen（2011）认为信任是两业联动发展中的一个关键因素。王海萍（2011）认为物流企业与制造企业的嵌入关系可以通过获得社会资本或者非冗余信息为企业创造价值。沈文装（2014）从组织特性因素、关系导向因素和外部环境3个维度总结出物流业与制造业联动发展的影响因素。韦琦（2014）认为交易成本和城市化水平对协同定位效应有显著的影响。张琳和刘琛（2014）则从标准化的角度分析了信息标准化、技术标准化和管理标准化对两业协同发展的影响。梁红艳和王健（2014）将制度环境作为物流业与制造业联动发展的基础性决定因素，探讨了对内的市场分割和对外的开放政策对物流业发展与制造业效率关系的调节机制。

（4）制造业与物流业联动发展存在的问题及对策研究述评

现有文献对存在的问题及对策进行分析的占了绝大多数。但所分析的存在问题都大同小异，主要从制造企业、物流企业以及外部环境这三大方面分析，其中制造企业存在的主要问题包括观念过于陈旧、物流外包比例过小；物流企业存在的主要问题包括物流专业化水平较低、技术不够、物流行业标准混乱；而两者之间联系存在的问题主要是双方供需不畅、利益分配不合理。对联动发展环境的分析主要包括政策环境、技术环境、信息平台建设、市场环境、人才环境、体制环境、文化冲突、信任危机等。

在问题分析的基础上，学者们提出了制造业与物流业联动发展的路径及对策，也是分别从制造企业、物流企业这两大联动发展的主体以及联动发展环境入手进行分析的。刘丹（2009）指出可通过加快税收改革步伐，实行营业税差额纳税，促进制造业与物流业的联动发展。段雅丽等（2009）指出湖北省两业的联动发展要通过加快产业的配套建设、培育和发展产业集群、推动多层次的物流服务外包来展开。Bernd Scholz-Reiter（2010）提出应该在全球供应链的基础上，对物流业与制造业两个系统进行协调整合。刘文博（2010）从政策的角度指出物流企业要接受原制造企业物流分流人员，或可组织分流人员创办物流企业，应在项目审批、资金补助、税收、贷款贴息方面给予优惠政策。张同江（2010）指出要对制造企业内部进行业务流程重组，要重视 ERP，推进制造企业和第三方物流企业的信息化和标准化建设，要实施 JIT 精益思想等来促进制造业与物流业的联动发展。刘丹和王健（2011）指出福建省现代物流业促进制造业发展包括四条路径：（1）服务本地产业集群，推动制造业转变生产模式；（2）创新物流服务模式，提升制造业供应链管理水平；（3）完善物流服务，促进制造业改善价值链；（4）建立战略联盟，推进生产型制造向服务型制造转变。张万强和温晓丽（2011）指出装备制造业集聚区要建立专业物流园区，创新服务模式，要积极引进和培育专业物流外包企业，要给予专业物流企业在用地及投融资方面的政策支持，要加快物流配送标准化建设以促进制造业与物流业两者之间的联动发展。刘雯（2011）指出两业联动发展要求企业改变落后的观念，要求健全两业联动发展的信用机制、利益分配机制，创造两业联动发展的良好环境，要求加大两业联动发展的政策扶持力度，要求加强两业联动发展的智力支撑以及发展示范工程。李江虹（2011）指出做好联动发展规划、完善物流行业标准体系和评价指标体系、加强联动信息服务平台建设及深化物流专业培育和研究是促进两业联动发展的有效措施。龚鹏和阎黎（2012）指出两业联动发展的有效措施包括政府建立两业联动发展推进工作机制、出台两业联动扶持政策、加大推进制造企业物流需求社会化的力度、提升第三方物流运作水平等。在以上文献的基础上，笔者总结出如下的问题及对策，如图2-3所示。

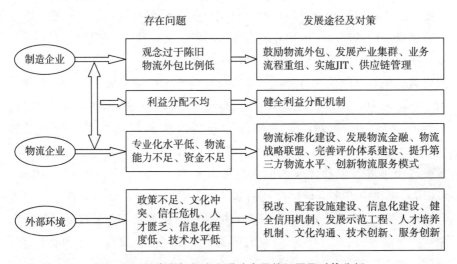

图2-3 制造业与物流业联动发展的问题及对策分析

2.2.3.2 按照研究方法分的制造业与物流业联动发展研究综述

制造业与物流业联动发展的实证研究方法，具体包括**计量经济模型、灰色关联模型、投入产出法、种群演化模型、数据包络法、案例研究**等。

（1）计量经济模型

侯红昌（2010）、韦琦（2011）运用协整理论分析了制造业和物流业的联动发展水平。甘卫华和汪娟（2010）运用时间序列模型对制造业与物流业的关系进行了分析，认为两者基本符合 Logistic 增长规律。杨杰（2011）在测算制造业与物流业效率值的基础上实证分析了中国物流服务业与制造业效率区域发展不平衡的关系。葛金田等（2012）运用格兰杰因果检验验证了制造业与物流业联动发展的长期稳定关系。王健和梁红艳（2012）选取政策环境、制造业企业规模和城市化水平 3 个调节变量，分析了物流业发展对制造业效率的影响。柴国君（2012）等运用计量分析方法对内蒙古制造业与物流业的产业联动关系进行了实证研究，指出两者之间存在动态联动关系。王晶晶（2013）应用协整分析和格兰杰因果关系检验的计量经济学方法，对河北省 1996～2011 年物流业与制造业的联动发展关系进行实证研究，发现两者之间存在长期稳定的均衡发展关系。朱莉、金丹丹和陈蕾（2014）采用江苏省统计年鉴的相关数据，运用格兰杰因果检验分析面向低碳经济的制造业与物流业发展情况，指出两者能耗之间存在长期均衡，但制造业的节能水平对物流业的降耗减排推动力不强。谢莉（2014）在王珍珍和陈功玉（2011）研究的基础上探讨了宁波制造业与物流业联动发展的现状。

（2）灰色关联模型

灰色关联模型是现有研究方法中最为广泛地运用于分析制造业与物流业联动发展现状的方法。袁克珠（2007）研究长三角区域物流业与制造业的相关性，认为长三角区域物流业与制造业发展不相匹配。韩晓丽等（2009）得出江苏省制造业与物流业的发展处于协调与不协调的临界状态的结论。王珍珍和陈功玉（2010）对我国制造业不同子行业与物流业之间的协调度进行测算，认为 1995～2007 年的协调度存在 M 形的演化规律。陈智刚和马俊生（2011）对云南制造业与物流业的关系进行了定量分析。陈春晖（2012）、刘丹（2012）对福建省制造业与物流业之间的联动发展关系进行了实证研究。王珍珍和陈功玉（2012）对我国八大综合经济区制造业与物流业的联动发展协调度进行了实证研究。

（3）投入产出法

投入产出分析方法被广泛地运用于制造业与生产性服务业关系的研究

中，因此也被越来越多的学者用于分析制造业与物流业的关系。苏秦和张艳（2011）以 C－D 生产函数和投入产出表为基础深入分析了中国制造业九大振兴产业与物流业联动的现状，同时他们还实证研究了目前大多数国家制造业与物流业之间非均衡的融合状态，认为制造业对物流业融合度较大，而物流业对制造业的融合度较小。王文和刘伟（2010）运用投入产出分析法对生产性物流服务业与制造业之间的关系进行了分析，反映了物流服务对制造业竞争力的直接贡献和完全贡献。梁红艳和王健（2013）基于投入产出数据，对 8 个典型国家（地区）的物流业发展水平及其与制造业的产业关联进行了实证研究。程永伟（2013）运用投入产出表建立了制造业与物流业联动发展的供需依赖性测算模型。田雪（2014）以北京市为例，运用投入产出模型计算了北京市物流业与制造业、生产性服务业的直接消耗系数。

（4）数据包络法

数据包络法（DEA）主要被运用于制造业与物流业联动发展分析中效率的测算，同时，这一方法结合灰色关联模型等方法，在实际研究中得到了更为广泛的运用。樊敏（2010）以提升物流产业效率为切入点，运用 DEA－BCC、DEA－Malmquist 生产力指数以及 VAR 模型，对长三角、辽中南、武汉和成渝的城市群物流产业运作效率及联动效率进行了实证分析。崔晓迪（2011）运用 DEA－GRA 模型实证研究了天津市制造业与物流业的联动状况。杨杰和宋马林（2011）对我国 2003～2007 年物流服务业与制造业的效率值进行了测算，进一步指出了加强物流服务业与制造业互动的必要性。李煜等（2014）运用数据包络分析和灰色关联分析对我国八大经济区物流业与制造业全要素生产率的变动及两者的关联度进行了比较研究，指出大部分地区的物流业全要素生产率明显低于制造业。

（5）案例研究

已有案例研究主要从微观企业入手，分析制造企业与物流企业之间具体的合作现状及模式，运用到的方法包括问卷调查和访谈法等。Voordijk（1999）分析了在非洲建立物流渠道和提高生产能力中存在的障碍和需要改进的生产技术，强调了政府的作用。[①] Bgatbagar（2000）通过对摩托罗

---

① 转引自张东华《山西省中小物流企业信息化建设思考》，《现代物流》2009 年第 12 期。

拉与 UPS 的战略联盟进行实证研究，分析了制造商与物流服务商合作的关键影响因素。Joseph W. K. C.（2003）以香港制造业为例，基于因果分析方法，对制造业可采取的有竞争力的第三方物流战略进行了探讨。Theodor 和 PartiCia（2000）基于制造商与物流提供商的合作关系，通过样本问卷调查进行统计分析，认为物流能力的大小、合作的专注性、资产的专用性、合作交易的大小等可对物流合作关系起到正向作用。[①] Ole M. 和 Olga W. L.（2007）总结了供应链与第三方物流进行整合的相关文献以及运作一体化的概念，对 7 个制造商（包括商品、电子产品以及机械制造等行业）与第三方物流服务商之间的合作关系进行了对比研究，并给出了今后的发展趋势。舒晖等（2014）通过企业问卷调查和座谈的方式，分析了湖南大型制造企业物流的信息和物流企业为制造业提供服务的情况。

除此之外，许多相关研究还运用到了协同度模型、系统动力学模型、SWOT 分析法、SPA 分析法以及变分不等式等。朱琳（2010）运用协同度模型测算了制造业与物流业之间的协调程度。傅远佳（2011）运用系统动力学模型构建了制造业与物流业联动发展模型，并以广西壮族自治区为例进行了模拟试验。李建建（2010）运用 SWOT 分析法对我国当前制造业与物流业联动发展的现状进行了分析。朱莉（2011）利用变分不等式探讨了制造业与物流业的协调联动关系。惠巧鸽（2013）运用主成分分析法及协调度指数计算了陕西省制造业与物流业各自的综合发展水平，对比了两者之间的协调适应度。田刚（2013）将制造业与物流业的共生关系分为共生体形成期、共生体成长期以及共生体成熟期三个阶段，并通过仿真模拟验证了两业共生演化的规律。董千里（2013）根据集成场基本范畴，分析了物流集成体主导的物流链和制造集成体主导的供应链的网链结构的形成以及融合过程。周云飞（2014）运用种群生态学、协同演化理论分析了陕西省制造业与物流业的协同演化路径。研究中常用的方法及变量的选取等如表 2 - 4 所示。尽管现有研究中运用的方法不一，选择的指标不一，但大多数研究均得出了**我国制造业与物流业联动发展尚处于初级阶段，目前联动发展水平比较低的结论**。

---

① 转引自刘伟华《物流服务供应链能力合作的协调研究》，上海交通大学博士学位论文，2007。

表 2 - 4　制造业与物流业联动发展文献中常用的实证研究方法一览表

方法		作者	特点	变量选取
计量经济模型	协整理论	侯红昌（2010）、甘卫华和汪娟（2010）、韦琦（2011）、葛金田等（2012）、柴国君（2012）	时间序列数据	工业增加值、交通运输仓储与邮政业增加值、货物周转量、工业总产值、第三产业总产值等
	面板数据	王健和梁红艳（2012）、杨杰（2011）	时间序列与行业特征相互结合	运用 DEA 效率值、全员劳动生产率、职工人数、固定资产净值等
灰色关联模型		袁克珠（2007）、韩晓丽等（2009）、李松庆和苏开拓（2009）、王珍珍和陈功玉（2010，2012）、陈智刚和马俊生（2011）、陈春晖（2012）、刘丹（2012）	现有研究中运用得最多、方法对样本数没有具体的要求、计算过程简单、协调度等级划分时主观性强	物流业货运量、货物周转量、从业人员数、制造业工业总产值、工业增加值、成本费用利用率、运输线路长度等
投入产出法		王文和刘伟（2010）、苏秦和张艳（2011）	计算直接消耗系数和间接消耗系数	增加值、中间需求率、中间投入率等
数据包络法		施国洪和赵曼（2010）、樊敏（2010）、杨杰和宋马林（2011）、崔晓迪（2011）	探讨物流生产效率，该方法也可与灰色关联模型相互结合	增加值、资本存量和劳动力等
案例研究		Voordijk（1999）、Ole M. & Olga W. L（2007）、熊憬（2010）、Theodor & PartiCia（2000）、Taylor & Colleen（2007）、徐学军（2008）、王健等（2010）	微观企业入手分析，问卷调查或者访谈法	选择代表性的制造型企业，设计的题目包括两者之间业务关系的紧密程度、利益分配机制、对合同执行的满意程度、合作效率、建立长期合作的难易程度等
SWOT 分析		李建建（2010）	定性分析方法	定性分析
主成分分析法		王见喜（2010）、张快娟（2011）	选取最能代表制造业与物流业发展的变量进行分析	营业里程、社会消费品零售总额、GDP、货运量、制造业总产值等
协调度		朱琳（2010）	测量制造业与物流业相互间协调程度大小	制造业增加值、制造业进出口量、制造业产量、物流业增加值、物流业固定资产投资总额、货运量等
系统动力学		傅远佳（2011）	运用仿真方法进行分析	制造业产值、物流需求量、GDP、物流供给量、物流基础设施投资等
超网络方法		朱莉（2011）	运用变分不等式	仿真算例

2.3 产业共生理论的研究述评

2.3.1 共生的哲学及内涵

共生（Symbiosis，Intergrowth）最早由德国生物学家德贝里（Anton. Debarry，1879）提出，后经范明特（Famintsim，1835－1918）、保罗·布克纳（1886－1969）发展完善，指不同种属通过某种物质联系生活在一起，形成共同生存、协同进化或者抑制（Ahmadjian，1986）的关系。在《辞海》中，"共生"也被称为"互利共生"，泛指两个或两个以上有机体生活在一起的相互关系，一般指一种生物生活在另一种生物的体内或体外，互相依赖，彼此有利。早期的研究主要在生物领域，如南美洲金合欢树和合欢蚁之间的互利共生关系（Janzen，1967），[①] 光合生物和非光合生物之间的共生联合关系（Smith D. C.，1969），自然生物之间的寄生、偏利共生及互利共生（Edward O. W.，1990）[②] 等。有些生态学家认为共生的生物之间包含不同程度的利害关系（Scott，1969），也可能包括共栖和寄生关系（何自力和徐学军，2006）。孙军（2001）指出共生是生物在长期进化过程中，逐渐与其他生物联合、取长补短、互通有无、共同适应复杂多变环境的一种行为方式。赵红（2004）认为共生是两种生物或者其中的一种由于不能独立生存而共同生活在一起的现象。王发明（2007）指出共生又称为合作式的竞争，指不同种群之间对资源的竞争行为是以合作方式进行的，也即竞争的结果是对单方有利而不损害另一方的形式（偏利性合作）或者是两者都能获利的合作模式（互利性合作）。

目前，共生学说在生物学领域已经成为一门分支学科。共生是进化创新重要源泉的观点被越来越多学者所接受（王子龙和谭清美，2006）。共生不仅是学术用语，而且成为生活用语（卞崇道，2003）。随着社会的发展，共生已逐渐从生物学领域拓展到哲学、社会科学等领域（萧灼基，

---

① 转引自皮骏《生态学视角下的区域旅游企业竞合研究》，华东师范大学硕士学位论文，2007。

② 转引自何自力、徐学军《生物共生学说的发展与在其他领域的应用研究综述》，《企业家天地》（理论版）2006年第11期。

2002）。生态学源于生物学，但已超出了生物学的范围。它更多的是一种认识论和方法论，是科学与社会的桥梁（Odum，1997）。从 20 世纪 50 年代之后，生态学的主导思想与研究范式逐渐渗透到哲学、社会学、经济学等学科领域，一些国外文献在社会、人文、法律等方面的研究中也借鉴和使用了生态学的共生理论的概念。共生不仅是一种普遍的生物现象，也是一种普遍的社会现象。

对共生的研究已经上升到了哲学的高度，共生理论是一种新的世界观、方法论和价值观（史莉洁，2004）。共生哲学包括生命理念、过程理念、异质共存理论、中和理念、关系理念及生活理念等方面（李燕，2005）。共生的核心是双赢与共存，共生是一种普遍存在的现象，是共生单元之间在一定的共生环境中按某种共生模式形成的关系。共生包含三个要素：共生单元、共生模式和共生环境（Caullery，1952；Leweils，1973；Scott，1969；袁纯清，1998）。花崎皋平（1993）分析了生态学的共生思想与作为社会哲学的共生思想的区别，探索在生活的具体场所实现共生所构建的"共生的道德"。黑川纪章（2004）指出共生思想已成为城市设计哲学理念的主体，其核心是兼容并蓄的共存理念。李承律（2005）探讨了在经济全球化的激烈竞争时代中企业乃至国家之间双赢的正和理论即共生理论能否取代零和竞争理论。胡守钧（2002，2006）提出共生是人的基本生存方式，人在进行资源共享时应该以共生理论为指导，建立有利于自然的报答式的反馈机制。吴飞驰（2002）基于思考人与人之间的合作关系，认为共生是"人类社会中人与人之间的一种相互需求、相互依存的生存状态或生存结构"。发现了"人总是寻求生存成本最低、生存快乐最高的生存方式，共生总是生存成本最低，生存快乐最高的生存方式"这样一条伟大的共生律，并引入"生存成本""共生度""共生力"等基本概念，构筑了共生理论的基本分析框架。

由于本书的框架结构建立在产业共生理论的基础上，在共生哲学的思想方面，本书在已有文献的基础上将对共生理论中所涉及的内涵及特征进行总结和分析，这是后文制造业与物流业联动发展机理分析的依据。

（1）共生是一种**自组织现象**

共生现象是一种自组织现象，共生过程是一种自组织过程，因此，共生系统具有开放性、非线性、非平衡性以及涨落性等特点。

（2）共生单元之间发展的总趋势和总方向是**共同进化**

共生中的共生单元之间按照某种必然的联系结成共生体，按照内在的要求形成共生模式并在共生进化过程中产生新能量，共生为共生单元提供理想的演化路径，这种演化路径使共生单元之间在相互激励中共同进化。进化是共生系统发展的总趋势和总方向（陶永宏，2005）。

（3）共生能量获得的主要途径是共生单元之间的**合理分工**

在共生结构中至少包含两个共生体，它们"共同工作（Working to-gether）"（Zaccaro & Horn，2003），且至少有一共生体从两者的相互作用中获益，产生"共生绩效"（即共生能量），共生单元之间形成一种特殊的结构以适应外部环境的变化（Moor，1993），这种共生能量的产生得益于共生单元之间的合理分工。

（4）共生现象的本质特征之一是**合作竞争**关系

共生强调的是共生单元之间的相互吸引、相互合作、相互补充以及相互促进（刘荣增，2006），共生具有极大的包容性、互动性和协调性（胡晓鹏，2009）。合作是共生现象的本质特征之一，共生并不排斥竞争，共生更强调从竞争中产生新的、创造性的合作关系，因此共生现象的本质特征中包含着合作竞争（Co-opetition）[①] 关系。竞争与合作初看起来是两个极端，但合作意味着对共同的目的或者效果的联合追求，而竞争意味着对性质不同的目的与地位的独立追求。合作与竞争既可能以性质相反的面目出现（Kogut，1989；Park & Russo，1996），也可以是一对互补的力量，企业会以竞争的姿态去寻求有吸引力的伙伴的独占合作协议，以争取在合作中抢占先机（Hamid et al.，2001），合作和竞争并存更有利于提高竞争效率。

2.3.2 产业共生理论的基本内涵

狭义上的产业共生主要是从生态的角度强调产业链的优化和副产品的消耗，Frosch 和 Gallopoulos（1989）指出产业共生是指能量和物质消耗被

---

① Co-opetition 是 1995 年 Brandenburger 和 Nalebuff 创造出的一个新的单词，将竞争与合作联系起来。

优化，一个过程的输出成为另一个过程的原材料。Engberg（1993）指出产业共生是企业间以产业生态学和共生理论为基础所建立的合作关系，可提高企业的生存能力和获利能力，实现对环境的保护和资源的节约。Hakansson（1987）指出产业共生是具有共生合作潜力的工业企业，在主动或者被动地交换和传递副产品、信息等资源时所形成的正式和非正式的关系。Ehrenfeld 和 Chercow（2002）认为产业共生是指企业间物质、能源、水和副产品的物理交换。Lamberta（2002）认为产业共生的相互作用包括基础设施共享、废物流集中处理、物流、能源交换、接受外部企业的剩余产品以及向外部企业输送系统的剩余产品。从以上观点可以看出狭义上的产业共生往往带有"副产品再生利用"的含义，目前得到普遍接受的观点是丹麦卡伦堡出版的《产业共生》一书中所指出的，"产业共生是指不同企业间的合作行为。通过这种合作，共同提高企业的生存能力和获利能力，同时，通过这种共识实现对资源的节约和环境的保护"。广义上的产业共生则更加强调产业与产业之间的融合、互动和协调发展。胡晓鹏指出产业共生具有两个层面的内涵：一是在分工不断细化的前提下，同类产业的不同价值模块或不同类产业（但具有彼此经济联系的业务模块）所出现的融合、互动和协调的发展状态。二是同类产业或者相似的产业业务模块因某种机制所构成的融合、互动和协调的发展状态。

2.3.3　共生理论在经济领域的具体应用

2.3.3.1　共生在工业生态中的应用

共生在经济领域中的应用主要在于工业生态方面，强调在发展经济的过程中要注重资源的合理利用及对环境的保护，这与当前的"可持续发展""循环经济""科学发展观""低碳经济"等发展理念相一致，这也是共生理论在近两年时间里引起高度重视的原因。正如法国总统希拉克所说的，"社会必须找到新的生产、消费方式以实现社会的可持续发展，面临这样的挑战，产业生态学（共生）是一个新的可行办法"。19 世纪 60 年代末，美国学者 Ayres 研究工业产业系统的物质材料流动，提出了"产业新陈代谢（Industrial Metabolism）"的概念，并于 1972 年提出了"产业生态学（Industrial Ecology）"的概念。Frosch 和 Gallopoulos（1989）提出了"工业共生"和"产业生态网络"的概念，指出产业生态网络可以模仿自然界生物种群的相互作用，在企业之间开展相互利用资源的工业共生。诺曼·斯科特（Norman Scott）认为产业共生是不同产业为相互之间的经济和环境利益而建立的合作关系。产业共生通过企业在空间分布上的集中与企业间合作，使产业活动的负面生态影响有效地降低和减少，不同企业之间可以形成以副产品交换和设施共享为基础的集合体（丹麦卡伦堡公司出版的《产业共生》一书将其定义为"不同企业间的合作"），从而共同提高企业的生存能力和获利能力并实现对资源的节约和环境的保护。自此，美国、加拿大和日本陆续出现了建设生态工业园解决经济和环境之间矛盾的现象。Nicholas（1997）和 Ehrenfeld（2003）提出了产业生态系统和产业共生的概念，指出企业间可相互利用废物，以降低环境的负荷和废物的处理费用，建立一个产业共生循环系统。Lowe 和 Ernest（1997）强调产业与环境之间的相互作用。在工业共生系统中典型的共生体有丹麦的卡伦堡生态工业共生体、美国特立尼达岛上企业的工业共生等（Boyle & Baetz，1997；Keckler & Allen，1999）。Rosenthal 和 Galliard（1996）识别了工业园区进行生态网络建设的潜在领域。Hardy 和 Graedel（2002）通过对生态工业园共生网络的内部结构进行研究，认为随着共生网络内部企业之间关联度的提高，共生网络对外部环境造成的影响和其自身的稳定性未必会得到改善。Salmi（2007）利用反事实分析得出了产业共生与生态效率之间的关系。总之，这方面的研究侧重从生态的角度对企业与企业之间的关系进行分析。

国内学者中对生态工业园的共生进行研究的包括：张庆普和胡运权（1998）讨论了城市生态经济系统的复合 Logistic 发展机制，分析了在这种机制作用下城市生态经济系统的演化规律以及为保持该系统持续发展应采取的对策措施。鲁成秀和尚金城（2003）指出生态工业园区是一种新型产业组织形态，通过区域内物流和能源模拟自然生态系统的合理设计，可实现园区污染零排放的目标。赵红等（2004）对生态智慧型企业共生体的四种行为方式进行分析，并采用数学模型对企业共生体的互利共生机制进行研究，指出当边际共生经济效益等于边际共生成本时，企业共生体生存达到均衡条件。秦颖等（2004）分析了生态工业网络运作中存在的问题。高伟（2006）对生态工业园建设中的自主实体共生和复合实体共生进行了研究。郭莉和苏敬勤（2005）运用 Logistic 方程，对生态工业园区的平等型、依托型、依赖型和单方获利型四种共生模式的稳定共生条件进行分析并给出了政策建议。袁增伟和毕军（2006）开发了基于企业环境责任市场化机制的生态产业共生网络运营成本模型。吴志军（2006）对生态工业园工业共生网络中的投机行为进行了研究，结合工业共生网络的特点，提出了四种治理模式。蔡小军等（2006）提出了一种基于合作博弈的利益分配模型，给出了共生产业链稳定的两条定理，并对共生产业链演进中的各种情形给出了合理解释。史硕云（2007）分析了生态共生网络活性因子在生态共生网络的建立和发展过程中所发挥的作用。冯智能和齐振宏（2007）采用共生理论和交易费用理论对生态工业园的共生机理进行了研究。张萌等（2008）从生态工业园工业共生网络结构出发，将其运作模式分为依托型、平等型及嵌套型。张艳（2009）运用类比的方法指出生态工业园（EIPs）是现代工业体系的发展趋势，提出了生态产业链系统、基础设施系统和园区公共服务系统构成的 EIPs 工业共生系统的结构模型。肖忠东等（2009）从卡伦堡产业共生体系出发，从工业和农业两个角度分析了产业共生体系中的产业结构问题。曲莎（2009）借鉴生物群落关联度分析了园区企业间生态关联度、总关联度生态率两个指标。不同的学者根据不同的标准对共生模式进行了分类，王兆华等（2002）按照产业共生网络运作模式的差异将其分为依托型、平等型、嵌入型及虚拟型四种模式；陈凤先和夏训峰（2007）依据系统产业的相互关系及共生单元之间的利益关系，将产生共生模式分为共栖型、互利型、寄生型、偏利型、附生型和混合型五类。王曙光、李桂香、朱丽等（2013）对园区产业共生效率进行了评价和比较分析。李春发和冯立攀（2014）考虑了外部效应对生态产业共生网络的影响，并以鲁北生态产业园为例对其进行了实证研究。刘国山、徐士琴、孙懿文等（2014）运用变分不等式对生态产业共生网络系统进行了求解。

随着实践的发展，越来越多的学者认为共生理论不应该单纯强调企业之间资源的利用、环境的保护、废旧品的再次利用等，而应该包含更深的领域，Reid Lifset（1997）拓宽了工业共生的研究领域，指出其不仅是关于共处企业之间的废物交换，而且是一种包括基础设施共享、服务信息共享的全面合作。Ehrenfeld（2004）指出工业共生不应该仅停留在副产品交换上，还应该包括技术创新、知识共享、学习机制等问题。产业生态与其说是一门学科还不如说是一种"比喻"，以生态系统原理把理想、合意运作的产业系统比喻成一个可持续的生态系统，这种比喻对于产业生态学的早期发展意义是重大的（Ehrenfeld，2003）。以下几个部分均属于共生在经济领域运用的拓展。

2.3.3.2 共生在企业管理中的应用

共生在企业管理中主要用于分析大中小型企业之间的关系、合资企业之间的关系以及具体类型企业间的关系等。

（1）大中小型企业之间的共生关系

Varadarajan 和 Rajaratnam（1986）运用共生理论，研究了公司的规模效应实现问题。Bonaccorsi（1992）论述了小企业依赖大企业完成国际化进程正是企业之间共生作用的体现。袁纯清（1998）首次运用共生方法从经济学的角度较为系统地表述了共生理论，并将其引入我国小型经济的研究。冯德连（2000）按照共生体内部共生单元之间联系的紧密程度将其分为偶然共生、间歇共生、连续共生和一体化共生四种模式。孙天琦（2001）对大、中、小企业的共生进行了系统性研究，认为大企业和小企业都各有其优势和劣势，在价值链的关键环节上展开合作，企业间形成共生网络。段云龙（2005）针对不成熟的市场条件下中小企业和大企业之间以间歇式共生模式为主，不能达到互惠共生的双赢状态这一问题，提出了中小企业互惠共生模式的选择。罗哲（2005）认为在集群共生环境中，中小企业与大企业在经济系统中共同存在和发展应形成互惠连续的关系类型。钱书法和肖宁（2006）根据共生机制的不同，将不同规模企业之间的共生模式分为市场制、中间性体制和科层制三类，这本质上是遵循了共生是一种介于市场和科层的中间组织形态而提出的。

（2）合资企业之间的共生关系

多数学者在分析合资企业之间的关系时借用了共生的含义及其模式，王宇露和李元旭（2008）利用共生理论和微分稳定性理论划分了国际合资企业的两种类型：对称依赖共生和非对称依赖共生。刘照德（2009）针对合资企业所存在的合作不稳定问题，运用 Logistic 模型对合资企业的产生、发展以及达到共生进行了动态描述，给出了稳定共生的条件和经济解释，分析了卫星式合资企业和网络式合资企业模型。

（3）具体类型企业之间的共生关系

特殊类型企业之间的共生关系包括将共生理论应用于金融业、制造业及电信等生产性服务业和产业集群等的共生关系研究中。Jocl. A. C 等（1995）研究了电信服务业的主导设计与种群动态变化。斯蒂格利茨（1998）运用共生理论研究经济问题，首次提出了金融体系中的共生概念。Geroski P. A.（2001）应用种群概念研究了专业种群内企业数量的变化。Murray B. L（1997）研究了企业种群的起源和企业个体在企业种群演化不同阶段进入企业种群的问题。吴飞驰（2000）将共生理论用来阐述企业之间的关系，并形成了企业共生理论。王兆华（2002）等基于交易费用理论，杜昱（2003）从企业角度，杨敬辉等（2004）从外部经济视角对产业共生的形成动因进行了探讨。袁纯清（2002）是我国首位将共生理论引入金融领域的研究者。陶长琪（2004）运用数学模型对 IT 企业集群的共生性和稳定性进行分析，分析了核心企业与非核心企业之间的关系。郎春雷（2004）等运用共生思想对高新技术产业进行研究，指出企业之间的关系更强调其在相互作用以及与外界交互的过程中达到共生和协同进化的结果。何自力和徐学军（2006）从共生视角研究了银企共生界面的测评。凌丹（2006）分析了供应链节点企业产生共生关系的原因及均衡条件，建立了供应链联盟共生系统模型。李焕荣（2007）在论述共生理论的内涵及其基本观点的基础上，建立了战略网络关系进化的共生能量模型，并运用该模型分析了其进化动因。借用共生理论对制造业与生产性服务业关系进行研究的学者包括唐强荣和徐学军（2008，2009）、陈畴镛和吴国财（2007）、徐学军等（2007）、刘浩和原毅军（2010）等。他们通过理论和实证的方法构建了生产性服务企业与制造企业合作关系的模型。陶永宏（2005）、孟琳和刘凤朝（2008）利用共生理论分析了船舶产业集群的形成与发展演变机理。程大涛（2005）、王子龙等（2006）、陈畴镛和吴国财（2007）、曹玉贵（2005）根据生物学共生理论对产业集群现象进行分析，认为产业集群是一个互利共存和协同进化的共生系统，并根据生物种群共生的 Logistic 过程建立了企业集群共生模型。卞华白和高阳（2008）依据企业仿生学理论指出企业共生联盟满足耗散结构形成的条件，依据耗散结构的规律可以对共生联盟系统的稳定性及其演化方向进行判别，通过调整外界可控参数，利用系统内部涨落，促使系统有序演化，同时还可以增加子系统间的协同力，促使系统有序演化。张敬峰和周守华（2013）建立了中国供应链金融共生生态系统。吴勇民等（2014）基于产业共生的视角，对金融产业和高新技术产业之间的共生演化关系进行了分析。

2.3.3.3 共生在技术领域中的应用

共生在技术领域中主要用于分析技术创新、技术扩散等带来的影响。Praveen A.（1995）应用种群 Logistic 增长规律研究技术进步问题，Esben S. A.（1999）用 Logistic 模型的差分形式分析了铁路作为一种新的交通运输技术的应用发展过程。聂荣等（2006）利用 Logistic 方程来描述单技术创新的反应扩散过程，给出了网络式及辐射式两种技术扩散模式。生延超（2008）指出技术联盟企业通过分工形成各种关系，以激烈的竞争维持着共生模式的稳定性。于惊涛等（2008）对东北地区装备制造企业技术外包共生关系的强度及其影响因素进行了实证研究，指出制造企业与重要技术外包服务商之间的共生关系主要受到外包服务商的服务能力、本地中介机构的能力、本地技术支持能力和信息共享能力的影响，而在一般技术外包服务领域里，关系要素占主要地位。薛伟贤和张娟（2010）依据互惠共生理论，分析了高技术企业技术联盟互惠共生关系成立的条件，并利用杂合遗传算法构建高技术企业技术联盟合作伙伴选择模型，筛选出了有助于实现联盟互惠共生的合作伙伴。

2.3.3.4 其他领域

除此之外，共生在其他领域中的应用也逐步得到拓展，如营销、区域经济合作等。Adler（1966）首次在合作战略研究中提出共生市场的概念，在《共生营销》中指出共生市场这一术语用于公司之间的合作，并不是指传统的市场经营者与市场媒介的关系。冷志明和张合平（2007）引入种群生态学中的共生理论，将参与区域经济合作的各方作为具有复杂相关关系的生态有机种群，通过分析区域经济合作的共生要素，提出了区域经济合作的运作机理和对策。陈晓红和顾海峰（2003）通过建立"共生性"商品的市场扩散模型，研究其市场扩散机制，描绘出市场扩散的动态规律。张旭（2004）从共生角度分析了城市可持续发展问题，建立了城市内部与城市之间的概念模型，认为城市共生模式多样化、不稳定。

综上，共生理论在经济社会领域中的应用及模式可如表 2-5 所示。

表 2 - 5　共生在经济社会领域的应用及模式分析一览表

运用领域	代表作者	共生模式分类	方法
工业生态	Frosch & Gallopoulos （1989）；Rosenthal & Galliard （1996）；Boyle & Baetz （1997）；Keckler & Allen （1999）；Hardy & Graedel （2002）；Ehrenfeld （2003）；王兆华（2002）；高伟（2006）；郭莉和苏敬勤（2005）；Salmi （2007）；张萌等（2008）；王曙光、李桂香、朱丽等（2013）；李春发和冯立攀（2014）；刘国山、徐士琴、孙懿文等（2014）	自主实体共生和复合实体共生；平等型、依托型、依赖型和单方获利型；依托型、平等型、嵌套型；主导型、对等型、复合型、虚拟型	案例研究；逻辑斯蒂增长模型；演化博弈；数值模拟
企业管理（中小企业与大企业、企业集群、银企共生、制造业与生产性服务业、合资企业等）	Varadarajan & Rajaratnam （1986）；Bonaccorsi （1992）；Murray B. L （1997）；Jocl. A. C. （1995）；斯蒂格利茨（1998）；Geroski P. A （2001）；袁纯清（1998）；吴飞驰（2000）；徐学军等（2006，2008，2009）；王子龙等（2006）；王宇露等（2008）；张敬峰和周守华（2013）；吴勇民等（2014）	卫星式和网站式；中心型、金字塔型、多中心型、嵌套型；对称；依赖共生和非对称依赖共生	问卷调查访谈，回归分析，逻辑斯蒂增长模型
技术创新	Praveen A. （1995）；Esben S. A （1999）；聂荣等（2006）；生延超（2008）；于惊涛等（2008）；薛伟贤和张娟（2010）	网络式及辐射式	实证研究
其他领域（共生营销、区域经济合作、商品市场扩散、城市等）	Adler （1966）；冷志明和张合平（2007）；陈晓红和顾海峰（2003）	无	定性分析为主

资料来源：作者依据所阅读的文献归纳整理而得。

2.4　对现有研究的评述

　　已有的研究使用一些实证的研究方法分析了制造业与生产性服务业的关系、物流业与制造业之间的关系、物流业与经济增长的关系，为后期的研究提供了一些思路和方法，但它们均是从比较宏观的角度分析了制造业与生产性服务业的关系、制造业与物流业之间的关系，而没有深入地分析生产性服务业中物流业与制造业之间的关系，以及物流业与制造业如何实现联动发展等问题。本书正是建立在已有研究的基础上得出本书重点要探讨和解决的几个问题。

（1）已有研究对制造业与物流业联动发展的研究主要是从定性的角度分析这两者之间的关系、存在的问题以及对策等，并没有对两者联动的问题进行系统的陈述和总结，本书拟在产业共生理论的框架下建立两者联动发展的共生系统，具体包括对制造业与物流业联动发展系统中共生单元、共生模式以及共生环境的分析，尤其是对制造业与物流业联动发展共生模式的分析。

（2）已有的研究并没有系统地对制造业与物流业联动发展的机理展开分析，本书拟从更深层次探讨制造业与物流业联动发展的内在机理，从产业共生的内涵出发，运用数理模型分析制造业与物流业联动发展的机理，包括自组织演化、共同进化、合理分工及合作竞争四大方面。其中自组织演化机理中主要运用协同学哈肯模型进行分析，共同进化中主要运用种群生态学模型进行分析，合理分工中主要运用中间产品模型进行分析，合作竞争中主要运用演化博弈理论进行分析。

（3）已有的研究对制造业与物流业联动发展的模式仅仅停留在定性分析的基础上，没有将其上升到一定的理论高度。本书拟从产业生态 Logistic 模型和 Volterra 模型的角度出发分析制造业与物流业联动发展的模式及其达到稳定性的条件，具体包括偏利共生、非对称性互惠共生及对称性互惠共生，并通过数值模拟分析参数的变化对每一种共生模式稳定性解的影响。

（4）已有的研究主要是运用 VAR 模型对制造业与物流业对彼此的贡献程度进行分析，但无法得出不同地区具体在什么时间可以达到对称性互惠共生模式。本书将结合共生理论的含义，运用共生度测算制造业与物流业对彼此的共生程度，在此基础上拟合曲线方程，从而找出不同地区从非对称性互惠共生向对称性互惠共生模式过渡所需要的时间。

（5）已有的研究要么单纯地从宏观的角度对制造业与物流业之间的关系进行分析，要么从微观企业的角度分析制造企业如何与第三方物流公司建立合作关系，较少有文献将两者结合起来。本书将从宏观层面入手，逐步深入，过渡到微观层面，分析制造业与物流业联动发展模式的演化。宏观层面上的分析包括不同综合经济区制造业与物流业联动发展模式的差异，微观层面上的分析主要以宝供和宝洁为例，分析两者在联动发展过程中模式的演化过程。

（6）已有的研究较少对两业联动发展的效率进行评价，本书将在构建制造业与物流业联动发展系统的基础上，分别探讨制造业子系统与物流业子系统的运作效率，在此基础上，综合探讨八大综合经济区联动发展的效率并分析影响其效率值高低的因素。

制造业与物流业联动发展：
一个共生系统

3.1　制造业与物流业联动发展共生系统概述

根据共生的概念，共生包含三个要素：共生单元、共生模式和共生环境。任何共生关系都是共生单元、共生模式和共生环境相互作用的结果。共生单元是指构成共生体或共生关系的基本能量生产和交换单位，它是形成共生体的基本物质条件。共生模式也称共生关系，是指共生单元相互作用的方式或相互结合的形式。它既反映共生单元之间作用的方式，也反映作用的强度；既反映共生单元之间的物质信息交流关系，也反映共生单元之间的能量互换关系。良好的共生模式具有优化共生界面、扩大共生单元之间的共生度、加强共生效应等功能。

共生单元之间的关系及相互作用是在一定的环境中产生和发展的，共生单元以外的所有因素的总和构成共生环境，如政策环境、经济环境、社会环境、技术环境、资源环境、市场环境及文化环境等。我们将共生单元在一定的共生环境中按某种共生模式形成的系统称为共生系统。共生系统的进化问题是共生理论研究的核心问题之一。在这些共生系统中存在共生环境 E、共生单元 U 和共生模式 M 之间的差异，共生单元之间形成的共生关系由共生模式反映出来，共生模式表示了共生单元之间是何种共生关系。

制造业与物流业联动发展这一共生系统中的共生单元包括产成品的制造企业、零部件生产配套商、物流业等，共生关系主要通过共生单元之间的共生度以及共生模式得到体现，共生环境则泛指共生单元所处的外部环境。在制造业与物流业联动发展的共生系统中存在多层次的共生关系，既有制造业生产子系统与物流业、零配件供应子系统之间的共生关系，也有企业与企业之间的共生关系、企业与其他机构的共生关系，甚至在企业内部也存在多层次的共生关系。

如图 3－1 所示，E_1，E_2，…，E_i 表示共生环境，U_1，U_2 表示共生单元，其共生模式用 M_1，M_2，…，M_i 表示，共生模式的选择由共生单元之间的共生度决定。共生单元是基础，共生环境是条件，共生关系是关键。

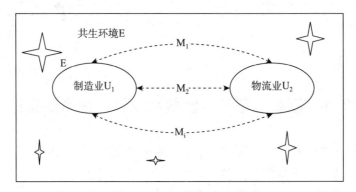

图 3－1　制造业与物流业联动发展共生系统三要素关系图

3.2　制造业与物流业联动发展的共生要素分析

3.2.1　制造业与物流业联动发展的共生单元分析

在制造业与物流业的联动发展中，共生单元所处物流系统的层次和本身的性质与特征各不相同，必然影响共生分析的思路和方法的选择，其中反映共生单元特征的两个参数是质参量和象参量。质参量反映共生单元的内在性质，对任何共生关系中的共生单元而言，都存在一组质参量，它们共同决定共生单元的内部性质，在这一组质参量中，各个质参量的地位不同，而且是变化的。对制造业与物流业联动发展系统而言，纵向共生单元的质参量主要包括：物流服务、服务质量、技术含量、集成程度；横向共生单元质参量包括：物流需求的性质（投入产出）、产业关联度、交易性质、物流产品性质、物流产品特征、包装、产品服务化程度、产品的定价等。在特定的时空条件下，众多的质参量中往往有一个质参量起主导作用，我们称之为主质参量，主质参量对共生关系的形成具有关键作用。制造业与物流业之间的质参量决定着共生单元的性质，双方的质参量能够兼容是制造业与物流业能够达到联动发展共生系统的必备条件之一。象参量反映共生单元的外部特征，共生单元的象参量也不是唯一的，一个共生单元往往存在一组象参量，这组象参量从不同的角度反映共生单元的外部特征，比如企业的规模、企业文化、企业的公众形象等。

在制造业与物流业的联动发展中，其共生单元包括物流价值链上的企业、物流的需求主体——制造企业，而这两者又处于一种相辅相成的关系中。不论是制造业子系统还是物流业子系统的发展最终都将通过一些投入产出指标得到体现。为了与后文的效率分析相连贯，同时考虑到数据的可获得性，本书认为制造业与物流业联动发展过程中包含着制造业与物流业两大子系统，同时这两大子系统的质参量又都是由投入和产出指标构成的，具体如表3-1所示。以下将结合表3-1分别对这两个共生单元做定量的描述性分析。

表 3-1　制造业与物流业的相应投入产出指标

制造业子系统的质参量	投入指标	制造业固定资产投资总额（亿元）
		规模以上工业企业全部从业人员年平均数（万人）
		规模以上工业企业单位数（个）
	产出指标	工业增加值（亿元）
		规模以上工业企业主营业务收入（亿元）
		规模以上工业企业利润总额（亿元）
物流业子系统的质参量	投入指标	物流业固定资产投资总额（亿元）
		物流业从业人员数（万人）
		公路里程数（万公里）
		民用载货汽车数量（万辆）
	产出指标	物流业增加值（亿元）
		货运量（万吨）
		货物周转量（亿吨公里）

3.2.1.1　制造业主要指标分析

经过改革开放三十几年的快速发展，我国制造业发展不仅在量上有了很大程度的积累，同时制造业的竞争力在不断提升。

（1）制造业规模迅速积累，效益显著提高

改革开放三十几年来，我国制造业在规模不断壮大的同时，经营效益也在显著提高。从工业增加值来看，1978~2013 年我国工业增加值处于不断上升的趋势，1978 年为 1607.0 亿元，2013 年为 210689.4 亿元，2013 年的工业增加值相当于 1978 年的 131.11 倍，年均增长 14.95%，说明我国改革开放以来工业发展水平有了大幅度的提升。从工业增加值占 GDP 的比重来看，其在波动中不断下降，1978 年为 44.1%，2013 年仅为 37.0%，说明我国已经逐步调整了工业的发展战略，更加突出结构的调整优化升级（见表3-2、图3-2、图3-3）。

表 3-2　1978~2013 年制造业与物流业增加值指标分析

年份	工业增加值（亿元）	物流业增加值（亿元）	国内生产总值（亿元）	工业增加值占 GDP 比重（%）	物流业增加值占GDP比重（%）	工业增加值增长率（%）	物流业增加值增长率（%）
1978	1607.0	182.0	3645.2	44.1	5.0	—	—
1979	1769.7	193.7	4062.6	43.6	4.8	10.12	6.43
1980	1996.5	213.4	4545.6	43.9	4.7	12.82	10.16
1981	2048.4	220.7	4891.6	41.9	4.5	2.60	3.44
1982	2162.3	246.9	5323.4	40.6	4.6	5.56	11.85
1983	2375.6	274.9	5962.7	39.8	4.6	9.86	11.38
1984	2789.0	338.5	7208.1	38.7	4.7	17.40	23.12
1985	3448.7	421.7	9016.0	38.3	4.7	23.65	24.58
1986	3967.0	498.8	10275.2	38.6	4.9	15.03	18.29
1987	4585.8	568.2	12058.6	38.0	4.7	15.60	13.93
1988	5777.2	685.7	15042.8	38.4	4.6	25.98	20.66
1989	6484.0	812.7	16992.3	38.2	4.8	12.23	18.52
1990	6858.0	1167.0	18667.8	36.7	6.3	5.77	43.59
1991	8087.1	1420.3	21781.5	37.1	6.5	17.92	21.70
1992	10284.5	1689.0	26923.5	38.2	6.3	27.17	18.92
1993	14188.0	2174.0	35333.9	40.2	6.2	37.95	28.72
1994	19480.7	2787.9	48197.9	40.4	5.8	37.30	28.24
1995	24950.6	3244.3	60793.7	41.0	5.3	28.08	16.37
1996	29447.6	3782.2	71176.6	41.4	5.3	18.02	16.58
1997	32921.4	4148.6	78973.0	41.7	5.3	11.80	9.69

续表

年份	工业增加值（亿元）	物流业增加值（亿元）	国内生产总值（亿元）	工业增加值占GDP比重（%）	物流业增加值占GDP比重（%）	工业增加值增长率（%）	物流业增加值增长率（%）
1998	34018.4	4660.9	84402.3	40.3	5.5	3.33	12.35
1999	35861.5	5175.2	89677.1	40.0	5.8	5.42	11.03
2000	40033.6	6161.0	99214.6	40.4	6.2	11.63	19.05
2001	43580.6	6870.3	109655.2	39.7	6.3	8.86	11.51
2002	47431.3	7492.9	120332.7	39.4	6.2	8.84	9.06
2003	54945.5	7913.2	135822.8	40.5	5.8	15.84	5.61
2004	65210.0	9304.4	159878.3	40.8	5.8	18.68	17.58
2005	77230.8	10666.2	184937.4	41.8	5.8	18.43	14.64
2006	91310.9	12183.0	216314.4	42.2	5.6	18.23	14.22
2007	110534.9	14601.0	265810.3	41.6	5.5	21.05	19.85
2008	130260.2	16362.5	314045.4	41.5	5.2	17.85	12.06
2009	135239.9	16727.1	340902.8	39.7	4.9	3.82	2.23
2010	160722.2	19132.2	401512.8	40.0	4.8	18.84	14.38
2011	188470.2	22432.8	473104.0	39.8	4.7	17.26	17.25
2012	199670.7	24660.0	519470.1	38.4	4.7	5.94	9.93
2013	210689.4	27282.9	568845.2	37.0	4.8	5.52	10.64

资料来源：工业增加值、物流业增加值以及国内生产总值数据来源于《中国统计年鉴》(2014)，工业增加值占 GDP 比重、物流业增加值占 GDP 比重根据前三列数据计算而得。制造业作为工业最为核心也是最重要的产业，其产值占了工业产值的 90% 以上，考虑到统计数据的可得性，这里以工业增加值的数据来反映制造业发展变化的情况。下同。

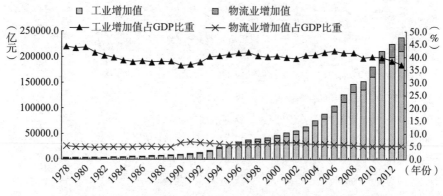

图 3 - 2 1978 ~ 2013 年工业增加值与物流业增加值变动趋势图

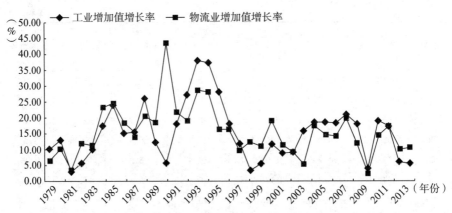

图 3 - 3　1978～2013 年工业增加值增长率与物流业增加值增长率变动趋势图

（2）制造业固定资产投资总额持续增长

从制造业固定资产投资总额来看，1998 年为 5544.74 亿元，占全社会固定资产投资总额的 19.52%，随着经济的增长，制造业固定资产投资总额有了较大幅度的提升，除了 1999 年有所下降，其他年份均有较大幅度的提升，2013 年的制造业固定资产投资总额是 1998 年的 26.64 倍，同样制造业固定资产投资总额占全社会固定资产投资总额的比重有所上升，1998 年为 19.52%，到了 2013 年为 33.10%（见表 3 - 3、图 3 - 4）。

表 3 - 3　1998～2013 年制造业与物流业固定资产投资总额分析

单位：亿元，倍，%

年份	物流业固定资产投资总额	制造业固定资产投资总额	全社会固定资产投资总额	物流业固定资产投资总额占全社会固定资产投资总额比重	制造业固定资产投资总额占全社会固定资产投资总额比重	制造业与物流业固定资产投资总额比	物流业固定资产投资总额增长率	制造业固定资产投资总额增长率
1998	5422.29	5544.74	28406.17	19.09	19.52	1.02	—	—
1999	5587.56	5274.96	29854.71	18.72	17.67	0.94	3.05	-4.87
2000	5898.61	5904.81	32917.73	17.92	17.94	1.00	5.57	11.94
2001	6631.54	7354.52	37213.49	17.82	19.76	1.11	12.43	24.55
2002	6818.78	9343.25	43499.91	15.68	21.48	1.37	2.82	27.04
2003	6289.40	14689.50	55566.61	11.32	26.44	2.34	-7.76	57.22
2004	7646.20	19585.50	70477.43	10.85	27.79	2.56	21.57	33.33

续表

年份	物流业固定资产投资总额	制造业固定资产投资总额	全社会固定资产投资总额	物流业固定资产投资总额占全社会固定资产投资总额比重	制造业固定资产投资总额占全社会固定资产投资总额比重	制造业与物流业固定资产投资总额比	物流业固定资产投资总额增长率	制造业固定资产投资总额增长率
2005	9614.00	26576.00	88773.61	10.83	29.94	2.76	25.74	35.69
2006	12138.10	34089.50	109998.16	11.03	30.99	2.81	26.25	28.27
2007	14154.00	44505.10	137323.94	10.31	32.41	3.14	16.61	30.55
2008	17024.40	56702.36	172828.40	9.85	32.81	3.33	20.28	27.41
2009	24974.70	70612.90	224598.77	11.12	31.44	2.83	46.70	24.53
2010	30074.50	88619.20	278121.85	10.81	31.86	2.95	20.42	25.50
2011	28291.70	102712.85	311485.13	9.08	32.98	3.63	-5.93	15.90
2012	31444.90	124550.04	374694.74	8.39	33.24	3.96	11.15	21.26
2013	36790.10	147704.96	446294.09	8.24	33.10	4.01	17.00	18.59

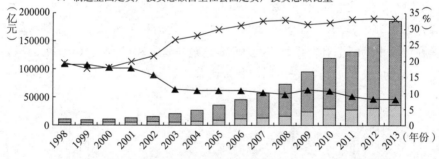

图3-4 1998~2013年制造业与物流业固定资产投资总额变动趋势

3.2.1.2 物流业主要指标分析

（1）物流业增长势头强劲

从物流业增加值来看，我国物流业增加值呈不断上升的趋势，1978年为182亿元，2013年为27282.9亿元，2013年是1978年的149.91倍，年均增速为15.39%，物流业增长速度略快于制造业的增长速度。但物流业增加值占GDP的比重从1978年的5.0%调整为2013年的4.8%，在波动中略有下降。但物流业增加值均远远地低于工业增加值，1978年工业增加值/物流业增加值比例为8.8，之后略有上升，1980年为9.4，之后又在波动中有所下降，1991年为5.7，为历史最低值。从工业增加值增长率和物流业增加值增长率来看，工业增加值增长率快于物流业增加值增长率的年份共有19年，而物流业增加值增长率快于工业增加值增长率的年份有16年。但两者呈现出相似的变动走向。

（2）物流业固定资产投资总额不断上升

从物流业固定资产投资总额来看，1998年总额为5422.29亿元，占全社会固定资产投资总额的19.09%，随着经济的增长，物流业的固定资产投资总额也在不断地提升，到了2013年为36790.1亿元，为1998年的6.78倍。物流业固定资产投资总额占全社会固定资产投资总额的比重则在波动中不断下降，到了2013年仅有8.24%。

从对比中还可以看出，制造业与物流业固定资产投资总额之比越来越大，1998年为1.02，到了2013年为4.01，这种投资比例关系导致我国物流业整体基础设施建设相对比较滞后。

（3）物流业其他发展指标变化情况

从图3-5中可以看出，全国货运量在波动中不断上升，1978年为319431万吨，之后略有下降，1982年起有所增加，1985年的增幅最大，高达119.35%，2013年为4098900万吨，年均增长7.56%。全国货物周转量在波动中不断上升，1978年为9928亿吨公里，2013年为168014亿吨公里，年均增长8.42%。全国民用载货汽车数量也在波动中不断上升，1978

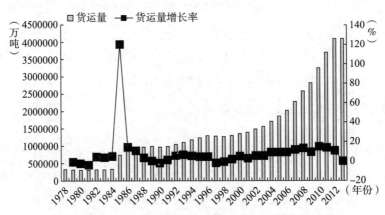

图3-5　1978～2013年我国物流业货运量变化趋势图

年为 100.17 万辆，2013 年为 2010.62 万辆，年均增长 8.95%（见图 3 - 6、图 3 - 7），详细的数据可参考附录 1。

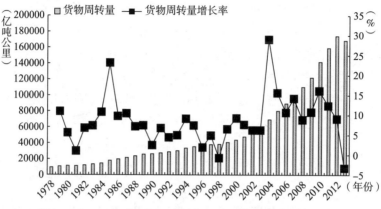

图 3 - 6　1978～2013 年我国物流业货物周转量变化趋势图

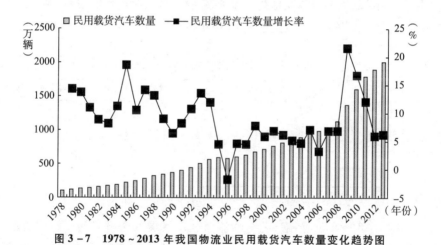

图 3 - 7　1978～2013 年我国物流业民用载货汽车数量变化趋势图

3.2.2　制造业与物流业联动发展的共生关系分析

共生关系也称为共生模式，指共生单元相互作用的方式或相互结合的形式，它既反映共生单元之间作用的方式，也反映作用的强度，既反映共生单元之间的物质信息交流关系，也反映共生单元之间的能量互换关系（袁纯清，1998）。James（1993）提出共生关系指两个共生单元为了提高各自对环境的适应能力，展开功能上的合作，从而形成的一种互为依存、优势互补、密切联系以及相互促进的关系。徐学军（2008）指出共生关系的外延包括合作的范围（如共生广度，指种类数）、合作的深度（共生的深度，指某种类型的合作规模）、合作的紧密程度（共生程度，即共生组织模式）以及利益的分配机制（利益分配的对称程度，指共生行为模式）。已有文献中，学者们对共生模式进行了不同的分类，如科勒瑞（Caullery，1952）和刘易斯（Lewlis，1973）定义了捕食、竞争、共生及寄生等生物种群间的不同相互关系，对共生模式做出了清晰的分类，包括互惠共生、偏利共生、偏害共生三种形式。Moshe Yanai（2004）、李辉（2008）指出按照双方的利害关系共生可分为：①偏利共生（Commensalism）；②原始合作，又称互惠；③互利共生（Mutualism）。袁纯清（1998）指出共生模式分两种：共生组织模式和共生行为模式，其中前者反映共生组织的共生程度，包括点共生、间歇共生、连续共生和一体化共生；后者反映共生行为的方式，分为寄生、偏利共生、非对称互惠共生和对称互惠共生四种模式。这种共生组织模式和共生行为模式又可以组合成 16 种状态，如表 3 - 4 所示：

表 3 - 4　共生系统的状态

	点共生（M_1）	间歇共生（M_2）	连续共生（M_3）	一体化共生（M_4）
寄生 P_1	S_{11}	S_{12}	S_{13}	S_{14}
偏利共生 P_2	S_{21}	S_{22}	S_{23}	S_{24}
非对称互惠共生 P_3	S_{31}	S_{32}	S_{33}	S_{34}
对称互惠共生 P_4	S_{41}	S_{42}	S_{43}	S_{44}

资料来源：袁纯清：《共生理论及其对小型经济的应用研究》，《改革》1998 年第 2 期。

如图 3 - 8 所示，在制造业与物流业联动发展共生模式初现端倪阶段，其对应的组合共生模式是寄生型点共生。其中，寄生一般不产生新的能量，存在寄主向寄生者的单向能量流动，点共生一般在某一特定时间共生单元具有一次性的共生作用，其界面具有随机性，且不稳定。在制造业与物流业联动发展共生模式的雏形阶段，其对应的组合共生模式为偏利型间歇共生。其中，偏利行为表现为一方获得新能量，即单赢模式，间歇式共生，即共生界面较不稳定。在制造业与物流业联动发展共生模式的发展阶段，其对应的组合共生模式为非对称互惠型连续共生。其中非对称互惠行为产生新能量且一方获得的利益大于另外一方，连续共生使系统比较稳

定，共生介质呈多样化且具有互补性。在制造业与物流业联动发展的共生
融合阶段，其对应的组合共生模式为对称互惠型一体化共生。其中对称互
惠行为使双方能建立多种交流机制，其产生的新能量，能够在共生单元之
间对称性分配，共生单元进化具有同步性，一体化共生，即共生单元全线
分工，具有稳定的共生界面和主导介质。

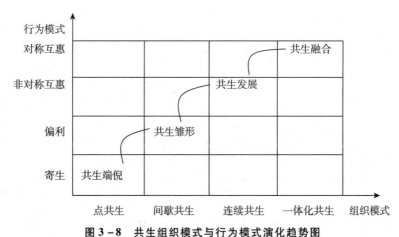

图 3－8　共生组织模式与行为模式演化趋势图

由于本书有专门章节重点探讨共生模式，因此，这里并没有详细
展开。

3.2.3　制造业与物流业联动发展的共生环境分析

制造业与物流业联动发展的共生环境是指二者的共生模式存在发展的
外来条件。共生单元以外所有因素的总和构成共生环境，包括其所对应的
市场环境和社会环境。制造业与物流业联动发展中可能面临着三种环境：
正向环境即对联动发展起到推动作用的环境，中性环境即对联动发展起中
性作用的环境，反向环境即对联动发展起阻挡作用的环境。共生环境既包
括政治环境、经济环境，也包括文化环境。其中政治环境主要体现为各项
政策措施，将为制造业与物流业的联动发展提供制度保障，本小节将重点
介绍政治环境。

这几年来，国家连续出台的一系列制造业与物流业联动发展的措施都
在一定程度上推动了制造业与物流业的联动发展（如表 3－5 所示）。

表 3 - 5　国家层面上促进制造业与物流业联动发展的相关政策

时间	发布部门	文件或者会议	内容
2004 年 8 月	国家发展和改革委员会	《关于促进我国现代物流业发展的意见》	采取有效措施促进现代物流业的发展，提出了鼓励工商企业将原材料采购、运输、仓储等物流服务业逐步分离外包①
2006 年 3 月 19 日	国务院	《中华人民共和国国民经济和社会发展第十一个五年规划纲要》	大力发展生产性服务业，其中现代物流作为生产性服务业的重要内容被单独强调②
2007 年 3 月 19 日	国务院	《国务院关于加快发展服务业的若干意见》	强调大力发展"面向生产的服务业，促进现代制造业与服务业有机融合，互动发展。优先发展运输业，提升物流业的专业化、社会化服务水平，大力发展第三方物流"③
2007 年 9 月 21 ~ 22 日	国务院	全国服务业工作会议	贯彻落实《国务院关于加快发展服务业的若干意见》
2007 年 9 月 25 日	国家发改委	首届全国制造业与物流业联动发展大会	物流企业要改进服务模式，积极参与供应面的管理。政府有关部门要加强调查研究，及时调整阻碍制造业物流业联动发展的有关政策，为联动发展创造宽松的环境④
2009 年 4 月 22 日	国务院	《物流业调整和振兴规划》	国家将加强指导和促进"制造业与物流业联动发展工程"，国家将"制定鼓励制造业与物流业联动发展的相关政策，组织实施一批制造业与物流业联动发展的示范工程和重点项目，促进现代制造业与物流业有机融合、联动发展"⑤
2009 年 10 月	国家发改委、云南省人民政府和中国物流与采购联合会	第二届制造业与物流业联动发展大会召开	进一步讨论两业实现联动发展的细节问题
2010 年 4 月	全国现代物流工作部际联席会议办公室	《关于促进制造业与物流业联动发展的意见》	进一步贯彻落实国务院《物流业调整和振兴规划》，促进制造业与物流业有机融合、联动发展，加快产业升级和发展方式转变⑥
2010 年 9 月	全国现代物流工作部际联席会议办公室	《关于开展制造业与物流业联动发展示范工作的通知》	明确了示范原则、示范内容和任务、示范企业（项目）的标准、申报要求和流程

续表

时间	发布部门	文件或者会议	内容
2011 年 12 月 15 日	国家发展改革委	第三届全国物流业与制造业联动发展大会在南京召开	继续发挥全国现代物流工作部际联席会议的作用，进一步加强部门间的综合协调。认真贯彻落实国务院《关于促进物流业健康发展政策措施的意见》。加强物流规划衔接和设施的有效利用。努力提高物流企业的服务能力。充分发挥两业联动示范企业的示范作用，加强引导，推动产业融合⑦
2012 年 8 月 7 日	国务院	《国务院关于深化流通体制改革加快流通产业发展的意见》	主要任务包括加快现代流通体系建设、积极创新流通方式、提高保障市场供应的能力、全面提升流通信息化水平、培育流通企业核心竞争力、大力规范市场秩序、深化流通领域改革开放⑧
2012 年 12 月 26 日	国务院	国务院常务会议	研究确定降低流通费用的 10 项政策措施，以落实《国务院关于深化流通体制改革加快流通产业发展的意见》⑨
2013 年 12 月 26 日	国家发改委、工信部、中国物流与采购联合会	第四届制造业与物流业联动发展大会	根据当前我国经济运行的基本态势和"两业"联动发展的重要意义，政府部门在营造外部环境上不断提升管理和服务水平。继续搭建企业对接平台，破解政策约束
2014 年 9 月 12 日	国务院	国务院常务会议	讨论通过了《物流业发展中长期规划（2014－2020）》，到 2020 年，要基本建立布局合理、技术先进、便捷高效、绿色环保、安全有序的现代物流服务体系，物流的社会化、专业化水平进一步提升，物流企业竞争力显著增强，物流基础设施及运作方式衔接更加顺畅，物流整体运行效率显著提高，全社会物流总费用与国内生产总值的比率由 2013 年的 18% 下降到 16% 左右，物流业对国民经济的支撑和保障能力进一步增强⑩

注：①《关于促进我国现代物流业发展的意见的通知》，发改运行〔2004〕1617 号，http://www.yongdatax.com/show.aspx? id = 1174&cid = 218。

②《中华人民共和国国民经济和社会发展第十一个五年规划纲要》，http://www.gov.cn/gong-bao/content/2006/content_268766.htm。

③《国务院关于加快发展服务业的若干意见》，国发〔2007〕7 号，http://www.gov.cn/zwgk/2007－03/27/content_562870.htm。

④《首届全国制造业与物流业联动发展大会召开》，http://china.cnr.cn/news/200709/t20070925_504579754.shtml。

⑤《国务院关于印发物流业调整和振兴规划的通知》，国发〔2009〕8号，http://www.gov.cn/zwgk/2009-03/13/content_1259194.htm。

⑥《关于促进制造业与物流业联动发展的意见》，中国物流与采购网，http://www.chinawuliu.com.cn/lhhkx/201004/22/128342.shtml。

⑦《第三届制造业与物流业联动发展大会在南京召开》，http://www.njdpc.gov.cn/zwxx/fwy/201112/t20111222_166400.html。

⑧《国务院关于深化流通体制改革加快流通产业发展的意见》，国发〔2012〕39号，http://www.gov.cn/zwgk/2012-08/07/content_2199496.htm。

⑨《国务院常务会议（2012年）》，中央政府门户网站，http://www.gov.cn/gjjg/2012-01/04/content_2036802.htm。

⑩《国务院关于印发物流业发展中长期规划（2014-2020）的通知》，国发〔2014〕42号，http://wenku.baidu.com/link? url = 65FL_7qUMHfqXP1ruEuk68xivnMx0NgfTYQnTsT4OoOp6gxXKTBOl37Pcx_2mZS1KkVCJ7F0RGcGxUll7z227dLgPYxVgXIJSIcKypQafa_。

同时，各级地方政府规划引导或以专项资金扶持等方式落实两业联动发展工程。其中，安徽、河南、福建、山东、浙江、青岛等地采取规划引导方式鼓励两业联动发展，而重庆、陕西等省市采取专项资金支持方式落实两业联动发展（如表3-6所示）。

表3-6　部分地区制造业与物流业联动发展的相关规划方案

地区	时间	文件	内容
安徽省	2011年10月25日	《关于促进物流业健康发展的实施意见（皖政办〔2011〕76号）》	支持物流企业全面参与制造企业供应链管理，制定鼓励制造业与物流业联动发展的政策措施，组织实施一批联动发展的示范工程和重点项目
河南省	2011年4月2日	《河南省现代物流业发展规划（2010-2015年）》《2011年推进物流产业发展工作方案》	加快制造业与物流业联动发展，支持制造业与第三方物流企业建立新型战略联盟，再造内部业务流程，剥离外包物流业务。制定完善促进物流业与制造业联动发展的政策措施，鼓励制造业企业剥离内部物流业务，对因剥离物流业务新增的地方税收部分，可由同级财政在三年内按一定比例奖励给原企业。选择30户工业企业开展内部物流业务剥离试点，选择30对制造业和物流业企业实施联动示范工程，及时总结经验，逐步扩大范围
福建省	2011年10月	《福建省"十二五"现代物流业发展专项规划》	大力推动制造业与物流业联动发展，推动10家百亿元重点制造企业物流业务外包，实现30家以上重点工业集中区的制造企业物流业务整体外包

续表

地区	时间	文件	内容
山东省	2010 年 8 月 9 日	《关于加快推动制造业与物流业联动发展的实施意见》	到 2015 年，重点扶持和培育 150 户省级企业物流管理中心、100 户为制造企业提供一体化服务的物流企业和 50 户为重点企业配套的专业化物流企业；通过优化制造企业供应链管理，将企业物流费用下降到占总成本的 10%，物流成本平均下降 12% 以上；制造企业中在不同环节、不同层次实行现代物流管理方法的企业比例提高到 85% 以上，运输、仓储等实施外包的企业比例达到 65% 以上。在产业集聚区和重要生产基地有针对性地规划、建设一批物流园区（中心），完善仓储、交易、配送、金融、信息等服务功能，为产业集群提供集成化、专业化、一体化的物流服务，形成商流、物流、信息流、资金流的有机结合，提升企业和产业集群竞争力
浙江省	2011 年 7 月 20 日	《关于印发浙江省十二五物流业发展规划的通知》（浙政发〔2011〕41 号）	在大宗商品交易平台、集疏运网络、金融和信息支撑系统"三位一体"港航物流服务体系建设、制造业与物流业联动发展和城乡物流配送网络建设上取得突破，带动全省物流业快速协调发展
湖南省	2014 年 10 月 16 日	制造业与物流业联动对接会暨专题培训班召开	以"加快两业联动发展，助推经济转型升级"为主题，37 个单位签署了 19 个合作协议
青岛市	2011 年 7 月 24 日	《青岛市"十二五"现代物流业发展规划》	到 2015 年，青岛市将打造成为服务山东、辐射周边、面向世界的东北亚国际物流中心，全市物流业增加值将达到 1000 亿元。《规划》还提出了积极实施多式联运和转运设施、制造业和物流业联动发展等七项工程
济南市	2014 年 11 月 13 日	《济南市关于加快制造业与物流业联动发展的实施意见》	出台 8 项举措促进制造业与物流业的联动发展：同等条件下优先扶持、鼓励企业合作做强本地第三方物流，对制造业集聚区的物流功能进行整合等
重庆市	2011 年 8 月	《重庆市物流业发展专项资金管理暂行办法》《2011 年物流业发展专项资金总体安排使用方案》	制造业与物流业联动发展项目可以作为重点项目进行申报，入选的重点项目将获得投资补助
陕西省	2010 年 1 月 12 日	开展了制造业与物流业联动发展示范工作	做出通过建立物流信息平台及物流网络等提高陕西省物流发展水平的决策

资料来源：根据网络上公布的相关资料整理汇总而得。

3.2.4 制造业与物流业联动发展的共生界面分析

共生界面是共生单元之间联系和连接的方式，是传递共生单元之间物质、信息等共生能量的媒介、通道或者载体，是共生系统得以运行的重要基础。广义上的共生界面实际上是指制造业与物流业联动发展所处的整个社会及经济环境，狭义上的共生界面是指对两者联动发展的模式、效率以及稳定性产生作用的经济法律制度等。共生界面的特征包括单元能量配置、信息传递、介质类型、成本阻尼等（易志刚和易中懿，2012）。通过这种界面，共生单元之间才能够进行正常的物质、信息和能量的交流。共生界面越多，接触面越大，接触介质越畅通，交流的阻力就越小。

3.2.4.1 信息技术——制造业与物流业联动发展的平台

信息技术的发展、专业化分工和合作竞争等都会导致制造业与物流业之间联动发展水平的提高。交通通信技术的进步使网络关系超越了地理空间的限制，产品销售可以通过互联网进行。一些企业发展壮大后，将一些中间环节内部化，建立起自己的营销网络，减少了对专业市场的依赖，还有一些企业之间出现了多种形式的合作关系，不必通过专业市场销售产品。2007 年，中国的制造商进行了大规模的信息技术应用投入。根据有关资料，国家"十一五"制造业信息化科技工程计划投资 50 亿元，2007 年已经开始支持制造业的信息化实践。2007 年，中石油等大型企业 ERP 系统成功上线，GPS、RFID 等一批物流设备广泛应用于神华、宝钢、上海华谊等企业。

目前，我国企业的物流技术水平远远落后于发达国家，许多企业由于资金不足，在物流信息设施上投入不足，设施老化、物流作业手段落后等问题，导致物流作业效率低下，费时费力，生产经营成本居高不下。许多企业的信息化建设滞后，企业电子化水平低，导致信息加工和处理手段落后，远远不能满足企业和顾客的要求。

3.2.4.2 供应链金融——制造业与物流业联动发展的共生介质

供应链金融（SCF）是物流与金融相结合的产物，指的是商业银行对一个产业链中的单个企业或上下游多个企业提供全面金融服务，以促进供应链核心企业及上下游配套企业生产、供应、销售链条的稳固和顺畅流转，并通过金融资本与实业经济的协作，构筑商业银行、企业和商品供应链互利共存、持续发展的产业生态。供应链金融涉及3个主体：物流企业、客户和金融机构。其中物流企业是在供应链金融中提供质押物的物流服务和资产管理服务的载体，是银企合作的桥梁和纽带。客户包括核心企业及与其构成供应链联盟的上下游企业和最终用户。金融机构指的是以商业银行为主的能够提供资本的机构。金融机构可以与物流企业合作，针对客户的财务运营特点和资金流动规律，进行相应的信贷、结算以及保证业务。金融机构还可以根据物流企业的规模、经营业绩、运营状况、资产负债比例以及信用程度，授予物流企业一定的信贷额度，开展更加灵活的质押贷款服务。

供应链金融服务的开展，解决了资金需求方企业的融资问题，物流企业借此加深与供应链的合作，提高了自身的竞争能力并从中获利，金融机构则在贷款等业务中得利。因此，这一关系体现出了供应链金融在制造业与物流业联动发展中的介质作用。供应链金融在共生界面中承担了对供应链的物质流、信息流和资金流的整合作用，使二者之间的交流途径更为通畅。如图3-9所示，制造企业借助供应链金融可以避免资金流断裂，加速资金的流动，提高资金运作效率，提升企业价值。对物流企业而言，物流与金融的一体化使资金与物流联系更加紧密，互相协作，互相促进，将有限的资金合理、科学、高效地利用好，更好地为物流服务。这种多方获益、相互促进、共同发展的作用，正是物流企业与制造企业联动共生发展下对共生介质的要求。

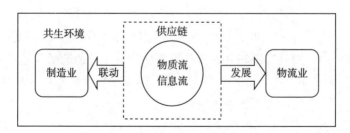

图3-9 供应链金融在制造业与物流业联动发展中的共生介质作用

3.3 制造业与物流业联动发展的共生原理

制造业与物流业联动发展的共生原理反映了制造业与物流业联动发展

系统形成与发展中的一些内在的必然的联系，是共生系统赖以形成和发展的基本规则。

3.3.1 质参量相互融合原理

一个共生系统中共生单元的质参量之间可以相互融合，即质参量之间能够相互表达，而系统中质参量相互表达的方式决定了共生模式的特点。

质参量相互融合原理是对制造业与物流业联动发展共生单元本质属性的刻画，用以判断共生单元以何种模式相互促进发展，实现最优的组合，从而达到帕累托最优。

质参量相互融合的方式会随着共生单元性质的变化而变化，随着质参量相互表达方式的变化，共生单元的共生模式也会发生相应的变化。

3.3.2 共生能量生成原理

共生能量反映的是共生单元、共生模式以及共生环境相互作用所产生的效果，用 E 来表示制造业与物流业联动发展共生系统所产生的总能量，E_M 表示制造业在非共生条件下单独产生的能量，E_L 表示物流业在非共生条件下产生的能量，共生条件下二者新增加的能量为 E_S，则总能量 $E = E_M + E_L + E_S$。

当 $E_M = E_L = 0$，$E > 0$ 时，制造业与物流业在单独存在条件下不能生存，只有在共生条件下才能生存。

当 $E_M > 0$，$E_L > 0$，$E_S > 0$，$E > 0$ 时，制造业与物流业在各自独立的条件下都能生存，二者在相互共生的条件下能够产生额外的能量。

当 $E_M > 0$，$E_L > 0$，$E_S = 0$，$E > 0$ 时，制造业与物流业在各自独立的情况下能够生存，同时二者在共生条件下不能产生额外的能量。

当 $E_M > 0$，$E_L > 0$，$E_S = 0$，$E = 0$ 时，制造业与物流业在各自独立的情况下都能生存，但二者不能共生发展。

只要 $E_S \geq 0$，两个共生单元的共生关系就可以维持。

共生能量生成原理表明，共生体系要获得更快的繁殖和发展，就必须改进共生界面，减少共生界面的阻力，减少成本，另外，共生单元之间的共生度越高，共生能量也就越大，反之越小。共生能量的产生随共生密度的增加呈倒 U 形分布，刚开始共生能量随着共生密度的增加而增加，随后，当共生密度达到一定数值后，系统会产生拥挤效应，此时共生能量会慢慢递减。

3.3.3 共生界面选择原理

制造业与物流业联动发展共生界面的形成取决于共生单元的性质及特点，不同的共生单元发展模式会形成不同的功能性共生界面。共生界面是保证共生系统中物质、信息以及能量顺利交流的媒介。共生界面选择原理分为两部分，一种是对共生单元的数量和质量的选择，一种是对共生能量使用的选择。

3.3.4 共生系统相变原理

共生系统相变是指从一种状态变为另一种状态的变化规律。其中共生利润分配的非对称性、共生利润的不匹配使用以及共生度的使用是影响共生系统的相变因素。

3.3.5 共生系统进化原理

共生进化是共生系统的本质特征，共生系统的进化是共生理论研究的核心问题之一。生物学研究表明，对称性互惠共生是生物界进化的根本法则，控制着生物个体的生存和繁衍。人类社会的发展同样遵循着这一法则。

4

制造业与物流业联动发展的
机理分析：自组织演化

4.1　自组织理论及应用

协同学是 20 世纪 70 年代初联邦德国物理学家哈肯创立的，是探讨大量子系统组成的系统在什么条件下产生相变以及相变的规律和特征的一门新兴学科。协同学认为千差万别的系统尽管属性不同，但在整个大环境中，各个系统彼此之间通过物质流、信息流和能量流存在相互影响、相互合作的关系。在复杂的大系统中，各个子系统相互协作、共享业务行为和特定的资源会产生超越各要素自身单独作用的整体效应，即协同效应。在系统演化过程中，并非所有的参量都对系统演化起到相同的作用，只有子系统协同合作的序参量才能起决定作用。系统具有多层次性、开放性以及动态性的特点。自组织理论是协同学的核心理论，研究系统内部的演化机制。自组织理论强调，具备耗散结构是系统演化的重要前提，如果开放系统内部各个子系统和各要素之间的相互作用满足非线性、远离平衡态，那么在涨落的诱发下系统便可能进入自组织状态，不断地结构化、层次化，从无序走向有序，从较低有序走向较高有序（章凯，2003；范明和汤学俊，2004）。产生自组织现象一般需满足如下条件：（1）开放性，（2）远离平衡态，（3）非线性，（4）突变，（5）涨落，（6）正反馈。

系统自组织理论在现有的研究过程中主要运用于技术创新、产业和经济系统演化。Nelson 和 Winter（1982）在《经济变革进化论》中奠定了创新研究的进化论学派基础，Ziman（2000）进一步阐述了技术创新的进化论思想。李久鑫和郑绍濂（2000）运用组织与自组织理论解释当代高技术企业的运行特性。秦书生（2004）指出自主性是技术创新系统自组织进化的内在灵魂。艾仁智（2005）将其运用于城市商业银行发展的内在机理分析中。毛荐其和杨海山（2006）从进化论的视角探讨技术创新问题，认为技术创新的发生是其底层因子如知识、信息、智力及其与市场、人文、社会和制度协同进化的过程。刘希宋（2009）阐述了企业知识创新系统的自组织演进的过程，朱晓娜和袁望冬（2009）对自主创新的自组织性进行了研究。

哈肯模型提出了序参量的概念，为描述系统的自组织过程提供了便利的方法，其在现有的研究中也得到了广泛的应用。郭莉等（2005）运用自组织理论中的哈肯模型建立产业生态系统演化过程，找出了产业生态系统演化的序参量。赵玉林和魏芳（2007）建立了高技术产业化过程的演化方程，结果发现开发投入强度是高技术产业化过程中的序参量。武春友（2009）从城市再生资源系统的演化机理出发，运用哈肯模型建立了城市再生资源系统的演化方程。熊斌和葛玉辉（2011）在哈肯模型的基础上建立了科技创新团队系统演化方程，并选取团队创新力和协同力作为关键状态变量，对科技创新团队系统的演化机制进行了分析。夏青（2013）构建了现代服务业演化趋势函数，得出劳动生产率代表了技术进步和创新，是现代服务业中起主导作用序参量的结论。孙玉涛和刘凤朝（2014）运用哈肯模型研究发现，国家节点的技术创新能力是跨国技术流动网络演化的关键变量。本章将尝试运用自组织理论和哈肯模型对制造业与物流业联动发展的自组织特性进行实证检验。

4.2　制造业与物流业联动发展共生系统的自组织特性

制造业与物流业联动发展的自组织演化系统是指制造业与物流业在联动发展过程中，在两者远离平衡态的非线性范围内，与外部的共生环境不断地进行着物质与能量的交换，当外界的条件达到一定的阈值时，两者联动发展的系统将从无序的混乱状态经过自组织演化成为一种新的有序状态。设制造业与物流业两个系统分别为 S_M 和 S_L，在两者相互关联的作用力

F 作用下形成复合系统 S，当

$$E(S) = E(F(S_M, S_L)) > E(S_M) + E(S_L) \qquad (4-1)$$

时［其中，E（·）为系统效能输出函数］，则称制造业与物流业的联动发展中体现出明显的协同性。

这一联动发展在本质上体现出的是两者之间的协同关系，这种系统内部各个子系统之间的相互协同关系可以使整个系统从无序走向有序，从而出现序参量。[①] 序参量之间的合作和竞争，最终导致只有少数序参量支配系统进一步走向协同和有序。制造业与物流业联动发展系统产生自组织机制和过程必须具备以下这些基本条件。

（1）系统的开放性——制造业与物流业联动发展的前提

系统开放即系统能够不断地同外部环境进行物流、能量和信息的交换。制造业与物流业联动发展必然要求这一系统能与外界进行物质、信息和能量的交换。如果一个系统是孤立的，外界的原料、资金和信息等都不能流入，自身的能量也不能传递到外部，这一系统最终必然崩溃。这里的外部环境包括政策环境、政府行为、法律法规、信息技术、市场需求变动等。**从而可以看出制造业与物流业联动发展共生系统形成的一个必要条件是：制造业与物流业至少能生成一个共生界面，[②] 而且制造业与物流业可以同时在共生界面内自主活动。**

利用系统动力学 Venism 软件，将制造业与物流业联动发展中的质参量与象参量引入系统动力学中，结合共生单元与共生环境的关系，可以对制造业与物流业之间联系的路径给出具体的路线，如图 4-1 所示，其中的"+"或者"-"表示制造业与物流业之间影响的方向。"+"表示促进

---

① 序参量是苏联著名理论物理学家朗道在研究平衡相变时首先提出来的，是针对系统相变后和相变前相比出现的宏观上的物理性能或结构而言的，是描述系统有序程度的物理变量，用序参量的变化来反映系统从无序到有序的转变，序参量一旦形成，将会支配或者役使系统的子系统，从而主宰系统整体的演化过程。

② 借鉴袁纯清（1998）的观点，共生界面指共生单元之间接触的方式，即共生单元之间物质、能量和信息进行传导的媒介、通道和载体，它是共生关系形成和发展的基础，具有物质交流功能、信息传输功能和能量传导功能。这些共生界面功能的实现需要依靠共生介质，不同的共生介质发挥着不同的作用，反映出共生单元之间不同的关系。因此，共生介质是共生单元相互作用的媒介，而所有共生介质功能综合集中的反应是共生界面。后文中共生界面、共生介质的概念与此同。

作用，"－"表示阻碍作用。

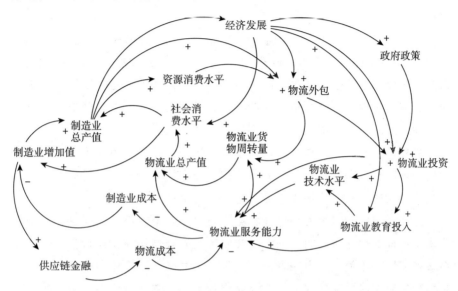

图 4 - 1　制造业与物流业联动发展的开放性系统

从图 4 - 1 可以看出，在制造业与物流业联动发展的共生系统中，存在制造业与物流业这两大共生单元，在外部共生环境（政策、法律、金融、教育等）的参与下，两者存在内在的紧密联系。

路径 1：制造业总产值的增加→资源消费量增加→物流业外包量增加→物流业投资额增加→ 物流业教育投入增加/物流业技术水平提高→ 物流业服务能力提高→ 物流业总产值增加→ 社会消费能力提高→制造业总产值增加。

路径 2：制造业总产值增加→社会经济发展→ 政府政策支持→ 物流业投资增加→物流业教育投入增加/物流业技术水平提高→物流业服务能力提升→制造业成本降低→制造业增加值增加→制造业总产值增加。

路径 3：制造业总产值增加→资源消费增加→物流外包增加→物流业货运量增加→物流业服务能力提高→ 物流业收入提高→ 社会消费水平提高→制造业总产值增加。

路径 4：制造业增加值增加→ 供应链金融发展→ 物流业成本降低→物流业服务能力提升→制造业成本降低→制造业增加值增加。

路径 5：制造业增加值增加→ 供应链金融发展→物流业成本降低→物

流业服务能力提升→物流业收入增加→社会消费增加→制造业增加值增加。

（2）系统的非线性——制造业与物流业联动发展的根本依据

从图4-1还可以看出，制造业与物流业联动发展这一系统与环境之间以及系统内部各共生单元之间处于相互作用中，这种相互作用关系处于非线性的变化过程中，这也是这一系统如此复杂的原因，它是制造业与物流业联动发展的根本依据。

另外，在制造业与物流业联动发展系统中，存在自我强化、自我稳定的作用机制和"路径依赖"的特征，同时也存在需要不断去适应环境的行为过程和功能机制，这种作用关系也是非线性的。

这一系统的非线性关系包含着竞争与协同两个方面，协同是指系统中诸多子系统的相互协调的、合作的或同步的联合作用与集体行为。协同是系统整体性、相关性的内在表现。竞争与协同是系统演化的推动力，竞争是协同的基本前提和条件，是系统演化的动力，它一方面会促使系统远离平衡组织演化条件，另一方面会推动系统向有序的结构演化（沈小峰等，1993）。

（3）系统的远离平衡态特性——制造业与物流业联动发展的力量源泉

远离平衡态是制造业与物流业联动发展系统多样性的原因，是制造业与物流业联动发展的力量源泉，系统要达到自组织演化的结果，其构成要素之间的相互作用必须达到1+1>2的结果，即联动发展之后所达成的制造业与物流业联动发展的收益总和大于联动发展之前的收益。制造业与物流业联动发展这一提法正好说明现实生活未能实现联动发展是系统的常态。制造业与物流业的联动发展为了能够实现从远离平衡态向平衡态发展，必须站在全局的角度来协调系统的目的与外界环境的关系，制定一个系统统一的目的。

（4）系统的涨落力特性——制造业与物流业联动发展的触发器

制造业与物流业系统发生演化的动因不可能被完全预见，它们往往是随机变化的，导致涨落现象。涨落是系统中存在的相对于某种稳定态的微小偏离，它是制造业与物流业联动发展的初始动力，即触发器。随机涨落力有两个方面的作用：一方面使偏离平衡态的系统恢复到原来的状态；另一方面，如果系统处于某一临界点，涨落可能会使系统达到一种新的稳定状态，通过这种涨落系统能够突破临界点的限制，进入一种更高一级的有序的新状态。

自组织理论的这四大方面特性——开放性、非线性、非平衡性及涨落力——在制造业与物流业联动发展系统中处于相互影响、相互牵制的状态，以下将通过实证的方式对制造业与物流业联动发展共生系统自组织原理进行具体分析。

4.3 制造业与物流业联动发展演化系统动力学模型分析

4.3.1 模型的建立

在以上对制造业与物流业联动发展四个方面自组织特性分析的基础上，结合自组织理论中的哈肯模型，本部分将深入分析两者在联动发展过程中的慢弛豫变量和快弛豫变量，[①] 消去快弛豫变量，找出系统演化的序参量。结合附录 2 中关于势函数[②]的论述，在没有经过实证检验确定两者所构成的协同演化系统时，可以建立如下的协同演化系统动力学模型：[③]

$$\dot{S}_M = \frac{dS_M}{dt} = -\delta_M S_M - \alpha S_M S_L \qquad (4-2)$$

$$\dot{S}_L = \frac{dS_L}{dt} = -\delta_L S_L + \beta S_M^2 \qquad (4-3)$$

其中，δ_M、δ_L、α、β 为控制参量，δ_M、δ_L 是阻尼系数，α、β 反映了状态变量 S_M 和 S_L 之间相互作用的程度。式（4-2）表示制造业的发展除了

[①] 慢弛豫变量是系统协同的决定因素，当系统逐渐逼近临界点时，序参量会逐渐分化为两大类：慢弛豫变量和快弛豫变量，其中快弛豫变量的阻尼较大，在系统趋向于临界点时，其对系统的影响将以指数的形式衰减，持续的时间很短，因此对系统不造成影响；慢弛豫变量的阻尼较小，在系统逐渐趋于临界点时，其对系统的影响不是迅速衰减而是缓慢增长，影响时间较长，对系统的影响较大。

[②] 广义上的势是指系统所具有的采取某种走向的能力，它决定系统的演化方向，关于势函数更多的说明可见附录 2。

[③] 参考附录 2 中的表达式发现，此处不考虑随机涨落项。此处所构建的系统动力学模型仅仅是假设，若求解出来的参数不满足绝热近似条件，则可以反过来设定物流业发展为序参量。

受到自身的影响（其影响系数为 $-\delta_M$）之外，还受到物流业与制造业相互作用的影响（其系数为 $-\alpha$）；式（4-3）表示物流业的发展过程除了受到自身的影响（其影响系数为 $-\delta_L$）之外，还受到制造业发展的影响（其影响系数为 β）。应用绝热近似方法，若有 $\delta_L > |\delta_M|$ 且 $\delta_L > 0$，则 $\dot{S}_L = \dfrac{dS_L}{dt} = 0$，消去快弛豫变量，可以得到：

$$S_L(t) = \frac{\beta}{\delta_L} S_M^2(t) \tag{4-4}$$

式（4-4）表示在制造业与物流业协同演化系统中子系统 S_M 支配着子系统 S_L 的演化或者子系统 S_L 随子系统 S_M 的演化而演化，即子系统 S_M 是协同演化系统的序参量，支配和引导系统的整体演化方向，将式（4-4）带入式（4-2）可以得到：

$$S_M = \frac{dS_M}{dt} = -\delta_M S_M - \frac{\alpha\beta}{\delta_L} S_M^3 \tag{4-5}$$

通过此式求解出 S_M 之后，将其带入式（4-4）可以进一步求解出 S_L，从而求解出其势函数为：

$$v(S_M) = 0.5\delta_M S_M^2 + \frac{\alpha\beta}{4\delta_L} S_M^4 \tag{4-6}$$

当 $\delta_M > 0$ 时，方程有唯一的稳定解，此时，$S_M = 0$，对于系统发展来说，当整体环境适应能力还未达到能使系统发生突变时，系统还处于无序的稳定状态中，这表明当各成员企业开始合作时，由于合作时间很短，资源的整合做得还不够充分，各成员企业之间的协同作用还未完全体现出来，系统的适应能力还不太强，系统的发展还需要时间磨合。

当 $\delta_M < 0$ 时，方程有 3 个解，其中 $S_M^{①} = 0$，$S_M^{②} = \sqrt{-\dfrac{\delta_M\delta_L}{\alpha\beta}}$，$S_M^{③} = -\sqrt{-\dfrac{\delta_M\delta_L}{\alpha\beta}}$，方程的势函数有两个极小点，有两个稳定的平衡点，$S_M^{①} = 0$ 是不稳定的，$S_M^{②} = \sqrt{-\dfrac{\delta_M\delta_L}{\alpha\beta}}$ 和 $S_M^{③} = -\sqrt{-\dfrac{\delta_M\delta_L}{\alpha\beta}}$ 是稳定的，表明随着系统中各成员之间配合更加紧密，资源的整合度逐渐提高，整个系统的适应能力

也随之加大，系统处于稳定的状态。

当 δ_M 趋向于零时，势函数曲线变得平坦，企业处于"临界状态"，如图 4-2 所示：

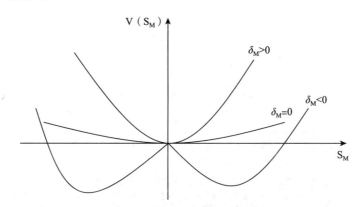

图 4-2 势函数曲线变化示意图

资料来源：郭治安等：《协同学入门》，四川人民出版社，1988。

考虑到模型的可计算性，对其进行离散化处理①则可以获得如下协同演化系统动力学模型：

$$S_M(t+1) = (1-\delta_M) \times S_M(t) - \alpha S_M(t) \times S_L(t) \qquad (4-7)$$

$$S_L(t+1) = (1-\delta_L) \times S_L(t) + \beta S_M(t) \times S_M(t) \qquad (4-8)$$

通过引入数据可以求解出模型中的控制变量，进而得出结论，以下将结合制造业与物流业的数据对两者联动发展的演化动力学模型进行分析。

4.3.2 变量的选取与数据来源

参照制造业与物流业联动发展的共生系统中所列出的指标（见表 3-1），本章中制造业选取了制造业工业增加值、规模以上工业企业主营业务收入、规模以上工业企业利润总额，物流业选取了物流业货物周转量、物流业货运量、物流业增加值等进行分析说明。分别选取了 2012 年和 2013 年制造业与物流业相应的指标进行分析说明，数据来源于各年份的《中国统计年鉴》。

---

① 关于离散化处理的方式，具体可参考"朱永达、张涛等《区域产业系统的演化机制和优化机制》，《管理科学学报》2001 年第 4 期"的做法。

4.3.3 实证结果及分析

对模型进行离散化处理，选取制造业与物流业不同的指标值，分别假定制造业各个指标与物流业各个指标为序参量，得到 18 个不同的运动方程，见表 4 - 1，这些运动方程构建是否合理，要看其是否满足哈肯模型的参数假定条件，经过判定得出只有一种情况模型假设成立。

表 4 - 1 制造业与物流业联动发展的自组织演化运动方程假设

模型假设	运动方程	结论
S_M 为制造业工业增加值，为序参量，S_L 为货物周转量	$S_M(t) = 1.088063\ S_M(t-1) - (2.31E-06)\ S_M(t-1)S_L(t-1)$ $\begin{pmatrix}107.8157\\ ***\end{pmatrix}\begin{pmatrix}-2.059597\\ **\end{pmatrix}\ \begin{array}{l}R^2 = 0.999222\\ \text{调整后的}\ R^2 = 0.999195\end{array}$ $S_L(t) = 0.826353\ S_L(t-1) + (3.19E-06)\ S_M^2(t-1)$ $\begin{pmatrix}15.96475\\ ***\end{pmatrix}\begin{pmatrix}1.827982\\ **\end{pmatrix}\begin{array}{l}R^2 = 0.881426\\ \text{调整后的}\ R^2 = 0.877337\end{array}$ $\delta_M = -0.088063, \delta_L = 0.173647, \alpha = 2.31E-06, \beta = 3.19E-06$	（1）运动方程成立 （2）满足绝热近似假设 （3）模型假设成立，S_M 为序参量
S_M 为制造业工业增加值，S_L 为货物周转量，为序参量	$S_L(t) = 0.773424S_L(t-1) + (9.61E-06)S_M(t-1)S_L(t-1)$ $\begin{pmatrix}9.566484\\ ***\end{pmatrix}\begin{pmatrix}1.630219\\ ***\end{pmatrix}\begin{array}{l}R^2 = 0.878864\\ \text{调整后的}\ R^2 = 0.874687\end{array}$ $S_M(t) = 1.072808\ S_M(t-1) - (8.02E-07)\ S_L^2(t-1)$ $\begin{pmatrix}236.3435\\ ***\end{pmatrix}\begin{pmatrix}-1.590006\end{pmatrix}\begin{array}{l}R^2 = 0.999179\\ \text{调整后的}\ R^2 = 0.999151\end{array}$ $\delta_L = -0.226576, \delta_M = -0.072808, \alpha = -9.61E-06, \beta = -8.02E-07$	（1）运动方程不成立 （2）不满足绝热近似假设 （3）模型假设不成立
S_M 为规模以上工业企业主营业务收入，为序参量，S_L 为货物周转量	$S_M(t) = 1.143408S_M(t-1) - (4.06E-06)S_M(t-1)S_L(t-1)$ $\begin{pmatrix}77.24551\\ ***\end{pmatrix}\begin{pmatrix}-2.616977\\ **\end{pmatrix}\begin{array}{l}R^2 = 0.999067\\ \text{调整后的}\ R^2 = 0.999035\end{array}$ $S_L(t) = 0.850340\ S_L(t-1) + (1.06E-06)\ S_M^2(t-1)$ $\begin{pmatrix}17.09689\\ ***\end{pmatrix}\begin{pmatrix}1.295190\end{pmatrix}\begin{array}{l}R^2 = 0.874994\\ \text{调整后的}\ R^2 = 0.870684\end{array}$ $\delta_M = -0.143408, \delta_L = 0.149660, \alpha = 4.06E-06, \beta = 1.06E-06$	（1）运动方程不成立 （2）满足绝热近似假设 （3）模型假设不成立

续表

模型假设	运动方程	结论
S_M 为规模以上工业企业主营业务收入，S_L 为货物周转量，为序参量	$S_L(t) = 0.830402 S_L(t-1) + (1.24E-06) S_M(t-1) S_L(t-1)$ $\begin{pmatrix} 10.52201 \\ *** \end{pmatrix} \begin{pmatrix} 0.858624 \\ * \end{pmatrix}$　$R^2 = 0.871041$ 调整后的 $R^2 = 0.866595$ $S_M(t) = 1.242716\ S_M(t-1) - (1.74E-05)\ S_L^2(t-1)$ $\begin{pmatrix} 62.05807 \\ *** \end{pmatrix} \begin{pmatrix} -2.076933 \\ ** \end{pmatrix}$　$R^2 = 0.990713$ 调整后的 $R^2 = 0.990393$ $\delta_L = 0.169598, \delta_M = -0.042716, \alpha = -1.24E-06, \beta = -1.74E-05$	（1）运动方程不成立 （2）不满足绝热近似假设 （3）模型假设不成立
S_M 为规模以上工业企业利润总额，为序参量，S_L 为货物周转量	$S_M(t) = 0.949227 S_M(t-1) + (1.06E-05) S_M(t-1) S_L(t-1)$ $\begin{pmatrix} 28.76085 \\ *** \end{pmatrix} \begin{pmatrix} 3.033572 \\ *** \end{pmatrix}$　$R^2 = 0.993771$ 调整后的 $R^2 = 0.993556$ $S_L(t) = 0.864913\ S_L(t-1) + (1.65E-05)\ S_M^2(t-1)$ $\begin{pmatrix} 17.27006 \\ *** \end{pmatrix} \begin{pmatrix} 0.809687 \\ \end{pmatrix}$　$R^2 = 0.870686$ 调整后的 $R^2 = 0.866227$ $\delta_M = 0.050773, \delta_L = 0.135087, \alpha = -1.06E-05, \beta = 1.65E-05$	（1）运动方程不成立 （2）满足绝热近似假设 （3）模型假设不成立
S_M 为规模以上工业企业利润总额，S_L 为货物周转量，为序参量	$S_L(t) = 0.864255 S_L(t-1) + (7.64E-06) S_M(t-1) S_L(t-1)$ $\begin{pmatrix} 11.43551 \\ *** \end{pmatrix} \begin{pmatrix} 0.381531 \\ \end{pmatrix}$　$R^2 = 0.868424$ 调整后的 $R^2 = 0.863886$ $S_M(t) = 1.037606\ S_M(t-1) + (2.94E-07)\ S_L^2(t-1)$ $\begin{pmatrix} 66.34724 \\ *** \end{pmatrix} \begin{pmatrix} 0.641800 \\ \end{pmatrix}$　$R^2 = 0.991909$ 调整后的 $R^2 = 0.991630$ $\delta_L = 0.135745, \delta_M = -0.037606, \alpha = -7.64E-06, \beta = 2.94E-07$	（1）运动方程不成立 （2）不满足绝热近似假设 （3）模型假设不成立
S_M 为规模以上工业企业利润总额，为序参量，S_L 为货运量	$S_M(t) = 0.975523 S_M(t-1) + (2.86E-07) * S_M(t-1) S_L(t-1)$ $\begin{pmatrix} 26.08901 \\ *** \end{pmatrix} \begin{pmatrix} 1.918727 \\ ** \end{pmatrix}$　$R^2 = 0.992719$ 调整后的 $R^2 = 0.992468$ $S_L(t) = 1.093209 S_L(t-1) - 0.001039 S_M^2(t-1)$ $\begin{pmatrix} 24.82253 \\ *** \end{pmatrix} \begin{pmatrix} -2.543263 \\ ** \end{pmatrix}$　$R^2 = 0.922771$ 调整后的 $R^2 = 0.920108$ $\delta_M = 0.024477, \delta_L = -0.093209, \alpha = -2.86E-07, \beta = -0.001039$	（1）运动方程不成立 （2）不满足绝热近似假设 （3）模型假设不成立

模型假设	运动方程	结论
S_M 为规模以上工业企业利润总额，S_L 为货运量，为序参量	$S_L(t) = 0.865656 S_L(t-1) + (2.56E-05) S_M(t-1) S_L(t-1)$ $\begin{pmatrix} 15.59435 \\ *** \end{pmatrix} \begin{pmatrix} 1.841289 \\ * \end{pmatrix}$ $R^2 = 0.910178$ 调整后的 $R^2 = 0.907081$ $S_M(t) = 1.059885 S_M(t-1) - (1.45E-09) S_L^2(t-1)$ $\begin{pmatrix} 59.52754 \\ *** \end{pmatrix} \begin{pmatrix} -1.301439 \end{pmatrix}$ $R^2 = 0.992247$ 调整后的 $R^2 = 0.991980$ $\delta_L = 0.134344, \delta_M = -0.059885, \alpha = -2.56E-05, \beta = -1.45E-09$	（1）运动方程不成立 （2）不满足绝热近似假设 （3）模型假设不成立
S_M 为制造业工业增加值，为序参量，S_L 为货运量	$S_M(t) = 1.075979 S_M(t-1) - (3.29E-08) S_M(t-1) S_L(t-1)$ $\begin{pmatrix} 87.84544 \\ *** \end{pmatrix} \begin{pmatrix} -0.629477 \end{pmatrix}$ $R^2 = 0.999120$ 调整后的 $R^2 = 0.999089$ $S_L(t) = 1.030904 S_L(t-1) - 1.43E-05 S_M^2(t-1)$ $\begin{pmatrix} 18.80472 \\ *** \end{pmatrix} \begin{pmatrix} -0.3405544 \end{pmatrix}$ $R^2 = 0.905922$ 调整后的 $R^2 = 0.902677$ $\delta_M = -0.075979, \delta_L = -0.030904, \alpha = 3.29E-08, \beta = -1.43E-05$	（1）运动方程不成立 （2）不满足绝热近似假设 （3）模型假设不成立
S_M 为制造业工业增加值，S_L 为货运量，为序参量	$S_L(t) = 0.931723 S_L(t-1) + (1.35E-06) S_M(t-1) S_L(t-1)$ $\begin{pmatrix} 13.96364 \\ *** \end{pmatrix} \begin{pmatrix} 0.313857 \end{pmatrix}$ $R^2 = 0.900017$ 调整后的 $R^2 = 0.896569$ $S_M(t) = 1.063475 S_M(t-1) + (1.61E-09) S_L^2(t-1)$ $\begin{pmatrix} 180.0702 \\ *** \end{pmatrix} \begin{pmatrix} 1.143938 \end{pmatrix}$ $R^2 = 0.999146$ 调整后的 $R^2 = 0.999117$ $\delta_L = 0.068227, \delta_M = -0.063475, \alpha = -1.35E-06, \beta = 1.61E-09$	（1）运动方程不成立 （2）不满足绝热近似假设 （3）模型假设不成立
S_M 为规模以上企业主营业务收入，为序参量，S_L 为货运量	$S_M(t) = 1.084830 S_M(t-1) + (9.12E-08) S_M(t-1) S_L(t-1)$ $\begin{pmatrix} 64.44541 \\ *** \end{pmatrix} \begin{pmatrix} 1.352768 \end{pmatrix}$ $R^2 = 0.998915$ 调整后的 $R^2 = 0.998878$ $S_L(t) = 1.077958 S_L(t-1) - (3.35E-06) S_M^2(t-1)$ $\begin{pmatrix} 23.54605 \\ *** \end{pmatrix} \begin{pmatrix} -1.958636 \\ * \end{pmatrix}$ $R^2 = 0.916580$ 调整后的 $R^2 = 0.913704$ $\delta_M = -0.084830, \delta_L = -0.077958, \alpha = -9.12E-08, \beta = -3.35E-06$	（1）运动方程不成立 （2）不满足绝热近似假设 （3）模型假设不成立

模型假设	运动方程	结论
S_M为规模以上企业主营业务收入，S_L为货运量，为序参量	$S_L(t) = 0.887321 S_L(t-1) + (1.19E-06) S_M(t-1) S_L(t-1)$ $\begin{pmatrix} 15.77084 \\ *** \end{pmatrix}\begin{pmatrix} 1.356607 \\ \end{pmatrix}$ $R^2 = 0.905664$ 调整后的 $R^2 = 0.902411$ $S_M(t) = 1.103734 S_M(t-1) + (3.90E-09) S_L^2(t-1)$ $\begin{pmatrix} 150.1138 \\ *** \end{pmatrix}\begin{pmatrix} 0.538226 \\ \end{pmatrix}$ $R^2 = 0.998858$ 调整后的 $R^2 = 0.998819$ $\delta_L = 0.112679, \delta_M = -0.103734, \alpha = -1.19E-06, \beta = 3.9E-09$	（1）运动方程成立 （2）不满足绝热近似假设 （3）模型假设不成立
S_M为工业增加值，为序参量，S_L为物流业增加值	$S_M(t) = 1.075979 S_M(t-1) - (3.29E-08) S_M(t-1) S_L(t-1)$ $\begin{pmatrix} 87.84544 \\ *** \end{pmatrix}\begin{pmatrix} -0.629477 \\ \end{pmatrix}$ $R^2 = 0.999120$ 调整后的 $R^2 = 0.999089$ $S_L(t) = 0.004828 S_L(t-1) + (2.40E-06) S_M^2(t-1)$ $\begin{pmatrix} 7.235053 \\ *** \end{pmatrix}\begin{pmatrix} 4.687937 \\ *** \end{pmatrix}$ $R^2 = 0.770594$ 调整后的 $R^2 = 0.762684$ $\delta_M = -0.075979, \delta_L = 0.995172, \alpha = 3.29E-08, \beta = 2.40E-06$	（1）运动方程不成立 （2）满足绝热近似假设 （3）模型假设不成立
S_M为工业增加值，S_L为物流业增加值，为序参量	$S_L(t) = 1.074100 S_L(t-1) + (5.19E-07) S_M(t-1) S_L(t-1)$ $\begin{pmatrix} 113.4540 \\ *** \end{pmatrix}\begin{pmatrix} 0.997932 \\ \end{pmatrix}$ $R^2 = 0.905664$ 调整后的 $R^2 = 0.902411$ $S_M(t) = 1.083829 S_M(t-1) + (-7.86E-05) S_L^2(t-1)$ $\begin{pmatrix} 121.4685 \\ *** \end{pmatrix}\begin{pmatrix} -1.864171 \\ ** \end{pmatrix}$ $R^2 = 0.999203$ 调整后的 $R^2 = 0.999176$ $\delta_L = -0.074100, \delta_M = -0.083829, \alpha = -5.19E-07, \beta = -7.86E-05$	（1）运动方程不成立 （2）不满足绝热近似假设 （3）模型假设不成立
S_M为规模以上工业企业利润总额，为序参量，S_L为物流业增加值	$S_M(t) = 0.975523 S_M(t-1) - (-2.86E-07) S_M(t-1) S_L(t-1)$ $\begin{pmatrix} 26.08901 \\ *** \end{pmatrix}\begin{pmatrix} 1.918727 \\ \end{pmatrix}$ $R^2 = 0.992719$ 调整后的 $R^2 = 0.992468$ $S_L(t) = 0.005613 S_L(t-1) + (2.17E-05) S_M^2(t-1)$ $\begin{pmatrix} 8.594784 \\ *** \end{pmatrix}\begin{pmatrix} 3.583367 \\ ** \end{pmatrix}$ $R^2 = 0.720502$ 调整后的 $R^2 = 0.710864$ $\delta_M = -0.024477, \delta_L = 0.994387, \alpha = -2.86E-07, \beta = 2.17E-05$	（1）运动方程不成立 （2）不满足绝热近似假设 （3）模型假设不成立

续表

模型假设	运动方程	结论
S_M 为规模以上工业企业利润总额，S_L 为物流业增加值，为序参量	$S_L(t) = 1.076886S_L(t-1) + (1.31E-06)S_M(t-1)S_L(t-1)$ $\begin{pmatrix}134.3116\\ ***\end{pmatrix}$ $\begin{pmatrix}0.832699\\ \end{pmatrix}$ $R^2 = 0.998934$ 调整后的 $R^2 = 0.998898$ $S_M(t) = 1.005678S_M(t-1) + (5.07E-05)S_L^2(t-1)$ $\begin{pmatrix}30.43969\\ ***\end{pmatrix}$ $\begin{pmatrix}1.233956\\ \end{pmatrix}$ $R^2 = 0.992204$ 调整后的 $R^2 = 0.991935$ $\delta_L = -0.076886, \delta_M = -0.005678, \alpha = -1.31E-06, \beta = 5.07E-05$	（1）运动方程不成立 （2）不满足绝热近似假设 （3）模型假设不成立
S_M 为规模以上工业企业主营业务收入，为序参量，S_L 为物流业增加值	$S_M(t) = 20.70781S_M(t-1) - (-8.99E-05)S_M(t-1)S_L(t-1)$ $\begin{pmatrix}3.337220\\ **\end{pmatrix}$ $\begin{pmatrix}3.322348\\ **\end{pmatrix}$ $R^2 = 0.859796$ 调整后的 $R^2 = 0.854961$ $S_L(t) = 0.003811S_L(t-1) + 0.000301S_M^2(t-1)$ $\begin{pmatrix}7.306056\\ ***\end{pmatrix}$ $\begin{pmatrix}8.178520\\ ***\end{pmatrix}$ $R^2 = 0.878042$ 调整后的 $R^2 = 0.873836$ $\delta_M = -19.70781, \delta_L = 0.996189, \alpha = -8.99E-07, \beta = 0.000301$	（1）运动方程成立 （2）不满足绝热近似假设 （3）模型假设不成立
S_M 为规模以上工业企业主营业务收入，S_L 为物流业增加值，为序参量	$S_L(t) = 1.077979S_L(t-1) + (6.66E-08)S_M(t-1)S_L(t-1)$ $\begin{pmatrix}133.0597\\ ***\end{pmatrix}$ $\begin{pmatrix}0.666236\\ \end{pmatrix}$ $R^2 = 0.998925$ 调整后的 $R^2 = 0.998888$ $S_M(t) = 1.122757S_M(t-1) - 0.000337S_L^2(t-1)$ $\begin{pmatrix}78.17828\\ ***\end{pmatrix}$ $\begin{pmatrix}-1.200648\\ \end{pmatrix}$ $R^2 = 0.998901$ 调整后的 $R^2 = 0.998863$ $\delta_L = -0.076886, \delta_M = -0.005678, \alpha = -1.31E-06, \beta = 5.07E-05$	（1）运动方程不成立 （2）不满足绝热近似假设 （3）模型假设不成立

注：表格中 *** 表示方程中对应的参数在 1% 水平下显著，** 表示方程中对应的参数在 5% 水平下显著，* 表示方程中对应的参数在 10% 水平下显著，没有标注星号的则表示方程不显著，即运动方程不成立。

当假定制造业工业增加值为系统的序参量，货物周转量为系统的象参量时，模型通过了假设，并且满足绝热近似假设，从而得出制造业工业增加值为系统的序参量，其演化方程分别为：

$$S_M(t) = 1.088063S_M(t-1) - (2.31E-06)S_M(t-1)S_L(t-1) \quad (4-9)$$

$$\begin{pmatrix}107.8157\\ ***\end{pmatrix} \qquad \begin{pmatrix}-2.059597\\ **\end{pmatrix} \quad \begin{matrix}R^2 = 0.999222\\ \text{调整后的 } R^2 = 0.999195\end{matrix}$$

$$S_L(t) = 0.826353 S_L(t-1) + (3.19E-06) S_M^2(t-1) \qquad (4-10)$$

$$\begin{pmatrix} 15.96475 \\ *** \end{pmatrix} \qquad \begin{pmatrix} 1.827982 \\ ** \end{pmatrix} \quad \begin{array}{l} R^2 - 0.881426 \\ 调整后的 R^2 = 0.877337 \end{array}$$

其中，$\delta_M = -0.088063$，$\delta_L = 0.173647$，$\alpha = 2.31E-06$，$\beta = 3.19E-06$

$\delta_L > |\delta_M| > 0$，与哈肯模型的假设相符，物流业的变化比制造业来得快，制造业为慢弛豫变量，制造业的变化支配着物流业的变化，将上述参数的值代入方程中进行计算可得：

$$\dot{S}_L = \frac{dS_L}{dt} = -\delta_L S_L + \beta S_M^2 = 0 \qquad (4-11)$$

$$S_L(t) = \frac{\beta}{\delta_L} S_M^2(t) = \frac{3.19E-06}{0.173647} S_M^2(t) \qquad (4-12)$$

其所对应的势函数为：

$$v(S_M) = 0.5\delta_M S_M^2 + \frac{\alpha\beta}{4\delta_L} S_M^4 \qquad (4-13)$$

从而可以求解出：

$$S_M^{①} = 0; S_M^{②} = \sqrt{-\frac{-0.088063 \times 0.173647}{(2.31E-06) \times (3.19E-06)}} = 45554.27;$$

$$S_M^{③} = -\sqrt{-\frac{-0.088063 \times 0.173647}{(2.31E-06) \times (3.19E-06)}} = -45554.27$$

势函数的二阶导数为：

$$\frac{d^2 V}{dS_M^2} = \delta_M + 3\frac{\alpha\beta}{\delta_L} S_M^2 = -0.088063 + 3\frac{(2.31E-06) \times (3.19E-06)}{0.173647} S_M^2 \quad (4-14)$$

当 $S_M^{①} = 0$ 时，势函数的二阶导数为 $\frac{d^2 V}{dS_M^2} = -0.088063 < 0$，说明方程在 $S_M^{①} = 0$ 处有极大值。

当 $S_M^{②} = \sqrt{-\dfrac{-0.088063 \times 0.173647}{(2.31E-06) \times (3.19E-06)}} = 45554.27$

及 $S_M^{③} = -\sqrt{-\dfrac{-0.088063 \times 0.173647}{(2.31E-06) \times (3.19E-06)}} = -45554.27$ 时，

势函数的二阶导数为：

$$\frac{d^2 V}{dS_M^2} = \delta_M + 3\frac{\alpha\beta}{\delta_L}S_M^2 = -0.088063 + 3\frac{(2.31E-06)\times(3.19E-06)}{0.173647}\times 2.07\times 10^9$$

$$= -0.088063 + 0.264187 = 0.1761245 > 0$$

说明方程在 $S_M^{②} = \sqrt{-\frac{-0.088063\times 0.173647}{(2.31E-06)\times(3.19E-06)}} = 45554.27$

及 $S_M^{③} = -\sqrt{-\frac{-0.088063\times 0.173647}{(2.31E-06)\times(3.19E-06)}} = -45554.27$ 处有极小

值，此时方程得到的极小值为：

$$v_{min} = 0.5\times(-0.088063)\times 45554.27^2 + \frac{(2.31E-06)\times(3.19E-06)}{4\times 0.173647}45554.27^4$$

$$= -45686888.65$$

如图 4-3 所示：

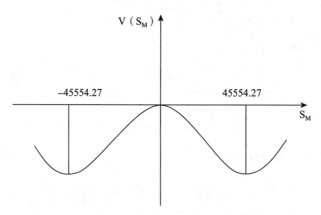

图 4-3　制造业与物流业联动发展的势函数曲线

从图 4-3 可以看出，制造业与物流业联动发展系统中制造业的发展是系统演化的决定因素，即系统的序参量，主宰着系统演化的序参量是制造业工业增加值。

势函数的结构特性反映了制造业与物流业联动发展的自组织机制，在控制变量的作用下，制造业与物流业发生非零作用，促使制造业与物流业联动发展的系统形成新的稳定态解，即制造业与物流业联动发展的系统达到新的有序状态。当状态变量和控制参数发生变化时，系统的势函数也会

相应地发生变化，即从初始的定态演化到新的稳定状态，甚至从一种稳定状态转向另外一种稳定状态。决定和改变这种制造业与物流业联动发展的演化路径的原因是小的扰动，即随机涨落力。由于非线性机制的放大效应，微小的扰动会使系统出现"巨涨落"。在制造业与物流业联动发展系统中，一定的结构决定了其发展的极限，当趋近这个极限时，系统原有的结构就难以适应，科学技术的进步、信息共享平台的建立、政府政策上的鼓励和支持将促使系统中的控制参数发生变化，从而形成新的结构。**制造业与物流业联动发展的系统就是一个复杂的含有自催化机制的超循环的自组织过程**（如图 4 – 4 所示）。

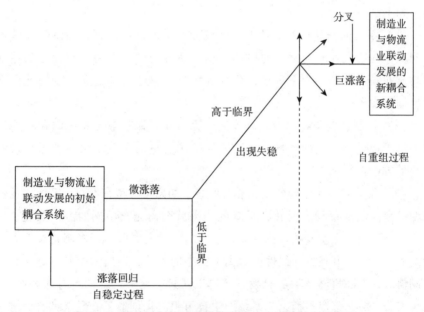

图 4 – 4　制造业与物流业联动发展耦合系统的自组织图

资料来源：根据"崔晓迪：《区域物流供需耦合系统的协同发展研究》，北京交通大学博士学位论文，2009"一文相关内容改编而成。

4.3.4　模型中控制变量对系统演化行为的影响

从模型实证结果中可以看出，$\delta_M = -0.088063 < 0$ 表明系统内部已经建立起制造业不断增长的正反馈机制，$\delta_L = 0.173647 > 0$ 表明系统已形成物流业效率递减的负反馈机制。$\alpha = 2.31E - 06 > 0$，**反映当前我国物流业**

货物周转量并没有有效地促进制造业的发展。$\beta = 3.19E - 06 > 0$ 反映了制造业的发展促进了物流业货物周转量的增加，二者处于相互协同的运作过程中。

4.4　小结

本章结合协同学理论及哈肯模型指出了制造业与物流业联动发展自组织系统的形成过程，在此基础上通过实证的方式对系统在自组织演化中的序参量进行研究并且找出了影响系统演化的状态变量和控制变量，可以总结出如下结论。

（1）系统的开放性是制造业与物流业联动发展的前提；系统的非线性是制造业与物流业联动发展的根本依据；系统的远离平衡态特性是制造业与物流业联动发展的力量源泉；系统的涨落力特性是制造业与物流业联动发展的触发器。

（2）在制造业与物流业联动发展子系统中，制造业是系统演化的序参量、慢弛豫变量，支配着物流业这一快弛豫变量的发展，决定着系统最终演化的方向。

（3）系统对初始条件的变化非常敏感，初始条件稍有不同，系统中的状态变量和控制变量稍有变化，系统的结果就会向完全不同的方向演化，因此，政府可以对这些参数进行控制，企业的联动发展取决于遏制正熵获取负熵的能力，一个开放的非线性的远离平衡态的系统，当外部控制变量达到某个阈值时，在随机涨落力的触发下，可以通过突变形成新的更有序的结构。系统充分开放、远离平衡，为系统发生自组织演化创造了必要条件，而进一步推动系统实现演化的，则是系统内各个子系统间的非线性相互作用。开放涉及系统与环境之间的竞争与协同，远离平衡也涉及系统与环境之间以及系统要素之间的竞争与协同，系统中各个子系统之间的非线性相互作用也就表现为系统之中的竞争与协同。如果系统不断地与外界交换物质与能量，在外界变化超过某一阈值时，旧的系统结构被打破，会进而形成新的、复杂程度更高的、更适应环境的系统结构，即发生非平衡相变。

（4）当前制造业发展促进了物流业货运周转量的增加，而物流业货运周转量的增加并没有有效地促进制造业的发展。

制造业与物流业联动发展的
机理分析：共同进化

5.1 引言

第4章主要从自组织的角度分析了制造业与物流业联动发展的机理，从一个横截面分析了在两者不同的状态变量和控制变量下系统的自组织演化过程，而没有涉及制造业发展与物流业发展之间具体的时间演化的数量关系，本章将从产业共生的内涵之二即共同进化出发，对制造业与物流业联动发展的机理进行分析。

5.2 种群生态学模型及其应用

种群生态学是生物学的一个分支，来源于达尔文的生物进化论，基本理念是"物竞天择、适者生存"。它强调自然环境对生物物种的选择和决定性的影响。20世纪70年代后期，Hannan和Freeman（1989）将其引入组织研究领域，采用传染病模型、密度依赖模型和双密度依赖模型对单一种群的演化关系进行了实证研究，这几种模型在现有经济管理领域的研究中已得到普遍的应用。Stephen H. Levine（2000）将产业生态格局模拟成系统的生态模型，从种群生态学的角度建立了一个关于产品如何受到环境变化影响的种群生态模型。Baum和Suresh（1995）研究了电信服务业的主导设计与种群动态变化。Low等（1997）研究了企业种群的起源和企业个体在企业种群演化的不同阶段进入企业种群的问题。Geroski等（2001）应用种群概念研究了产业种群内研究人员数量的变化。Jocl A. C. Baum （1995）研究了电信服务业的主导设计与种群动态变化。Olav Sorenson （2000）在组织生态学的两个生态学过程的基础上，提出了选择和组织学习两个生态过程。李文华和韩福荣（2004）、闫逢柱等（2008）对电冰箱行业、计算机硬件和软件企业种群、电子设备等的种群演化规律进行了实证研究。刘源（2008）运用传染病模型分析了隐性知识传播机制的可行性。唐强荣和徐学军（2009）利用中国生产性服务业和制造业在创建率和种群密度方面的数据，指出两个种群存在显著的关联和不显著的协同演化。沈华和汪朗峰（2010）利用密度依赖模型和双密度依赖模型，根据研究人员与产业利润、研发投入、新产品开发投入之间的关系研究了通信设备制造业研究人员的数量特征。王仕卿和韩福荣（2006）运用组织生态学阐述了高新技术开发区企业种群的演化规律，发现北京技术开发区高新技术企业种群的演化正处于成长的后期和成熟的前期阶段。汪朗峰（2009）从制造业的演化规律出发，研究了研发投入对产业利润的影响，发现中国制造业的研发投入在随利润增加的同时并未直接对利润产生影响。黄鲁成和李江（2010）借助组织生态学中的种群演化理论，分析了专利技术种群的数量增长过程，并运用密度依赖模型和传染病模型分析了专利技术的数量增长规律。张志莉（2010）根据组织生态学的种群演化理论，研究了乳品企业种群的演化规律。

5.3　理论分析及模型假设

5.3.1　理论分析

制造业在长期发展过程中，逐步形成了专业化分工。企业根据自身生产的特点，将自身生产不具有比较优势的环节外包给其他企业来完成，从而提高了制造业的劳动生产率，也促进了物流业的衍生和发展，增加了物流业的市场份额。制造业以物流业务外包的方式与物流业结成供应链的战略合作伙伴关系，从而形成了制造业与物流业联动发展的契机（沈绪明，2010）。

首先，制造业的发展对物流业的发展有着重要作用，制造业的发展会释放物流需求（丁俊发，2008），提高对物流业发展的需要，影响物流业的演化进程，为物流业的发展提供设施和技术基础，改变物流业的空间区位分布，是物流业提升其市场地位的重要保证。离开了制造业，物流业就失去了其服务的主要对象；离开了制造业，物流业就失去了创新和发展的动力。

其次，物流业的发展对制造业发展也有着重要作用。物流业是生产性服务业的一个重要组成部分，其为制造业提供服务。现代制造业的每一次重大变革都与物流业的发展紧密相关，物流技术的改进对制造业的组织和管理过程发挥着重要的作用，如快速响应（Quick Response，QR）、准时生产方式（Just In Time，JIT）、牛奶式取货（Milk Run）、交叉配送（Cross Docking，CD）、供应商管理库存（Vendor Managed Inventory，VMI）、协同规划、预测与补货（Collaborative Planning Forecasting and Replenishment，CPFR）、射频识别（Radio Frequency Identification，RFID）等的应用极大地提高了制造业的运作效率。西班牙的 Zara 服装公司，在自己的 400 家缝纫工厂和高科技裁剪工厂之间，修起了 200 公里的地下传送带，将产品运送到西班牙拉科鲁尼亚的货物配送中心，运用光学读取工具对产品进行分拣，全程控制各个分店，将各店当日销售最好的款式信息迅速传到总部，由 200 位设计师组成的团队迅速对热销产品进行适当改良，用最短的时间设计出类似的款式，迅速推向市场，从而减少了服装的前导时间，以做到快速响应。① 这集中体现出物流业信息技术水平的提高极大地降低了制造业的运营成本，提高了生产效率。在物流业发展较为先进的美国，企业的产品制造成本中，材料费用占了 60%，人工费用占了 10%，管理费用占了 5%，而采购与生产物流总费用高达 25%。为了提高效率，降低物流成本，物流系统的优化成了生产、物流与采购过程中的关键。物流业的发展，尤其是物流外包比率的提高，可以使企业将更多的资源集中于核心竞争力（Persson & Virum，2001），提高生产柔性（Daugherty et al.，1996），快速响应客户需求（Sink，1996），利用外部先进的信息技术和专业知识（Craig，1996），进而提高制造业的生产率（刘秉镰和林坦，2010）。

---

① 《ZARA 经营模式》，http://taobao.wfgqw.com/index.php/article/zara/2010 - 12 - 11/9739. html。

因此，两者之间的关系是显而易见的，随着制造业与物流业联动发展政策的提出，两者之间的关系备受关注，而在制造业与物流业联动发展政策的指引下，外部的共生环境也发生了很大的变化，制造业的演替会相应地影响到物流业的演替。由此得出本章的理论假设 1 及理论假设 2。

假设 1：制造业种群与物流业种群之间存在协同演化规律。

假设 2：制造业种群与物流业种群之间存在显著的相关关系。

在制造业与物流业发展的不同阶段，遵循着生命周期规律的约束，二者的发展均受到 Logistic 增长规律的制约，即事物的增长速度会出现由慢到快再到慢的过程。① 在发展早期，物流业可能由于经济、技术、习惯等方面的原因而不被社会所接受，大部分的制造企业已经习惯了自营物流的模式，对物流企业所提供的服务、技术不甚放心，因此，物流企业早期的发展比较艰难，物流规模比较小。但随着物流企业逐步规范自身的服务体系、运作行为，提高服务质量，进行信息技术的推广、宣传等，物流企业逐步被社会所认可（即合法化过程），因此物流企业的数量、规模和产值等均有较大幅度的增长。随着物流企业数量的增加和规模的扩大，物流企业要在市场上站稳脚跟赢得利润再也不能单纯靠数量的增长，而需要不断地调整结构、优化升级，提供更适合制造业发展所需要的物流服务。因此，当进入第三个阶段时，物流企业总体的数量规模的增长速度会出现放缓的趋势，更加侧重质量上的增长。

因此得出本书的理论假设 3。

假设 3：随制造业种群规模的扩大，物流业种群规模的变化率呈倒 U 形变化，在某一阈值之前，制造业种群规模的扩大会促进物流业种群规模加速增加，但超过一定阈值之后，随制造业种群规模的增加，物流业种群规模的增长速度呈减小的趋势。

这体现出制造业与物流业之间的关联程度，及发展首先表现为量的增长，当量增加到一定程度时，更侧重于物流业服务水平的提高。

另外，由于制造业生产过程需要相应的物流环节的投入，物流环节作

---

① 关于此模型的基本论述可见本书的附录 6，第 8 章模式的分析也是以此模型作为基础。

为制造业生产过程的中间投入部分，对于制造企业的发展意义深刻，两者之间存在共生关系，由此得出本书的理论假设 4。

假设 4：制造业种群规模的扩大，会增加物流业的种群规模。

由于本书建立在产业共生理论的基础上，以下将结合种群生态学对这四个假设进行验证。

5.3.2　模型的假设

5.3.2.1　制造业与物流业之间的传染病模型（Infectious Diseases Model）

传染病模型是指某一种群数量与结构等的变化是由于另一个种群的行为而发生的相应改变。制造业与物流业联动发展中的传染病模型是指物流业发展受制造业存量和增量的影响而发生衍生扩散的状况，其主要用于解释制造业的发展对物流业发展的影响，如式（5-1）所示：

$$\Delta N_L(t) = \rho_0 + \rho_1 N_M(t-1) + \rho_2 \Delta N_M(t-1) + \xi(t) \qquad (5-1)$$

式（5-1）中，ρ_0，ρ_1 和 ρ_2 为待回归系数，其中 ρ_1 被称为协同演化系数，表示制造业与物流业两个种群之间的协同演化程度；ρ_2 为制造业与物流业两个种群之间的传染系数，表示两个种群在演化行为上的传染程度，当 $\rho_1 > 0$，$\rho_2 > 0$ 时，制造业种群和物流业种群是共生互利的关系，并存在传染行为。$\Delta N_L(t)$，$N_M(t-1)$ 和 $\Delta N_M(t-1)$ 分别是 t 时物流业相比较于 t-1 时的变化量，t-1 时制造业的总规模和 t-1 时制造业的变化量，$\xi(t)$ 为误差项。

5.3.2.2　制造业与物流业之间的密度依赖模型（Density Dependence Model）

密度依赖是指在一定时间内，环境通过合法性和竞争性选择组织，通过影响组织进入和退出的过程影响种群的规模，它是一个宏观过程（Amburgey & Rao, 1996）。当种群密度较低时，合法性对种群的发展起主要作用，此时种群中新组织形式的合法性较低，难以获得资金、劳动力及供应商等方面的支持。随着种群不断发展，新组织形式的合法性得到增强，组织数量不断增长，当达到一定程度时就产生与合法性相对的另一种作用——竞争性，竞争性的存在使组织密度出现下降的趋势。因此，种群密度对组织设立率的影响是倒 U 形，在低密度水平上具有递增效应，而在高密度水平上具有递减效应，密度依赖模型认为组织种群密度最终会演化到一个稳定状态，如式（5－2）所示：

$$\Delta N_L(t) = \rho_0 + \rho_1 N_M(t-1) + \rho_2 N_M^2(t-1) + \xi(t) \qquad (5-2)$$

式中，ρ_0、ρ_1 和 ρ_2 为待估计参数，如果 $\rho_1 > 0$，则制造企业种群和物流企业种群是共生互利的关系，如果 $\rho_2 < 0$，则制造企业种群和物流企业种群是竞争的关系。根据 ρ_1 和 ρ_2 的正负号和大小，可以判断两个种群之间的关系类型和关系强度。ρ_0、ρ_1 分别表示物流业种群在 t 时刻的变化量，制造业种群在 $t-1$ 时刻的总规模。

5.3.2.3 制造业与物流业之间的双密度依赖模型（Double Density Dependence Model）

制造业与物流业之间的双密度依赖模型是指物流业种群规模受同一时期制造业种群规模的影响，而且两个种群的规模单调增加，其有两种形式：二次型和指数型。

若 $$N_L(t) = \rho_0 + \rho_1 N_M(t) + \rho_2 N_M^2(t) + \xi(t) \qquad (5-3)$$

式（5－3）中，ρ_0、ρ_1 和 ρ_2 为待估计参数，$N_L(t)$ 和 $N_M(t)$ 分别表示 t 时刻物流种群和制造种群的总规模。其中，$\rho_1 > 0$，$\Delta N_L(t)$ 回归模型判断系数为 $N_M(t-1)$，且 F 检验或者其他检验为显著，则两个种群的密度变化是同步的，且变化规律为二次型变化。

若 $$N_L(t) = \rho_0 \exp[\rho_1 N_M(t)] + \xi(t) \qquad (5-4)$$

则两个种群的密度变化是同步的，且变化规律为指数型变化。

5.4 模型分析

5.4.1 数据来源及说明

现有研究多从企业进入和退出种群数量的变化规律来刻画种群之间的演化关系，这不啻是一种很好的方式，特别对于种群数量的进入率和退出率的刻画比较准确。但是现有研究中所运用的企业行业目录在对企业数量进行提取的方法上存在比较大的不确定性，^① 所以，单纯从数量的角度来刻画种群特征在一定程度上也有失偏颇。当然，也有部分研究以种群的产值作为其规模分布的说明（即种群密度）（王子龙等，2006；唐强荣和徐学军，2009），通过产值变化的情况说明系统的演化规律。为了从总体上反映制造业与物流业发展的情况，为了与第 4 章中的指标统一和协调，**本书仍然以每一年制造业工业增加值作为制造业发展的规模指标，以物流业货物周转量作为物流业发展的规模指标（如图 5 - 1 所示），其描述性统计见表5 - 1**。

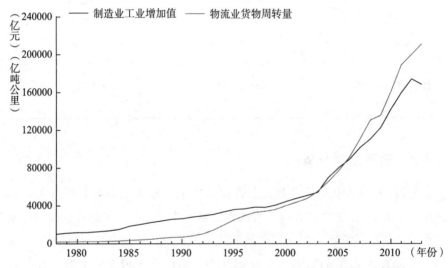

图 5 - 1　1978～2013 年制造业工业增加值与物流业货物周转量时间演化图

从图 5 - 1 大致可以判断出，制造业与物流业之间存在协同演化规律，**初步验证了假设 1**，即制造业种群与物流业种群之间存在协同演化规律。

---

① 笔者在本书写作过程中，也曾尝试着从制造企业和物流企业进入和退出数量的多少进行分析，但在企业名录收集过程中，发现不同机构给出的报告（深圳商搜数据科技公司出版的行业名录、申银万国证券交易系统上市公司数据库等）对企业的进入量和退出量的统计数据不一，为此本书放弃了这一做法。在未来数据可获得的基础上，仍可以尝试这种方法，相关尝试将使本书的模型更具有说服力。

表 5 - 1　制造业工业增加值与物流业货物周转量的统计性分析

	物流业货物周转量（亿吨公里）	制造业工业增加值（亿元）
均值	54010.74	50289.98
中位数	36249.50	27199.10
最大值	173804.0	210689.4
最小值	9928.000	1607.000
标准差	47883.58	62183.33
偏度	1.301592	1.360645
峰度	3.495497	3.645131
JB 检验	10.53312	11.73242
概率值	0.005161	0.002834
总和	1944387.0	1810439.0
总的离差平方和	8.02E + 10	1.35E + 11
观测值	36	36

5.4.2　模型结果分析

运用 Eviews5.0 软件对制造业种群与物流业种群之间的关系做深入的分析。从表 5-2 中可以看出，物流业货物周转量每年增加的数量与制造业工业增加值每年增加的规模存在显著的相关关系，其系数为 0.616324，显著性检验值（调整后的 R^2）为 0.611929，物流业货物周转量的增长与制造业的发展息息相关。从每年制造业工业增加值数值和物流业货物周转量数值中可以看出，物流业种群与制造业种群之间也存在线性关系，相关系数为 0.767029，其显著性检验值（调整后的 R^2）为 0.991967，从而验证了之前的**理论假设 2**，即制造业与物流业之间存在显著的相关关系。

表 5 - 2　制造业与物流业之间的简单回归分析

	常数	系数	R^2	调整后的 R^2	F 值	显著性	DW 值
DZZL 与 DMZ	834.9546	0.616324 ***	0.23343	0.611929	54.61293	0.000000 ***	1.965112
ZZL 与 MZ	15436.89 ***	0.767029 ***	0.992196	0.991967	4322973	0.000000 ***	0.753392

注：其中 DZZL 表示物流业货物周转量的变化情况，DMZ 表示制造业工业增加值的变化情况，ZZL 表示物流业的货物周转量，MZ 表示制造业工业增加值。*** 表示模型在 1% 水平下通过检验。

为了进一步验证制造业与物流业之间的关系，以下根据种群生态学的四个模型做进一步的分析，具体的模型参数估计结果如表 5 - 3 所示。

表 5 - 3　制造业与物流业之间的种群生态模型回归结果

模型类型	R^2	调整后的 R^2	F 值	显著性	ρ_0	ρ_1	ρ_2
传染病模型	0.455567	0.420442	12.96999	0.000081***	1530.249 (1.52880)	0.001491 (0.055247)	0.517957** (2.520242)
密度依赖模型	0.550885	0.522815	19.62562	0.000003***	-498.0993 (-0.471240)	0.207427*** (5.095259)	-8.59E-07*** (-3.778936)
二次型双密度依赖模型	0.992505	0.992050	2184.846	0.000000***	14703.13*** (13.18378)	0.812562*** (1.92671)	-2.47E-07 (-1.164806)
指数型双密度依赖模型	0.300296	0.300296		0.000000***	6130.94***	0.812562***	

注：括号中的数字表示 t 检验值，数值右上标中的 * 和 *** 分别表示模型在 10% 和 1% 水平下通过检验。

在传染病模型中，调整后的 R^2 值为 0.420442，F 值为 12.96999，模型的线性拟合效果很好，其中制造业与物流业之间的协同演化系数 ρ_1 为 0.001491，说明制造业与物流业之间存在协同演化规律，传染系数 ρ_2 为 0.517957，说明**物流企业的变化会受到制造企业变化的传染**，进一步验证了理论假设 1 和假设 2。

在密度依赖模型中，ρ_1 为 0.207427，模型在 $P < 0.01$ 的水平下显著，t 值为 5.095259，说明**制造企业与物流企业之间存在互利行为**，另外，$\rho_2 < 0$，说明**两者之间也存在一定程度的竞争关系**，这种竞争程度比较小，主要是因为制造业与物流业之间更多的是一种互补关系，双方之间的竞争主要来自制造业选择自营物流的模式与物流企业所提供的服务之间的竞争，其函数关系式如式（5 - 5）所示：

$$\Delta N_L(t) = -498.0993 + 0.207427 N_M(t-1) - (8.59E-07)N_M^2(t-1) \quad (5-5)$$

对式（5 - 5）进行整理可得：

$$\Delta N_L(t) = -(8.59E-07)[N_M(t-1) - 20737.49]^2 + 7524.009 \quad (5-6)$$

式（5 - 6）的图形为抛物线，即物流业货运量的变化与制造企业的规模存在倒 U 形关系，即制造业总产值的增加会促进物流业货运量加速增加，但超过某一阈值（此处为 352978 亿元）时，制造业总产值的增加反而会降低物流业货运量增加的速度（如图 5 – 2 所示）。

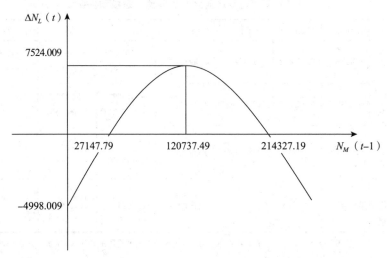

图 5 – 2　密度依赖模型下制造业与物流业之间的关系

上述结果进一步验证了理论假设 3。 制造业产值的增加除了有量的原因之外还有质的原因，因此，制造业与物流业之间除了在量上的协调之外，更要充分做好质上的协调。

在二次型双密度依赖模型中，$\rho_1 = 0.812562$，$\rho_2 = 2.47E - 07$，如式（5 – 7）所示，

$$N_L(t) = 14703.13 + 0.812562 N_M(t) - (2.47E - 07) N_M^2(t) \qquad (5 - 7)$$

将其进行转化可以得到：

$$N_L(t) = (-2.47E - 07)[N_M(t - 1) - 1644862.35]^2 + 682979.45 \qquad (5 - 8)$$

从中可以看出模型在 $P < 0.01$ 的水平下显著，T 值也显著，$\rho_2 < 0$，接近于 0，且曲线的最高点出现在制造业增加值为 682979.45 亿元时，可以近似地认为两者之间存在显著的线性关系，但直线的斜率很小，说明物流企业种群与制造企业种群之间的演化存在同步性。

就指数型双密度依赖模型而言，ρ_0 为 6130.94，ρ_1 为 0.812562，均大于零，得出**两种群之间的密度同步增加**，从而验证了假设 4，即制造业种群

规模的扩大，会增加物流业的种群规模。

5.5　小结

　　本章在种群生态学的基础上分别使用传染病模型、密度依赖模型、双密度依赖模型对制造业与物流业之间的共同进化进行了实证研究。从以上分析中可以看出制造业与物流业之间的共同进化体现在两者之间存在协同演化规律以及显著的相关关系上，制造业种群规模的扩大，会增加物流业的种群规模，制造业与物流业之间存在互利共生的关系，两者之间也存在一定程度上的竞争，这也从另外一个方面论证了当前制造业与物流业联动发展的深层次机理。

6

制造业与物流业联动发展的
机理分析：合理分工

6.1 引言

在人类历史发展过程中，物流（运输活动）早已存在，然而，物流业作为一个完整的概念被提出并被作为系统的理论进行研究却只有短短的六七十年时间。已有学者对物流业增长的因素进行了分析，包括国民生产总值、城市化水平、技术进步及人口密度等。但这些仅仅解释了经济增长的部分，而在物流业发展的背后，真正起决定作用的是分工。物流业如何满足制造业不同发展阶段所提出的需求以及不同类型制造业发展的需求；制造业在何种情况下将自己的业务外包给物流公司以降低物流成本，其中所体现出的思想均是分工的原理。最早论述分工作用的是亚当·斯密（1776），他指出分工可以提高劳动生产率，从而促进经济的发展。社会化分工的发展使越来越多的制造型企业为了获得成本优势而将自身生产过程中不具有竞争优势的中间环节外包，由此促进了生产性服务业的发展。分工是市场和货币的基础，专业化分工是经济发展的重要源泉。分工或者专业化使企业的职能不断地分离出去，由其他的经济组织专门承担（斯蒂格勒，1982）。现代生产方式变革的主要特点是分工与专业化的发展，斯蒂格勒指出，一个企业的活动包含了许多的职能，分工与专业化的过程就是企业职能不断地分离出去，其他专业化企业专门承担这些职能的过程（夏晴等，2004）。Riddle（1986）认为"服务业是促进其他部门增长的过程产业（Process Industries），……服务业是经济发展的黏合剂（Gule），是便于

106

一切经济交易的产业，是刺激商品生产的推动力"。佩恩也指出，服务经济的发展使服务业和制造业进入高度相关和互补的阶段，制造业部门的扩大使其对生产性服务业（尤其是物流业）的需求迅速增加。分工具有网络效应，平均成本与边际成本会随着专业化水平的提高而递减（杨小凯，1994）。分工的程度由市场大小决定，而市场大小又取决于运输条件。运输具有很强的外部经济性，运输效率的提高能够通过降低交易费用达到降低分工成本的目的。在开放经济中服务分工的深化和服务种类的增多将有效降低制造业的生产成本（Eswaran M. & Kotwal A.，2002）。Dixit-Stigliz（1977）、Ethier（1982）、Markusen（1989）、Francois（1990）、Ciccone & Hall（1996）、Marrewijk（1997）、江静等（2007）、顾乃华（2005）等越来越多的学者基于内生增长理论，将生产性服务业作为中间产品加入 C－D 生产函数的研究中，指出生产性服务业促进制造业发展的内在机理一方面得益于分工经济，另一方面得益于交易费用的降低。

另有一些学者通过研究得出了促进生产性服务业发展的内生机制。格鲁克和沃克（1993）利用奥地利学派的迂回生产学说阐述了制造业与服务业之间的互动关系，认为制造业的发展将导致横向和纵向的分工，其中纵向的分工——专业化——将大大增加迂回生产的程度，导致管理和协调费用的增加，一旦后者的费用超过前者，便会催生出服务业。分工带来的专业化导致技术进步，技术进步产生报酬递增，而进一步的分工则依赖于市场的扩大（汪斌，2005）。

分工和专业化是推动市场增长和财富增加的主要因素（李克，2002）。社会化分工的发展使越来越多的企业为了获得成本优势而将生产的中间产品或者服务进行外包，由此促进了生产性服务业的发展。而从分工角度对制造业与物流业之间的关系进行分析的，现有文献中比较常见的是探讨物流业中的运输行业对制造业发展的影响，如经济的发展，市场容量的扩大，分工与专业化逐渐深化，劳动分工可以提高劳动生产率、促进经济的发展（亚当·斯密，1776），分工具有网络效应，平均成本与边际成本随着专业化水平的提高而递减（杨小凯，1994），分工的程度由市场大小决定，而市场大小又取决于运输条件等。运输具有很强的外部经济性，运输效率的提高能够通过降低交易费用达到降低分工成本的目的。基于内生增长理论，越来越多的学者将生产性服务业作为中间产品加入 C－D 生产函数的研究中（Ethier，1982；Markusen，1989），指出生产性服务业促进制造业发展的内在机理一方面得益于分工经济，另一方面得益于交易费用的降低。王子龙和谭清美（2003）指出第三方物流提高交易效率、降低费用成本的根本原因在于其分工和专业化运作，分工、专业化的发展与企业效益之间存在一种函数关系。[①]

因此，本章将在第 4 章和第 5 章的基础上，从宏观视角转入微观视角，将物流企业所提供的物流服务作为制造企业生产过程中的中间投入部分，导出制造企业与物流企业的利润函数。

6.2　制造企业与物流企业之间的利益分配模型

假设在供应链中，供应商为下游企业提供零部件，而零部件的供应还必须有物流企业的参与，这些物流企业为制造企业发展提供相应的物流服务，且这些物流服务具有同质性，即物流企业具有相同技术的生产函数。设制造业生产中除了投入劳动 L_2 和资本 K_2 要素之外，还必须投入物流服务 I 以满足客户的需求，共有 m 家制造企业；物流企业在提供服务的过程中也需要劳动 L_1 和资本 K_1 的投入，共有 n 家同质的物流企业（如图 6 - 1 所示）。

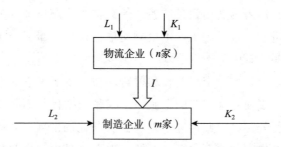

图 6 - 1　物流企业所提供的物流服务作为制造企业的中间投入时的简易模型图

由于制造企业与物流企业之间的共生关系主要通过对物流服务的供需关系来实现，价格成了双方最为关注的因素，以下将通过推导制造企业与物流企业之间的利润函数的表达式，得出两者之间的关系。

---

① 王子龙、谭清美：《第三方物流（TPL）分工的经济学基础》，《重庆邮电学院学报》2003年第 1 期。

在制造商利润的决定过程中，假定该企业在规模报酬不变的柯布—道格拉斯技术下运用劳动、资本和物流服务中间品生产最终消费品，三种投入要素的份额分别为 $(1-\mu)\partial, (1-\mu)(1-\partial)$ 和 μ，此处共有 m 家制造商，其生产函数为：

$$y_2 = A_{(m)} L_2^{(1-\mu)\partial} K_2^{(1-\mu)(1-\partial)} I^\mu \tag{6-1}$$

其中 y_2 为单个制造商的产出，A 代表生产的技术水平，令 $A_{(m)} = m^\theta$（$\theta > 0$），A 是 m 的增函数，θ 反映制造企业之间的技术外溢作用。设劳动、资本以及物流服务的价格分别为 w_{L_2}，w_{K_2} 以及 p_I，各要素对制造业产出的贡献程度分别为 $(1-\mu)\partial$，$(1-\mu)(1-\partial)$ 和 μ。其中 μ 反映了制造企业与物流企业之间关联程度的大小，μ 越大，说明在制造企业的产出中，物流业务占有越重要的份额，制造企业对物流企业的需求越大，两者的关联程度越高。

依据以上的条件，可以构建制造企业在生产成本最小化时的方程及约束条件为：

$$\min(L_2 w_{L_2} + K_2 w_{K_2} + IP_I) \tag{6-2}$$

$$s.t. : y_2 = A_{(m)} L_2^{(1-\mu)\partial} K_2^{(1-\mu)(1-\partial)} I^\mu \tag{6-3}$$

式（6-2）表示制造企业生产的总成本包括三个部分的投入：劳动、资本以及物流服务；式（6-3）表示这三部分投入所应该满足的条件，联立式（6-2）及式（6-3），将其转化为拉格朗日表达式：

$$L = L_2 w_{L_2} + K_2 w_{K_2} + IP_I + \lambda\left[y_2 - A_{(m)} L_2^{(1-\mu)\partial} K_2^{(1-\mu)(1-\partial)} I^\mu\right] \tag{6-4}$$

对其进行一阶求导，得：

$$\frac{\partial L}{\partial L_2} = w_{L_2} - \lambda A_{(m)}(1-\mu)\partial L_2^{(1-\mu)\partial-1} K_2^{(1-\mu)(1-\partial)} I^\mu = 0 \tag{6-5}$$

$$\frac{\partial L}{\partial K_2} = w_{K_2} - \lambda A_{(m)}(1-\mu)(1-\partial) L_2^{(1-\mu)\partial} K_2^{(1-\mu)(1-\partial)-1} I^\mu = 0 \tag{6-6}$$

$$\frac{\partial L}{\partial I} = p_I - \lambda A_{(m)}\mu L_2^{(1-\mu)\partial} K_2^{(1-\mu)(1-\partial)} I^{\mu-1} = 0 \tag{6-7}$$

$$\frac{\partial L}{\partial \lambda} = y_2 - A_{(m)} L_2^{(1-\mu)\partial} K_2^{(1-\mu)(1-\partial)} I^\mu = 0 \tag{6-8}$$

从而可以求解出各种要素的需求量为：

$$I = \left(\frac{w_{L_2}}{p_I}\right)^{(1-\mu)\partial}\left(\frac{\mu}{(1-\mu)\partial}\right)^{(1-\mu)\partial}\left(\frac{w_{K_2}}{p_I}\right)^{(1-\mu)(1-\partial)}\left(\frac{\mu}{(1-\mu)(1-\partial)}\right)^{(1-\mu)(1-\partial)}A_{(m)}^{-1}y_2$$

$$(6-9)$$

$$L_2 = \left(\frac{w_{K_2}}{w_{L_2}}\right)^{(1-\mu)(1-\partial)}\left(\frac{\partial}{1-\partial}\right)^{(1-\mu)(1-\partial)}\left(\frac{p_I}{w_{L_2}}\right)^{\mu}\left(\frac{(1-\mu)\partial}{\mu}\right)^{\mu}A_{(m)}^{-1}y_2 \quad (6-10)$$

$$K_2 = \left(\frac{w_{L_2}}{w_{K_2}}\right)^{(1-\mu)\partial}\left(\frac{1-\partial}{\partial}\right)^{(1-\mu)\partial}\left(\frac{p_I}{w_{K_2}}\right)^{\mu}\left(\frac{(1-\mu)(1-\partial)}{\mu}\right)^{\mu}A_{(m)}^{-1}y_2 \quad (6-11)$$

制造企业生产的总成本为：

$$TC_2 = L_2 w_{L_2} + K_2 w_{K_2} + IP_I$$

$$= \left(\frac{w_{K_2}}{w_{L_2}}\right)^{(1-\mu)(1-\partial)}\left(\frac{\partial}{1-\partial}\right)^{(1-\mu)(1-\partial)}\left(\frac{p_I}{w_{L_2}}\right)^{\mu}\left(\frac{(1-\mu)\partial}{\mu}\right)^{\mu}A_{(m)}^{-1}y_2 w_{L_2}$$

$$+ \left(\frac{w_{L_2}}{w_{K_2}}\right)^{(1-\mu)\partial}\left(\frac{1-\partial}{\partial}\right)^{(1-\mu)\partial}\left(\frac{p_I}{w_{K_2}}\right)^{\mu}\left(\frac{(1-\mu)(1-\partial)}{\mu}\right)^{\mu}A_{(m)}^{-1}y_2 w_{K_2}$$

$$+ \left(\frac{w_{L_2}}{p_I}\right)^{(1-\mu)\partial}\left(\frac{\mu}{(1-\mu)\partial}\right)^{(1-\mu)\partial}\left(\frac{w_{K_2}}{p_I}\right)^{(1-\mu)(1-\partial)}$$

$$\left(\frac{\mu}{(1-\mu)(1-\partial)}\right)^{(1-\mu)(1-\partial)}A_{(m)}^{-1}y_2 p_I$$

$$= w_{L_2}^{(1-\mu)\partial}w_{K_2}^{(1-\mu)(1-\partial)}p_I^{\mu}A_{(m)}^{-1}y_2$$

$$\left[\left(\frac{\partial}{1-\partial}\right)^{(1-\mu)(1-\partial)}\left(\frac{(1-\mu)\partial}{\mu}\right)^{\mu}+\left(\frac{1-\partial}{\partial}\right)^{(1-\mu)\partial}\left(\frac{(1-\mu)(1-\partial)}{\mu}\right)^{\mu}\right]$$
$$+\left(\frac{\mu}{(1-\mu)\partial}\right)^{(1-\mu)\partial}\left(\frac{\mu}{(1-\mu)(1-\partial)}\right)^{(1-\mu)(1-\partial)}\Bigg]$$

$$= w_{L_2}^{(1-\mu)\partial}w_{K_2}^{(1-\mu)(1-\partial)}p_I^{\mu}A_{(m)}^{-1}y_2\partial^{-\partial(1-\mu)}(1-\partial)^{-(1-\mu)(1-\partial)}$$
$$(1-\mu)^{-(1-\mu)}\mu^{-\mu}$$

$$(6-12)$$

那么制造企业的边际成本为：

$$MC_2 = \frac{\partial TC_2}{\partial y_2}$$

$$= w_{L_2}^{(1-\mu)\partial}w_{K_2}^{(1-\mu)(1-\partial)}p_I^{\mu}A_{(m)}^{-1}\partial^{-\partial(1-\mu)}(1-\partial)^{-(1-\mu)(1-\partial)}(1-\mu)^{-(1-\mu)}\mu^{-\mu} \quad (6-13)$$

设市场对制造企业产品的需求函数为 D_2，假设需求受到商品单价以及消费者收入的影响，其函数表达式如式（6-14）所示：

$$D_2 = \alpha p_2^{\beta}S^{\gamma} \quad (6-14)$$

其中，p_2 为产品价格，S 代表收入水平，α 为常数且设 $\alpha > 0$，根据经济学基本原理，需求是价格的减函数，是收入的增函数，β 和 γ 分别为需求的价格弹性和收入弹性，则 $\beta < 0$，$\gamma > 0$。市场达到均衡时，生产产量等于市场需求量，所以 $D_2 = my_2$，另外，均衡时，制造企业所获得的单位产品的边际收益等于边际成本：$MR_2 = MC_2$。

将 $D_2 = \alpha p_2^{\beta} S^{\gamma}$ 转化成为 p_2 的表达式，可以得出：

$$p_2 = \frac{m^{\frac{1}{\beta}} y_2^{\frac{1}{\beta}}}{\alpha^{\frac{1}{\beta}} S^{\frac{\gamma}{\beta}}} \tag{6-15}$$

则

$$MR_2 = \frac{\partial TR_2}{\partial y_2} = p_2 \left(1 + \frac{1}{m\beta}\right) = MC_2 \tag{6-16}$$

从中可以看出，下游制造企业的数目 m 越大，产品市场需求弹性 β 越高，$\left(1 + \frac{1}{m\beta}\right)$ 的值就越小，价格超过成本的加成越小，从市场结构角度来看，表示市场集中度与市场势力就越小，市场越倾向于完全竞争状况。

联立式（6-13）及式（6-16）可以求解出制造企业产品的销售价格为：

$$p_2 = \frac{m\beta}{m\beta + 1} w_{L_2}^{(1-\mu)\partial} w_{K_2}^{(1-\mu)(1-\partial)} p_I^{\mu} A_{(m)}^{-1} \partial^{-\partial(1-\mu)} (1-\partial)^{-(1-\mu)(1-\partial)} (1-\mu)^{-(1-\mu)} \mu^{-\mu} \tag{6-17}$$

即制造企业产品的销售价格是关于产品生产过程中的劳动、资本以及物流服务的价格的函数，因此，制造企业在产品销售过程中所获得的利润为：

$$\pi_2 = y_2 (p_2 - MC_2) = y_2 \left(\frac{-1}{m\beta + 1}\right) MC_2 \tag{6-18}$$

为了求解出制造企业的利润同物流企业所提供的服务价格之间的关系，此处假设物流企业的生产函数为：

$$y_1 = A_{(n)} L_1^{\rho} K_1^{1-\rho} \tag{6-19}$$

在物流企业提供服务的过程中，所需要的投入包括两部分，资本和劳动，其中资本投入如企业的仓库、配送中心、汽车装备等的投入，劳动投入主要指企业的工作人员的投入，如运输司机、分拣员、管理员等投入的劳动。ρ 与 $1-\rho$ 反映了劳动投入与资本投入对物流业产出的影响程度。结合之前 n 家物流供应商的假设，这些物流供应商可以结成联盟，共享一些基础设施，产出具有技术外溢作用，用 $A_{(n)}$ 表示，即 $A_{(n)}=n^{\theta}$。同时，假设物流企业劳动投入的价格为 w_{L_1}，资本投入的价格为 w_{K_1}，引入拉格朗日乘子，同样可以计算出，对于物流企业而言的劳动投入的数量、资本投入的数量、总成本及边际成本，如下所示：

$$\min(w_{L_1}L_1 + w_{K_1}K_1) \tag{6-20}$$

$$s.t. : y_1 = A_{(n)}L_1^{\rho}K_1^{1-\rho} \tag{6-21}$$

其拉格朗日表达式为：

$$L = w_{L_1}L_1 + w_{K_1}K_1 + \lambda\left[y_1 - A_{(n)}L_1^{\rho}K_1^{1-\rho}\right] \tag{6-22}$$

对其进行一阶求导，得：

$$\frac{\partial L}{\partial L_1} = w_{L_1} - \lambda A_{(n)}\rho L_1^{\rho-1}K_1^{1-\rho} = 0 \tag{6-23}$$

$$\frac{\partial L}{\partial K_1} = w_{K_1} - \lambda A_{(n)}(1-\rho)L_1^{\rho}K_1^{-\rho} = 0 \tag{6-24}$$

$$\frac{\partial L}{\partial \lambda} = y_1 - A_{(n)}L_1^{\rho}K_1^{1-\rho} = 0 \tag{6-25}$$

从而可以求解出：

$$K_1 = \rho^{-\rho}(1-\rho)^{\rho}A_{(n)}^{-1}w_{L_1}^{\rho}w_{K_1}^{-\rho}y_1 \tag{6-26}$$

$$L_1 = \rho^{(1-\rho)}(1-\rho)^{\rho-1}A_{(n)}^{-1}w_{L_1}^{\rho-1}w_{K_1}^{1-\rho}y_1 \tag{6-27}$$

物流企业提供服务的总成本为：

$$
\begin{aligned}
TC_1 &= w_{L_1}L_1 + w_{K_1}K_1 \\
&= w_{L_1}\rho^{1-\rho}(1-\rho)^{\rho-1}A_{(n)}^{-1}w_{L_1}^{\rho-1}w_{K_1}^{1-\rho}y_1 + w_{K_1}\rho^{-\rho}(1-\rho)^{\rho}A_{(n)}^{-1}w_{L_1}^{\rho}w_{K_1}^{-\rho}y_1 \\
&= y_1 A_{(n)}^{-1}w_{L_1}^{\rho}w_{K_1}^{1-\rho}\rho^{-\rho}(1-\rho)^{\rho-1}
\end{aligned}
\tag{6-28}
$$

那么物流服务提供商的边际成本为：

$$MC_1 = \frac{\partial TC_1}{\partial y_1} = y_1 A_{(n)}^{-1}w_{L_1}^{\rho}w_{K_1}^{1-\rho}\rho^{-\rho}(1-\rho)^{\rho-1} \tag{6-29}$$

从而，物流企业创造的总需求为：

$$D_1 = mI = m\left(\frac{w_{L_2}}{p_I}\right)^{(1-\mu)\partial}\left(\frac{\mu}{(1-\mu)\partial}\right)^{(1-\mu)\partial}\left(\frac{w_{K_2}}{p_I}\right)^{(1-\mu)(1-\partial)}$$

$$\left(\frac{\mu}{(1-\mu)(1-\partial)}\right)^{(1-\mu)(1-\partial)}A_{(m)}^{-1}y_2$$

$$= D_2\left(\frac{w_{L_2}}{p_I}\right)^{(1-\mu)\partial}\left(\frac{\mu}{(1-\mu)\partial}\right)^{(1-\mu)\partial}\left(\frac{w_{K_2}}{p_I}\right)^{(1-\mu)(1-\partial)}$$

$$\left(\frac{\mu}{(1-\mu)(1-\partial)}\right)^{(1-\mu)(1-\partial)}A_{(m)}^{-1}$$

$$= \alpha p_2^\beta S^\gamma\left(\frac{w_{L_2}}{p_I}\right)^{(1-\mu)\partial}\left(\frac{\mu}{(1-\mu)\partial}\right)^{(1-\mu)\partial}\left(\frac{w_{K_2}}{p_I}\right)^{(1-\mu)(1-\partial)}$$

$$\left(\frac{\mu}{(1-\mu)(1-\partial)}\right)^{(1-\mu)(1-\partial)}A_{(m)}^{-1}$$

$$= \alpha\left[\begin{array}{l}\left(1+\frac{1}{m\beta}\right)^{-1}w_{L_2}^{(1-\mu)\partial}w_{K_2}^{(1-\mu)(1-\partial)}p_I^\mu A_{(m)}^{-1}\partial^{-\partial(1-\mu)}(1-\partial)^{-(1-\mu)(1-\partial)}\\ (1-\mu)^{-(1-\mu)}\mu^{-\mu}\end{array}\right]^\beta$$

$$S^\gamma\left(\frac{w_{L_2}}{p_I}\right)^{(1-\mu)\partial}\left(\frac{\mu}{(1-\mu)\partial}\right)^{(1-\mu)\partial}\left(\frac{w_{K_2}}{p_I}\right)^{(1-\mu)(1-\partial)}\left(\frac{\mu}{(1-\mu)(1-\partial)}\right)^{(1-\mu)(1-\partial)}A_{(m)}^{-1}$$

$$= \alpha A_{(m)}^{-\beta-1}S^\gamma\left(\frac{m\beta}{1+m\beta}\right)^\beta w_{L_2}^{(1-\mu)\partial(\beta+1)}w_{K_2}^{(1-\mu)(1-\partial)(\beta+1)}p_I^{\mu\beta+\mu-1}$$

$$\partial^{-\partial(1-\mu)(\beta+1)}(1-\partial)^{-(1-\mu)(1-\partial)(\beta+1)}(1-\mu)^{-(1-\mu)(\beta+1)}\mu^{-\mu\beta+1-\mu} \tag{6-30}$$

从式（6-30）可以看出，物流企业的需求函数是关于收入、技术外溢水平、劳动、资本、物流服务价格的函数，且物流服务水平的价格弹性系数为 $\mu\beta+\mu-1$。

根据市场均衡的结果：

$$p_I\left(1+\frac{1}{n(\mu-1+\mu\beta)}\right) = MC_1 \tag{6-31}$$

在物流部门中，价格超过成本的加成也由企业的数目 n 和物流服务的价格弹性系数 $\mu\beta+\mu-1$ 决定。

$$D_1 = ny_1 \tag{6-32}$$

$$\pi_1 = (p_I - MC_1)y_1 \tag{6-33}$$

可以得出：

$$y_1 = \frac{1}{n}\alpha A_{(m)}^{-\beta-1}S^\gamma\left(\frac{m\beta}{1+m\beta}\right)^\beta w_{L_2}^{(1-\mu)\partial(\beta+1)}w_{K_2}^{(1-\mu)(1-\partial)(\beta+1)}p_I^{\mu\beta+\mu-1}$$

$$\partial^{-\partial(1-\mu)(\beta+1)}(1-\partial)^{-(1-\mu)(1-\partial)(\beta+1)}(1-\mu)^{-(1-\mu)(\beta+1)}\mu^{-\mu\beta+1-\mu} \quad (6-34)$$

$$MC_1 = \frac{\partial TC_1}{\partial y_1} = y_1 A_{(n)}^{-1} w_{L_1}^{\rho} w_{K_1}^{1-\rho} \rho^{-\rho}(1-\rho)^{\rho-1} = p_I\left(1 + \frac{1}{n(\mu-1+\mu\beta)}\right) \quad (6-35)$$

$$y_1 = p_I\left(1 + \frac{1}{n(\mu-1+\mu\beta)}\right) A_{(n)} w_{L_1}^{-\rho} w_{K_1}^{-1+\rho} \rho^{\rho}(1-\rho)^{1-\rho} \quad (6-36)$$

由

$$p_I\left(1 + \frac{1}{n(\mu-1+\mu\beta)}\right) A_{(n)} w_{L_1}^{-\rho} w_{K_1}^{-1+\rho} \rho^{\rho}(1-\rho)^{1-\rho}$$

$$= \frac{1}{n}\alpha A_{(m)}^{-\beta-1} S^{\gamma}\left(\frac{m\beta}{1+m\beta}\right)^{\beta} w_{L_2}^{(1-\mu)\partial(\beta+1)} w_{K_2}^{(1-\mu)(1-\partial)(\beta+1)} p_I^{\mu\beta+\mu-1}$$

$$\partial^{-\partial(1-\mu)(\beta+1)}(1-\partial)^{-(1-\mu)(1-\partial)(\beta+1)}(1-\mu)^{-(1-\mu)(\beta+1)}\mu^{-\mu\beta+1-\mu} \quad (6-37)$$

解出：

$$p_I = \left[\begin{array}{c}\frac{1}{n}\alpha A_{(m)}^{-\beta-1} A_{(n)}^{-1} S^{\gamma}\left(1 + \frac{1}{n(\mu-1+\mu\beta)}\right)^{-1}\left(\frac{m\beta}{1+m\beta}\right)^{\beta} w_{L_2}^{(1-\mu)\partial(1+\beta)} w_{K_2}^{(1-\mu)(1-\partial)(\beta+1)} \\ \partial^{-\partial(1-\mu)(\beta+1)}(1-\partial)^{-(1-\mu)(1-\partial)(\beta+1)}(1-\mu)^{-(1-\mu)(\beta+1)}\mu^{-\mu\beta+1-\mu} w_{L_1}^{\rho} w_{K_1}^{1-\rho} \rho^{-\rho}(1-\rho)^{-1+\rho}\end{array}\right]^{\frac{1}{2-\mu\beta-\mu}}$$

$$(6-38)$$

$$y_1 = \left[\begin{array}{c}\frac{1}{n}\alpha A_{(m)}^{-\beta-1} A_{(n)}^{-1} S^{\gamma}\left(1 + \frac{1}{n(\mu-1+\mu\beta)}\right)^{-1}\left(\frac{m\beta}{1+m\beta}\right)^{\beta} w_{L_2}^{(1-\mu)\alpha(1+\beta)} w_{K_2}^{(1-\mu)(1-\partial)(\beta+1)} \\ \partial^{-\partial(1-\mu)(\beta+1)}(1-\partial)^{-(1-\mu)(1-\partial)(\beta+1)}(1-\mu)^{-(1-\mu)(\beta+1)}\mu^{-\mu\beta+1-\mu} w_{L_1}^{\rho} w_{K_1}^{1-\rho} \rho^{-\rho}(1-\rho)^{-1+\rho}\end{array}\right]^{\frac{1}{2-\mu\beta-\mu}}$$

$$\left(1 + \frac{1}{n(\mu-1+\mu\beta)}\right) A_{(n)} w_{L_1}^{-\rho} w_{K_1}^{-1+\rho} \rho^{\rho}(1-\rho)^{1-\rho} \quad (6-39)$$

从而，可以求解出均衡时物流企业与制造企业之间的利润分别为：

$$\pi_1 = \frac{1}{n(-\mu+1-\mu\beta)}\left(1 + \frac{1}{n(\mu-1+\mu\beta)}\right)^{\frac{-\mu\beta-\mu}{2-\mu\beta-\mu}} \alpha^{\frac{2}{2-\mu\beta-\mu}} S^{\frac{2\gamma}{2-\mu\beta-\mu}} n^{\left(\frac{-2+2\theta-\theta\mu\beta-\theta\mu}{2-\mu\beta-\mu}\right)}$$

$$m^{\frac{2\theta(-\beta-1)}{2-\mu\beta-\mu}}\left(\frac{m\beta}{1+m\beta}\right)^{\frac{2\beta}{2-\mu\beta-\mu}} w_{L_2}^{\frac{2(1-\mu)\partial(\beta+1)}{2-\mu\beta-\mu}} w_{K_2}^{\frac{2(1-\mu)(1-\partial)(\beta+1)}{2-\mu\beta-\mu}} w_{L_1}^{\frac{\rho(\mu\beta+\mu)}{2-\mu\beta-\mu}} w_{K_1}^{\frac{(1-\rho)(\mu\beta+\mu)}{2-\mu\beta-\mu}}$$

$$\rho^{\frac{-\rho(\mu\beta+\mu)}{2-\mu\beta-\mu}}(1-\rho)^{\frac{(-1+\rho)(\mu\beta+\mu)}{2-\mu\beta-\mu}}\left[\partial^{-\partial(1-\mu)(\beta+1)}(1-\partial)^{-(1-\mu)(1-\partial)(\beta+1)}\right.$$

$$\left.(1-\mu)^{-(1-\mu)(\beta+1)}\mu^{-\mu\beta+1-\mu}\right]^{\frac{2}{2-\mu\beta-\mu}} \quad (6-40)$$

$$\pi_2 = S^{\frac{2\gamma}{2-\mu\beta-\mu}}\alpha^{\frac{2}{2-\mu\beta-\mu}} m^{\frac{\theta\mu(\beta+1)}{2-\mu\beta-\mu}}\frac{2\beta(2-\mu\beta-\mu)}{n^{\frac{\mu(\beta+1)(\theta+1)}{2-\mu\beta-\mu}}}\left(\frac{-1}{1+m\beta}\right)\left(\frac{1+m\beta}{m\beta}\right)^{-\beta}$$

$$w_{L_2}^{(1-\mu)\partial(\beta+1)\frac{2}{2-\mu\beta-\mu}} w_{K_2}^{(1-\mu)(1-\partial)(1+\beta)\frac{2}{2-\mu\beta-\mu}} \partial^{-\partial(1-\mu)(\beta+1)\frac{2}{2-\mu\beta-\mu}}(1-\partial)^{-(1-\mu)(1-\partial)(1+\beta)\frac{2}{2-\mu\beta-\mu}}$$

$$(1-\mu)^{-(1-\mu)\frac{2}{2-\mu\beta-\mu}}\mu^{-\mu(1+\beta)-(\mu\beta-1+\mu)\frac{\mu(\beta+1)}{2-\mu\beta-\mu}}$$

$$\left[\frac{n(\mu-1+\mu\beta)}{1+n(\mu-1+\mu\beta)}\left(\frac{m\beta}{1+m\beta}\right)^{\beta}w_{L_1}^{\rho}w_{K_1}^{1-\rho}\rho^{-\rho}(1-\rho)^{-1+\rho}\right]^{\frac{\mu(\beta+1)}{2-\mu\beta-\mu}} \qquad (6-41)$$

设制造企业的价格弹性系数小于 -1，当市场上制造企业与物流企业的数量足够多的时候，$\frac{n(\mu-1+\mu\beta)}{1+n(\mu-1+\mu\beta)}\rightarrow1$，$\left(\frac{m\beta}{1+m\beta}\right)\rightarrow1$。

从以上分析中可以看出制造企业与物流企业的利润受到一系列相关因素的影响，对这些表达式进行简单的求偏导，通过符号的正负关系，大致可以判断制造企业与物流企业的利润受到影响的大小。

$\frac{\partial\pi_2}{\partial S}>0$，表示制造企业的利润与收入水平呈正方向变动，随着收入的增加，制造企业的利润也将增加。

$\frac{\partial\pi_1}{\partial S}>0$，表示物流企业的利润与收入水平呈正方向变动，随着收入水平的提高，物流企业的利润水平也将提高。

$\frac{\partial\pi_2}{\partial n}>0$，表示物流企业数量 n 的增加对制造企业的利润影响为正，说明物流企业在一定区域的集聚，使下游厂商可以享受低成本投入的利益，从而提高制造企业的利润。这主要是因为物流业的发展将为集群企业提供多功能、一体化的综合性服务，具体体现在通过物流业务外包，企业可以降低自营物流所花费的投资，把更多的资金投在核心业务上，降低交易成本；从而使制造企业可以更准确地把握市场、技术等方面的信息，获得更多的竞争优势，为集群的持续发展奠定基础。王珍珍和陈功玉（2009）亦指出物流产业集聚度的提高（物流企业数量 n 的增加）有利于提高制造业的工业增加值，但在不同地区这种集聚度的提高对制造业工业增加值的影响系数存在差异。首先，产业集群中的企业可以共享公共基础设施、降低额外投资的成本，充分利用地理位置上的临近性节省相互之间的运输移动费用，从而降低生产成本。其次，物流业的发展能够吸引到一些优质资本加入产业集群中，起到中间桥梁作用，从而促进新技术的扩散和外溢，推动创新。最后，物流业与制造业的紧密结合，能够推动产业集群服务支撑体系的建设，从而促进产业集群的健康发展。

$\frac{\partial\pi_1}{\partial m}>0$，表示制造企业数量 m 的增加对物流企业利润的影响为正，说明制造企业在一定区域内的集中所产生的需求扩张为物流企业的发展提供了必要的市场空间。具体来说，制造业产业集群①对区域物流能力的提升主要体现在以下三方面：（1）促进物流的专业化，制造业产业集群中企业的专业化分工日益明显，从而要求物流服务业向专业化方向发展；（2）促进物流的规模化，制造业产业集群的发展要求物流业有一个遍布全国的网络体系，才能顺利完成每一笔业务的收取、存储、分拣、运输和递送工作，而运转这样一个体系所需要的资金、人员等是巨大的，只有达到一定规模的区域物流系统才能得以维系；（3）产业集群的发展带动了物流基础设施网络（物流园区、物流设施、物流中心、配送中心等）、物流要素（物流企业、物流人才、物流信息、物流技术、资金等）的完善与整合，为物流的发展提供了物质基础（杜一民和张明玉，2008）。制造业的发展会释放物流需求，提高对物流业发展的需要，影响物流业的演化进程，为物流业的发展提供设施和技术基础，改变物流业的空间区位分布，是物流业提升其市场地位的重要保证。离开了制造业，物流业就失去了其服务的主要对象；离开了制造业，物流业就失去了创新和发展的动力。George J. Stigler（1951）指出产业集聚可以鼓励垂直分工，厂商可以从外部的供应商那里获得生产所需要的中间投入，从而降低成本。如泉州晋江地区的轻纺工业产业集群使当地的物流业也相对较发达，这主要得益于产业集群的作用。

因此，制造业与物流业之间的合理分工使制造企业可以将有限的资源集中在自己最具竞争优势的生产环节上，这不仅极大地提高了企业的生产效率，而且有利于制造企业核心竞争力的提高（侯红昌，2009）。

6.3　小结

本章从微观企业的视角出发，将物流企业所提供的服务视为制造企业

---

① 产业集群（Industrial Cluster）是指众多具有分工合作关系的不同规模等级的企业集聚在一定的地理区域内，通过纵横交错的网络关系紧密联系在一起，共享区域特有的基础设施、劳动力市场和服务的一种新的空间经济的组织形式。波特认为，集群包含一系列相关的产业，包括专业化投入品，如配件、机器和服务等的供应商和专业化基础结构的供给者。集群可以向下游延伸到营销网络和顾客。由此可见，产业集群包括两大类企业：制造企业和生产性服务型企业。

的中间投入，通过柯布—道格拉斯生产函数，求解出制造企业与物流企业的利润函数，双方合理分工后的利益分配受到联动发展系统所处的市场结构、成本、制造企业与物流企业的需求弹性、两者的关联程度等因素的影响。物流企业在一定区域的集聚，使下游厂商可以享受低成本投入的利益，从而提高制造企业的利润；制造企业在一定区域内的集中所产生的需求扩张，为物流企业的发展提供了必要的市场空间。

7
制造业与物流业联动发展的
机理分析：合作竞争

7.1 引言

产业共生理论强调的另外一个方面是产业之间的协同及竞争关系，共生单元总是千方百计地在维护自己利益的同时又希望通过联动发展创造出新的利益，从而制造企业与物流企业之间表现出一种合作力量与竞争力量上的博弈。合作与竞争是联动发展中的相对力量，是系统得以运作和提高效率的关键，当历史进入 21 世纪时，"为竞争而合作，靠合作去竞争"的思想日益深入人心，这两者之间存在一种正和的、提高效率的效应。但现有研究在运用博弈论方法时并没有假定双方是在有限理性的基础上所做出的决策，因此会得出双方都选择合作策略是唯一的纳什均衡。而事实上，制造企业与物流企业的联动发展是建立在有限理性基础上的，它们在理性知识、分析推理能力、识别判断能力、记忆能力和准确行为能力等方面存在显著的差异，往往一开始不能找到最优的策略，但它们会在博弈中不断学习、不断调整和改进，寻找较好的策略，这种有限理性使制造业与物流业之间的共生关系也会有一个不断调整的动态演化过程。本章将从制造企业与物流企业之间的竞争合作关系出发，构建两者联动发展的演化博弈模型。

7.2 演化博弈论及其应用

演化博弈论以生物进化论和遗传基因理论为基础，以种群为研究对象，把群体行为的调整过程视为动态系统过程，注重分析种群结构的变迁。近年来，越来越多的学者运用演化经济学研究经济系统中的演化规律。最早将其运用到管理领域并将其作为一个独立的研究对象的是约瑟夫·熊彼特（Schumpeter，1934），他以有限理性为基础，将博弈论的分析方法与动态进化过程结合起来，认为有限理性的经济主体不可能明确知道自己所处的状态，它会通过最有利的战略逐渐模仿下去，最终达到一种均衡状态（盛昭翰和蒋德鹏，2002），其研究的对象是一个"种群"（Population），遵从生物进化论中"物竞天择，适者生存"的基本原则。他注重分析种群结构的变迁，强调动态是相对于群体行为达到均衡的调整过程。均衡是暂时的，甚至是不可能的，非均衡才是现实的常态。系统可能会有多个均衡点，究竟到达哪个均衡点依赖于进化的初始条件和进化路径。因此，它比经典博弈模型来得更现实、更准确（易余胤，2005）。在演化博弈论中，最核心的概念是"演化稳定策略"（Evolutionary Stable Strategy，ESS）和"复制动态"（Replicator Dynamics，RD）。其中，ESS 表示一个种群抵抗变异策略侵入的一种稳定状态（Maynard-Smith & Price，1973；Maynard-Smith，1974，1982），其定义为：

如果策略 s^* 是一个 ESS，当且仅当其满足以下两个条件之一：

（1）s^* 构成一个 Nash 均衡，即对任意的 s，有 $u(s^*,s^*) \geqslant (s^*,s)$；

（2）如果 $s^* \neq s$，满足 $u(s^*,s^*) = (s^*,s)$，则必有 $u(s^*,s^*) > (s^*,s)$。

条件（1）说明，如果其他的博弈方都采取策略 s^*，选择突变策略 s 的参与者发现其在博弈中会得到较少的支付，任何一个有限理性的参与者都会发现 s^* 比 s 来得更好，因此，s^* 构成一个 Nash 均衡；条件（2）说明，假设在初始状态时，种群中几乎所有的参与者都一致地采用任何其他策略 s，进化稳定策略 s^* 能够击败 s，从而使选择策略 s 的行为在进化过程中逐渐消失。其直观含义为一个系统当处于演化稳定均衡的吸引域范围之内时，就能够抗击来自外部的小冲击（郎国放等，2008）。

RD 描述了某一特定策略在一个种群中被采用的频度或频数的动态微分方程（Taylor & Jonker，1978）。根据演化的原理，如果一种策略的适应度或者支付（Payoff）比种群的平均适应度高，那么这种策略就会在种群中得以发展，体现为这种策略的增长率 $\frac{1}{x_k}\frac{dx_k}{dt}$ 大于零，如式（7-1）所示：

$$\frac{1}{x_k}\frac{dx_k}{dt} = [u(k,s) - \bar{u}(s,s)] \qquad (7-1)$$

其中 x_k 表示种群中采用纯策略 k 的比例，$u(k,s)$ 表示采用纯策略 k 时的适应度（收益），$\bar{u}(s,s)$ 表示平均适应度（平均收益），k 代表种群中各个个体可以选择的不同策略。如果一个选择纯策略 k 的个体得到的支付少于群体的平均支付，那么选择纯策略 k 的个体数增长率为负；如果一个选择纯策略 k 的个体得到的支付多于群体平均支付，那么选择纯策略 k 的个体数增长率为正，当个体选择纯策略 k 的支付正好等于群体平均支付时，则选择纯策略 k 的个体数增长率正好等于 0。

目前，关于演化博弈论的研究主要集中于新模型的探索、模型的扩张以及具体演化规则的分析，其在经济学、管理学中的应用非常广泛，现有研究主要将其用于技术创新、供应链管理、物流运输、区域经济合作、企业联盟、低碳经济发展、网络合作分析、企业合作、环境污染、供应链采购行为等领域（具体如表7-1所示）。

表7-1　演化博弈的应用研究一览表

应用领域	代表作者	演化博弈主体	主要观点
技术创新	刘贞和任玉珑（2007）；朱少英（2007）；苟翠红和钱钢（2008）；解学梅和曾赛星（2009）；易余胤（2009）；田宇和马钦海（2010）；杨国忠等（2012）；王子龙和许萧迪（2013）	政府与企业之间 企业与企业之间 政府、产业、高校、研究机构之间	企业创新模式的选择具有路径依赖特征，政府的激励将促进创新
供应链管理	王玲（2007）；于海生等（2008）；韩敬稳等（2009）；王玉燕等（2008）；Xiao（2006，2009）；单泪源等（2009）；刘金芳、徐枞巍和高波（2011）；马慧、于红春、王红新（2012）	供应链上下游企业（制造商和供应商之间、制造商和零售商之间）；供应链网络横向和纵向竞合博弈主体；逆向供应链	系统的演化存在"路径依赖"特征，系统演化结果与合作成本和收益存在密切关系

续表

应用领域	代表作者	演化博弈主体	主要观点
物流运输	陈星光等（2009）；周鑫和季建华（2008）；李丽梅和韩瑞珠（2009）；黄宗阜和周愉峰（2010）	交通出行方式的选择；港口竞合关系；物流联盟；物流外包	系统收敛于哪个均衡点与初始状态有关
其他	Friedman（1996）；Aoki（1998）；Young（1998）；曲顺兰等（2007）；石岿然和肖条军（2007）；姚洪兴等（2007）；蔡玲如和王红卫（2009）；蒋蓉华和王娜（2009）；张泽麟、王道平、张虹等（2014）	制度、层级组织、人力资本、政府管理部门与生产排污企业；区域经济合作；国内外企业；物流地产；企业联盟	系统均衡点分析

资料来源：笔者依据阅读的文献整理而得。

已有的研究简要地运用博弈论思想分析了制造业与物流业联动发展的机理，但实际上制造企业与物流企业的联动发展是建立在有限理性的基础上的，它们在理性知识、分析推理能力、识别判断能力、记忆能力和准确行为能力等方面存在显著的差异，往往一开始不能找到最优的策略，但它们会在博弈中不断学习、不断调整和改进，寻找较好的策略，这种有限理性使制造业与物流业之间的共生关系也会有一个不断调整的动态演化过程。因此，本章将对制造企业与物流企业联动发展的演化博弈进行分析，同时纳入政府这一共生环境，分析政府补贴机制下制造企业与物流企业之间的演化博弈关系以及政府与企业之间的演化博弈关系。

7.3 纯企业行为下的制造企业与物流企业联动发展的演化博弈分析

7.3.1 模型基本假设

（1）博弈主体

制造企业与物流企业是联动发展中的两大共生单元，二者进行联动发展遵循着演化博弈论的一些基本假设。

（2）策略选择

双方的策略集合分别为 M（积极，不积极）和 L（积极，不积极）。当制造企业积极实施联动发展策略（即合作）时，它们就会减少自己的物流固定资产投入，将更多的资源用于核心能力的建设而将物流环节外包；当制造企业不积极实施联动发展策略（即竞争）时，它们会为提防物流企业而进行相应的物流固定资产的投入，选择自营物流的模式，与物流企业形成一种竞争关系。同理，当物流企业积极实施联动发展策略时，就会加大物流固定资产的投入以提供更加完备的服务，当物流企业不积极实施联动发展策略时，就会减少物流固定资产的投入，产生偷工减料等机会主义行为，以获取短期利润为目的。这种联动发展系统是通过自身的演化形成的，制造企业和物流企业根据对方的策略选择，考虑它们在群体中的相对适应性来选择和调整各自的策略。

（3）支付矩阵

根据鹰鸽博弈①的思想建立制造企业与物流企业联动发展博弈的支付矩阵，如表7-2所示。

表7-2　纯企业行为下制造企业与物流企业演化博弈的得益矩阵

			物流企业 L	
			积极	不积极
—		概率 p	β	$1-\beta$
制造企业 M	积极	α	$\pi_M + \Delta V_M - C_{OM}$，$\pi_L + \Delta V_L - C_{OL}$	$\pi_M - C_{OM} - C_M$，π_L
	不积极	$1-\alpha$	π_M，$\pi_L - C_{OL} - C_L$	π_M，π_L

在支付矩阵中，π_M，π_L分别表示制造企业与物流企业不积极实施联动策略时的正常收益，ΔV_M，ΔV_L分别表示制造企业与物流企业积极实施联动发展策略时得到的超额利润，且超额利润的总和为ΔV，即 $\Delta V = \Delta V_L + \Delta V_M$，但双方在实施联动发展策略过程中也需要投入成本，$C_{OM}$，$C_{OL}$分别表示双方选择联动发展策略的初始投入成本，这里，$\Delta V_L > C_{OL}$，$\Delta V_M > C_{OM}$，即积极实施联动发展策略的收益大于不积极实施联动发展策略的收益（符合两业联动发展的充分条件）。当其中一方采取联动发展策略（即合作），而另外一方却隐藏信息或行动时，积极实施联动发展策略的一方

---

① 这个博弈的生物学含义是一个社会有两种动物，一种有攻击性叫作鹰，另一种没有攻击性，叫作鸽，整个社会中有部分是鹰，部分是鸽，如果鹰多了，会相互斗争而两败俱伤，从而减少数量，恢复到均衡点，反之亦如此。

将遭受损失 C_L（对物流企业而言），C_M（对制造企业而言）。

α 为制造企业选择积极实施联动发展策略的比例，$1-\alpha$ 为制造企业选择不积极实施联动发展策略的比例，β 为物流企业选择积极实施联动发展策略的比例，$1-\beta$ 为物流企业选择不积极实施联动发展策略的比例。

7.3.2 制造企业与物流企业的演化博弈收益分析

（1）制造企业的收益分析

当制造企业选择积极实施联动发展策略时，其收益为：

$$U_{M1} = \beta(\pi_M + \Delta V_M - C_{OM}) + (1-\beta)(\pi_M - C_{OM} - C_M) \tag{7-2}$$

当制造企业选择不积极实施联动发展策略时，其收益为：

$$U_{M2} = \beta\pi_M + (1-\beta)\pi_M \tag{7-3}$$

因此，制造企业 M 的平均收益为：

$$\overline{U_M} = \alpha U_{M1} + (1-\alpha)U_{M2} \tag{7-4}$$

由此可得到制造企业 M 选择联动发展策略时的复制动态方程为：

$$\frac{d\alpha}{dt} = \alpha[U_{M1} - \overline{U_M}] = \alpha(1-\alpha)(U_{M1} - U_{M2})$$
$$= \alpha(1-\alpha)[(\Delta V_M + C_M)\beta - C_{OM} - C_M] \tag{7-5}$$

（2）物流企业的收益分析

当物流企业选择积极实施联动发展策略时，其收益为：

$$U_{L1} = \alpha(\pi_L + \Delta V_L - C_{OL}) + (1-\alpha)(\pi_L - C_{OL} - C_L) \tag{7-6}$$

当物流企业选择不积极实施联动发展策略时，其收益为：

$$U_{L2} = \alpha\pi_L + (1-\alpha)\pi_L \tag{7-7}$$

因此，物流企业 L 的平均收益为：

$$\overline{U_L} = \beta U_{L1} + (1-\beta)U_{L2} \tag{7-8}$$

由此可得物流企业 L 选择联动发展策略时的复制动态方程为：

$$\frac{d\beta}{dt} = \beta(1-\beta)[(\Delta V_L + C_L)\alpha - C_L - C_{OL}] \tag{7-9}$$

将制造企业与物流业的复制动态方程联立构成方程组，从而可以求解出系统的 5 个局部均衡点，分别为：$O(0,0)$，$A(0,1)$，$B(1,0)$，$C(1,1)$ 及 $D\left(\dfrac{C_{OL} + C_L}{\Delta V_L + C_L}, \dfrac{C_{OM} + C_M}{\Delta V_M + C_M}\right)$。

其均衡点的稳定性可依据雅克比矩阵的稳定性判定方法得到（Friedman，1991）。将 $\dfrac{d\alpha}{dt}$ 和 $\dfrac{d\beta}{dt}$ 分别对 α 和 β 求偏导，则上述系统的雅克比矩阵 J 为：

$$J = \begin{bmatrix} (1 - 2\alpha)\left[(\Delta V_M + C_M)\beta - C_{OM} - C_M\right] & \alpha(1 - \alpha)(\Delta V_M + C_M) \\ \beta(1 - \beta)(\Delta V_L + C_L) & (1 - 2\beta)\left[(\Delta V_L + C_L)\alpha - C_L - C_{OL}\right] \end{bmatrix}$$

通过雅克比矩阵的稳定性分析（见附录 7）得到 5 个均衡点的分析结果如表 7-3 所示。

在五个局部均衡点中，两个均衡点具有稳定性，即（积极，积极），（不积极，不积极），即当系统达到稳定均衡时，全体成员要么都选择积极实施联动发展策略，要么都选择不积极实施联动发展策略。具体如图 7-1 所示，图中 O、A、B、C 及 D 分别为上述的均衡点，系统最终的演化稳定性均衡点为 O 或 C 点，而至于鞍点往哪个方向演化取决于 $AOBD$ 以及 $ACBD$ 面积的大小，若 $AOBD$ 以及 $ACBD$ 面积相等，则双方积极实施联动发展策略和不积极实施联动发展策略的概率相等，如果 $AOBD$ 面积小于 $ACBD$

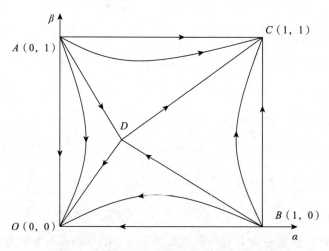

图 7-1　制造业与物流业联动发展的演化相图

表7-3　纯企业行为下的制造企业与物流企业演化博弈稳定性分析

均衡点	J的行列式	符号	J的迹	符号	结果
$O(0,0)$	$(C_M + C_{OM})(C_L + C_{OL})$	+	$-C_M - C_{OM} - C_L - C_{OL}$	-	稳定点（ESS）
$A(0,1)$	$(\Delta V_M - C_{OM})(C_L + C_{OL})$	+	$(\Delta V_M - C_{OM}) + C_L + C_{OL}$	+	不稳定
$B(1,0)$	$(C_M + C_{OM})(\Delta V_L - C_{OL})$	+	$C_M + C_{OM} + (\Delta V_L - C_{OL})$	+	不稳定
$C(1,1)$	$(\Delta V_M - C_{OM})(\Delta V_L - C_{OL})$	+	$-\Delta V_M + C_{OM} - \Delta V_L + C_{OL}$	-	均衡点（ESS）
$D\left(\dfrac{C_{OL} + C_L}{\Delta V_L + C_L}, \dfrac{C_{OM} + C_M}{\Delta V_M + C_M}\right)$	$-\dfrac{(C_{OL} + C_L)(C_{OM} + C_M)(\Delta V_M - C_{OM})(\Delta V_L - C_{OL})}{(\Delta V_M + C_M)(\Delta V_L + C_L)}$	-	0	鞍点	

面积，则双方积极实施联动发展策略的概率大于不积极实施联动发展策略的概率，如果 $AOBD$ 面积大于 $ACBD$ 面积，则双方积极实施联动发展策略的概率小于不积极实施联动发展策略的概率。

结合 D 点的坐标，可表示出 $AOBD$ 的面积为

$$S_1 = S_{AOD} + S_{OBD} = \frac{1}{2}\left[\frac{C_{OL} + C_L}{\Delta V_L + C_L} + \frac{C_{OM} + C_M}{\Delta V_M + C_M}\right] \tag{7-10}$$

分析影响此面积变化的因素，即可转化为分析影响该系统演化稳定均衡结果的因素。借此，提出如下三个命题。

命题 1 当其他影响因素一定时，随着联动发展后超额利润的增加，企业积极实施联动发展策略的概率增加。

证明 将公式（7-10）分别对 ΔV_M，ΔV_L 求偏导，可得

$$\frac{\partial S_I}{\partial \Delta V_M} = -\frac{(C_{OM} + C_M)}{2(\Delta V_M + C_M)^2} < 0 \tag{7-11}$$

$$\frac{\partial S_I}{\partial \Delta V_L} = -\frac{(C_{OL} + C_L)}{2(\Delta V_L + C_L)^2} < 0 \tag{7-12}$$

式（7-11）和式（7-12）说明 S_I 是 ΔV_M，ΔV_L 的单调减函数，即随着联动发展后超额利润的增加，系统向 O（0，0）演化的概率减小，即企业积极实施联动发展策略的概率会增加。

命题 2 当其他影响因素一定时，随着联动发展初始投入成本的增加，企业积极实施联动发展策略的概率会减小。

证明：将公式（7-10）分别对 C_{OM}，C_{OL} 求偏导，可得

$$\frac{\partial S_I}{\partial C_{OM}} = \frac{1}{2(\Delta V_M + C_M)} > 0 \tag{7-13}$$

$$\frac{\partial S_I}{\partial C_{OL}} = \frac{1}{2(\Delta V_L + C_L)} > 0 \tag{7-14}$$

式（7-13）和式（7-14）说明 S_I 是 C_{OM}，C_{OL} 的单调增函数，即随着联动发展初始投入成本的增加，企业向 O（0，0）演化的概率增加，即企业积极实施联动发展策略的概率会减小。

命题 3 当其他影响因素一定时，随着一方不积极实施联动发展策略给另外一方造成的损失因子的增加，企业积极实施联动发展策略的概率会减小。

证明：将公式（7-10）分别对 C_M，C_L 求偏导，可得

$$\frac{\partial S_I}{\partial C_M} = \frac{\Delta V_M - C_{OM}}{2(\Delta V_M + C_M)} > 0 \tag{7-15}$$

$$\frac{\partial S_I}{\partial C_L} = \frac{\Delta V_L - C_{OL}}{2(\Delta V_L + C_L)} > 0 \tag{7-16}$$

式（7-15）和式（7-16）说明 S_I 是 C_M，C_L 的单调增函数，即随着一方不积极实施联动发展策略而给另外一方造成的损失因子的增加，企业向 O（0，0）演化的概率增加，即企业积极实施联动发展策略的概率会减小。

7.3.3 制造企业与物流企业联动发展演化稳定性影响因素分析

（1）系统所处的初始状态对系统演化的影响

首先，给定 $\Delta V_M = \Delta V_L = 10$，$C_M = C_L = 2$，$C_{OM} = C_{OL} = 1$，描述当制造企业与物流企业选择初始策略的比例（$\alpha$，$\beta$）不同时，向稳定点演化的过程。当初始值分别取（0.1，0.9）、（0.3，0.7）、（0.5，0.5）、（0.7，0.3）以及（0.9，0.1），时间段为 [0，1]，步长取 0.001，横坐标表示 α，纵坐标表示 β 时，系统的演化方向如图 7-2 所示，从中可以看出，制造企业与物流企业选择策略的比例差别越大，其向平衡点（1，1）演化的速度越慢。

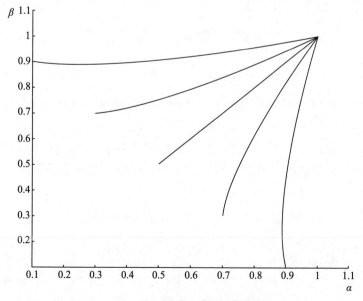

图 7-2 不同初始值情况下系统演化的路径分析

当初始值分别取（0.05，0.15）、（0.1，0.2）、（0.2，0.2）、（0.2，0.1）和（0.15，0.05）时，系统的演化方向如图 7 – 3 所示，此时，所有的曲线均向平衡点（0，0）演化，从中可以看出，系统的演化方向具有明显的路径依赖特征。当初始值落入 *ACBD* 区域时，系统将收敛于积极实施联动发展策略的状态（1，1），当初始值落入 *AOBD* 区域时，系统将收敛于不积极实施联动发展策略的状态（0，0）。**由此得出的结论是：制造业与物流业联动发展系统所处的初始状态将影响到系统演化的方向及速度。**

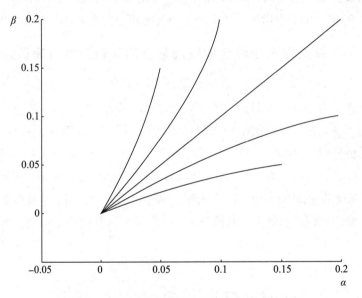

图 7 – 3　不同初始值情况下系统演化的路径分析

为了进一步反映出制造业与物流业选择不同的比例时系统随着时间演化的趋势，图 7 – 4 中给出了 $\Delta V_M = \Delta V_L = 10$，$C_M = C_L = 2$，$C_{OM} = C_{OL} = 1$，时间段为 [0，1]，步长取 0.001，初始值分别取 [0.2，0.9] 和 [0.1，0.2] 时系统随着时间的演化趋势，从中可以得出系统的初始值状态将会影响到系统最终的演化方向。

（2）联动发展超额利润 ΔV_M，ΔV_L 对系统演化的影响

从 $D\left(\dfrac{C_{OL} + C_L}{\Delta V_L + C_L}, \dfrac{C_{OM} + C_M}{\Delta V_M + C_M}\right)$ 点的坐标可以看出，在其他值不变的情况下，当 ΔV_M 增加时，D 点的纵坐标值减小，反映在图 7 – 1 上为折线右上方的面积 *ADCB* 变大，系统演化至稳定性均衡点 C 的可能性随之增加；当 ΔV_L

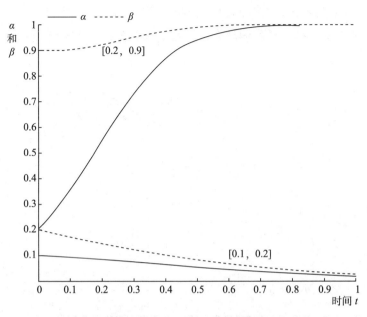

图 7 - 4　初始值不同情况下系统随时间的演化趋势

增加时，D 点的横坐标值减小，折线右上方的面积 $ADCB$ 增加，系统演化至稳定性均衡点 C 的可能性随之增加。为了进一步反映联动发展超额利润变化对系统演化的影响，给定初始值为 $(0.5, 0.5)$，$C_M = C_L = 2$，$C_{OM} = C_{OL} = 1$，$\Delta V_L = 10$，时间段为 $[0, 1]$，步长取 0.001，考虑 ΔV_M 变化对系统演化的影响，分别取 $\Delta V_M = -20$，$\Delta V_M = 0$，$\Delta V_M = 5$，$\Delta V_M = 10$ 以及 $\Delta V_M = 20$，依次得出如图 7 - 5 所示的 a、b、c、d 和 e 五条线，从中可以看出，当制造企业从双方的合作中获得的超额利润小于零时，其最终的演化方向为选择不合作。而随着联动发展超额利润的增加，选择合作的倾向越来越大。从图 7 - 5 中还可以看出，双方从合作中所获得的利益分配越平等，其趋于合作的速度越快，反映在图上是 $\Delta V_E = 10$ 的线趋近于 $(1, 1)$ 的速度最快。**由此得出的结论是：不论是制造企业还是物流企业，从联动发展中获得的收益越大，它们越倾向于选择联动发展策略。因此，在联动发展中要尽量使联动发展所获得的共生能量更大，这样两业更倾向于选择联动发展。**

同样地，给定初始值为 $(0.5, 0.5)$，$C_M = C_L = 2$，$C_{OM} = C_{OL} = 1$，时间段为 $[0, 1]$，步长取 0.001，考虑 ΔV_M 与 ΔV_L 变化时系统随时间演化的轨迹，分别取 $\Delta V_M = \Delta V_L = 10$，$\Delta V_M = \Delta V_L = 15$ 以及 $\Delta V_M = \Delta V_L = 20$，依次得

到如图 7 - 6 所示的从右到左的三条曲线 c，b，a，从中可以看出，双方从联动发展中所获得超额利润越大，其趋于联动发展的速度越快。

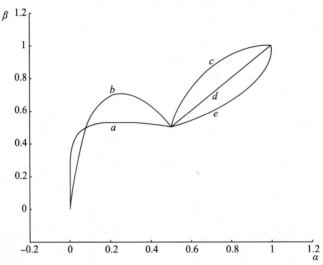

图 7 - 5 联动发展产生的超额利润变化时 D 点的演化轨迹

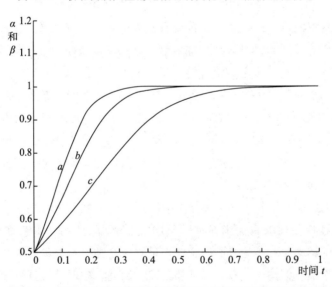

图 7 - 6 联动发展超额利润不同情况下系统随时间的演化趋势

（3）初始成本 C_{OM}，C_{OL} 对系统演化的影响

从 $D\left(\dfrac{C_{OL}+C_L}{\Delta V_L+C_L}, \dfrac{C_{OM}+C_M}{\Delta V_M+C_M}\right)$ 点的坐标值可以看出，若初始投入增加，D

点的横、纵坐标值都将增大，所以当两者以同样的比例增加时，它们会以同等的速度远离原点，接近 C（1，1），即不积极实施联动发展策略的区域 $OADB$ 扩大，联动发展的区域 $ADBC$ 缩小。当 C_{OL} 以较大幅度增加，而 C_{OM} 以较小幅度增加时，鞍点 $D\left(\dfrac{C_{OL}+C_L}{\Delta V_L+C_L},\ \dfrac{C_{OM}+C_M}{\Delta V_M+C_M}\right)$ 的纵坐标值将以较快的速度增大，而横坐标值将以较慢的速度增大，但最终鞍点将趋近于点（1，1），不联动发展的区域扩大。当 C_{OL} 以较小幅度增加，而 C_{OM} 以较大幅度增加时，鞍点 $D\left(\dfrac{C_{OL}+C_L}{\Delta V_L+C_L},\ \dfrac{C_{OM}+C_M}{\Delta V_M+C_M}\right)$ 的纵坐标值将以较慢的速度增大，而横坐标值将以较快的速度增大，但最终鞍点将趋近于点（1，1），不联动发展的区域扩大。为了进一步反映联动发展初始投入成本对系统演化的影响，给定初始值为（0.5，0.5），$C_M=C_L=2$，$\Delta V_M=\Delta V_L=10$，$C_{OL}=1$，时间段为 [0，1]，步长取 0.001，考虑 C_{OM} 变化对系统演化的影响，分别取 $C_{OM}=1$，$C_{OM}=3$，$C_{OM}=5$，$C_{OM}=7$，$C_{OM}=8$ 以及 $C_{OM}=10$，得到如图 7-7 中所示的 a、b、c、d、e 和 f 六条曲线，从中可以看出，随着制造业初始投入成本的增加，两业经历了由合作到不合作的转变，**得出的结论是：双方为了选择联动发展而投入的初始成本越大，它们越不愿意选择联动发展。**

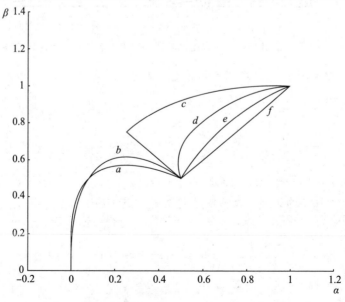

图 7-7　联动发展的初始成本变化时系统的演化轨迹

同时，给定初始值为（0.5，0.5），$C_M = C_L = 2$，$\Delta V_M = \Delta V_L = 10$，时间段为 $[0，1]$，步长取 0.001，考虑 C_{OM} 与 C_{OL} 变化随着时间的演化轨迹，分别取 $C_{OM} = C_{OL} = 1$，$C_{OM} = C_{OL} = 3$，$C_{OM} = C_{OL} = 5$，$C_{OM} = C_{OL} = 10$，依次得到如图 7-8 所示的 a、b、c 和 d 四条曲线，从中可看出双方联动发展的初始投入成本越高，双方随着时间演化趋于联动发展的可能性越小。

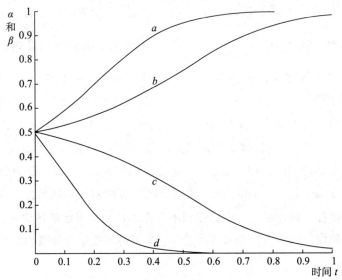

图 7-8　联动发展初始投入成本不同情况下系统随时间的演化趋势

（4）损失因子 C_M，C_L 对系统演化的影响

从 $D\left(\dfrac{C_{OL} + C_L}{\Delta V_L + C_L}, \dfrac{C_{OM} + C_M}{\Delta V_M + C_M}\right)$ 点的坐标值可以看出，当 C_M 和 C_L 以相同幅度增加时，鞍点 $D\left(\dfrac{C_{OL} + C_L}{\Delta V_L + C_L}, \dfrac{C_{OM} + C_M}{\Delta V_M + C_M}\right)$ 将同比例增大，表现为在横轴、纵轴方向上以同等的速度远离原点，接近点（1，1），即不积极实施联动发展策略 $OADB$ 的区域扩大，联动发展的区域 $ADBC$ 缩小。当 C_M 和 C_L 以相同幅度减小时，结论正好相反。当 C_L 以较大幅度增加，而 C_M 以较小幅度增加时，鞍点 $D\left(\dfrac{C_{OL} + C_L}{\Delta V_L + C_L}, \dfrac{C_{OM} + C_M}{\Delta V_M + C_M}\right)$ 的纵坐标值将以较快的速度增大，而横坐标值将以较慢的速度增大，但最终鞍点也将趋近于点（1，1），不积极实施联动发展策略的区域扩大。当 C_L 增加，而 C_M 减小时，鞍点的纵

坐标值将增大，而横坐标值将缩小，鞍点将沿着纵轴的方向趋向点（1,1）。为了进一步反映损失因子系统演化的影响，给定初始值为（0.5,0.5），$\Delta V_M = \Delta V_L = 10$，$C_{OM} = C_{OL} = 1$，$C_L = 2$，时间段为 $[0, 1]$，步长取 0.001，考虑 C_M 对系统演化的影响，分别取 $C_M = 0$、$C_M = 2$、$C_M = 8$、$C_M = 15$、$C_M = 18$、$C_M = 20$，依次得到如图 7 - 9 所示的 f、e、d、c、b 和 a 六条曲线，**由此得出的结论是：双方在对方不选择联动发展而自己选择联动发展时投入的成本越大，它们越不愿意选择联动发展。**

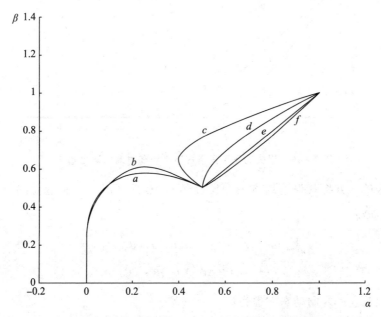

图 7 - 9　一方违背联动发展原则而给另外一方造成损失变化时系统的演化轨迹

同时，给定初始值为（0.5，0.5），$\Delta V_M = \Delta V_L = 10$，$C_{OM} = C_{OL} = 1$，时间段为 $[0, 1]$，步长取 0.001，考虑 C_M 和 C_L 变化随着时间演化的趋势，分别取 $C_M = C_L = 0$、$C_M = C_L = 2$、$C_M = C_L = 8$、$C_M = C_L = 10$，依次得到如图 7 - 10 所示的 a、b、c 和 d 曲线。从中可以看出，随着一方不积极实施联动发展策略给另外一方造成的损失因子越大，系统倾向于不合作的可能性越大。

假定制造企业与物流企业在合同中约定若一方违约，其必须向另外一方支付违约金额 c 弥补另外一方所遭受的损失，此时，原先制造企业与物流企业的得益矩阵将发生变化，违约的一方将产生多余的违约成本 c，而

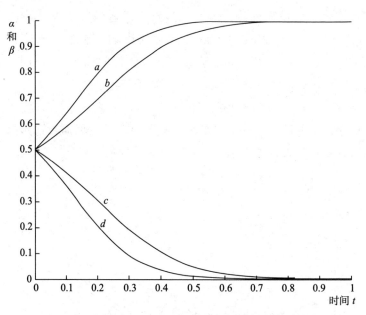

图 7 – 10　损失因子不同情况下系统随时间的演化趋势

受损失的一方将获得违约方的赔偿金额 c ，在此情况下，制造业的复制动态方程为：

$$\frac{d\alpha}{dt} = \alpha[U_{M1} - \overline{U_M}] = \alpha(1-\alpha)(U_{M1} - U_{M2})$$

$$= \alpha(1-\alpha)[(\Delta V_M + C_M)\beta - (C_{OM} + C_M - c)] \qquad (7-17)$$

物流业的复制动态方程为：

$$\frac{d\beta}{dt} = \beta[U_{L1} - \overline{U_L}] = \beta(1-\beta)(U_{L1} - U_{L2})$$

$$= \beta(1-\beta)[(\Delta V_L + C_L)\alpha - (C_{OL} + C_L - c)] \qquad (7-18)$$

同样地，可以得到鞍点 D 的坐标为 $D\left(\dfrac{C_{OM} + C_M - c}{\Delta V_M + C_M}, \dfrac{C_{OL} + C_L - c}{\Delta V_L + C_L}\right)$

此时，图形 $S_1 = S_{AOD} + S_{OBD} = \dfrac{1}{2}\left[\dfrac{C_{OL} + C_L - c}{\Delta V_L + C_L} + \dfrac{C_{OM} + C_M - c}{\Delta V_M + C_M}\right]$

命题 4　当其他影响因素一定时，随着违约成本的增加，企业积极实施联动发展策略的概率增加。

证明　将 $S_1 = S_{AOD} + S_{OBD} = \dfrac{1}{2}\left[\dfrac{C_{OL} + C_L - c}{\Delta V_L + C_L} + \dfrac{C_{OM} + C_M - c}{\Delta V_M + C_M}\right]$ 对 c 求

偏导，可得

$$\frac{\partial S_I}{\partial c} = \frac{1}{2}\frac{-1}{\Delta V_L + C_L} + \frac{1}{2}\frac{-1}{\Delta V_M + C_M} < 0 \qquad (7-19)$$

随着 c 值的增加，D 点的分子均减小，使 D 点的横坐标和纵坐标值均减小，从而 D 点往（0，0）方向靠近，说明系统往（1，1）方向演化的概率增加。

给定初始值为（0.5，0.5），$\Delta V_M = \Delta V_L = 10, C_{OM} = C_{OL} = 1, C_M = C_L = 2$，时间段为 [0,1]，步长取 0.001，违约金分别取值 0.1、1、5、10 和 20 时，双方趋于（1，1）的范围扩大。由此可知，双方所制定的违约金越高，其越倾向于选择联动发展（见图 7-11）。

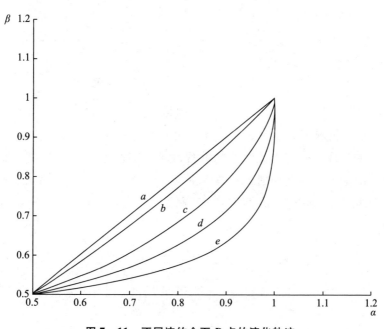

图 7-11   不同违约金下 D 点的演化轨迹

给定初始值为（0.5，0.5），$\Delta V_M = \Delta V_L = 10, C_{OM} = C_{OL} = 1, C_M = C_L = 2$，时间段为 [0，1]，步长取 0.001，分别取违约金为 0，1 和 5，依次可以得到如图 7-12 中的 a、b 和 c 三条曲线，从中可以看出，双方所制定的违约金越高，制造业与物流业倾向于联动发展的速度越快。

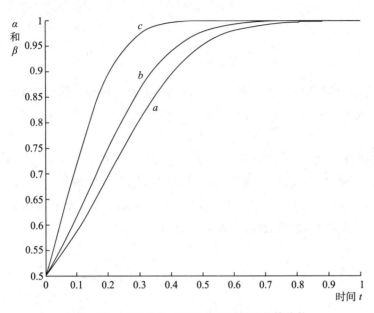

图 7 – 12   不同违约金下系统随时间演化的趋势

（5）贴现因子 δ_M，δ_L 对系统演化的影响

在现实情况下，贴现因子也会影响系统的稳定性。此处假设 δ_M 和 δ_L 分别表示制造企业和物流企业的贴现因子，即制造企业与物流企业对未来合作产生的超额利润的依赖或者重视程度 $\pi_i = \delta^{1-i} \Delta V_1$，$0 \leqslant \delta_M$，$\delta_L < 1$。根据鲁宾斯坦讨价还价博弈，[①] 若制造商首先出价，则讨价还价的结果为：

$$\Delta V_L = \frac{\delta_L(1-\delta_M)}{1-\delta_M\delta_L}\Delta V \qquad (7-20)$$

$$\Delta V_M = \frac{\delta_M(1-\delta_L)}{1-\delta_M\delta_L}\Delta V \qquad (7-21)$$

将其代入 $D\left(\dfrac{C_{OL}+C_L}{\Delta V_L+C_L}, \dfrac{C_{OM}+C_M}{\Delta V_M+C_M}\right)$，鞍点 D 的坐标可转化为：

---

① 1982 年，马克·鲁宾斯坦（Mark Rubinstein）用完全信息动态博弈的方法，对基本的、无限期的完全信息讨价还价过程进行了模拟，并据此建立了完全信息轮流出价的讨价还价模型，也称为鲁宾斯坦模型。

$$D\left(\frac{C_{OL} + C_L}{\frac{\delta_L(1 - \delta_M)}{1 - \delta_M\delta_L}\Delta V + C_L}, \frac{C_{OM} + C_M}{\frac{\delta_M(1 - \delta_L)}{1 - \delta_M\delta_L}\Delta V + C_M}\right)$$

命题 5 当其他影响因素一定时，随着贴现因子的增加，企业积极实施联动发展策略的概率增加。

证明 将鞍点 D 的坐标分别对 δ_M，δ_L 求偏导，可得

$$\begin{aligned}
\frac{\partial S_I}{\partial \delta_M} &= \frac{-(C_{OL} + C_L)(-\delta_L\Delta V - C_L\delta_L)}{2[\delta_L(1 - \delta_M)\Delta V + (1 - \delta_M\delta_L)C_L]^2} \\
&\quad + \frac{(C_{OM} + C_M)[(1 - \delta_L)\Delta V - \delta_L C_M]}{2[\delta_M(1 - \delta_L)\Delta V + (1 - \delta_M\delta_L)C_M]^2} \\
&= \frac{\delta_L(C_{OL} + C_L)}{2[\delta_L(\delta_M - 1)\Delta V + (\delta_M\delta_L - 1)C_L]} \\
&\quad - \frac{\delta_L(C_{OL} + C_L)(\Delta V + C_L)(\delta_M\delta_L - 1)}{2[\delta_L(\delta_M - 1)\Delta V + (\delta_M\delta_L - 1)C_L]^2} \\
&\quad + \frac{\delta_L(C_{OM} + C_M)}{2[\delta_M(\delta_L - 1)\Delta V + (\delta_M\delta_L - 1)C_M]} \\
&\quad - \frac{(C_{OM} + C_M)(\delta_M\delta_L - 1)[C_M\delta_L + \Delta V(\delta_L - 1)]}{2[\delta_M(\delta_L - 1)\Delta V + (\delta_M\delta_L - 1)C_M]^2}
\end{aligned} \tag{7-22}$$

$$\begin{aligned}
\frac{\partial S_I}{\partial \delta_L} &= \frac{-(C_{OL} + C_L)[(1 - \delta_M)\Delta V - \delta_M C_L]}{2[\delta_L(1 - \delta_M)\Delta V + (1 - \delta_M\delta_L)C_L]^2} \\
&\quad + \frac{-(C_{OM} + C_M)(-\delta_M\Delta V - C_M\delta_M)}{2[\delta_M(1 - \delta_L)\Delta V + (1 - \delta_M\delta_L)C_M]^2} \\
&= \frac{\delta_M(C_{OL} + C_L)}{2[\delta_L(\delta_M - 1)\Delta V + (\delta_M\delta_L - 1)C_L]} \\
&\quad - \frac{(C_{OL} + C_L)[\delta_M C_L + \Delta V(\delta_M - 1)](\delta_M\delta_L - 1)}{2[\delta_L(\delta_M - 1)\Delta V + (\delta_M\delta_L - 1)C_L]^2} \\
&\quad + \frac{(C_{OM} + C_M)\delta_M}{2[\delta_M(1 - \delta_L)\Delta V + (1 - \delta_M\delta_L)C_M]} \\
&\quad + \frac{(C_{OM} + C_M)\delta_M(\Delta V + C_M)(\delta_M\delta_L - 1)}{2[\delta_M(1 - \delta_L)\Delta V + (1 - \delta_M\delta_L)C_M]^2}
\end{aligned} \tag{7-23}$$

式（7-19）和式（7-20）比较复杂，难以简单地看出其求偏导后的符号，因此我们通过数值模拟，简单地通过鞍点 D 的移动方向给出判断。给定联动发展超额利润为 5，联动发展的初始成本投入为 2，一方采取联动发展而另外一方违背联动发展时的损失为 1，分别对贴现因子取值 0.3，

0.4，0.5，得到的点 D_1、D_2 及 D_3 的值分别为 0.82，0.72，0.70，从中可以看出，取较大的贴现因子时，D 点向原点 O 趋近的速度加快，联动发展的区域扩大。

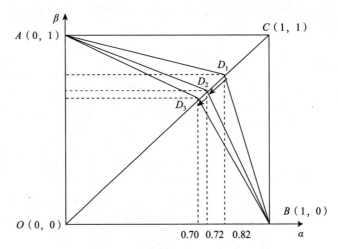

图 7 - 13　贴现因子变化时 D 点的演化轨迹

因此得出的结论是：贴现因子越大，未来收益对博弈双方带来的效用越大，双方将越可能扩大合作的范围，采取联动发展的策略。

7.4　政府补贴机制下的制造企业与物流企业联动发展的演化博弈分析

制造业与物流业作为两大共生单元在联动发展过程中还会受到外部环境的影响，其中，政府扮演了重要的角色。在有政府政策支持的情况下，制造企业与物流企业联动发展的概率较高，这主要是因为，若政府的政策支持联动发展，其会对联动发展的企业给予一些鼓励性的措施，如制造业与物流业联动合作发展项目的申请、税收的减免等，如对为产业集聚区服务的占地较大的现代物流园区、中心、企业，按照规定缴纳城镇土地使用税确有困难的，可以按照税收管理权限报经批准后，给予减征城镇土地使用税的照顾等。[①] 因此，制造企业与物流企业更倾向于选择联动发展。此

---

　　① 山东省经济和信息化委：《关于推动制造业与物流业联动发展的实施意见》，2010。

处我们将考虑政府补贴机制下的制造企业与物流企业联动发展的演化博弈模型。

7.4.1 模型基本假设

（1）博弈的两个参与人

制造企业和物流企业，双方都是有限理性的经济人。

（2）博弈双方的策略选择

积极实施联动发展策略与不积极实施联动发展策略。

（3）博弈矩阵构建

在上述模型的基础上，加入政府对积极实施联动发展策略的补贴 G。为了得出更加一般性的结论，此处假设政府给予制造企业的补贴为 G_M，给予物流企业的补贴为 G_L，假设政府对制造企业或者物流企业的补贴金额分别小于双方的成本投入，即 $G_M < C_M + C_{OM}$，$G_L < C_L + C_{OL}$，可构建如表7-4的矩阵。

表7-4　政府补贴机制下制造企业与物流企业演化博弈的得益矩阵

—		物流企业 L	
		积极	不积极
—	概率	β	$1-\beta$
制造企业 M 积极	α	$\pi_M + \Delta V_M - C_{OM} + G_M$，$\pi_L + \Delta V_L - C_{OL} + G_L$	$\pi_M - C_{OM} - C_M + G_M$，$\pi_L$
制造企业 M 不积极	$1-\alpha$	π_M，$\pi_L - C_{OL} - C_L + G_L$	π_M，π_L

7.4.2 演化博弈模型的收益分析

（1）制造企业的收益分析

当制造企业选择积极实施联动发展策略时，其收益为：

$$U_{M1} = \beta(\pi_M + \Delta V_M - C_{OM} + G_M) + (1-\beta)(\pi_M - C_{OM} - C_M + G_M) \quad (7-24)$$

当制造企业选择不积极实施联动发展策略时，其收益为：

$$U_{M2} = \beta\pi_M + (1-\beta)\pi_M \quad (7-25)$$

因此，制造企业 M 的平均收益为：

$$\overline{U_M} = \alpha U_{M1} + (1 - \alpha) U_{M2} \qquad (7-26)$$

由此可得到制造企业 M 选择联动发展的复制动态方程为：

$$\frac{d\alpha}{dt} = \alpha[U_{M1} - \overline{U_M}] = \alpha(1 - \alpha)(U_{M1} - U_{M2})$$

$$= \alpha(1 - \alpha)[(\Delta V_M + C_M)\beta - C_{OM} - C_M + G_M] \quad (7-27)$$

（2）物流企业的收益分析

当物流企业选择积极实施联动发展策略时，其收益为：

$$U_{L1} = \alpha(\pi_L + \Delta V_L - C_{OL} + G_L) + (1 - \alpha)(\pi_L - C_{OL} - C_L + G_L) \qquad (7-28)$$

当物流企业选择不积极实施联动发展策略时，其收益为：

$$U_{L2} = \alpha\pi_L + (1 - \alpha)\pi_L \qquad (7-29)$$

因此，物流企业 L 的平均收益为：

$$\overline{U_L} = \beta U_{L1} + (1 - \beta) U_{L2} \qquad (7-30)$$

由此可得物流企业 L 选择联动发展的复制动态方程为：

$$\frac{d\beta}{dt} = \beta(1 - \beta)[(\Delta V_L + C_L)\alpha - C_L - C_{OL} + G_L] \qquad (7-31)$$

将制造企业与物流企业的复制动态方程联立构成方程组，从而可以求解出系统的 5 个局部均衡点，分别为：

$$O(0,0), A(0,1), B(1,0), C(1,1) \ 及 \ D\left(\frac{C_{OL} + C_L - G_L}{\Delta V_L + C_L}, \frac{C_{OM} + C_M - G_M}{\Delta V_M + C_M}\right)$$

其均衡点的稳定性可依据雅克比矩阵的稳定性判定方法得到（Fried-man，1991）。将 $\frac{d\alpha}{dt}$ 和 $\frac{d\beta}{dt}$ 分别对 α 和 β 求偏导，则上述系统的雅克比矩阵 J 为：

$$J = \begin{bmatrix} (1-2\alpha)[(\Delta V_M + C_M)\beta - C_{OM} - C_M + G_M] & \alpha(1 - \alpha)(\Delta V_M + C_M) \\ \beta(1 - \beta)(\Delta V_L + C_L) & (1 - 2\beta)[(\Delta V_L + C_L)\alpha - C_L - C_{OL} + G_L] \end{bmatrix}$$

通过雅克比矩阵的稳定性分析得到 5 个均衡点的分析结果，如表 7－5 所示。

表7-5 政府补贴机制下的制造企业与物流企业演化博弈稳定性分析

均衡点	J的行列式	符号	J的迹	符号	结果
$O(0,0)$	$(C_M + C_{OM} - G_M)(C_L + C_{OL} - G_L)$	+	$-C_M - C_{OM} - C_L - C_{OL} + G_M + G_L$	−	稳定点(ESS)
$A(0,1)$	$(\Delta V_M - C_{OM})(C_L + C_{OL} - G_L)$	+	$(\Delta V_M - C_{OM}) + C_L + C_{OL} - G_L$	+	不稳定
$B(1,0)$	$(C_M + C_{OM} - G_M)(\Delta V_L - C_{OL})$	+	$C_M + C_{OM} - G_M + (\Delta V_L - C_{OL})$	+	不稳定
$C(1,1)$	$(\Delta V_M - C_{OM} + D)(\Delta V_L - C_{OL} + D)$	+	$-\Delta V_M + C_{OM} - \Delta V_L + C_{OL} - 2D$	−	均衡点(ESS)
$D\left(\dfrac{C_{OL} + C_L - G_L}{\Delta V_L + C_L},\ \dfrac{C_{OM} + C_M - G_M}{\Delta V_M + C_M}\right)$	$-\dfrac{(C_{OL} + C_L - G_L)(C_{OM} + C_L + C_M - G_M)(\Delta V_M - C_{OM} + G_M)(\Delta V_L - C_{OL} + G_L)}{(\Delta V_M + C_M)(\Delta V_L + C_L)}$	−	0		鞍点

在五个局部均衡点中，两个均衡点具有稳定性，即（积极，积极），（不积极，不积极），即当系统达到稳定均衡时，全体成员要么都选择积极实施联动发展策略，要么都选择不积极实施联动发展策略。最终哪种占据优势受初始状态、联动发展的成本、联动所获得的额外收益以及政府所给予的补贴的影响。

7.4.3 制造企业与物流企业联动发展演化稳定性影响因素的数值模拟

此部分的影响因素与上述模型相比仅多了政府的补贴机制，根据政府给予企业的补贴额度的差异可以分为三种情况：（1）当政府给予制造企业的补贴额度 G_M 提高，而给予物流企业的补贴额度 G_L 减少时，D 点的横坐标将增大，而纵坐标将减小，D 点向 B（1，0）移动，此时，制造企业倾向于选择联动发展，物流企业倾向于选择不联动发展，系统处于非稳定状态，政府为了鼓励企业之间的联动发展，同样会给予物流企业补贴，从而使 D 点的横坐标减小，系统趋于联动发展的区域扩大。（2）当政府给予制造企业的补贴额度 G_M 减少，而给予物流企业的补贴额度 G_L 提高时，D 点的横坐标将减小，而纵坐标将增大，D 点向 A（0，1）移动，此时，制造企业倾向于选择不积极实施联动发展策略，物流企业倾向于选择联动发展策略，系统处于非稳定状态，政府为了鼓励企业之间的联动发展，同样会给予制造企业补贴，从而使 D 点的纵坐标减小，系统趋于联动发展的区域扩大。（3）当政府给予的补贴额度同比例提高的时候，鞍点 D 的横纵坐标将减小，此时系统中联动发展的区域扩大，这也充分说明了政府对制造业与物流业联动发展的鼓励和支持将极大地促进社会中两业的联动发展。给定初始值为（0.5，0.5），$\Delta V_M = \Delta V_L = 10$，$C_{OM} = C_{OL} = 1$，$C_M = C_L = 2$，时间段为 [0，1]，步长取 0.001，政府给予的补贴因子分别取值 0.1、1、5、10 和 20，取值增大时，双方趋于（1，1）的范围扩大（如图 7-14 所示）。**由此得出的结论是：政府给企业的补贴因子越大，制造企业与物流企业向联动发展方向演化的可能性越大。**

给定初始值为（0.5，0.5），$\Delta V_M = \Delta V_L = 10$，$C_{OM} = C_{OL} = 1$，$C_M = C_L = 2$，时间段为 [0，1]，步长取 0.001，分别取政府给予的补贴因子为 0、1 和 5，依次可以得到如图 7-15 中的 a、b 和 c 三条曲线，从中可以看

出，政府给予的补贴越多，制造业与物流业倾向于联动发展的速度越快。

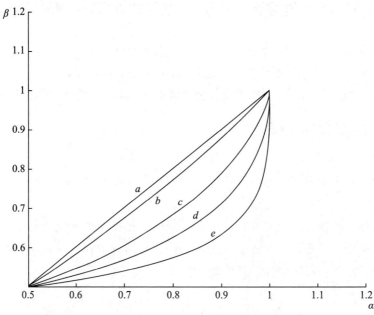

图 7 – 14 不同补贴因子下 D 点的演化轨迹

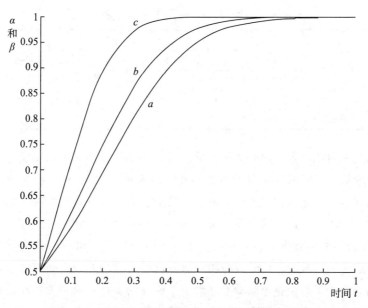

图 7 – 15 政府补贴因子变化下系统随时间演化的趋势

7.5 联动发展系统中政府与企业的演化博弈分析

以上所建立的依然是制造企业和物流企业的博弈分析模型，但是现实生活中，政府也是一个重要的博弈主体。政府在对企业进行政策支持和补贴的时候也要考虑其收益。因此，下文将具体构建政府与企业之间的演化博弈模型。

7.5.1 模型基本假设

（1）博弈方

假设各博弈方都具有有限理性，两大博弈主体为政府和企业。

（2）行为策略

政府的政策可以是对联动发展有所反应，如给予鼓励支持等，也可以是毫无反应，漠不关心。对于企业来说，其有两种选择：积极实施联动发展策略，不积极实施联动发展策略。

（3）收益矩阵

如表 7 - 6 所示。

表 7 - 6　政府与企业的演化博弈得益矩阵

—		企业 C	
		积极	不积极
—	概率 p	y	$1 - y$
政府 G 积极反应 x		$\pi_g - g + h,\ \pi_c + g + i$	$\pi_g - g,\ \pi_c + g$
政府 G 消极反应 $1 - x$		$\pi_g,\ \pi_c - c$	$\pi_g,\ \pi_c$

当政府对联动发展策略无任何反应且企业之间也不进行联动发展时，双方维持原状，能够获得一定的收益，其中政府的收益为 π_g，企业的收益为 π_c。当政府对企业联动发展采取鼓励政策且企业也选择联动发展时能够创造更多的收益，此时，总的收益为 $\pi_g + \pi_c + i + h$，政府获得的收益为 $\pi_g - g + h$，企业获得的收益为 $\pi_c + g + i$，其中 g 表示政府为了鼓励企业联动发展而制定的资金扶持政策，此时政府的一部分收益转移给企业，企业收益随之增加。当政府为了鼓励企业联动发展给了资金的支持，而企业在获得政府的资金支持情况下并没有采取联动发展的措施时，双方的收益为 $\pi_g - g$，$\pi_c + g$。当政府对企业的联动发展无反应而企业进行联动发展时，此时的收益为

π_g，$\pi_c - c$。假定在博弈的初期，政府采取积极反应和消极反应的概率分别为 x 和 $1-x$，企业积极联动发展和不积极联动发展的概率分别为 y，$1-y$。

7.5.2　演化博弈收益分析

根据以上的假设和收益矩阵可知，政府积极反应时的期望收益为：

$$U_{G1} = y(\pi_g - g + h) + (1 - y)(\pi_g - g) \tag{7-32}$$

政府不积极反应时的期望收益为：

$$U_{G2} = y\pi_g + (1 - y)\pi_g \tag{7-33}$$

因此，政府的平均期望收益额为：

$$\overline{U_G} = xU_{G1} + (1 - x)U_{G2} \tag{7-34}$$

政府采用积极反应措施时的复制动态方程为：

$$\frac{dx}{dt} = x(U_{G1} - \overline{U_G}) = x(1 - x)(hy - g) \tag{7-35}$$

同理，对于企业而言，其积极采取联动发展策略时的期望收益为：

$$U_{C1} = x(\pi_c + g + i) + (1 - x)(\pi_c - c) \tag{7-36}$$

其不积极采取联动发展策略时的期望收益为：

$$U_{C2} = x(\pi_c + g) + (1 - x)\pi_c \tag{7-37}$$

整个企业的平均期望收益额为：

$$\overline{U_c} = yU_{C1} + (1 - y)U_{C2} \tag{7-38}$$

企业采用联动发展策略的复制动态方程为：

$$\frac{dy}{dt} = y(U_{C1} - \overline{U_c}) = y(1 - y)[(i + c)x - c] \tag{7-39}$$

从而找出其动态的均衡点为：$O(0, 0)$，$A(0, 1)$，$B(1, 0)$，$C(1, 1)$，$D\left(\dfrac{c}{i+c}, \dfrac{g}{h}\right)$。

分别对方程组依次求解关于 x 和 y 的偏导数，可得到其雅克比矩阵为：

$$J = \begin{bmatrix} (1-2x)(hy-g) & x(1-x)h \\ y(1-y)(i+c) & (1-2y)[(i+c)x-c] \end{bmatrix}$$

利用雅克比矩阵在这五个均衡点的行列式的值和符号以及雅克比矩阵迹的值及其符号，可以判断出二者在五个均衡点的局部稳定性情况（见表7-7）。

表7-7　政府与企业的演化博弈稳定性分析

均衡点	J的行列式	符号	J的迹	符号	结果
$O(0,0)$	gc	+	$-(g+c)$	−	均衡点（ESS）
$A(0,1)$	$(h-g)g$	+	h	+	不稳定
$B(1,0)$	gi	+	$g+i$	+	不稳定
$C(1,1)$	$(h-g)h$	+	$g-(h+i)$	−	均衡点（ESS）
$D\left(\dfrac{c}{i+c}, \dfrac{g}{h}\right)$	$\dfrac{(h-g)gci}{(i+c)h}$	+	0		鞍点

从而可以得出，在5个局部均衡点中有2个均衡点为ESS，即（鼓励，积极），（不鼓励，不积极），该演化系统还存在另外2个不稳定的均衡点以及1个鞍点，运用相位图，可如图7-16所示。

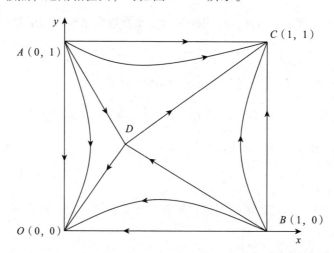

图7-16　制造业与物流业联动发展背景下政府与企业的演化相图

7.5.3　政府与企业演化稳定性影响因素的数值模拟

（1）系统所处的初始状态对模型演化的影响

首先，给定 $h=i=10$，$g=5$，$c=1$，描述当政府与企业选择初始策略的概率（x，y）不同时，二者向稳定点演化的过程。当初始值分别取（0.2，0.8）、（0.5，0.5）以及（0.8，0.2），时间段为［0，2］，步长取0.001，横坐标表示x，纵坐标表示y时，系统的演化方向如图7-17所示。从中可以看出，政府与企业积极行动的概率越大，其越倾向于选择合作战略，并且政府和企业选择合作的概率值越一致，其趋近于稳定点的速度越快，反映在图中是初始值为（0.5，0.5）这条曲线以更快的速度趋近于（1，1）。

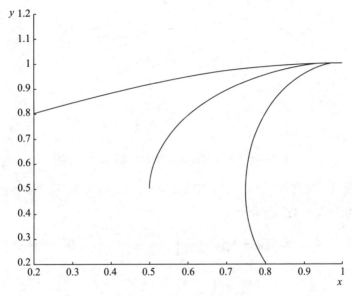

图7-17 不同初始值情况下 D 点的演化轨迹

当初始值分别取（0.1，0.3）、（0.1，0.1）以及（0.3，0.1），时间段为［0，2］，步长取0.001，横坐标表示x，纵坐标表示y时，系统的演化方向如图7-18所示。从中可以看出，政府与企业积极行动的概率越低，其越倾向于选择不合作战略，并且政府和企业选择合作的概率值越一致，其趋于稳定点的速度越快，反映在图中是初始值为（0.1，0.1）这条曲线以更快的速度趋近于（0，0）。

（2）收益分配 h 和 i 对系统演化的影响

h 和 i 分别为政府和企业从联动发展中获得的收益分配，结合 D 点的横、纵坐标的表达式，记

$$S_1 = S_{AOD} + S_{OBD} = \frac{1}{2}\left[\frac{c}{i+c} + \frac{g}{h}\right] \tag{7-40}$$

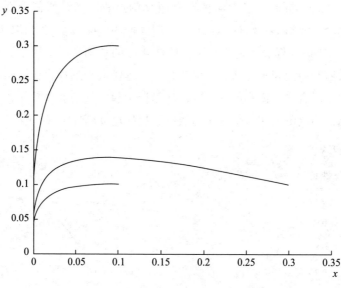

图 7-18　不同初始值情况下 D 点的演化轨迹

命题 6　当其他影响因素一定时，随着收益分配额度的增加，企业积极实施联动发展的概率增加。

证明　将 $S_1 = S_{AOD} + S_{OBD} = \dfrac{1}{2}\left[\dfrac{c}{i+c} + \dfrac{g}{h}\right]$ 对 h 和 i 求偏导，可得

$$\frac{\partial S_I}{\partial i} = \frac{1}{2}\frac{-c}{(i+c)^2} < 0\,(c>0) \tag{7-41}$$

$$\frac{\partial S_I}{\partial h} = \frac{1}{2}\frac{-g}{h^2} < 0\,(g>0) \tag{7-42}$$

由此可知，当 h 增加时，y 点的坐标值减小，往左下方移动，从而右上方区域 $ADBC$ 的面积变大，系统演化至稳定点（1，1）的可能性加大。当 i 增加时，y 的横坐标值较小，往左下方移动，从而右上方区域 $ADBC$ 的面积变大，系统演化至稳定点（1，1）的可能性加大。

给定系统初始值为（0.5，0.5），$g=5$，$c=1$，$i=10$，时间段为 [0，2]，步长取 0.001，考虑 h 分别等于 8、10 和 12 时，系统随时间的演化趋势（见图 7-19）。从中可以看出，当政府从联动发展中所获得的收益值增加时，系统的演化曲线从 a 演变为 b、c，说明收益值增加，系统在更短的时间内趋向（1，1），同理，企业的曲线也依次演变为 d、e 和 f，说明两者相互影响。

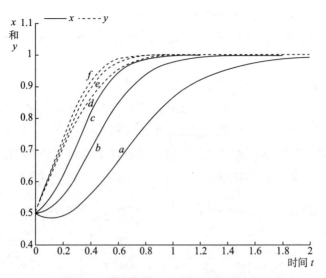

图 7 - 19 h 值变化下系统随时间的演化趋势

同理，给定系统初始值为（0.5，0.5），$g=5$，$c=1$，$h=10$，时间段为［0，2］，步长取 0.001，考虑 i 分别等于 8、10 和 12 时，系统随时间的演化趋势（见图 7 - 20）。从中可以看出，当企业从联动发展中所获得的收

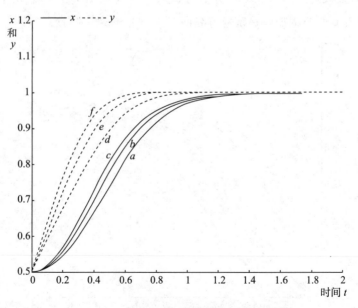

图 7 - 20 i 值变化下系统随时间的演化趋势

益值增加时，系统的演化曲线从 d 演变为 e、f，说明收益值增加，系统会在更短的时间内趋向（1，1），同理，政府的曲线也依次演变为 a、b 和 c，说明两者相互影响。

（3）联动发展成本 c 对系统演化的影响

c 是企业进行联动发展时，政府由于不愿鼓励联动发展，没有提供优良的市场环境等政策，导致企业发生的多余损失。

命题7 当其他影响因素一定时，随着联动发展成本的增加，企业积极实施联动发展策略的概率减小。

证明 将 $S_1 = S_{AOD} + S_{OBD} = \dfrac{1}{2}\left[\dfrac{c}{i+c} + \dfrac{g}{h}\right]$ 对 c 求偏导，可得

$$\frac{\partial S_I}{\partial c} = \frac{1}{2}\frac{i}{(i+c)^2} > 0 \quad (i > 0) \tag{7-43}$$

随着 c 值的增加，鞍点向（1，1）移动，企业选择不联动发展的区域扩大。给定初始值为（0.5，0.5），$g=5$，$h=i=10$，时间段为 $[0,2]$，步长取 0.001，分别取 $c=1$，4，8，得到对应的企业三条曲线分别为 d、e 和 f，以及政府的三条曲线，分别为 a、b 和 c（见图 7-21）。从中可以看出，随着 c 值的增加，系统双方趋向（1，1）的速率减慢。

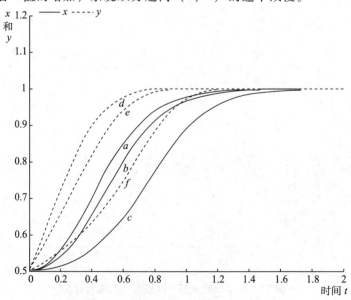

图 7-21 c 值变化下系统随时间的演化趋势

150

7.6 小结

本章从演化博弈视角对制造业与物流业联动发展的竞争合作关系进行分析，从中找出两者在联动发展中竞争与合作策略选择路径的影响因素。在纯企业行为下，制造企业与物流企业之间的演化博弈最终策略的选择取决于系统所处的初始状态、联动发展的初始投入成本、联动发展所获得的收益大小、一方不采取联动发展给另外一方造成的损失、违约金、贴现因子等。在有政府补贴机制的情况下，制造企业与物流企业之间的演化博弈最终策略的选择还取决于政府给予企业补贴的多少，同时政府和企业之间的演化博弈最终策略的选择受到系统所处的初始状态、政府和企业从联动发展中获得收益的大小、企业实施联动发展策略所投入的成本的影响。可以总结为以下两大特点。

（1）制造业与物流业联动发展的系统具有鲜明的"路径依赖"特征

制造业与物流业联动发展的系统具有动态性，随着时间的推移，其结构、状态、行为和功能都将发生相应的转换和升级。制造业与物流业联动发展的系统演化过程会受到其自身的生长能力和资源环境的制约，在某些特征上呈现出增长的有限性。系统演化具有明显的"路径依赖"的特征。系统之所以会演化至制造企业与物流企业各自为战的结果，其根源在于博弈主体之间存在信息的不对称和信任关系的不确定性。为此，政府应该给制造企业和物流企业提供一个信息交流和沟通的平台，促使双方形成一种长期合作的团队式的信任关系和战略伙伴关系。

（2）制造业与物流业联动发展系统的作用机制包括利导因子和限制因子

制造业与物流业联动发展的演化过程是在系统利导因子和限制因子的双重作用下完成的。其中利导因子包括企业自身的利益驱动机制、政府给予的补贴、联动发展所获得的收益；限制因子包括联动发展的成本投入、政府的惩罚措施等。这些因素都将使相图中折线的位置发生相应的移动。鼓励企业联动发展的措施是政府、社区等对企业实施联动发展策略给予补贴或者对不实施联动发展策略的企业给予一定的惩罚。

将第4、5、6及7章综合分析后发现，自组织理论给出了制造业与物流业联动发展系统的开放性、非线性、远离平衡态及涨落性等特性，制造业与物流业能够在外部共生介质和共生环境中自由活动是两者联动发展的必要条件之一；在共同进化模式下，制造业与物流业之间存在协同演化规律，制造业与物流业之间的质参量能够相互表示是两者联动发展的必要条件之二；在产业合理分工的情况下，制造业与物流业通过合理的分工可在联动发展后获得大于联动发展之前的利益，这是制造业与物流业联动发展的充分条件；在演化博弈论框架下，本书具体构建了纯企业行为下制造企业与物流企业的演化博弈模型、政府补贴机制下制造企业与物流企业以及政府与企业之间的演化博弈模型、政府与企业的演化博弈模型，从而得出制造业与物流业选择积极实施联动发展策略和不积极实施联动发展策略的路径的影响因素。这四者之间相互依存，其中自组织系统和共同进化是从宏观层面进行的分析，自组织理论是制造业与物流业运作的一种大框架和指导思想，系统的序参量决定了系统最终演化的方向，共同进化给出了两者之间协同演化的规律。而在微观层面上，双方之间的合作与竞争关系是永恒不变的主题，是人类经济行为及整个经济运行的两个重要组成部分，是推动社会和其他方面进步的动力，甚至"合作"更符合人类的终极价值，对人类更加有利（黄少安，2005）。合作与竞争程度的大小主要受到双方的市场结构、交易成本以及生产成本等的影响，且是按照分工的原则展开的。自组织系统演化的动力来自系统内竞争与合作这两种力量的相互作用，子系统之间的竞争使系统趋于非平衡，而这是导致系统自组织的首要条件，子系统之间的协同则在非平衡条件下使子系统中的某些运动趋势联合起来并加以放大，从而使之占据优势地位，支配系统整体的演化（伯特·佛雷德曼，2002）（如图 7-22 所示）。

在这种联动发展机理的作用下，制造业与物流业之间的关系也遵循着竞争与合作之间的关系，下一章将基于 Logistic 与 Volterra 模型重点讨论两者之间的共生行为模式。

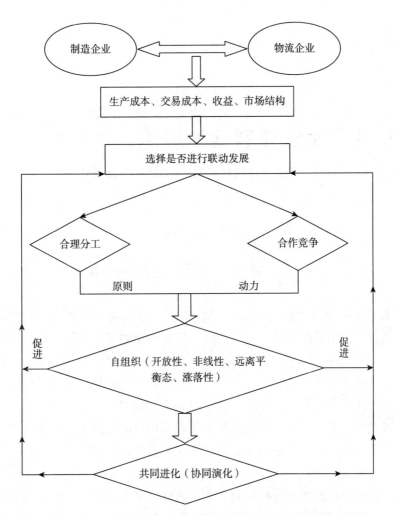

图 7－22 制造业与物流业联动发展共生机理之间的关系

8

制造业与物流业联动发展的共生行为模式：基于 Logistic 和 Volterra 模型

8.1 共生行为模式及其应用

本书所探讨的共生行为模式包括寄生、偏利共生、非对称性互惠共生、对称性互惠共生。其中，寄生模式是指共生单元之间只存在单向利益交流。这种情况下的共生模式不能产生新的共生能量，联动关系不可能长久维持。偏利共生模式是由寄生模式向互惠共生模式过渡的一种中间状态，这种模式下的利益只为某一共生单元全部获得，只对一方有利，对另一方既无利也无害。在互惠共生模式下容易产生共生能量，且存在双向的利益交流机制。互惠共生模式按共生单元收益分配是否与贡献对称，分为对称性互惠共生模式和非对称性互惠共生模式。在非对称性互惠共生模式下，存在非对称的利益分配机制，即一方获利多而另一方获利少。对称性互惠共生模式具有对称性的利益分配机制，使不同共生单元的利益积累相对平衡，共同进化发展，是最有效率、最稳定的共生形态，所产生的共生能量在所有共生模式中是最大的。为了便于比较，本书同时构建了互不利共生模式，各种共生模式的比较如表 8 - 1 所示。

表8-1　不同共生模式的特征

	寄生	偏利共生	非对称性互惠共生	对称性互惠共生
共生单元特征	1. 共生单元在形态上存在明显差别 2. 同类单元接近度较高 3. 异类单元存在双向关联	1. 共生单元形态方差较大 2. 同类单元亲近度较高 3. 异类单元存在双向关联	1. 共生单元形态方差较小 2. 同类共生单元亲近度存在明显差异 3. 异类单元之间存在双向关联	1. 共生单元形态方差接近于零 2. 同类共生单元亲近度接近或者相同 3. 异类单元之间存在双向关联
共生能量特征	1. 不产生新能量 2. 存在寄主向寄生者能量的转移	1. 产生新能量 2. 一方全部获取新能量，不存在新能量的广谱分配	1. 产生新能量 2. 存在新能量的广谱分配 3. 广谱分配按非对称机制进行	1. 产生新能量 2. 存在新能量的广谱分配 3. 广谱分配按对称机制进行
共生作用特征	1. 寄生关系不一定对寄主有害 2. 存在寄主与寄生者的双向单边交流机制 3. 有利于寄生者的进化，不利于寄主的进化	1. 对一方有利而对另一方无利 2. 存在双边交流 3. 有利于获利方进行创新，对非获利方进化无补偿机制时不利	1. 存在广谱的进化作用 2. 不仅存在双向双边交流，而且存在多边交流 3. 由于分配机制的不对称，存在进化的非同步性	1. 存在广谱的进化作用 2. 既存在双边交流机制，又存在多边交流机制 3. 共生单元进化具有同步性
互动关系特征	主动—被动	随动—被动	主动—随动	主动—主动

资料来源：袁纯清：《共生理论——兼论小型经济》，经济科学出版社，1998；胡晓鹏、李庆科：《生产性服务业与制造业共生关系研究》，《数量经济技术经济研究》2009年第2期。

　　已有文章在讨论发展模式时均是基于 Logistic 模型构建两个共生单元之间的合作关系，具体的应用领域包括技术（Praveen A.，1995）、创新（黄鲁成和张红彩，2006）、交通运输（Esben S. A，1999；邱玉琢和陈森发，2006；蒋慧峰和陈森发，2010；魏际刚，2001；林震和杨浩，2005；范文婷，2009）、企业种群（Murray B. L.，1997；Jocl. A. C. B.，1995；Geroski P. A.，2001；王子龙等，2005；周浩，2003）、产业集群（程胜和张俊飚，2007）、产业共生系统（孙博和王广成，2012；王发明、于志伟和侯金燕，2014；吴勇民、纪玉山和吕永刚，2014）等。这些研究均很少考虑到两大共生单元之间的竞争层面，但从制造业与物流业联动发展的机理分析中可知，两者之间除了存在合作机制之外，还存在竞争机制，制造企业是否选择物流外包模式会极大地影响物流业的发展，因此，若能够将竞争机制引入模型中，将更加符合现实情况。因此，本章拟综合探讨合作竞争机制，在合作机制中，运用 Logistic 模型进行分析，而在竞争机制研究中运用 Volterra 模型。Lotka（1925）和 Volterra（1926）分别提出了种间竞争关系模型，后人将其合二为一，称之为 L – V 模型。Lotka（1925）奠定了种间竞争关系的理论基础，Volterra（1926）提出了捕食者与被捕食者（Predator-Prey）之间的生态学模型，是对一个包含了竞争机制的扩散过程进行描述的微分动力学系统，这个系统纳入了生态系统中物种竞争的动态学，并将物种间的竞争分为有限空间和资源条件下的自然选择（Natural Selection）、适者生存（Survival of the Fittest）以及捕食者 – 猎物（Predator – Prey）的关系。Delfino 和 Simmons（1999）将人口结构与经济生产相结合，得出了三个不同的经济增长途径。同时，他们在 2000 年研究了人口增长与传染病问题。Bass（1969）、Parker 和 Gatignon（1994）运用 L – V 模型研究了垄断市场上有新竞争者进入时耐用消费品的扩散过程。陆小成和罗新星（2007）基于 Lotka-Volterra 模型对产业集群内企业之间的捕食与竞争关系进行了研究，指出集群内部应该防止出现过度竞争。张林刚和陈忠（2009）借用 Lotka-Volterra 模型分析了创新扩散问题，包括竞争模式、互利共存模式和捕食模式。张红灰、陈红和刘春芳（2014）基于 Lotka-Volterra 模型构建了农业生态—产业复合动态共生模型。本章将 Logistic 模型和 Volterra 模型结合起来分析制造业与物流业在不同共生模式下的稳定性解及其现实解释。

8.2　制造业与物流业互不利共生模式

互不利共生模式指的是制造业与物流业在共生关系建立之后并未实现各自能量的增加，反而是各自能量有所减少。主要表现为双方在一些文化方面格格不入，未能很好地了解对方对产品或者服务的需求，如制造业将物流环节外包给物流企业，但是物流企业未能很好地了解制造业的需求，导致在运输过程中出现严重货损的现象就是典型的互不利共生模式。为了便于前后产出水平的比较，本书在此也给出了互不利共生模式下方程的表现形式。

（1）设制造业与物流业自身的产出水平服从 Logistic 增长规律，[①] 即

$$\frac{dy_M}{dt} = r_M y_M \left(1 - \frac{y_M}{K_M} \right) \qquad (8-1)$$

$$\frac{dy_L}{dt} = r_L y_L \left(1 - \frac{y_L}{K_L} \right) \qquad (8-2)$$

其中，y_M 和 y_L 分别表示制造企业和物流企业的产出量，它们均为连续可微函数，且企业产出量水平会随着外部共生环境以及时间的变化而变化，r_M 和 r_L 分别表示制造企业和物流企业的固有产出率，反映两个行业本身的平均增长率，它与行业本身固有的特性有关。K_M 和 K_L 分别表示制造企业与物流企业在独立状态下由环境所决定的最大产出水平，即环境容纳量。在某一地域空间里，假设要素禀赋（包括劳动、资本、技术、原材料和市场规模等）一定，此时环境的容纳量 K_M 和 K_L 为常数。$1 - \frac{y_M}{K_M}$ 表示制造业的发展对其自身的继续提高所产生的阻滞作用，$1 - \frac{y_L}{K_L}$ 表示物流业的发展对其自身的继续提高所产生的阻滞作用，这两个量称为 Logistic 系数，随着时间的变化而减少，说明这一系统处于非线性状态，存在负的反馈机制。

（2）由于制造业与物流业在发展过程中未能很好地满足对方的要求，因此其对对方的贡献为负值，分别为 $-\delta_{LM}$（$\delta_{LM} \geq 0$）和 $-\delta_{ML}$（$\delta_{ML} \geq 0$），则共生之后双方的能量增长水平分别为：

$$\frac{dy_M}{dt} = r_M y_M \left(1 - \frac{y_M}{K_M} - \delta_{LM}\frac{y_L}{K_L} \right) \qquad (8-3)$$

$$\frac{dy_L}{dt} = r_L y_L \left(1 - \frac{y_L}{K_L} - \delta_{ML}\frac{y_M}{K_M} \right) \qquad (8-4)$$

将上述的关系式转化为微分方程组：

$$\begin{cases} \dfrac{dy_M}{dt} = r_M y_M \left(1 - \dfrac{y_M}{K_M} - \delta_{LM}\dfrac{y_L}{K_L} \right) = 0 \\ \dfrac{dy_L}{dt} = r_L y_L \left(1 - \dfrac{y_L}{K_L} - \delta_{ML}\dfrac{y_M}{K_M} \right) = 0 \end{cases}$$

---

① 关于逻辑斯蒂增长的含义及表达式具体可见附录3。

对微分方程组进行求解，可以得到四个平衡点 P_1 $(K_M, 0)$, P_2 $(0, K_L)$, P_3 $(0, 0)$ 以及 $P_4\left(\dfrac{(1-\delta_{LM})K_M}{1-\delta_{LM}\delta_{ML}}, \dfrac{(1-\delta_{ML})K_L}{1-\delta_{LM}\delta_{ML}}\right)$。

对于此处的平衡点是否属于稳定的均衡点，可以通过构建雅克比矩阵进行判断，将上述方程组分别对 y_M, y_L 求偏导，雅克比矩阵 J 如式（8-5）所示：

$$J = \begin{bmatrix} f_{y_M} & f_{y_L} \\ g_{y_M} & g_{y_L} \end{bmatrix} = \begin{bmatrix} r_M\left(1 - \dfrac{2y_M}{K_M} - \delta_{LM}\dfrac{y_L}{K_L}\right) - r_M y_M \dfrac{\delta_{LM}}{K_L} \\ -r_L y_L \dfrac{\delta_{ML}}{K_M} \qquad r_L\left(1 - \dfrac{2y_L}{K_L} - \delta_{ML}\dfrac{y_M}{K_M}\right) \end{bmatrix} \quad (8-5)$$

$$\det(J) = [r_L r_M (K_L^2 K_M^2 + 2K_M^2\delta_{LM}y_L^2 + 2K_L^2\delta_{ML}y_M^2 - 2K_L K_M^2 y_L - 2K_L^2 K_M y_M$$
$$- K_L K_M^2 \delta_{LM} y_L - K_L^2 K_M \delta_{ML} y_M + 4K_L K_M y_L y_M)]/K_L^2 K_M^2 \quad (8-6)$$

$$Trace(J) = -r_M(2y_M/K_M + \delta_{LM}y_L/K_L - 1) - r_L(2y_L/K_L - \delta_{ML}y_M/K_M - 1) \quad (8-7)$$

分别将上述四个均衡点带入式（8-6）和式（8-7），具体求解得到各点处行列式和迹的值，如表8-2所示。

表8-2　互不利共生模式下稳定性均衡点求解[①]

均衡点	矩阵 J 的行列式	符号	矩阵 J 的迹	符号	结果
$P_1(K_M,0)$	$-r_L r_M(1-\delta_{ML})$	$-$	$-r_M + r_L(1-\delta_{ML})$	不确定	不稳定
$P_2(0,K_L)$	$-r_L r_M(1-\delta_{LM})$	$-$	$-r_L + r_M(1-\delta_{LM})$	不确定	不稳定
$P_3(0,0)$	$r_M r_L$	$+$	$r_M + r_L$	$+$	不稳定
$P_4\left(\dfrac{(1-\delta_{LM})K_M}{1-\delta_{LM}\delta_{ML}}, \dfrac{(1-\delta_{ML})K_L}{1-\delta_{LM}\delta_{ML}}\right)$	A		B		

其中，P_4 点处矩阵行列式的值为：

$$A = \frac{r_M(-1+\delta_{LM})r_L(-1+\delta_{ML})}{1-\delta_{LM}\delta_{ML}} \quad (8-8)$$

矩阵的迹为：

$$B = \frac{r_M(-1+\delta_{LM})}{1-\delta_{LM}\delta_{ML}} + \frac{r_L(-1+\delta_{ML})}{1-\delta_{LM}\delta_{ML}} \quad (8-9)$$

---

① 关于稳定性均衡点的判别分析可见附录4。

从中可以看出使点 P_4 的行列式值大于零、迹的值小于零（P_4 为均衡点）的条件是 $0 \leqslant \delta_{LM} < 1$，$0 \leqslant \delta_{ML} < 1$。但在此点，$\dfrac{(1-\delta_{LM})\,K_M}{1-\delta_{LM}\delta_{ML}} \leqslant K_M$，$\dfrac{(1-\delta_{ML})\,K_L}{1-\delta_{LM}\delta_{ML}} \leqslant K_L$，即稳定性均衡时，二者的能量水平均比独立状态下的能量水平要低。如图8-1和图8-2所示，给定两种状态下同样的自然增长率 $r_L = r_M = 0.05$，环境容量 $K_L = 800$，$K_M = 1000$ 时，系统在互不利共生状态以及独立状态时候的产出水平演进趋势，对比可以发现，在考虑了双方对彼此的不互利行为时，不论是制造业还是物流业的产出水平均比在独立状态下的产出水平来得低。考虑到实际状况中，制造业与物流业均不会去采取一个共生策略而使自己的总能量减少。因此，此模式在现实生活中并不可取。

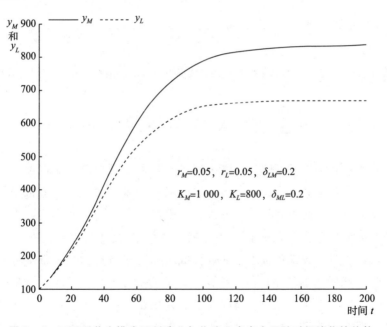

图 8 - 1　互不利共生模式下制造业与物流业产出水平随时间演化的趋势

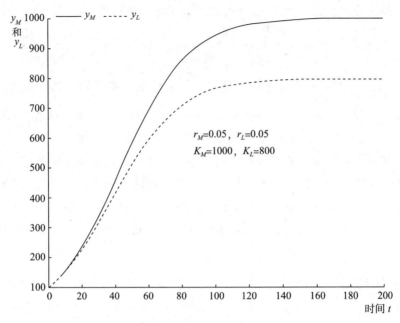

图 8 - 2 制造业与物流业相互独立的情况下系统的产出水平随时间演化的趋势

8.3 制造业与物流业寄生模式

寄生模式不产生新能量，寄生者是能量的净消费者，而寄主是能量的生产者，在寄生关系中，共生单元之间只存在单向的利益交流机制，即仅有利于一方进化而不利于另一方进化。也就是说一个企业无偿地为另外一个企业提供能量。一般来说，寄生者和被寄生者之间存在内在的供需关系，被寄生者一般都比寄生者的规模或者体型来得更大，被寄生者只是将一部分（或者一小部分）能量提供给寄生者。在寄生关系中，能量只是发生转移，寄生模式不会产生新的能量。如果寄生者一直消耗能量而不产生能量，那么这种寄生关系是有害的。如果寄生者对被寄生者的能量索取逐渐递减，且二者关系逐渐转化为互惠共生模式，则此时的寄生反而是有好处的。以下将分别探讨制造业为寄主、物流业为寄生单元以及物流业为寄主、制造业为寄生单元的情况。

8.3.1 制造业为寄主、物流业为寄生单元的寄生模式

（1）设制造业与物流业自身的产出水平服从 Logistic 增长规律，即式（8-1）和式（8-2）。

（2）制造企业与物流企业在共生中会产生新能量，这种能量对寄生单元（物流业）有利，但对寄主（制造业）不利。

$$\frac{dy_M}{dt} = r_M y_M \left(1 - \frac{y_M}{K_M} - \delta_{LM} \frac{y_L}{K_L} \right) \tag{8-10}$$

$$\frac{dy_L}{dt} = r_L y_L \left(1 - \frac{y_L}{K_L} + \delta_{ML} \frac{y_M}{K_M} \right) \tag{8-11}$$

δ_{LM} 表示物流企业对制造企业的贡献程度，δ_{ML} 表示制造企业对物流企业的贡献程度，其中 δ_{LM} 前面的符号为负号，表示物流业对制造业没有好处，δ_{ML} 前面的符号为正号，表示制造业会给物流业带来能量。因此根据以上的假设建立微分方程组：

$$\begin{cases} \frac{dy_M}{dt} = r_M y_M \left(1 - \frac{y_M}{K_M} - \delta_{LM} \frac{y_L}{K_L} \right) = 0 \\ \frac{dy_L}{dt} = r_L y_L \left(1 - \frac{y_L}{K_L} + \delta_{ML} \frac{y_M}{K_M} \right) = 0 \end{cases}$$

对微分方程组进行求解，可以得到四个平衡点 P_1（K_M，0），P_2（0，K_L），P_3（0，0）以及 $P_4\left(\frac{(1-\delta_{LM})K_M}{1+\delta_{LM}\delta_{ML}}, \frac{(1+\delta_{ML})K_L}{1+\delta_{LM}\delta_{ML}} \right)$。

对于此处的平衡点是否属于稳定性的均衡点，可以通过构建雅克比矩阵进行判断，将上述方程组分别对 y_M，y_L 求偏导，雅克比矩阵 J 如式（8-12）所示：

$$J = \begin{bmatrix} f_{y_M} & f_{y_L} \\ g_{y_M} & g_{y_l} \end{bmatrix} = \begin{bmatrix} r_M\left(1 - \frac{2y_M}{K_M} - \delta_{LM}\frac{y_L}{K_L}\right) & -r_M y_M \frac{\delta_{LM}}{K_L} \\ r_L y_L \frac{\delta_{ML}}{K_M} & r_L\left(1 - \frac{2y_L}{K_L} + \delta_{ML}\frac{y_M}{K_M}\right) \end{bmatrix} \tag{8-12}$$

$$\det(J) = [r_L r_M (K_L^2 K_M^2 + 2K_M^2 \delta_{LM} y_L^2 - 2K_L^2 \delta_{ML} y_M^2 - 2K_L K_M^2 y_L - 2K_L^2 K_M y_M - K_L K_M^2 \delta_{LM} y_L - K_L^2 K_M \delta_{ML} y_M - 4K_L K_M y_L y_M)]/K_L^2 K_M^2 \tag{8-13}$$

$$Trace(J) = -r_M(2y_M/K_M + \delta_{LM} y_L/K_L - 1) - r_L(2y_L/K_L - \delta_{ML} y_M/K_M - 1) \tag{8-14}$$

将上述四个均衡点分别带入式（8-13）和式（8-14），可求得各点雅克比矩阵的行列式和迹的值，具体结果如表8-3所示。

表8-3　制造业为寄主、物流业为寄生单元的稳定性均衡点求解

均衡点	矩阵 J 的行列式	符号	矩阵 J 的迹	符号	结果
P_1 $(K_M, 0)$	$-r_L r_M (1+\delta_{ML})$	$-$	$-r_M + r_L (1+\delta_{ML})$	不确定	不稳定
P_2 $(0, K_L)$	$-r_L r_M (1-\delta_{LM})$	$-$	$-r_L + r_M (1-\delta_{LM})$	不确定	不稳定
P_3 $(0, 0)$	$r_M r_L$	$+$	$r_M + r_L$	$+$	不稳定
$P_4 \left(\dfrac{(1-\delta_{LM}) K_M}{1+\delta_{LM}\delta_{ML}}, \dfrac{(1+\delta_{ML}) K_L}{1+\delta_{LM}\delta_{ML}} \right)$	A		B		

其中，P_4 点处矩阵行列式的值为：

$$A = \frac{r_M(-1+\delta_{LM}) r_L(-1-\delta_{ML})}{1+\delta_{LM}\delta_{ML}} \quad\quad (8-15)$$

矩阵的迹为：

$$B = \frac{r_M(-1+\delta_{LM})}{1+\delta_{LM}\delta_{ML}} + \frac{r_L(-1-\delta_{ML})}{1+\delta_{LM}\delta_{ML}} \quad\quad (8-16)$$

从中可以看出使点 P_4 的行列式值大于零、迹的值小于零（P_4 为均衡点）的条件是 $0 < \delta_{LM} < 1$。但在此点，$\dfrac{(1-\delta_{LM}) K_M}{1+\delta_{LM}\delta_{ML}} \leqslant K_M$，$\dfrac{(1+\delta_{ML}) K_L}{1+\delta_{LM}\delta_{ML}} \geqslant K_L$，即稳定性均衡时，寄生中有利的一方其产出水平大于之前的产出水平，被寄生的另外一方产出水平小于之前的产出水平。如图8-3所示，给定 $r_L = r_M = 0.05$，$K_L = 800$，$K_M = 1000$，$\delta_{LM} = \delta_{ML} = -0.2$，可知在物流业寄生于制造业模式中，制造业的产出水平比起独立状态下的产出水平来得更低，而物流业的产出水平高于独立时候的产出水平，所以这样一种模式在现实生活中仅是一种短暂的状态，没有长期存在的可能性。随着双方力量的变化，其最终会向非对称性互惠共生或对称性互惠共生模式转化。

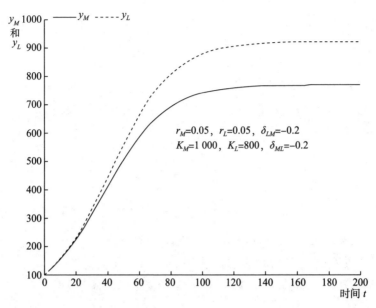

图 8-3 制造业为寄主、物流业为寄生单元的产出水平随时间演化趋势

8.3.2 物流业为寄主、制造业为寄生单元的寄生模式

（1）设制造业与物流业自身的产出水平服从 Logistic 增长规律，即式（8-1）和式（8-2）。

（2）制造企业与物流企业在共生中会产生新能量，这种能量对寄生单元（制造业）有利，但对寄主（物流业）不利。

$$\frac{dy_M}{dt} = r_M y_M \left(1 - \frac{y_M}{K_M} + \delta_{LM} \frac{y_L}{K_L} \right) \tag{8-17}$$

$$\frac{dy_L}{dt} = r_L y_L \left(1 - \frac{y_L}{K_L} - \delta_{ML} \frac{y_M}{K_M} \right) \tag{8-18}$$

其中 δ_{ML} 前面的符号为负号，表示制造业对物流业没有好处，δ_{LM} 前面的符号为正号，表示物流业会给制造业带来能量。根据以上的假设建立微分方程组：

$$\begin{cases} \dfrac{dy_M}{dt} = r_M y_M \left(1 - \dfrac{y_M}{K_M} + \delta_{LM} \dfrac{y_L}{K_L} \right) = 0 \\[3mm] \dfrac{dy_L}{dt} = r_L y_L \left(1 - \dfrac{y_L}{K_L} - \delta_{ML} \dfrac{y_M}{K_M} \right) = 0 \end{cases}$$

对微分方程组进行求解，可以得到四个平衡点 P_1（K_M，0），P_2（0，K_L），P_3（0，0）以及 $P_4\left(\dfrac{(1+\delta_{LM})K_M}{1+\delta_{LM}\delta_{ML}}, \dfrac{(1-\delta_{ML})K_L}{1+\delta_{LM}\delta_{ML}}\right)$。

对于此处的平衡点是否属于稳定性的均衡点，可以通过构建雅克比矩阵进行判断，将上述方程组分别对 y_M，y_L 求偏导，雅克比矩阵 J 如式（8-19）所示：

$$J = \begin{bmatrix} f_{y_M} & f_{y_L} \\ g_{y_M} & g_{y_l} \end{bmatrix} = \begin{bmatrix} r_M\left(1 - \dfrac{2y_M}{K_M} + \delta_{LM}\dfrac{y_L}{K_L}\right) & r_M y_M \dfrac{\delta_{LM}}{K_L} \\ -r_L y_L \dfrac{\delta_{ML}}{K_M} & r_L\left(1 - \dfrac{2y_L}{K_L} - \delta_{ML}\dfrac{y_M}{K_M}\right) \end{bmatrix} \quad (8-19)$$

$$\det(J) = [r_L r_M(K_L^2 K_M^2 - 2K_M^2 \delta_{LM} y_L^2 + 2K_L^2 \delta_{ML} y_M^2 - 2K_L K_M^2 y_L - 2K_L^2 K_M y_M$$
$$+ K_L K_M^2 \delta_{LM} y_L - K_L^2 K_M \delta_{ML} y_M + 4K_L K_M y_L y_M)]/K_L^2 K_M^2 \quad (8-20)$$

$$Trace(J) = -r_M(2y_M/K_M - \delta_{LM} y_L/K_L - 1) - r_L(2y_L/K_L + \delta_{ML} y_M/K_M - 1) \quad (8-21)$$

将上述四个均衡点分别带入式（8-20）和式（8-21），可求得各点雅克比矩阵的行列式和迹的值，具体结果如表8-4所示。

表8-4　物流业为寄主、制造业为寄生单元的稳定性均衡点求解

均衡点	矩阵 J 的行列式	符号	矩阵 J 的迹	符号	结果
$P_1(K_M, 0)$	$-r_L r_M(1-\delta_{ML})$	$-$	$-r_M + r_L(1-\delta_{ML})$	不确定	不稳定
$P_2(0, K_L)$	$-r_L r_M(1+\delta_{LM})$	$-$	$-r_L + r_M(1+\delta_{LM})$	不确定	不稳定
$P_3(0, 0)$	$r_M r_L$	$+$	$r_M + r_L$	$+$	不稳定
$P_4\left(\dfrac{(1+\delta_{LM})K_M}{1+\delta_{LM}\delta_{ML}}, \dfrac{(1-\delta_{ML})K_L}{1+\delta_{LM}\delta_{ML}}\right)$	A		B		

其中，P_4 点处矩阵行列式的值为：

$$A = \frac{r_M(-1-\delta_{LM})r_L(-1+\delta_{ML})}{1+\delta_{LM}\delta_{ML}} \quad (8-22)$$

矩阵的迹为：

$$B = \frac{r_M(-1-\delta_{LM})}{1+\delta_{LM}\delta_{ML}} + \frac{r_L(-1+\delta_{ML})}{1+\delta_{LM}\delta_{ML}} \quad (8-23)$$

从中可以看出使点 P_4 的行列式值大于零、迹的值小于零（P_4 为均衡

点）的条件是 $0 < \delta_{ML} < 1$。但在此点，$\dfrac{(1 + \delta_{LM}) K_M}{1 + \delta_{LM}\delta_{ML}} \geq K_M$，$\dfrac{(1 - \delta_{ML}) K_L}{1 + \delta_{LM}\delta_{ML}} \leq$ K_L，即稳定性均衡时，寄生中有利的一方其产出水平大于之前的产出水平，被寄生的另外一方产出水平小于之前的产出水平。如图 8 - 4 所示，给定 $r_L = r_M = 0.05$，$K_L = 800$，$K_M = 1000$，$\delta_{LM} = \delta_{ML} = 0.2$，可知在物流业为寄主、制造业为寄生单元的模式中，制造业的产出水平比起独立状态下的产出水平来得更高，而物流业的产出水平低于独立时候的产出水平，所以这样一种模式在现实生活中仅是一种短暂的状态，没有长期存在的可能性，随着双方力量的变化，其最终会向非对称性互惠共生或对称性互惠共生模式转化。

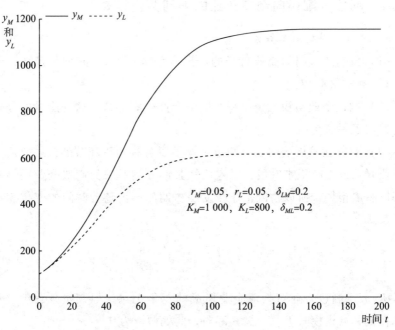

图 8 - 4　物流业为寄主、制造业为寄生单元的产出水平随时间演化趋势

8.4　偏利共生模式

偏利共生指共生单元通过共生关系会产生新能量，但这种新能量一般只向共生关系中的某一单位转移，或者说某一共生单元获得全部新能量，

所以偏利共生往往对一方无害而对另外一方有利。这种共生模式决定了其在现实生活中只是暂时的状态。制造业与物流业联动发展中的偏利共生模式可能有两种情形：情形一是物流企业在发展的初期，为了扩大业务，获得制造企业的支持而选择暂时获取较少利益或不获取利益的模式，类似于营销中某一产品想进入一个新的市场而选择薄利低价的营销策略；情形二是制造业中的部分子行业如软件行业，其物流成本占总销售收入的比重很小，这部分利润对公司不会造成大的影响，为了专注于自身的核心业务，它们往往会选择将物流环节外包。因此在这样特殊的领域中，可能会存在偏利共生的模式。以下将具体分析这两种偏利共生模式的稳定性均衡解。

8.4.1 利益分配偏向制造企业的偏利共生模式

8.4.1.1 模型基本假设

（1）设制造业与物流业自身的产出水平服从 Logistic 增长规律，即式（8-1）和式（8-2）。

（2）制造企业与物流企业在共生中会产生新能量，这种能量的分配严重地偏向于制造企业。

（3）双方在发展的初期，制造企业不愿意将物流环节外包。因此，物流企业开始成立时很难发展，愿意牺牲其部分利益来为制造企业提供物流服务以争取市场，所以物流企业在发展初期的产出随着时间的变化满足如下关系式：

$$\frac{dy_L}{dt} = r_L y_L \left(1 - \frac{y_L}{K_L} - C_{ML}\frac{y_M}{K_M} \right) \tag{8-24}$$

C_{ML}表示制造企业对物流企业形成的竞争关系，但其贡献程度——由于是在偏利共生模式下——极其薄弱，此处假设为0。

（4）制造企业将物流环节外包给物流企业，从而提高了运作效率，因此，存在合作初期物流企业对制造企业的贡献。当然，它们之间也存在竞争关系。因此，可构建制造企业的微分方程如式（8-25）所示：

$$\frac{dy_M}{dt} = r_M y_M \left(1 - \frac{y_M}{K_M} + \delta_{LM}\frac{y_L}{K_L} - C_{LM}\frac{y_L}{K_L} \right) \tag{8-25}$$

其中，δ_{LM}表示物流企业对制造企业的贡献程度，式（8-25）中

$\dfrac{dy_M}{dt} = \dfrac{\delta_{LM} r_M y_M y_L}{K_L}$ 项表示合作促进了企业的增长；C_{LM} 表示物流企业发展

对制造企业的竞争关系，式（8-25）中 $\dfrac{dy_M}{dt} = -\dfrac{C_{LM} r_M y_M y_L}{K_L}$ 项表示竞争

的存在对发展的阻滞作用。这里制造企业获得了大部分的利益，另外，

此处均假设 $\delta_{LM} > C_{LM}$，即合作系数大于竞争系数，否则就没有联动发展

的必要。

8.4.1.2 模型稳定性求解

将上述关系式转化为微分方程组：

$$\begin{cases} f(y_M, y_L) = \dfrac{dy_M}{dt} = r_M y_M \left(1 - \dfrac{y_M}{K_M} + \delta_{LM}\dfrac{y_L}{K_L} - C_{LM}\dfrac{y_L}{K_L}\right) = 0 \\ g(y_M, y_L) = \dfrac{dy_L}{dt} = r_L y_L \left(1 - \dfrac{y_L}{K_L} - C_{ML}\dfrac{y_M}{K_M}\right) = 0 \end{cases}$$

对微分方程组进行求解，可以得到四个平衡点 $P_1(K_M, 0)$，$P_2(0, K_L)$，

$P_3(0, 0)$ 以及 $P_4\left(\dfrac{K_M[1+(\delta_{LM}-C_{LM})]}{1+C_{ML}(\delta_{LM}-C_{LM})}, \dfrac{K_L(1-C_{ML})}{1+C_{ML}(\delta_{LM}-C_{LM})}\right)$。

对于此处的平衡点是否属于稳定性的均衡点，可以通过构建雅克比矩

阵进行判断，将上述方程组分别对 y_M，y_L 求偏导，雅克比矩阵 J 如式

（8-26）所示：

$$J = \begin{bmatrix} f_{y_M} & f_{y_L} \\ g_{y_M} & g_{y_L} \end{bmatrix}$$

$$= \begin{bmatrix} r_M\left(1 - 2\dfrac{y_M}{K_M} + \delta_{LM}\dfrac{y_L}{K_L} - C_{LM}\dfrac{y_L}{K_L}\right) & r_M y_M\left(\dfrac{\delta_{LM}}{K_L} - \dfrac{C_{LM}}{K_L}\right) \\ -r_L y_L\dfrac{C_{ML}}{K_M} & r_L\left(1 - 2\dfrac{y_L}{K_L} - C_{ML}\dfrac{y_M}{K_M}\right) \end{bmatrix} \quad (8-26)$$

分别求解上述四个均衡点的雅克比矩阵的行列式和迹的值，具体求解

结果如表 8-5 所示。

表 8-5 利益分配偏向制造企业的偏利共生模式下稳定性均衡点求解

均衡点	矩阵 J 的行列式	矩阵 J 的迹
$P_1(K_M, 0)$	$-r_M r_L(1-C_{ML})$	$-r_M + r_L(1-C_{ML})$

续表

均衡点	矩阵 J 的行列式	矩阵 J 的迹
$P_2\ (0,\ K_L)$	$-r_M\ [1+(\delta_{LM}-C_{LM})]\ r_L$	$r_M\ [1+(\delta_{LM}-C_{LM})]\ -r_L$
$P_3\ (0,\ 0)$	$r_M r_L$	r_M+r_L
$P_4\left(\dfrac{K_M\ [1+(\delta_{LM}-C_{LM})]}{1+C_{ML}\ (\delta_{LM}-C_{LM})},\ \dfrac{K_L\ (1-C_{ML})}{1+C_{ML}\ (\delta_{LM}-C_{LM})}\right)$	A	B

其中，P_4 点处矩阵行列式的值为：

$$
\begin{aligned}
A &= \frac{r_M(1+\delta_{LM}-C_{LM})}{1+C_{ML}(\delta_{LM}-C_{LM})} \times \frac{r_L(1-C_{ML})}{1+C_{ML}(\delta_{LM}-C_{LM})} \\
&+ \frac{r_M(1+\delta_{LM}-C_{LM})(\delta_{LM}-C_{LM})}{1+C_{ML}(\delta_{LM}-C_{LM})} \times \frac{r_L(1-C_{ML})C_{ML}}{1+C_{ML}(\delta_{LM}-C_{LM})} \\
&= \frac{r_M(1+\delta_{LM}-C_{LM})r_L(1-C_{ML})}{1+C_{ML}(\delta_{LM}-C_{LM})} \qquad (8-27)
\end{aligned}
$$

矩阵的迹为：

$$
\begin{aligned}
B &= -\frac{r_M(1+\delta_{LM}-C_{LM})}{1+C_{ML}(\delta_{LM}-C_{LM})} - \frac{r_L(1-C_{ML})}{1+C_{ML}(\delta_{LM}-C_{LM})} \\
&= -\frac{r_M(1+\delta_{LM}-C_{LM})+r_L(1-C_{ML})}{1+C_{ML}(\delta_{LM}-C_{LM})} \qquad (8-28)
\end{aligned}
$$

从中可以看出使点 P_4 的行列式值大于零、迹的值小于零（P_4 为均衡点）的条件是 $0<C_{ML}<1$。在此点，$\dfrac{K_M\ [1+(\delta_{LM}-C_{LM})]}{1+C_{ML}\ (\delta_{LM}-C_{LM})}>K_M$，$\dfrac{K_L\ (1-C_{ML})}{1+C_{ML}\ (\delta_{LM}-C_{LM})}<K_L$，即稳定性均衡时，偏利共生中有利的一方其产出水平大于之前的产出水平，偏利共生获益较少或者为零的一方其产出水平小于之前的产出水平。如图 8-5 所示，在给定 $r_L=r_M=0.05$，$K_L=800$，$K_M=1000$，$\delta_{LM}=0.2$，$C_{LM}=C_{ML}=0.1$ 时，制造业的产出水平高于独立状态时的产出水平，而物流业的产出水平低于独立状态时的产出水平。所以这样一种模式在现实生活中也仅是一种短暂的状态，没有长期存在的可能性，随着双方力量的变化，其最终会向非对称性互惠共生或对称性互惠共生模式转化。

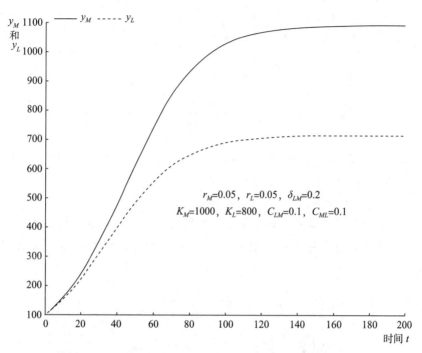

图 8－5　利益分配偏向制造企业的产出水平随时间演化趋势

8.4.2　利益分配偏向物流企业的偏利共生模式

8.4.2.1　模型基本假设

在一些特殊的行业（如软件行业）中，物流活动占制造业生产经营活动的比例很小，因此，物流业对于企业的生产经营活动影响很小。而对于物流业而言，制造业物流外包的出现则可以影响物流业的产出水平。同样地，两个行业均面临着对方一定程度的竞争。

因此在此偏利共生模式下，两者的产出水平分别为：

$$\frac{dy_M}{dt} = r_M y_M \left(1 - \frac{y_M}{K_M} - C_{LM} \frac{y_L}{K_L} \right) \qquad (8-29)$$

$$\frac{dy_L}{dt} = r_L y_L \left(1 - \frac{y_L}{K_L} + \delta_{ML} \frac{y_M}{K_M} - C_{ML} \frac{y_M}{K_M} \right) \qquad (8-30)$$

式（8－30）中 $\frac{dy_L}{dt} = \frac{\delta_{ML} r_L y_L y_M}{K_M}$ 部分表示合作促进了企业的增长。

8.4.2.2 模型稳定性求解

将上述关系式转化为微分方程组，

$$\begin{cases} f(y_M, y_L) = \dfrac{dy_M}{dt} = r_M y_M \left(1 - \dfrac{y_M}{K_M} - C_{LM} \dfrac{y_L}{K_L} \right) = 0 \\[4mm] g(y_M, y_L) = \dfrac{dy_L}{dt} = r_L y_L \left(1 - \dfrac{y_L}{K_L} + \delta_{ML} \dfrac{y_M}{K_M} - C_{ML} \dfrac{y_M}{K_M} \right) = 0 \end{cases}$$

可以得到四个平衡点 $P_1 (K_M, 0)$，$P_2 (0, K_L)$，$P_3 (0, 0)$ 以及 $P_4 \left(\dfrac{K_M [1 - C_{LM}]}{1 + C_{LM} (\delta_{ML} - C_{ML})}, \dfrac{K_L [1 + (\delta_{ML} - C_{ML})]}{1 + C_{LM} (\delta_{ML} - C_{ML})} \right)$。

对于此处的平衡点是否属于稳定性的均衡点，可以通过构建雅克比矩阵进行判断，将上述方程组分别对 y_M，y_L 求偏导，雅克比矩阵 J 如下式所示：

$$J = \begin{bmatrix} r_M \left(1 - 2\dfrac{y_M}{K_M} - C_{LM}\dfrac{y_L}{K_L} \right) & -r_M y_M \dfrac{C_{LM}}{K_L} \\[4mm] r_L y_L \left(\dfrac{\delta_{ML}}{K_M} - \dfrac{C_{ML}}{K_M} \right) & r_L \left(1 - 2\dfrac{y_L}{K_L} + \delta_{ML}\dfrac{y_M}{K_M} - C_{ML}\dfrac{y_M}{K_M} \right) \end{bmatrix}$$

分别求解上述四个均衡点的雅克比矩阵的行列式和迹的值，具体求解结果如表 8-6 所示。

表 8-6 利益分配偏向物流企业的偏利共生模式下稳定性均衡点求解

均衡点	矩阵 J 的行列式	矩阵 J 的迹
$P_1 (K_M, 0)$	$-r_M [1 + (\delta_{ML} - C_{ML})] r_L$	$r_L [1 + (\delta_{ML} - C_{ML})] - r_M$
$P_2 (0, K_L)$	$-r_M r_L (1 - C_{LM})$	$r_M (1 - C_{LM}) - r_L$
$P_3 (0, 0)$	$r_M r_L$	$r_M + r_L$
$P_4 \left(\dfrac{K_M (1 - C_{LM})}{1 + C_{LM} (\delta_{ML} - C_{ML})}, \dfrac{K_L [1 + (\delta_{ML} - C_{ML})]}{1 + C_{LM} (\delta_{ML} - C_{ML})} \right)$	A	B

P_4 点处矩阵行列式的值为：

$$A = r_M \frac{(-1 + C_{LM})}{1 + C_{LM}(\delta_{ML} - C_{ML})} r_L \frac{-1 - (\delta_{ML} - C_{ML})}{1 + C_{LM}(\delta_{ML} - C_{ML})}$$

$$+ r_L \frac{C_{LM}(1 - C_{LM})(\delta_{ML} - C_{ML})[1 + (\delta_{ML} - C_{ML})]}{[1 + C_{LM}(\delta_{ML} - C_{ML})]^2}$$

$$= \frac{r_M(1 + \delta_{ML} - C_{ML})r_L(1 - C_{LM})}{1 + C_{LM}(\delta_{ML} - C_{ML})} \qquad (8-31)$$

矩阵的迹为：

$$B = -\frac{r_M(1 - C_{LM})}{1 + C_{LM}(\delta_{ML} - C_{ML})} - \frac{r_L(1 + \delta_{ML} - C_{ML})}{1 + C_{LM}(\delta_{ML} - C_{ML})} \qquad (8-32)$$

从中可以看出点 P_4 矩阵的行列式值大于零、迹的值小于零，即该点为稳定性均衡点的条件是 $0 < C_{LM} < 1$，从而得出在偏利共生模式下，$\dfrac{K_M(1 - C_{LM})}{1 + C_{LM}(\delta_{ML} - C_{ML})} < K_M$，$\dfrac{K_L[1 + (\delta_{ML} - C_{ML})]}{1 + C_{LM}(\delta_{ML} - C_{ML})} > K_L$，即当利益偏向于物流企业时，物流企业的产出水平大于没有联动发展情况下的产出水平，而制造企业的产出水平则小于或者等于之前的产出水平。如图 8-6 所示，在给定 $r_L = r_M = 0.05$，$K_L = 800$，$K_M = 1000$，$\delta_{LM} = 0.2$，$C_{LM} = C_{ML} = 0.1$ 时，物流业的产出水平高于独立状态时的产出水平，而制造业的产出水平低于独立状态时的产出水平。所以这种共生模式也只是短暂的状态，在未来的

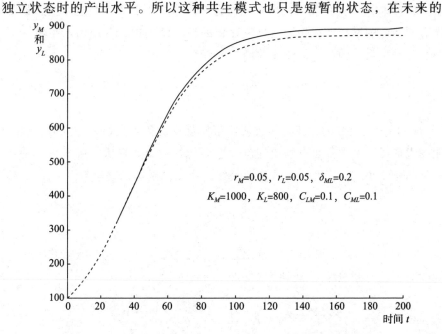

图 8-6　利益分配偏向物流企业的产出水平随时间演化趋势

发展中，会向其他模式转化。

8.5 非对称性互惠共生模式

8.5.1 模型基本假设

非对称性互惠共生模式中共生单元之间以分工作为共生的基础，产生新的能量，这些新能量由于共生界面的作用而形成非对称性分配。模型中遵循的基本假设包括如下几个。

（1）非对称性互惠共生模式多见于中心—外围型的企业联动发展模式，共生单元一方占据着主导地位，而另一方通过为其提供资源、技术、服务、管理等因素参与到联动发展过程中，主导企业在其中获利较多。制造企业通过规模经济优势，吸引着大量的物流企业与之建立互利共生关系，制造企业的力量比物流企业的力量大得多，制造企业能够独立存在，其产出量增长符合 Logistic 模型，与偏利共生的假设一致。

（2）物流企业依托于制造企业而存在，本身不能脱离制造企业，如果没有制造业的增长，在物流业单独存在的市场结构中，其产出水平将逐渐减少并趋于零。因此，物流业的增长方程为：

$$\frac{dy_L}{dt} = -r_L y_L \tag{8-33}$$

（3）制造企业的存在将为物流业市场规模的扩大提供条件，但制造企业在发展过程中内部自营物流的模式也会与物流企业提供的服务形成一定程度的竞争关系。因此，物流企业最终的产出水平可以表示为：

$$\frac{dy_L}{dt} = r_L y_L \left(-1 - \frac{y_L}{K_L} + \delta_{ML}\frac{y_M}{K_M} - C_{ML}\frac{y_M}{K_M} \right) \tag{8-34}$$

（4）在（1）的基础上，当物流企业出现后，制造企业能够获得更多的优势，此时制造企业最终的产出水平可以表示为：

$$\frac{dy_M}{dt} = r_M y_M \left(1 - \frac{y_M}{K_M} + \delta_{LM}\frac{y_L}{K_L} - C_{LM}\frac{y_L}{K_L} \right) \tag{8-35}$$

此方程反映了在非对称性互惠共生模式下制造企业与物流企业之间的

竞争合作关系。

8.5.2 方程均衡点及稳定性的求解

将上述关系式转化为微分方程组，

$$
\begin{cases}
f(y_M, y_L) = \dfrac{dy_M}{dt} = r_M y_M \left(1 - \dfrac{y_M}{K_M} + \delta_{LM} \dfrac{y_L}{K_L} - C_{LM} \dfrac{y_L}{K_L} \right) = 0 \\[3mm]
g(y_M, y_L) = \dfrac{dy_L}{dt} = r_L y_L \left(-1 - \dfrac{y_L}{K_L} + \delta_{ML} \dfrac{y_M}{K_M} - C_{ML} \dfrac{y_M}{K_M} \right) = 0
\end{cases}
$$

可以得到四个平衡点 $P_1\,(K_M,\,0)$，$P_2\,(0,\,-K_L)$，$P_3\,(0,\,0)$ 以及 $P_4\left(\dfrac{K_M\,[\,1 - (\delta_{LM} - C_{LM})\,]}{1 - (\delta_{ML} - C_{ML})\,(\delta_{LM} - C_{LM})},\ \dfrac{K_L\,[\,-1 + (\delta_{ML} - C_{ML})\,]}{1 - (\delta_{ML} - C_{ML})\,(\delta_{LM} - C_{LM})} \right)$。

对于此处的平衡点是否属于稳定性的均衡点，可以通过构建雅克比矩阵进行判断，将上述方程组分别对 y_M，y_L 求偏导，雅克比矩阵 J 如下式所示：

$$
J = \begin{bmatrix}
r_M \left(1 - 2\dfrac{y_M}{K_M} + \delta_{LM}\dfrac{y_L}{K_L} - C_{LM}\dfrac{y_L}{K_L} \right) & r_M y_M \left(\dfrac{\delta_{LM}}{K_L} - \dfrac{C_{LM}}{K_L} \right) \\[4mm]
r_L y_L \left(\dfrac{\delta_{ML}}{K_M} - \dfrac{C_{ML}}{K_M} \right) & r_L \left(-1 - 2\dfrac{y_L}{K_L} + \delta_{ML}\dfrac{y_M}{K_M} - C_{ML}\dfrac{y_M}{K_M} \right)
\end{bmatrix}
$$

分别求解出此矩阵的行列式和迹，计算结果如下所示：

$$
\begin{aligned}
\det(J) = & -[\, r_L r_M (K_L^2 K_M^2 + 2K_M^2 \delta_{LM} y_L^2 + 2K_L^2 \delta_{ML} y_M^2 - 2K_M^2 C_{LM} y_L^2 - 2K_L^2 C_{ML} y_M^2 + 2K_L K_M^2 y_L \\
& - 2K_L^2 K_M y_M + K_L K_M^2 \delta_{LM} y_L - K_L^2 K_M \delta_{ML} y_M - K_L K_M^2 C_{LM} y_L + K_L^2 K_M C_{ML} y_M \\
& - 4K_L K_M y_L y_M)\,]/K_L^2 K_M^2 \qquad (8-36)
\end{aligned}
$$

$$
\begin{aligned}
Trace(J) = & -r_M (2y_M/K_M - \delta_{LM} y_L/K_L + C_{LM} y_L/K_L - 1) \\
& - r_L (2y_L/K_L - \delta_{ML} y_M/K_M + C_{ML} y_M/K_M + 1) \qquad (8-37)
\end{aligned}
$$

分别将上述四个均衡点带入雅克比矩阵行列式和迹的表达式中，得到各点行列式和迹的值，如表 8-7 所示。

表 8-7 非对称性互惠共生模式下稳定性均衡点求解

均衡点	矩阵的行列式	矩阵的迹
$P_1(K_M,0)$	$-r_M r_L[\,-1 + (\delta_{ML} - C_{ML})\,]$	$-r_M + r_L[\,1 - (\delta_{ML} - C_{ML})\,]$

均衡点	矩阵的行列式	矩阵的迹
$P_2(0, K_L)$	$-r_L r_M[-1 + (\delta_{LM} - C_{LM})]$	$r_L - r_M[-1 + (\delta_{LM} - C_{LM})]$
$P_3(0, 0)$	$-r_M r_L$	$r_M - r_L$
$P_4\left(\dfrac{K_M[1-(\delta_{LM}-C_{LM})]}{1-(\delta_{ML}-C_{ML})(\delta_{LM}-C_{LM})}, \dfrac{K_L[-1+(\delta_{ML}-C_{ML})]}{1-(\delta_{ML}-C_{ML})(\delta_{LM}-C_{LM})}\right)$	A	B

当均衡点在 P_4 时，其矩阵行列式的值为：

$$A = \frac{r_M[-1+(\delta_{LM}-C_{LM})]}{1-(\delta_{ML}-C_{ML})(\delta_{LM}-C_{LM})} \times \frac{r_L[1-(\delta_{ML}-C_{ML})]}{1-(\delta_{ML}-C_{ML})(\delta_{LM}-C_{LM})}$$

$$+ \frac{r_L[1-(\delta_{ML}-C_{ML})](\delta_{ML}-C_{ML})}{1-(\delta_{ML}-C_{ML})(\delta_{LM}-C_{LM})} \times \frac{r_M[1-(\delta_{LM}-C_{LM})](\delta_{LM}-C_{LM})}{1-(\delta_{ML}-C_{ML})(\delta_{LM}-C_{LM})}$$

$$= \frac{r_M[-1+(\delta_{LM}-C_{LM})]r_L[1-(\delta_{ML}-C_{ML})]}{1-(\delta_{ML}-C_{ML})(\delta_{LM}-C_{LM})} \qquad (8-38)$$

矩阵的迹为：

$$B = r_M \frac{-1+(\delta_{LM}-C_{LM})}{1-(\delta_{ML}-C_{ML})(\delta_{LM}-C_{LM})} + r_L \frac{1-(\delta_{ML}-C_{ML})}{1-(\delta_{ML}-C_{ML})(\delta_{LM}-C_{LM})} \qquad (8-39)$$

根据本书的研究内容，只有当平衡点位于平面坐标系的第一象限时，产出水平才有意义，因此前面三个平衡点不予考虑。根据微分方程稳定性的判定方法，满足 P_4 为均衡点的条件是：$0 < (\delta_{LM} - C_{LM}) < 1$，$(\delta_{ML} - C_{ML}) > 1$，$0 < (\delta_{LM} - C_{LM})(\delta_{ML} - C_{ML}) < 1$，由此得出本书的判定定理1。

定理1：假设 $0 < (\delta_{LM} - C_{LM}) < 1$，$(\delta_{ML} - C_{ML}) > 1$，$0 < (\delta_{LM} - C_{LM})(\delta_{ML} - C_{ML}) < 1$，从两个坐标全大于零的任意初始点出发的解 $y_M(t)$，$y_L(t)$，当 $t \to +\infty$ 时，$y_M \to \dfrac{K_M[1-(\delta_{LM}-C_{LM})]}{1-(\delta_{ML}-C_{ML})(\delta_{LM}-C_{LM})}$，$y_L \to$

$\dfrac{K_L[-1+(\delta_{ML}-C_{ML})]}{1-(\delta_{ML}-C_{ML})(\delta_{LM}-C_{LM})}$。

此定理的证明如下：

令

$$\begin{cases} \varphi(y_M, y_L) = 1 - \dfrac{y_M}{K_M} + \delta_{LM}\dfrac{y_L}{K_L} - C_{LM}\dfrac{y_L}{K_L} = 0 \\[3mm] \psi(y_M, y_L) = -1 - \dfrac{y_L}{K_L} + \delta_{ML}\dfrac{y_M}{K_M} - C_{ML}\dfrac{y_M}{K_M} = 0 \end{cases}$$

对 $P_4\left(\dfrac{K_M[1 - (\delta_{LM} - C_{LM})]}{1 - (\delta_{ML} - C_{ML})(\delta_{LM} - C_{LM})}, \dfrac{K_L[-1 + (\delta_{ML} - C_{ML})]}{1 - (\delta_{ML} - C_{ML})(\delta_{LM} - C_{LM})}\right)$ 进行

分析，要使平衡点有意义，即位于相平面的第一象限（坐标值为正值），需满足以下两个条件之一：

(1) $(\delta_{LM} - C_{LM}) > 1, 0 < (\delta_{ML} - C_{ML}) < 1, (\delta_{LM} - C_{LM})(\delta_{ML} - C_{ML}) > 1$

(2) $0 < (\delta_{LM} - C_{LM}) < 1, (\delta_{ML} - C_{ML}) > 1, 0 < (\delta_{LM} - C_{LM})(\delta_{ML} - C_{ML}) < 1$

以下将分别讨论这两种情况。

（1）对于 $(\delta_{LM} - C_{LM}) > 1, 0 < (\delta_{ML} - C_{ML}) < 1, (\delta_{LM} - C_{LM})(\delta_{ML} - C_{ML}) > 1$ 的情况，其相轨线如图 8 - 7 所示。

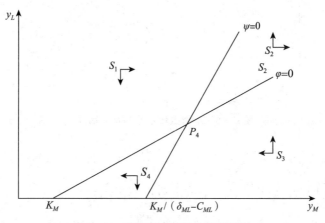

图 8 - 7 平衡点稳定性的相平面图

S_1 区域内，$\varphi > 0$，$\psi < 0$，$\dfrac{dy_M}{dt} > 0$，$\dfrac{dy_L}{dt} < 0$，即当初始轨线在区域 S_1 内时，随着 t 增加，轨线将向右下方运动趋于点 P_4。

S_2 区域内，$\varphi > 0$，$\psi > 0$，$\dfrac{dy_M}{dt} > 0$，$\dfrac{dy_L}{dt} > 0$，即当初始轨线在区域 S_2 内时，随着 t 增加，轨线将向右上方运动，远离点 P_4。

S_3区域内，$\varphi < 0$，$\psi > 0$，$\dfrac{dy_M}{dt} < 0$，$\dfrac{dy_L}{dt} > 0$，即当初始轨线在区域S_3内时，随着t增加，轨线将向左上方运动趋于点P_4。

S_4区域内，$\varphi < 0$，$\psi < 0$，$\dfrac{dy_M}{dt} < 0$，$\dfrac{dy_L}{dt} < 0$，即当初始轨线在区域S_4内时，随着t增加，轨线将向左下方运动，远离点P_4。

系统并不出现稳定性的均衡点，因此，此条件不满足，略去。

（2）对于$0 < (\delta_{LM} - C_{LM}) < 1$，$(\delta_{ML} - C_{ML}) > 1$，$0 < (\delta_{LM} - C_{LM})$ $(\delta_{ML} - C_{ML}) < 1$的情况，相轨线如图$8-8$所示。

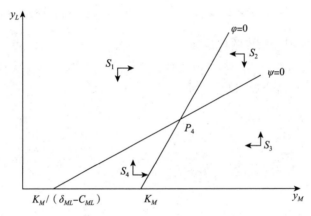

图8-8　平衡点稳定性的相平面图

S_1区域内，$\varphi > 0$，$\psi < 0$，$\dfrac{dy_M}{dt} > 0$，$\dfrac{dy_L}{dt} < 0$，即当初始轨线在区域S_1内时，随着t增加，轨线将向右下方运动趋于点P_4。

S_2区域内，$\varphi < 0$，$\psi < 0$，$\dfrac{dy_M}{dt} < 0$，$\dfrac{dy_L}{dt} < 0$，即当初始轨线在区域S_2内时，随着t增加，轨线将向左下方运动趋于点P_4。

S_3区域内，$\varphi < 0$，$\psi > 0$，$\dfrac{dy_M}{dt} < 0$，$\dfrac{dy_L}{dt} > 0$，即当初始轨线在区域S_3内时，随着t增加，轨线将向左上方运动趋于点P_4。

S_4区域内，$\varphi > 0$，$\psi > 0$，$\dfrac{dy_M}{dt} > 0$，$\dfrac{dy_L}{dt} > 0$，即当初始轨线在区域S_4内时，随着t增加，轨线将向右上方运动趋于点P_4。

从而，系统最终演化方向为 P_4，原定理得证。

8.5.3　非对称性互惠共生模式的启示

制造企业与物流企业在联动发展中所构成的非对称性互惠共生模式，是联动发展中的一种常态，要求满足 $0 < (\delta_{LM} - C_{LM}) < 1, (\delta_{ML} - C_{ML}) > 1$ 及 $0 < (\delta_{LM} - C_{LM})(\delta_{ML} - C_{ML}) < 1$。从中可以看出，物流企业自身力量比较薄弱，在参与联动发展过程中，只是为制造企业的某个环节提供相应的服务或者管理，其对制造企业合作溢出的吸收能力较小，这主要是因为依附在制造业周围的物流企业数量比较多，它们在提供物流服务产品上具有较大的相似性，存在竞争，因此，其对制造企业的贡献程度为 $0 < (\delta_{LM} - C_{LM}) < 1$。而制造企业作为其中的核心企业，规模较大，在其中的吸附能力较强，其对物流企业的贡献较大，所以 $(\delta_{ML} - C_{ML}) > 1$。如制造企业向物流企业下的订单一般都占物流业业务量的全部或者很大部分。$0 < (\delta_{LM} - C_{LM})(\delta_{ML} - C_{ML}) < 1$ 表示在制造企业与物流企业共生过程中，制造企业规模比较大，而物流企业数量多，规模比较小，从而形成这种非对称的互惠共生模式，制造企业在其中占据着主导地位。

8.5.4　斜率变化对平衡点稳定性的影响分析

由 $\varphi(y_M, y_L) = 0$ 及 $\psi(y_M, y_L) = 0$，可以推导出：

$$y_L = \frac{K_L}{(\delta_{LM} - C_{LM})K_M}y_M - \frac{K_L}{\delta_{LM} - C_{LM}} \qquad (8-40)$$

$$y_L = \frac{(\delta_{ML} - C_{ML})K_L}{K_M}y_M - K_L \qquad (8-41)$$

式（8-40）中斜率为 $\dfrac{K_L}{(\delta_{LM} - C_{LM})K_M}$，截距为 $-\dfrac{K_L}{(\delta_{LM} - C_{LM})}$；式（8-41）中斜率为 $\dfrac{(\delta_{ML} - C_{ML})K_L}{K_M}$，截距为 $-K_L$，为了判定制造业与物流业产出之间的关系，可以分别取不同的斜率进行分析，如图 8-9 所示。给定在 $\varphi = 0$ 时的斜率 $\dfrac{K_L}{(\delta_{LM} - C_{LM})K_M}$ 不同的值，分析 $\psi = 0$ 时的斜率 $\dfrac{(\delta_{ML} - C_{ML})K_L}{K_M}$ 变化情况对 y_M 和 y_L 产出增长的影响。

当 $\psi = 0$ 取较小的斜率时（此处用 $\psi_{\text{小}} = 0$ 表示），其与 $\varphi = 0$ 在不同斜

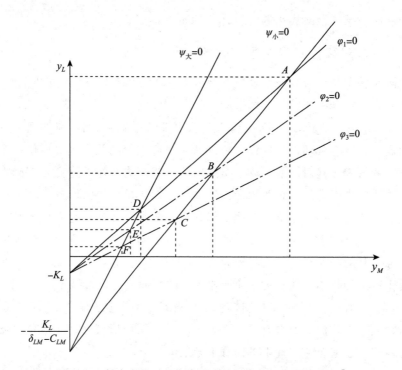

图 8 - 9　斜率变化对平衡点稳定性影响的相平面分析图[①]

率下（此处用 $\varphi_1 = 0$，$\varphi_2 = 0$，$\varphi_3 = 0$ 表示，其中 $\varphi_1 = 0$ 表示斜率取大于 0.5 的数，此处取 2/3，$\varphi_2 = 0$ 表示斜率正好等于 0.5，$\varphi_3 = 0$ 表示斜率取小于 0.5 的数，此处取 1/3）分别相交于 3 点 A、B、C；当 $\psi = 0$ 取较大的斜率时（此处用 $\psi_{大} = 0$ 表示），其与 $\varphi = 0$ 在不同斜率下（此处用 $\varphi_1 = 0$，$\varphi_2 = 0$，$\varphi_3 = 0$ 表示）分别相交于 3 点 D、E、F。

　　当斜率大于 0.5 时，物流企业在点 A 处因制造企业变动一个单位所带来的产出量的增加小于在点 D 处因制造企业变动一个单位所带来的产出量的增加，点 A 和点 D 纵坐标的变化程度大于横坐标的变化程度，即 $\Delta y_L > \Delta y_M$，物流企业在联动发展中波动较为明显。**因此，物流企业可通过在联动发展中主动与制造企业合作增加自身竞争力，从而使自己获得更多的利益。**

　　当斜率正好等于 0.5 时，物流企业在点 B 和点 E 处纵坐标的变化情况正好等于横坐标的变化情况，即 $\Delta y_L = \Delta y_M$。说明斜率的变化对双方的影响

---

　　① 作图的思路参考了卓翔芝、王旭、王振锋（2010）的做法。

程度一样。

当斜率小于 0.5 时，物流企业在点 C 和点 F 处纵坐标的变化情况小于横坐标的变化情况，即 $\Delta y_L < \Delta y_M$，说明斜率的变化对制造企业的影响较大，**制造企业在联动发展中要积极采取合作的态度，使自己在合作竞争中获得更多的利益。**而双方斜率的大小又与模型中具体的参数值有关，因此，下文将运用 Matlab7.1 进行编程，分析参数的变化对模型的影响。

8.5.5 参数值变化对模型的影响

8.5.5.1 竞争系数 C_{LM}，C_{ML} 对产出水平的影响

分别取 $r_M = r_L = 0.05$，$K_M = 1000$，$K_L = 800$，$\delta_{LM} = 0.2$，$\delta_{ML} = 3$，$C_{ML} = 0.1$，C_{LM} 分别取 [0.1，0.15] 区间的数，则可发现，随着物流业对制造业竞争系数的增加，制造业与物流业的产出水平均有所下降，反映在图形上是曲线往下方移动（见图 8 – 10）。

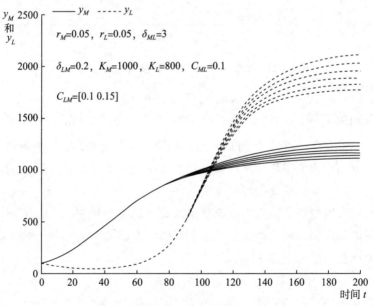

图 8 – 10　竞争系数 C_{LM} 对产出水平的影响路径分析

分别取 $r_M = r_L = 0.05$，$K_M = 1000$，$K_L = 800$，$\delta_{LM} = 0.2$，$\delta_{ML} = 3$，$C_{LM} = 0.1$，C_{ML} 分别取 [0.1，0.6] 区间的数，则可发现，随着制造业对物流业竞争系数的增加，制造业与物流业的产出水平均有所下降，但物流业的产

出水平下降得更为明显，反映在图形上是曲线往下方移动（见图 8 – 11）。

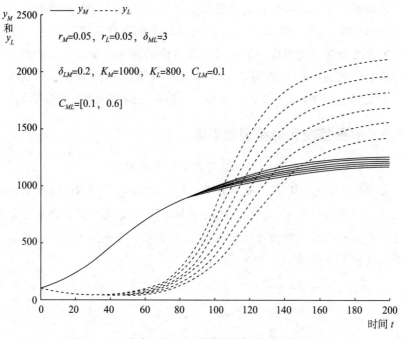

图 8 – 11　竞争系数 C_{ML} 对产出值的影响路径分析

8.5.5.2　贡献系数 δ_{LM}，δ_{ML} 对产出水平的影响

分别取 $r_M = r_L = 0.05$，$K_M = 1000$，$K_L = 800$，$C_{LM} = C_{ML} = 0.1$，$\delta_{LM} = 0.2$，$\delta_{ML} = [3，3.5]$，则可以发现，随着制造业对物流业的贡献水平的提高，双方的产出水平均有所增加，但物流业产出水平的增长幅度明显地快于制造业产出水平的增长幅度（见图 8 – 12）。

同理可以发现，随着物流业对制造业贡献水平的提高，双方产出水平均有所增加，同样地，物流业产出水平的增长幅度明显地快于制造业产出水平的增长幅度（见图 8 – 13）。

8.5.5.3　环境容量对产出水平的影响

分别取 $r_M = r_L = 0.05$，$K_L = 800$，$C_{LM} = C_{ML} = 0.1$，$\delta_{LM} = 0.2$，$\delta_{ML} = 3$，K_M 分别取 [800，1500] 区间的值，则可以发现，随着制造业环境容量的增加，制造业的产出水平有较大幅度的增加，但物流业产出水平有所下降（见图 8 – 14）。

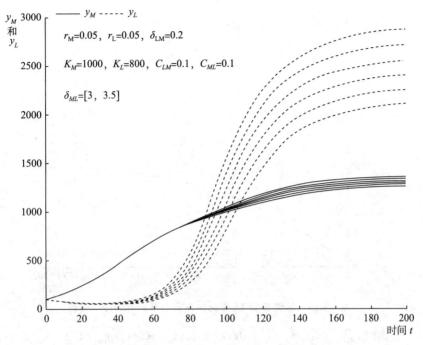

图 8-12 贡献系数 δ_{ML} 变化对产出水平的影响路径分析

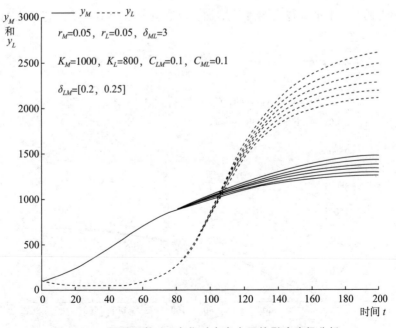

图 8-13 贡献系数 δ_{LM} 变化对产出水平的影响路径分析

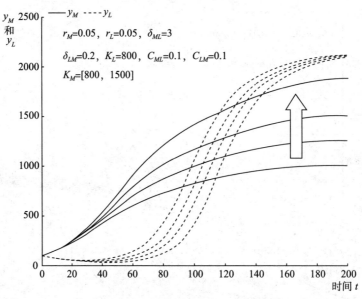

图 8 - 14 环境容量 K_M 变化对产出水平的影响路径分析

分别取 $r_M = r_L = 0.05$，$K_M = 1000$，$C_{LM} = C_{ML} = 0.1$，$\delta_{LM} = 0.2$，$\delta_{ML} = 3$，K_L 分别取 [800，1500] 区间的值，则可以发现，随着物流业环境容量的增加，物流业的产出水平有较大幅度的增加，但制造业的产出水平没有太大的变化（见图 8 - 15）。

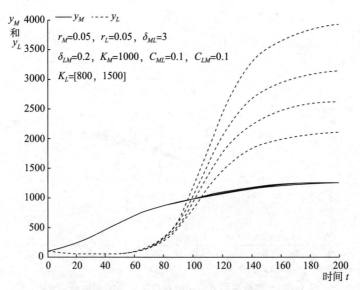

图 8 - 15 环境容量 K_L 变化对产出水平的影响路径分析

8.6 对称性互惠共生模式

对称性互惠共生模式也称为平衡型共生模式，是指制造企业与物流企业达成紧密合作的关系，彼此因合作而对对方产生的贡献以及因竞争而对对方产生的阻滞作用相差不大。

8.6.1 模型的基本假设

（1）制造企业与物流企业都可以单独存在，在独立运作的情况下，两者均满足 Logistic 增长规律，如式（8-1）和式（8-2）所示。

（2）假设物流企业在联动发展过程中为制造企业提供相应的服务，这种合作关系具有两个层面的作用：制造企业能够集中资源于核心业务，降低物流成本，节省费用，提高运作效率，提升核心竞争力；物流企业能够获得更多的订单，提高物流服务质量，发挥规模经济效应，提高物流企业的产出水平。因此，制造企业对物流企业发展的贡献程度可通过 δ_{ML} 衡量，物流企业对制造企业发展的贡献程度可通过 δ_{LM} 衡量。

（3）但现实中并非所有的制造企业都选择将物流业务外包给物流企业来完成，一些企业存在自营与外包的权衡，而制造企业选择了自营物流以后，双方的物流业务之间就具有了一定程度的竞争关系。此处，假设制造企业对物流企业的竞争阻滞系数为 C_{ML}，物流企业对制造企业的竞争阻滞系数为 C_{LM}。

（4）出于研究问题的方便，此处我们假设合作给对方带来的贡献度大于竞争给对方带来的阻滞作用，即 $\delta_{LM} > C_{LM}$，$\delta_{ML} > C_{ML}$。

根据以上的假设，可构建制造企业与物流企业在对称性互惠共生模式下的竞合关系模型：

$$\frac{dy_M}{dt} = r_M y_M \left(1 - \frac{y_M}{K_M} + \delta_{LM} \frac{y_L}{K_L} - C_{LM} \frac{y_L}{K_L} \right) \tag{8-42}$$

$$\frac{dy_L}{dt} = r_L y_L \left(1 - \frac{y_L}{K_L} + \delta_{ML} \frac{y_M}{K_M} - C_{ML} \frac{y_M}{K_M} \right) \tag{8-43}$$

8.6.2 模型均衡及稳定性求解

将上述关系式转化为微分方程组：

$$\begin{cases} f(y_M, y_L) = \dfrac{dy_M}{dt} = r_M y_M \left(1 - \dfrac{y_M}{K_M} + \delta_{LM} \dfrac{y_L}{K_M} - C_{LM} \dfrac{y_L}{K_L} \right) = 0 \\[4mm] g(y_M, y_L) = \dfrac{dy_L}{dt} = r_L y_L \left(1 - \dfrac{y_L}{K_L} + \delta_{ML} \dfrac{y_M}{K_M} - C_{ML} \dfrac{y_M}{K_M} \right) = 0 \end{cases}$$

从而可以得到四个平衡点 P_1 (K_M, 0)，P_2 (0, K_L)，P_3 (0, 0) 以及

$$P_4 \left(\frac{K_M \left[1 + (\delta_{LM} - C_{LM}) \right]}{1 - (\delta_{ML} - C_{ML}) (\delta_{LM} - C_{LM})}, \ \frac{K_L \left[1 + (\delta_{ML} - C_{ML}) \right]}{1 - (\delta_{ML} - C_{ML}) (\delta_{LM} - C_{LM})} \right)_\circ$$

对于此处的平衡点是否属于稳定性的均衡点，可以通过构建雅克比矩阵进行判断，将上述方程组分别对 y_M，y_L 求偏导，雅克比矩阵 J 如下式所示：

$$J = \begin{bmatrix} r_M \left(1 - 2\dfrac{y_M}{K_M} + \delta_{LM} \dfrac{y_L}{K_L} - C_{LM} \dfrac{y_L}{K_L} \right) & r_M y_M \left(\dfrac{\delta_{LM}}{K_L} - \dfrac{C_{LM}}{K_L} \right) \\[4mm] r_L y_L \left(\dfrac{\delta_{ML}}{K_M} - \dfrac{C_{ML}}{K_M} \right) & r_L \left(1 - 2\dfrac{y_L}{K_L} + \delta_{ML} \dfrac{y_M}{K_M} - C_{ML} \dfrac{y_M}{K_M} \right) \end{bmatrix}$$

分别求解上述四个均衡点的雅克比矩阵的行列式和迹的值，具体求解结果如表 8 – 8 所示。

表 8 – 8　对称性互惠共生模式下稳定性均衡点求解

均衡点	矩阵 J 的行列式	矩阵 J 的迹
$P_1(K_M, 0)$	$-r_M r_L [1 + (\delta_{ML} - C_{ML})]$	$-r_M + r_L [1 + (\delta_{ML} - C_{ML})]$
$P_2(0, K_L)$	$-r_M [1 + (\delta_{LM} - C_{LM})] r_L$	$r_M [1 + (\delta_{LM} - C_{LM})] - r_L$
$P_3(0, 0)$	$r_M r_L$	$r_M + r_L$
$P_4 \left(\dfrac{K_M [1 + (\delta_{LM} - C_{LM})]}{1 - (\delta_{ML} - C_{ML})(\delta_{LM} - C_{LM})}, \ \dfrac{K_L [1 + (\delta_{ML} - C_{ML})]}{1 - (\delta_{ML} - C_{ML})(\delta_{LM} - C_{LM})} \right)$	A	B

其中，

$$A = r_M \frac{1 + (\delta_{LM} - C_{LM})}{1 - (\delta_{ML} - C_{ML})(\delta_{LM} - C_{LM})} \times r_L \frac{1 + (\delta_{ML} - C_{ML})}{1 - (\delta_{ML} - C_{ML})(\delta_{LM} - C_{LM})}$$

$$- r_L (\delta_{ML} - C_{ML}) \frac{1 + (\delta_{ML} - C_{ML})}{1 - (\delta_{ML} - C_{ML})(\delta_{LM} - C_{LM})}$$

$$\times r_M (\delta_{LM} - C_{LM}) \frac{1 + (\delta_{LM} - C_{LM})}{1 - (\delta_{ML} - C_{ML})(\delta_{LM} - C_{LM})}$$

$$= r_M r_L \frac{[1 + (\delta_{LM} - C_{LM})][1 + (\delta_{ML} - C_{ML})]}{1 - (\delta_{ML} - C_{ML})(\delta_{LM} - C_{LM})} \tag{8-44}$$

$$B = -r_M \frac{1 + (\delta_{LM} - C_{LM})}{1 - (\delta_{ML} - C_{ML})(\delta_{LM} - C_{LM})} - r_L \frac{1 + (\delta_{ML} - C_{ML})}{1 - (\delta_{ML} - C_{ML})(\delta_{LM} - C_{LM})}$$

$$\tag{8-45}$$

由于此处为对称性互惠共生模式，不可能存在其中一方完全被另外一方所取代的现象，因此均衡点 P_1 $(K_M, 0)$，P_2 $(0, K_L)$，P_3 $(0, 0)$ 与初始假设不符，此处重点考虑均衡点 P_4 的情况，当 P_4 为稳定点时，其矩阵行列式的符号应大于 0，矩阵迹的符号应小于 0，点 P_4 位于第一象限内，从而可以得到如下的判定定理 2。

定理 2：假设 $0 < (\delta_{LM} - C_{LM})(\delta_{ML} - C_{ML}) < 1$，从两个坐标全大于零的任意初始点出发的解 $y_M(t), y_L(t)$，当 $t \to +\infty$ 时，$y_M \to \dfrac{K_M[1 + (\delta_{LM} - C_{LM})]}{1 - (\delta_{ML} - C_{ML})(\delta_{LM} - C_{LM})}, y_L \to \dfrac{K_L[1 + (\delta_{ML} - C_{ML})]}{1 - (\delta_{ML} - C_{ML})(\delta_{LM} - C_{LM})}$。

定理 2 的证明亦可以利用相轨线分析法。

令

$$\begin{cases} \varphi(y_M, y_L) = r_M y_M \left(1 - \dfrac{y_M}{K_M} + \delta_{LM} \dfrac{y_L}{K_L} - C_{LM} \dfrac{y_L}{K_L}\right) = 0 \\ \psi(y_M, y_L) = r_L y_L \left(1 - \dfrac{y_L}{K_L} + \delta_{ML} \dfrac{y_M}{K_M} - C_{ML} \dfrac{y_M}{K_M}\right) = 0 \end{cases}$$

当 $0 < (\delta_{LM} - C_{LM})(\delta_{ML} - C_{ML}) < 1$，$\varphi(y_M, y_L) = 0$ 且 $\psi(y_M, y_L) = 0$ 时，将相平面分成四个区域，如图 8-16 所示。

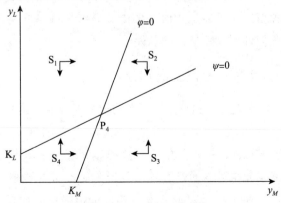

图 8-16　趋向稳定点 P_4 的相轨线

在这四个区域内，$y_M(t)$，$y_L(t)$ 的变化率分别为：

S_1 区域内，$\dfrac{dy_M}{dt}>0$，$\dfrac{dy_L}{dt}<0$，即当初始轨线在区域 S_1 内时，随着时间 t 的推移，轨线将沿着三条路径趋向点 P_4，直接从 S_1 趋向 P_4；进入 S_4 后，折向右上方再趋向点 P_4；进入 S_2 之后，折向左下方再趋向点 P_4。

S_2 区域内，$\dfrac{dy_M}{dt}<0$，$\dfrac{dy_L}{dt}<0$，即当初始轨线在区域 S_2 内时，随着时间 t 的推移，轨线将向左下方运动，直接趋向点 P_4。

S_3 区域内，$\dfrac{dy_M}{dt}<0$，$\dfrac{dy_L}{dt}>0$，即当初始轨线在区域 S_3 内时，随着时间 t 的推移，轨线将沿着三条路径趋向点 P_4，直接从 S_3 趋向点 P_4；进入 S_4 之后，折向右上方再趋向点 P_4；进入 S_2 之后，折向左下方再趋向点 P_4。

S_4 区域内，$\dfrac{dy_M}{dt}>0$，$\dfrac{dy_L}{dt}>0$，即当初始轨线在区域 S_4 内时，随着时间 t 的推移，轨线将向右上方运动趋向点 P_4。

当 $t\to\infty$ 时，无论 $y_M(t)$，$y_L(t)$ 的初始值是多少，轨线都将向点 P_4 趋近，即 P_4 是稳定的平衡点。所以，原定理得证。

当然，此处 $0<(\delta_{LM}-C_{LM})(\delta_{ML}-C_{ML})<1$，可进一步细分为三种情况：

(1) $0<(\delta_{LM}-C_{LM})<1,0<(\delta_{ML}-C_{ML})<1,0<(\delta_{LM}-C_{LM})(\delta_{ML}-C_{ML})<1$；

(2) $0<(\delta_{LM}-C_{LM})<1,(\delta_{ML}-C_{ML})>1,0<(\delta_{LM}-C_{LM})(\delta_{ML}-C_{ML})<1$；

(3) $(\delta_{LM}-C_{LM})>1,0<(\delta_{ML}-C_{ML})<1,0<(\delta_{LM}-C_{LM})(\delta_{ML}-C_{ML})<1$。

对于这三种情况，可通过数值模拟仿真得到只有在情况（1）的时候，结论才成立。此处证明及数值模拟从略。

8.6.3　对称性互惠共生模式的启示

制造企业与物流企业在联动发展中所构成的对称性互惠共生关系，要求 $0<(\delta_{LM}-C_{LM})<1$，$0<(\delta_{ML}-C_{ML})<1$，$0<(\delta_{LM}-C_{LM})(\delta_{ML}-C_{ML})<1$，即制造企业可以通过技术、信息、资源、管理等手段与物流企业达成联动发展，物流企业也可以通过上述手段与制造企业达成联动发展，只需要双方对彼此的贡献大于其对彼此发展构成的阻滞系数就行。$(\delta_{LM}-C_{LM})$

与 $(\delta_{ML} - C_{ML})$ 的值越趋近于 1，P_4 点的坐标值越大，说明制造企业与物流企业之间的合作竞争均衡值的大小与其合作的贡献及竞争阻滞作用有关。这种共生模式在现实中倾向于战略联盟模式，双方采取长期的合作关系以实现特定的物流目标，双方形成相互信任、共担风险和共享收益的关系。

8.6.4　斜率变化对平衡点稳定性的影响

令 $\varphi(y_M, y_L) = 0$ 和 $\psi(y_M, y_L) = 0$，可分别得到 y_L 与 y_M 之间的函数关系式：

$$y_L = \frac{K_L}{(\delta_{LM} - C_{LM})K_M}y_M - \frac{K_L}{(\delta_{LM} - C_{LM})} \qquad (8-46)$$

$$y_L = \frac{(\delta_{ML} - C_{ML})K_L}{K_M}y_M + K_L \qquad (8-47)$$

式（8 - 46）斜率为 $\dfrac{K_L}{(\delta_{LM} - C_{LM})K_M}$，截距为 $-\dfrac{K_L}{(\delta_{LM} - C_{LM})}$；式（8 - 47）斜率为 $\dfrac{(\delta_{ML} - C_{ML})K_L}{K_M}$，截距为 K_L。为了判定制造业产出与物流业产出之间的关系，可以分别取不同的斜率进行分析。如图 8 - 17 所示，给定 $\varphi = 0$ 时的斜率 $\dfrac{K_L}{(\delta_{LM} - C_{LM})K_M}$ 的不同值，分析 $\psi = 0$ 时的斜率 $\dfrac{(\delta_{ML} - C_{ML})K_L}{K_M}$

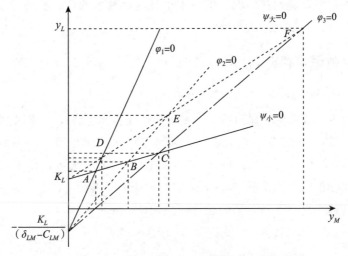

图 8 - 17　斜率变化对平衡点稳定性的相平面分析图

的变化对 y_M 和 y_L 产出增长的影响。

当 $\psi = 0$ 取较小的斜率（此处用 $\psi_{小} = 0$ 表示）时，其与 $\varphi = 0$ 在不同斜率下（此处用 $\varphi_1 = 0$，$\varphi_2 = 0$，$\varphi_3 = 0$ 表示，其中 $\varphi_1 = 0$ 表示斜率取大于 0.5 的数，此处取 2/3，$\varphi_2 = 0$ 表示斜率正好等于 0.5，$\varphi_3 = 0$ 表示斜率取小于 0.5 的数，此处取 1/3）分别相交于 3 点 A、B、C；当 $\psi = 0$ 取较大的斜率时（此处用 $\psi_{大} = 0$ 表示），其与 $\varphi = 0$ 在不同斜率下（此处用 $\varphi_1 = 0$，$\varphi_2 = 0$，$\varphi_3 = 0$ 表示）分别相交于 3 点 D、E、F。

当斜率大于 0.5 时，物流企业在点 A 处因制造企业变动一个单位所带来的产出量的增加小于在点 D 处因制造企业变动一个单位所带来的产出量的增加，点 A 和点 D 纵坐标的变化程度大于横坐标的变化程度，即 $\Delta y_L > \Delta y_M$，**物流企业在联动发展中波动较为明显，物流企业可通过在联动发展中主动与制造企业合作增加自身竞争力，从而使自己获得更多的利益。**

当斜率正好等于 0.5 时，物流企业在点 B 和点 E 处纵坐标的变化情况正好等于横坐标的变化情况，即 $\Delta y_L = \Delta y_M$。横坐标与纵坐标的变化程度一样。

当斜率小于 0.5 时，物流企业在点 C 和点 F 处纵坐标的变化情况小于横坐标的变化情况，即 $\Delta y_L < \Delta y_M$，说明斜率的变化对制造企业的影响较大，**制造企业在联动发展中要积极采取合作的态度，使自己在合作竞争中获得更多的利益。** 而具体斜率值的大小又与其参数的变化有关，下文将分析参数的变化对稳定点的影响。

8.6.5　数值模拟分析

（1）竞争系数 C_{LM}，C_{ML} 对产出值的影响

取双方对彼此的贡献度为 0.8（对称性互惠共生假设），制造业最大规模 $K_M = 1000$，物流业最大规模 $K_L = 800$，双方对彼此的阻碍系数分别取 $C_{ML} = C_{LM} = 0.1$，$C_{ML} = C_{LM} = 0.6$，初始值均为 100，则可以得到 C_{LM}，C_{ML} 随着时间的演化对产出值 y_M 和 y_L 的影响。从中可以看出，竞争系数的增加将使最终的产出水平呈下降的趋势（见图 8 - 18、图 8 - 19）。

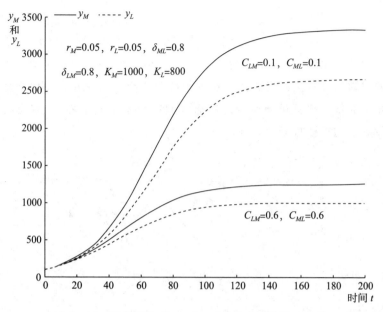

图 8-18 竞争系数 C_{LM}, C_{ML} 对产出水平的影响路径

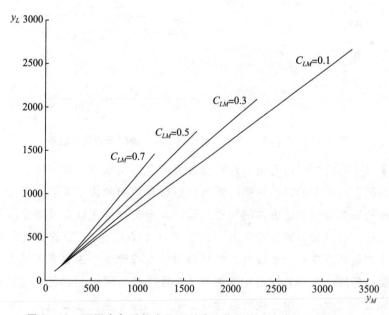

图 8-19 不同竞争系数水平下制造业与物流业产出水平的关系图

（2）贡献系数 δ_{LM}, δ_{ML} 对产出值的影响

取双方对彼此的竞争系数 C_{LM}, C_{ML} 均为 0.1，制造业最大规模 $K_M=$

1000，物流业最大规模 $K_L = 800$，分别取双方对彼此的贡献系数为 $\delta_{ML} = \delta_{LM} = 0.2$，$\delta_{ML} = \delta_{LM} = 0.6$，初始值均为100，则可以得到 δ_{LM}，δ_{ML} 值的变化随着时间的演化对产出值的影响（见图8-20、图8-21）。从图中可以看出，**双方对彼此的贡献度越大，双方所得到的产出水平越大，但贡献度对产出水平的作用程度呈现递减的趋势**（曲线斜率不断下降），这也符合经济学发展中的规模报酬递减规律。

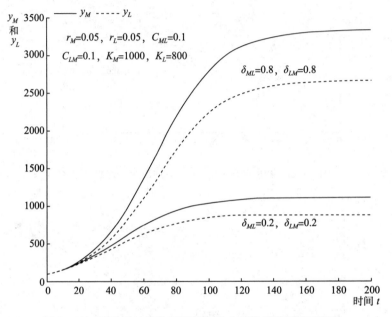

图8-20　不同贡献系数下系统产出水平随时间的演化趋势

从以上分析中可以看出，在联动发展中合作与竞争是相对而言的，各主体之间存在正向的提高效率的效应，也存在负向的作用。双方总是希望通过联动发展能够创造更多的利益，同时又希望自身在联动发展中获得的利益更多，所以会不断地给对方施加压力（竞争系数），**当双方之间的合作竞争力量维持在一个比较适当的状态时，系统就会产生更多的能量，双方也更愿意维持这种长期合作的关系**。企业往往会通过与其他企业的合作以形成更加有效的竞争，同时也会以竞争的态势寻求更有吸引力的伙伴达成独占合作协议，并争取在合作中抢占先机。

（3）环境容纳量 K_M，K_L 对产出水平的影响路径

取双方对彼此的竞争系数 C_{LM}，C_{ML} 均为0.1，双方对彼此的贡献度为

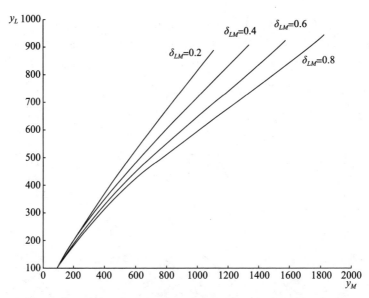

图 8 - 21 不同贡献系数下制造业与物流业产出水平的关系图

0.8，分别取环境的最大容量为 $K_M = 1000$，$K_L = 800$，当环境容量增加为 $K_M = 2000$，$K_L = 1600$ 时，此时整个系统的产出水平也跟着增加，说明环境容量增加，双方所得到的产出水平也跟着增加（见图 8 - 22）。

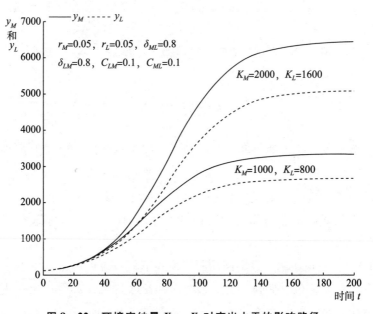

图 8 - 22 环境容纳量 K_M，K_L 对产出水平的影响路径

取双方对彼此的竞争系数 C_{LM}，C_{ML} 均为 0.1，双方对彼此的贡献度为 0.8，$K_L = 800$，当 K_M 分别取 800、1000、1500 和 2000 时，K_M 与 K_L 的产出水平关系如图 8 - 23 所示，从中可以看出随着制造业环境容量水平的提高，双方产出水平均有所增加，但制造业增加得更快。

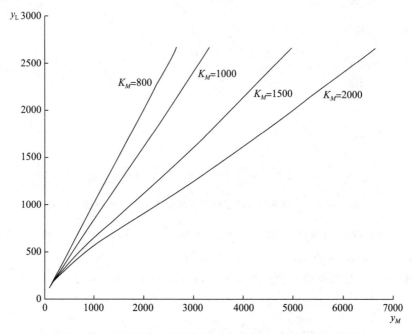

图 8 - 23　不同环境容量下制造业与物流业产出水平关系图

8.7　小结

在联动发展机理的指导下，本章从制造业与物流业之间内在的竞争合作关系出发，将 Logistic 模型与 Volterra 模型结合起来，构建了在互不利共生模式、寄生模式、偏利共生模式、非对称性互惠共生模式以及对称性互惠共生模式下制造业与物流业之间的竞争合作关系及其达到稳定性的条件，从中可以看出如下几个规律。

1. 数值模拟显示，在不同的共生模式下，系统的产出水平不一样，从互不利共生、寄生、偏利共生、非对称性互惠共生到对称性互惠共生的演化过程中，制造业与物流业各自产出水平均有所增加。

2. 制造企业与物流企业共生模式的选择以及双方的产出水平受到系统容量、自然增长率、贡献程度以及竞争程度大小的影响。共生能量的增长意味着制造业与物流业的共同成长，从而促进了整个共生系统的成长，共生能量的不断减少则意味着共生体的不断衰弱。同时，共生能量在共生单元之间的均衡分配则会促进共生单元的成长，利益分配不均衡，则会构成成长的阻力。

3. 在这几种模式中，互不利共生模式、寄生模式、偏利共生模式是处于短暂状态的模式，而非对称性互惠共生模式是发展的常态，对称性互惠共生模式是发展的理想状态。系统最终演化的方向存在从寄生模式、偏利共生过渡到非对称性互惠共生并最终向对称性互惠共生模式转变的趋向。

第 9 章和第 10 章将通过实证检验和案例分析的方式对制造业与物流业联动发展的模式及其演化规律进行实证研究。

9

制造业与物流业联动发展模式的
实证检验：基于共生度的分析

9.1 引言

第 8 章从理论上分析了制造业与物流业之间达到不同的共生行为模式的稳定性条件，为了进一步地验证两者之间的关系，本章拟从实证的角度对其进行分析。需要说明的是，笔者在前期研究成果中，已经运用 VAR 模型对全国及八大综合经济区制造业与物流业对彼此的贡献度进行了实证检验，最终得出全国及八大综合经济区制造业与物流业联动发展模式的差异。但该方法所得出的只是一种大致的发展模式，没有办法深入地探讨两者之间具体在什么时间可以实现从非对称性互惠共生向对称性互惠共生模式的过渡。因此，进一步深入地探讨两者之间从一种共生模式进入另外一种共生模式大致所需要的时间具有更大的现实意义。为了进一步分析两者之间的演进关系，本章将基于共生度理论对其再做深入的分析。

9.2 制造业与物流业共生模式评判标准

9.2.1 共生度分析

共生度反映的是两个共生单元之间质参量变化的关联，反映两个单元质参量能量相互影响的程度。共生度在经济管理领域中得到了广泛的应用。杨青和彭金鑫（2011）测算了创业风险投资和高技术产业的共生模式。王俭、韩婧男和胡成等（2012）测算了自然、经济、社会复杂生态系统的共生度。伍利群和尹国俊（2012）测算了风险投资产业与电子信息产业的共生度。姬梅、朱普选和章杰宽（2012）基于共生度模型分析了旅游产品深度与广度开发的共生系统。苑清敏和杨蕊（2014）基于1995～2010年的统计数据分析了我国沿海11省市海陆产业的共生状态。江晓晗、郭涛和任晓璐（2014）运用共生度对生态工业园区内企业的共生原理进行了分析。李辉和孙亮（2014）采用投入产出分析法和共生度分析了生产性服务业结构与产业结构的适度性均衡发展。可见，其在各个领域得到了广泛的运用。本章将杨松令（2009）给出的共生度特征系数的计算模型进行推广，得到如下的推导过程。

假定 M_i（$i \in I$）是制造业共生单元，I 是制造业共生单元个数的集合，L_j（$j \in J$）是物流业共生单元，J 是物流业共生单元个数的集合。两个共生单元所对应的质参量分别表示为 Z_i，Z_j，则系统的共生度弹性可以表示为：

$$\theta_{M_i L_j} = \left(\frac{dZ_i}{Z_i}\right) \Big/ \left(\frac{dZ_j}{Z_j}\right) \tag{9-1}$$

现有研究对于主质参量并没有一个统一的标准，胡晓鹏（2008）根据产业共生的原因将产业共生关系分为三类，即因业务联结所形成的产业共生关系、因技术性质所形成的产业共生关系和因供求关系所形成的产业共生关系，分别将附加值增值率、产出增长率和全要素生产率作为主质参量。考虑到分析的时间跨度比较长以及数据的可获得性，本章选取增加值进行分析说明。

假定制造业工业增加值记为 v_M，物流业增加值记为 v_L，结合公式（9-1），则制造业对物流业的共生度 θ_{ML} 定义如下：

$$\theta_{ML} = \frac{dv_M / v_M}{dv_L / v_L} \tag{9-2}$$

借助于弹性的含义，共生度表示物流业主质参量变动一个百分点对制造业主质参量的影响，即物流业对制造业的推动作用。

同样地，可以假定物流业对制造业的共生度 θ_{LM} 为：

$$\theta_{LM} = \frac{dv_L / v_L}{dv_M / v_M} \tag{9-3}$$

表示制造业主质参量变动一个百分点对物流业主质参量的影响，即制造业对物流业的推动作用。根据双方共生度的大小可以进一步判断出双方之间的共生模式，具体的判断标准如表9-1所示。

表 9 - 1　制造业与物流业的共生模式判定标准

关系	判定	主要特征
正向对称性互惠共生	$\theta_{ML} = \theta_{LM} > 0$	双方进化同步、地位对等，能够有效地实现双赢
正向非对称性互惠共生	$\theta_{ML} \neq \theta_{LM} > 0$	双方均可获利，但因资源分配不均衡，获利不对等
正向偏利共生	$\theta_{ML} > 0,\ \theta_{LM} = 0$	制造业获利，对物流业无影响
正向偏利共生	$\theta_{ML} = 0,\ \theta_{LM} > 0$	物流业获利，对制造业无影响
反向偏利共生	$\theta_{ML} < 0,\ \theta_{LM} = 0$	对物流业无影响，而制造业受害
反向偏利共生	$\theta_{ML} = 0,\ \theta_{LM} < 0$	对制造业无影响，而物流业受害
并生	$\theta_{ML} = \theta_{LM} = 0$	产业间彼此无影响，发展过程只依赖于自身
寄生	$\theta_{ML} > 0,\ \theta_{LM} < 0$	制造业寄生于物流业
寄生	$\theta_{ML} < 0,\ \theta_{LM} > 0$	物流业寄生于制造业
反向对称共生	$\theta_{ML} = \theta_{LM} < 0$	双方同步退化
反向非对称共生	$\theta_{ML} \neq \theta_{LM} < 0$	由于争夺资源，双方都受害

根据 θ_{ML} 和 θ_{LM} 的定义，为了求出这两个值，首先要知道两个主质参量之间的数量关系。通过散点图可发现，在考察期内，制造业与物流业的增加值存在显著的线性关系，故可假设如下方程形式：

$$v_M^t = \alpha + \beta v_L^t \tag{9-4}$$

$$v_L^t = \lambda + \mu v_M^t \tag{9-5}$$

可通过回归模型确定其中的参数 α、β、λ、μ。将参数值分别代入下式（9-6）和式（9-7），可分别求解出制造业与物流业对彼此的共生度。

$$\theta_{ML}^t = \frac{dv_M^t/v_M^t}{dv_L^t/v_L^t} = \frac{(v_M^{t+1} - v_M^t)/v_M^t}{(v_L^{t+1} - v_L^t)/v_L^t} = \frac{(\alpha + \beta v_L^{t+1} - \alpha - \beta v_L^t)/(\alpha + \beta v_L^t)}{(v_L^{t+1} - v_L^t)/v_L^t} = \beta \frac{v_L^t}{\alpha + \beta v_L^t}$$

$$\tag{9-6}$$

$$\theta_{LM}^t = \frac{dv_L^t/v_L^t}{dv_M^t/v_M^t} = \frac{(v_L^{t+1} - v_L^t)}{(v_M^{t+1} - v_M^t)/v_M^t} = \frac{(\lambda + \mu v_M^{t+1} - \lambda - \mu v_M^t)/(\lambda + \mu v_M^t)}{(v_M^{t+1} - v_M^t)/v_M^t} = \mu \frac{v_M^t}{\lambda + \mu v_M^t}$$

$$\tag{9-7}$$

9.2.2　共生系数分析

根据制造业与物流业共生度的含义可以进一步定义制造业与物流业主质参量的共生系数，反映制造业与物流业主质参量之间相互影响的程度［如公式（9-8）和（9-9）所示］。

$$\theta_M^t = \frac{|\theta_{ML}^t|}{|\theta_{ML}^t| + |\theta_{LM}^t|} \tag{9-8}$$

$$\theta_L^t = \frac{|\theta_{LM}^t|}{|\theta_{ML}^t| + |\theta_{LM}^t|} \tag{9-9}$$

显然，$\theta_M^t + \theta_L^t = 1$，以下给出 θ_M^t 的值，得出制造业与物流业相互影响的关系（见表9-2）。

表9-2　制造业与物流业共生系数判定表

判定	主要特征
$\theta_M^t = 0$	物流业 L 对制造业 M 无任何作用
$\theta_M^t = 1$	制造业 M 对物流业 L 无任何作用
$0 < \theta_M^t < 1/2$	物流业 L 对制造业 M 的影响要小于制造业 M 对物流业 L 的影响
$1/2 < \theta_M^t < 1$	物流业 L 对制造业 M 的影响要大于制造业 M 对物流业 L 的影响
$\theta_M^t = 1/2$	物流业 L 对制造业 M 的影响等于制造业 M 对物流业 L 的影响

9.2.3　共生寿命分析

共生寿命指的是共生单元得以维持共生发展模式的时间长短。由于共生环境的改变是一个复杂且长期的过程，因此，共生模式的调整也是一个漫长的过程。为了进一步求解出制造业与物流业由非对称性互惠共生向对称性互惠共生模式转化所需要的时间，此处利用上文计算出来的各个年份的共生度构成时间序列。由于各个地区由寄生模式进入非对称性互惠共生模式的时间不一样，因此，所构成的时间序列的期数不同，但处理方式是一样的，均假定时间序列 x（$x = 1, 2, 3, \cdots, T$）依次表示各个地区制造业与物流业对彼此的共生度均为正值的年份所开始的时间。在此基础上运用 Matlab 中的拟合方程曲线，可以分别求解出 θ_{ML} 和 θ_{LM} 关于 x 的函数。Matlab 中拟合曲线的类型包含有 Custom Equations（用户自定义的函数类型）、Exponential（指数逼近类型）、Fourier（傅立叶逼近）、Gaussian（高斯逼近）、Interpolant（插值逼近）、Polynomial（多项式逼近）、Power（幂逼近）、Rational（有理数逼近）、Smoothing Spline（平滑逼近）、Sum of Sin Functions（正弦曲线逼近）以及 Weibull 等形式。在选择的过程中通过多种模式对比，可得到最优拟合结果。令 $\theta_{ML} = \theta_{LM}$，则可以求解出各个地区制造业与物流业对彼此的共生度相等的时间 x，进一步地可以将其转换成为对应的年份，然后可以综合宏观地反映出各个地区制造业与物流业达到对称性互惠共生模式的大致年份。

9.3　全国制造业与物流业共生模式实证检验

9.3.1　全国制造业与物流业共生度测算

运用 Eviews7.2 对制造业 V_M 与物流业 V_L 的关系进行回归分析和相关性检验［如式（9-10）和（9-11）所示］，通过散点图可知两者之间存在显著性相关关系。

$$V_M = -2461.483 + 8.023165 V_L \qquad (9-10)$$

$$\begin{pmatrix} -2.348359 \\ 0.0248** \end{pmatrix} \begin{pmatrix} 77.03951 \\ 0.0000*** \end{pmatrix}$$

$$V_L = 342.5002 + 0.123929 V_M \qquad (9-11)$$

$$\begin{pmatrix} 2.684908 \\ 0.0111** \end{pmatrix} \begin{pmatrix} 77.03951 \\ 0.0000*** \end{pmatrix} \begin{pmatrix} R^2 = 0995145 \\ 调整后的 R^2 = 0.965064 \\ F = 12297.65 \\ P = 0.000000 \end{pmatrix}$$

从式（9-10）和（9-11）中可以看出，两个模型调整后的 R^2 = 0.95064，说明模型的拟合程度高，$F = 12297.65 > F_{0.05}（1，34）= 4.13$，说明模型的线性关系在 95% 的置信水平下显著性成立。

此处求解的参数即为 α、β、λ、μ，将其带入式（9-6）和式（9-7）中可以得到制造业对物流业的共生度 θ_{ML} 和物流业对制造业的共生度 θ_{LM}：

$$\theta_{ML} = \frac{8.023165 V_L}{-2461.483 + 8.023165 V_L} \qquad (9-12)$$

$$\theta_{LM} = \frac{0.123929 V_M}{342.5002 + 0.123929 V_M} \qquad (9-13)$$

将 1978~2013 年各个年份所对应的制造业与物流业的数据带入式（9-12）和（9-13）中，可以得到双方对彼此的共生度及其发展趋势（如表 9-3 所示）。

表 9-3 1978~2013 年全国制造业与物流业的共生度和共生模式判定

年份	θ_{ML}	θ_{LM}	共生模式判定	年份	θ_{ML}	θ_{LM}	共生模式判定
1978	-1.458	0.368	物流业寄生于制造业	1996	1.088	0.914	正向非对称性互惠共生
1979	-1.713	0.390	物流业寄生于制造业	1997	1.080	0.923	正向非对称性互惠共生
1980	-2.285	0.419	物流业寄生于制造业	1998	1.070	0.925	正向非对称性互惠共生
1981	-2.563	0.426	物流业寄生于制造业	1999	1.063	0.928	正向非对称性互惠共生
1982	-4.122	0.439	物流业寄生于制造业	2000	1.052	0.935	正向非对称性互惠共生
1983	-8.618	0.462	物流业寄生于制造业	2001	1.047	0.940	正向非对称性互惠共生
1984	10.677	0.502	正向非对称互惠共生	2002	1.043	0.945	正向非对称性互惠共生
1985	3.670	0.555	正向非对称互惠共生	2003	1.040	0.952	正向非对称性互惠共生
1986	2.598	0.589	正向非对称互惠共生	2004	1.034	0.959	正向非对称性互惠共生
1987	2.173	0.624	正向非对称互惠共生	2005	1.030	0.965	正向非对称性互惠共生
1988	1.810	0.676	正向非对称互惠共生	2006	1.026	0.971	正向非对称性互惠共生
1989	1.606	0.701	正向非对称互惠共生	2007	1.021	0.976	正向非对称性互惠共生
1990	1.357	0.713	正向非对称互惠共生	2008	1.019	0.979	正向非对称性互惠共生
1991	1.276	0.745	正向非对称互惠共生	2009	1.019	0.980	正向非对称性互惠共生
1992	1.222	0.788	正向非对称互惠共生	2010	1.016	0.983	正向非对称性互惠共生
1993	1.164	0.837	正向非对称互惠共生	2011	1.014	0.986	正向非对称性互惠共生
1994	1.124	0.876	正向非对称互惠共生	2012	1.013	0.986	正向非对称性互惠共生
1995	1.104	0.900	正向非对称互惠共生	2013	1.011	0.987	正向非对称性互惠共生

通过表 9-3 可以看出我国制造业与物流业相互之间的共生度大致可以分为两个阶段。1978~1983 年，制造业对物流业的共生度小于零，而物流业对制造业的共生度大于零，说明此阶段物流业对制造业的影响程度小于制造业对物流业的影响程度，此阶段两者属于物流业寄生于制造业的发展模式。1984 年以来，制造业对物流业的共生度与物流业对制造业的共生度均大于零，并且制造业对物流业的共生度大于物流业对制造业的共生度，

说明两者属于正向非对称性互惠共生模式。另外，从表 9 - 3 中还可以看出，制造业对物流业的共生度不断下降，物流业对制造业的共生度不断上升，说明两者对彼此的影响程度越来越靠近，出现了由正向非对称性互惠共生模式往正向对称性互惠共生模式过渡的趋势，将在未来的某个时间，出现两者共生度相等的情况。

9.3.2 全国制造业与物流业共生系数测算

根据公式（9 - 8）和（9 - 9）可以计算出制造业与物流业的共生系数 θ_M 和 θ_L（如表 9 - 4、图 9 - 1 所示）。

表 9 - 4　1978 ~ 2013 年全国制造业与物流业的共生系数

年份	θ_M	θ_L	年份	θ_M	θ_L
1978	0.799	0.201	1996	0.543	0.457
1979	0.814	0.186	1997	0.539	0.461
1980	0.845	0.155	1998	0.536	0.464
1981	0.858	0.142	1999	0.534	0.466
1982	0.904	0.096	2000	0.529	0.471
1983	0.949	0.051	2001	0.527	0.473
1984	0.955	0.045	2002	0.525	0.475
1985	0.869	0.131	2003	0.522	0.478
1986	0.815	0.185	2004	0.519	0.481
1987	0.777	0.223	2005	0.516	0.484
1988	0.728	0.272	2006	0.514	0.486
1989	0.696	0.304	2007	0.511	0.489
1990	0.656	0.344	2008	0.510	0.490
1991	0.631	0.369	2009	0.510	0.490
1992	0.608	0.392	2010	0.508	0.492
1993	0.582	0.418	2011	0.507	0.493
1994	0.562	0.438	2012	0.507	0.493
1995	0.551	0.449	2013	0.506	0.494

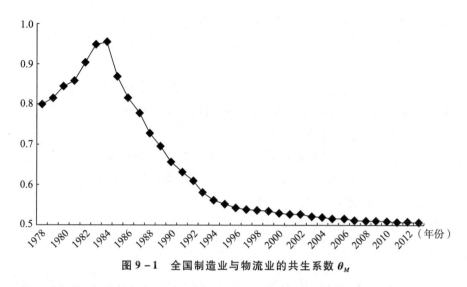

图 9 - 1　全国制造业与物流业的共生系数 θ_M

从表 9 - 4 和图 9 - 1 中可以看出，全国制造业与物流业的共生系数 θ_M 在波动中先上升后下降，1984 年达到考察期的最高值，为 0.955，2013 年 为 0.506，均大于 1/2，说明全国物流业 L 对制造业 M 的影响大于制造业 M 对物流业 L 的影响。但随着时间的演化，物流业对制造业的共生系数在 缩小，而制造业对物流业的共生系数在增大。

9.3.3 全国制造业与物流业由非对称性互惠共生模式向对称性 互惠共生模式过渡所需要的时间测算

从表 9 - 3 可知，全国制造业与物流业的共生度均为正值的年份是在 1984 年以后，因此，假定时间序列 x（$x = 1$，2，3，…，30）分别表示 1984 年，1985 年，1986 年……2013 年。运用 Matlab 所提供的曲线拟合形 式，选择合适的方程则可以拟合出制造业对物流业的共生度 θ_{ML} 以及物流 业对制造业的共生度 θ_{LM} 关于时间 x 的函数，如（9 - 14）和（9 - 15） 所示：

$$\theta_{ML} = -0.271x^3 + 0.4126x^2 - 0.01135x + 0.9742 \qquad (9 - 14)$$

$$\theta_{LM} = 0.002681x^6 - 0.0129x^5 - 0.00129x^4 + 0.05713x^3 - 0.07913x^2 - 0.0776x + 0.9291$$
$$(9 - 15)$$

其中，式（9 - 14）的 $R^2 = 0.8763$，表明回归方程反映出 θ_{ML} 随时间变

化的 87.63% 的信息，其模型拟合程度较高。式（9-15）的 $R^2 = 0.9916$，表明回归方程反映出 θ_{LM} 随时间变化的 99.16% 的信息，其模型拟合程度很高。

根据 $\theta_{ML} = \theta_{LM}$，可计算出 $x = 56.45$，将其换算成为所对应的年份，即全国大约在 2039～2040 年会实现制造业与物流业的联动发展利益分配从非对称性互惠共生向对称性互惠共生过渡。

据此，可以分别计算出我国各个省份制造业与物流业之间的共生度、共生系数以及共生时间。由于西藏 1978～2013 年部分年份的数据缺省，同时西藏制造业与物流业的数据均较小，因此，暂不考虑西藏的情况。又为了便于各个省份之间的比较分析，下文按照八大综合经济区来进行归类整理和分析说明。

9.4　北部沿海综合经济区制造业与物流业共生模式实证检验

9.4.1　北部沿海综合经济区制造业与物流业共生度测算

运用 Eviews7.2 对制造业 V_M 与物流业 V_L 进行回归分析和相关性检验，通过散点图可知两者之间相关性显著。其结果如表 9-5 所示。

表 9-5　北部沿海经济区各地区制造业与物流业的回归方程式

北部沿海综合经济区	V_M 与 V_L 的回归方程式
北京	$V_L = -22.27448 + 0.258188 V_M$ $\begin{pmatrix} -5.263960 \\ 0.0000*** \end{pmatrix}$ $\begin{pmatrix} 83.90817 \\ 0.0000*** \end{pmatrix}$ $\begin{pmatrix} R^2 = 0.995194 \\ 调整后的 R^2 = 0.995053 \\ F = 7040.581 \\ P = 0.000000 \end{pmatrix}$ $V_M = -90.31173 + 3.854534 V_L$ $\begin{pmatrix} 5.766443 \\ 0.0000*** \end{pmatrix}$ $\begin{pmatrix} 83.90817 \\ 0.0000*** \end{pmatrix}$

续表

北部沿海综合经济区	V_M 与 V_L 的回归方程式
天津	$V_L = 29.38242 + 0.110555 V_M$ $\begin{pmatrix} 2.994607 \\ 0.0051*** \end{pmatrix}$ $\begin{pmatrix} 25.19269 \\ 0.0000*** \end{pmatrix}$ $\begin{pmatrix} R^2 = 0.949153 \\ 调整后的 R^2 = 0.947657 \\ F = 634.6716 \\ P = 0.000000 \end{pmatrix}$ $V_M = -186.1607 + 8.585343 V_L$ $\begin{pmatrix} -2.027724 \\ 0.0505*** \end{pmatrix}$ $\begin{pmatrix} 25.19269 \\ 0.0000*** \end{pmatrix}$
河北	$V_L = -7.532394 + 0.177993 V_M$ $\begin{pmatrix} -0.834552 \\ 0.4098 \end{pmatrix}$ $\begin{pmatrix} 95.47117 \\ 0.0000*** \end{pmatrix}$ $\begin{pmatrix} R^2 = 0.996284 \\ 调整后的 R^2 = 0.996174 \\ F = 9114.744 \\ P = 0.000000 \end{pmatrix}$ $V_M = -53.24121 + 5.597312 V_L$ $\begin{pmatrix} 1.058315 \\ 0.2914 \end{pmatrix}$ $\begin{pmatrix} 95.47117 \\ 0.0000*** \end{pmatrix}$
山东	$V_L = 41.72245 + 0.108011 V_M$ $\begin{pmatrix} 2.649687 \\ 0.0121** \end{pmatrix}$ $\begin{pmatrix} 63.21418 \\ 0.0000*** \end{pmatrix}$ $\begin{pmatrix} R^2 = 0.991563 \\ 调整后的 R^2 = 0.991315 \\ F = 3996.032 \\ P = 0.000000 \end{pmatrix}$ $V_M = -335.5825 + 9.180212 V_L$ $\begin{pmatrix} -2.256720 \\ 0.0306** \end{pmatrix}$ $\begin{pmatrix} 63.21418 \\ 0.0000*** \end{pmatrix}$

从表 9-5 可知，四个地区调整后的 R^2 均高于 94%，说明模型的拟合程度高，四个地区的 F 统计量均较高，大于 $F_{0.05}$ （1，34）= 4.13，说明模型的线性关系在 95% 的置信水平下显著性成立。进而可以进一步求解出其共生度及发展趋势，如表 9-6 所示。

表 9－6 1978～2013 年北部沿海综合经济区制造业与物流业的共生度和共生模式判定

年份	北京			天津			河北			山东		
	θ_{ML}	θ_{LM}	共生模式判定	θ_{ML}	θ_{LM}	共生模式判定	θ_{ML}	θ_{LM}	共生模式判定	θ_{ML}	θ_{LM}	共生模式判定
1978	0.230	-4.374	制造业寄生于物流业	-0.284	0.170	物流业寄生于制造业	0.513	2.035	正向非对称性互惠共生	-0.282	0.219	物流业寄生于制造业
1979	0.218	-8.691	制造业寄生于物流业	-0.341	0.187	物流业寄生于制造业	0.534	1.893	正向非对称性互惠共生	-0.338	0.229	物流业寄生于制造业
1980	0.229	130.214	正向非对称性互惠共生	-0.415	0.202	物流业寄生于制造业	0.529	1.817	正向非对称性互惠共生	-0.365	0.253	物流业寄生于制造业
1981	0.245	-23.218	制造业寄生于物流业	-0.447	0.210	物流业寄生于制造业	0.534	1.847	正向非对称性互惠共生	-0.539	0.263	物流业寄生于制造业
1982	0.260	29.495	正向非对称性互惠共生	-0.437	0.213	物流业寄生于制造业	0.568	1.799	正向非对称性互惠共生	-0.599	0.276	物流业寄生于制造业
1983	0.279	7.909	正向非对称性互惠共生	-0.537	0.223	物流业寄生于制造业	0.590	1.709	正向非对称性互惠共生	-0.834	0.292	物流业寄生于制造业
1984	0.308	4.113	正向非对称性互惠共生	-1.150	0.248	物流业寄生于制造业	0.612	1.484	正向非对称性互惠共生	-1.445	0.357	物流业寄生于制造业
1985	0.352	2.944	正向非对称性互惠共生	-1.170	0.281	物流业寄生于制造业	0.640	1.347	正向非对称性互惠共生	-2.994	0.402	物流业寄生于制造业
1986	0.390	2.572	正向非对称性互惠共生	-1.782	0.295	物流业寄生于制造业	0.670	1.296	正向非对称性互惠共生	-9.415	0.416	物流业寄生于制造业
1987	0.430	2.264	正向非对称性互惠共生	-2.061	0.318	物流业寄生于制造业	0.716	1.224	正向非对称性互惠共生	4.839	0.469	正向非对称性互惠共生
1988	0.448	1.836	正向非对称性互惠共生	-3.274	0.354	物流业寄生于制造业	0.782	1.171	正向非对称性互惠共生	3.108	0.530	正向非对称性互惠共生
1989	0.444	1.682	正向非对称性互惠共生	-55.534	0.374	物流业寄生于制造业	0.814	1.143	正向非对称性互惠共生	2.302	0.571	正向非对称性互惠共生
1990	0.506	1.649	正向非对称性互惠共生	3.531	0.381	正向非对称性互惠共生	0.830	1.136	正向非对称性互惠共生	1.851	0.595	正向非对称性互惠共生
1991	0.558	1.510	正向非对称性互惠共生	4.981	0.401	正向非对称性互惠共生	0.893	1.113	正向非对称性互惠共生	1.614	0.632	正向非对称性互惠共生
1992	0.602	1.417	正向非对称性互惠共生	2.551	0.441	正向非对称性互惠共生	0.908	1.089	正向非对称性互惠共生	1.456	0.697	正向非对称性互惠共生
1993	0.616	1.348	正向非对称性互惠共生	1.837	0.509	正向非对称性互惠共生	0.924	1.059	正向非对称性互惠共生	1.363	0.757	正向非对称性互惠共生
1994	0.724	1.271	正向非对称性互惠共生	1.483	0.576	正向非对称性互惠共生	0.930	1.048	正向非对称性互惠共生	1.213	0.815	正向非对称性互惠共生
1995	0.781	1.207	正向非对称性互惠共生	1.336	0.630	正向非对称性互惠共生	0.950	1.038	正向非对称性互惠共生	1.145	0.845	正向非对称性互惠共生

续表

年份	北京			天津			河北			山东		
	θ_{ML}	θ_{LM}	共生模式判定	θ_{ML}	θ_{LM}	共生模式判定	θ_{ML}	θ_{LM}	共生模式判定	θ_{ML}	θ_{LM}	共生模式判定
1996	0.829	1.190	正向非对称性互惠共生	1.281	0.665	正向非对称性互惠共生	0.960	1.030	正向非对称性互惠共生	1.115	0.866	正向非对称性互惠共生
1997	0.853	1.172	正向非对称性互惠共生	1.236	0.686	正向非对称性互惠共生	0.967	1.026	正向非对称性互惠共生	1.097	0.880	正向非对称性互惠共生
1998	0.868	1.165	正向非对称性互惠共生	1.195	0.689	正向非对称性互惠共生	0.971	1.024	正向非对称性互惠共生	1.093	0.888	正向非对称性互惠共生
1999	0.877	1.153	正向非对称性互惠共生	1.162	0.707	正向非对称性互惠共生	0.974	1.022	正向非对称性互惠共生	1.083	0.894	正向非对称性互惠共生
2000	0.890	1.131	正向非对称性互惠共生	1.138	0.738	正向非对称性互惠共生	0.978	1.019	正向非对称性互惠共生	1.073	0.906	正向非对称性互惠共生
2001	0.903	1.118	正向非对称性互惠共生	1.119	0.755	正向非对称性互惠共生	0.981	1.018	正向非对称性互惠共生	1.060	0.914	正向非对称性互惠共生
2002	0.910	1.109	正向非对称性互惠共生	1.104	0.774	正向非对称性互惠共生	0.983	1.016	正向非对称性互惠共生	1.060	0.923	正向非对称性互惠共生
2003	0.915	1.091	正向非对称性互惠共生	1.097	0.810	正向非对称性互惠共生	0.985	1.013	正向非对称性互惠共生	1.055	0.938	正向非对称性互惠共生
2004	0.924	1.072	正向非对称性互惠共生	1.082	0.844	正向非对称性互惠共生	0.987	1.010	正向非对称性互惠共生	1.040	0.953	正向非对称性互惠共生
2005	0.945	1.053	正向非对称性互惠共生	1.106	0.876	正向非对称性互惠共生	0.987	1.009	正向非对称性互惠共生	1.040	0.961	正向非对称性互惠共生
2006	0.951	1.050	正向非对称性互惠共生	1.094	0.896	正向非对称性互惠共生	0.990	1.008	正向非对称性互惠共生	1.032	0.968	正向非对称性互惠共生
2007	0.955	1.043	正向非对称性互惠共生	1.080	0.909	正向非对称性互惠共生	0.992	1.006	正向非对称性互惠共生	1.028	0.972	正向非对称性互惠共生
2008	0.956	1.041	正向非对称性互惠共生	1.073	0.930	正向非对称性互惠共生	0.993	1.005	正向非对称性互惠共生	1.021	0.977	正向非对称性互惠共生
2009	0.960	1.039	正向非对称性互惠共生	1.048	0.932	正向非对称性互惠共生	0.994	1.005	正向非对称性互惠共生	1.022	0.978	正向非对称性互惠共生
2010	0.968	1.032	正向非对称性互惠共生	1.038	0.943	正向非对称性互惠共生	0.995	1.004	正向非对称性互惠共生	1.019	0.980	正向非对称性互惠共生
2011	0.972	1.029	正向非对称性互惠共生	1.036	0.953	正向非对称性互惠共生	0.995	1.004	正向非对称性互惠共生	1.016	0.982	正向非对称性互惠共生
2012	0.972	1.027	正向非对称性互惠共生	1.033	0.958	正向非对称性互惠共生	0.996	1.003	正向非对称性互惠共生	1.015	0.983	正向非对称性互惠共生
2013	0.974	1.025	正向非对称性互惠共生	1.031	0.962	正向非对称性互惠共生	0.996	1.003	正向非对称性互惠共生	1.014	0.984	正向非对称性互惠共生

通过表9-6可以看出北部沿海综合经济区各个地区制造业与物流业相互之间共生度差异显著。北京除了1978年、1979年和1981年为寄生模式之外，其他年份均为正向非对称性互惠共生模式，属于制造业对物流业的推动作用大于物流业对制造业的推动作用；而天津市物流业寄生于制造业的年份较长，1978～1989年均处于此状态，1990年以后系统的共生模式转变为正向非对称性互惠共生，并且物流业对制造业的推动作用大于制造业对物流业的推动作用；河北省则所有的年份均为正向非对称性互惠共生模式，制造业对物流业的共生度在波动中不断上升，个别的年份（1980年）出现下降的趋势，说明制造业总体上推动了物流业的发展，制造业对物流业的推动作用大于物流业对制造业的拉动作用；山东省的共生模式也可以分为两个阶段：1978～1986年处于物流业寄生于制造业阶段，1987～2013年处于正向非对称性互惠共生阶段，并且物流业对制造业的推动作用大于制造业对物流业的拉动作用。随着时间的演化，这4个地区在未来的某个时间将出现由非对称互惠性共生向对称性互惠共生模式的转变。

9.4.2 北部沿海综合经济区制造业与物流业共生系数测算

根据公式（9-8）和（9-9）可以计算出制造业与物流业的共生系数 θ_M 和 θ_L，各个地区制造业与物流业具体的共生系数可见附录5，由于 θ_M 和 θ_L 具有极大的关联性，此处仅给出 θ_M 的变动情况（如图9-2所示）。

北京市制造业与物流业的共生系数 θ_M 在波动中先下降后上升，1978年仅为0.050，1980年仅为0.002，说明改革开放初期，北京市物流业对制造业的影响小于制造业对物流业的影响，随着物流业功能的逐步完善，制造业与物流业共生系数 θ_M 在波动中不断上升，2013年达到最高值为0.487，但始终低于0.5，说明北京市物流业对制造业的影响一直小于制造业对物流业的影响。天津市制造业与物流业的共生系数 θ_M 在波动中先上升后下降，1978年为0.625，1989年达到历史的最高值，为0.993，2013年为0.517，说明天津市制造业对物流业的影响小于物流业对制造业的影响，随着时间的推移，制造业对物流业的影响系数在不断地缩小，而物流业对制造业的影响系数在不断地上升。河北省制造业与物流业的共生系数 θ_M 在波动中不断上升，1978年为0.201，2013年为0.498，始终小于0.5，说明河北省制造业对物流业的影响大于物流业对制造业的影响，随着时间的推移，物流业对制造业的影响系数也在不断地上升，而制造业对物流业的影响系数在不断地下降，两者逐步趋同。山东省制造业与物流业的共生系数 θ_M 在波动中先上升后下降，与天津市有很大的相似性，1978 年 θ_M 为 0.562，1986 年达到历史的最高值，为 0.958，说明此阶段山东省制造业对物流业的影响小于物流业对制造业的影响。随着时间的推移，山东省制造业对物流业的影响不断上升，而物流业对制造业的影响不断下降，两者在未来的某个时间内将趋同。

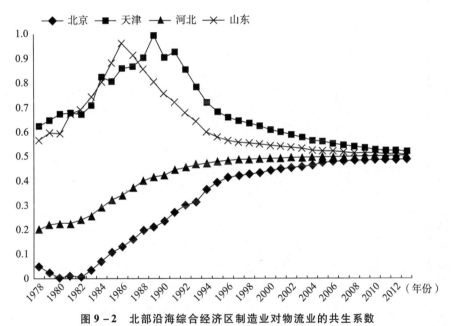

图 9 – 2　北部沿海综合经济区制造业对物流业的共生系数

9.4.3　北部沿海综合经济区制造业与物流业由非对称性互惠共生模式向对称性互惠共生模式过渡所需要的时间测算

从表 9 – 6 可知，北京在 1982 年之后，天津在 1990 年之后，河北在 1978 年之后，山东在 1987 年之后共生度值均为正值。处理方式与全国的一样，运用 Matlab 求得各个地区的拟合方程曲线（如表 9 – 7 所示），从中可以看出，各个方程所对应的调整后的 R^2 均大于 99%，说明方程拟合程度较高。

表 9 - 7　北部沿海综合经济区制造业与物流业由非对称性互惠共生模式向对称性互惠共生模式过渡所需要的时间测算

地区	实证时间	θ_{ML}、θ_{LM} 关于 x 值的拟合曲线	x 值	调整后的 R^2	进入对称性互惠共生状态时间
北京	1982~2013 年	$\theta_{ML} = 28.36x^2 + 1.093$ $\theta_{LM} = 0.9742e^{-\left(\frac{x-1.402}{2.634}\right)^2} + 0.03879e^{-\left(\frac{x+1.158}{0.1814}\right)^2} + 0.1355e^{-\left(\frac{x+0.08566}{0.5442}\right)^2}$	46.09	0.9992	2027~2028 年
天津	1990~2013 年	$\theta_{ML} = 2.6234 - 1.462e^{-\left(\frac{x-1.73}{0.794}\right)^2} + 1.462e^{-\left(\frac{x+1.865}{2.197}\right)^2} + 0.1764e^{-\left(\frac{x-5.581}{3.791}\right)^2} + 1.12e^{-\left(\frac{x-5.963}{59.32}\right)^2}$ $\theta_{LM} = \dfrac{0.8562x^4 + 3.062x^3 + 4.663x^2 + 3.998x + 2.134}{x^4 + 2.936x^3 + 4.596x^2 + 4.453x + 2.781}$	34.7148	0.9999 0.9993	2024~2025 年
河北	1978~2013 年	$\theta_{ML} = \dfrac{0.9578x^4 + 4.63x^3 + 8.774x^2 + 7.46x + 2.445}{x^4 + 4.599x^3 + 8.741x^2 + 7.574x + 2.567}$ $\theta_{LM} = 12.31e^{-\left(\frac{x+22.86}{14.64}\right)^2} + 0.2958e^{-\left(\frac{x-5.128}{1.961}\right)^2} + 0.1798e^{-\left(\frac{x-4.707}{9.115}\right)^2} + 1.016e^{-\left(\frac{x-11.07}{206.4}\right)^2}$	56.6079	0.9985 0.9989	2036~2037 年
山东	1987~2013 年	$\theta_{ML} = \dfrac{1.057x^2 + 4.008x + 4.576}{x^2 + 4.142x + 4.277}$ $\theta_{LM} = -1.484x^{-1733} + 1.844$	35.9204	0.9998 0.9903	2021~2022 年

根据 $\theta_{ML} = \theta_{LM}$，可计算出各个地区的 x 值，将其换算成为所对应的年份，即北京大约在 2027~2028 年会实现制造业与物流业联动发展利益分配从非对称性互惠共生向对称性互惠共生的过渡。天津大约在 2024~2025 年会实现这一转化，河北在 2036~2037 年会实现这一转化，山东则在 2021~2022 年实现这一转化。从中可以看出从非对称性互惠共生模式向对称性互惠共生模式过渡还要经历一个比较漫长的过程，各个地区进入对称性互惠共生模式的年份不一。

9.5 东北综合经济区制造业与物流业的共生模式实证检验

9.5.1 东北综合经济区制造业与物流业共生度测算

运用 Eviews7.2 对制造业 V_M 与物流业 V_L 进行回归分析和相关性检验，通过散点图可知两者之间相关性显著。其结果如表 9 - 8 所示。

表 9 - 8 东北综合经济区各地区制造业与物流业的回归方程式

东北综合经济区	V_M 与 V_L 的回归方程式
辽宁	$V_L = 53.44158 + 0.108248 V_M$ $\begin{pmatrix} 3.387721 \\ 0.0018^{***} \end{pmatrix} \begin{pmatrix} 29.77979 \\ 0.0000^{***} \end{pmatrix} \begin{pmatrix} R^2 = 0.963077 \\ 调整后的\ R^2 = 0.961991 \\ F = 886.8361 \\ P = 0.000000 \end{pmatrix}$ $V_M = -376.2533 + 8.896955 V_L$ $\begin{pmatrix} -2.470561 \\ 0.0187^{**} \end{pmatrix} \begin{pmatrix} 29.77979 \\ 0.0000^{***} \end{pmatrix}$
吉林	$V_L = 32.12159 + 0.085661 V_M$ $\begin{pmatrix} 4.225851 \\ 0.0002^{***} \end{pmatrix} \begin{pmatrix} 22.10357 \\ 0.0000^{***} \end{pmatrix} \begin{pmatrix} R^2 = 0.934937 \\ 调整后的\ R^2 = 0.933023 \\ F = 488.5678 \\ P = 0.000000 \end{pmatrix}$ $V_M = -277.6675 + 10.91434 V_L$ $\begin{pmatrix} -2.933290 \\ 0.0060^{***} \end{pmatrix} \begin{pmatrix} 22.10357 \\ 0.0000^{***} \end{pmatrix}$

续表

东北综合经济区	V_M 与 V_L 的回归方程式
黑龙江	$V_L = 4.519453 + 0.109082 V_M$ $$\begin{pmatrix} 0.758140 \\ 0.4536 \end{pmatrix} \begin{pmatrix} 42.43869 \\ 0.0000\ *** \end{pmatrix} \begin{pmatrix} R^2 = 0.981472 \\ 调整后的\ R^2 = 0.980927 \\ F = 1801.042 \\ P = 0.000000 \end{pmatrix}$$ $V_M = -10.72940 + 8.997567 V_L$ $$\begin{pmatrix} -0.196634 \\ 0.8453 \end{pmatrix} \begin{pmatrix} 42.43869 \\ 0.0000\ *** \end{pmatrix}$$

从表 9 – 8 中可知，三个地区调整后的 R^2 均高于 93%，说明模型的拟合程度高，三个地区的 F 统计量均较高，远远地大于 $F_{0.05}$（1，34）的值，说明模型的线性关系在 95% 的置信水平下显著性成立。可以进一步求解出其共生度及发展趋势（如表 9 – 9 所示）。

通过表 9 – 9 可以看出东北综合经济区各个地区制造业与物流业相互之间的共生度差异显著。辽宁经历了两个阶段，1978～1986 年为物流业寄生于制造业模式，1987～2013 年为正向非对称性互惠共生模式，并且 1987年以来制造业对物流业的推动作用小于物流业对制造业的拉动作用；吉林省的共生模式也可以分为两个阶段：从 1978 到 1991 年处于物流业寄生于制造业阶段，1992～2013 年处于正向非对称性互惠共生阶段，并且物流业对制造业的拉动作用大于制造业对物流业的推动作用。黑龙江省则所有的年份均为正向非对称性互惠共生模式，制造业对物流业的共生度在波动中不断下降，而物流业对制造业的共生度则在波动中不断上升，但物流业对制造业的拉动作用大于制造业对物流业的推动作用。随着时间的推移，这 3 个地区在未来的某个时间将出现由非对称性互惠共生向对称性互惠共生模式的转变。

表9-9 1978~2013年东北综合经济区制造业与物流业的共生度和共生模式判定

年份	辽宁			吉林			黑龙江		
	θ_{ML}	θ_{LM}	共生模式判定	θ_{ML}	θ_{LM}	共生模式判定	θ_{ML}	θ_{LM}	共生模式判定
1978	-0.434	0.239	物流业寄生于制造业	-0.215	0.097	物流业寄生于制造业	1.142	0.708	正向非对称性互惠共生
1979	-0.449	0.242	物流业寄生于制造业	-0.251	0.106	物流业寄生于制造业	1.122	0.721	正向非对称性互惠共生
1980	-0.538	0.270	物流业寄生于制造业	-0.282	0.112	物流业寄生于制造业	1.108	0.747	正向非对称性互惠共生
1981	-0.538	0.261	物流业寄生于制造业	-0.203	0.120	物流业寄生于制造业	1.111	0.747	正向非对称性互惠共生
1982	-0.561	0.273	物流业寄生于制造业	-0.257	0.126	物流业寄生于制造业	1.098	0.754	正向非对称性互惠共生
1983	-0.734	0.291	物流业寄生于制造业	-0.295	0.136	物流业寄生于制造业	1.087	0.766	正向非对称性互惠共生
1984	-1.351	0.330	物流业寄生于制造业	-0.365	0.161	物流业寄生于制造业	1.076	0.789	正向非对称性互惠共生
1985	-2.498	0.377	物流业寄生于制造业	-0.484	0.185	物流业寄生于制造业	1.063	0.814	正向非对称性互惠共生
1986	-24.022	0.398	物流业寄生于制造业	-0.750	0.196	物流业寄生于制造业	1.051	0.819	正向非对称性互惠共生
1987	5.062	0.432	正向非对称性互惠共生	-1.484	0.248	物流业寄生于制造业	1.047	0.848	正向非对称性互惠共生
1988	2.939	0.474	正向非对称性互惠共生	-2.719	0.293	物流业寄生于制造业	1.034	0.862	正向非对称性互惠共生
1989	2.133	0.499	正向非对称性互惠共生	-6.851	0.304	物流业寄生于制造业	1.030	0.881	正向非对称性互惠共生
1990	2.016	0.494	正向非对称性互惠共生	-4.861	0.304	物流业寄生于制造业	1.036	0.887	正向非对称性互惠共生
1991	1.784	0.516	正向非对称性互惠共生	-104.732	0.326	物流业寄生于制造业	1.027	0.899	正向非对称性互惠共生
1992	1.611	0.573	正向非对称性互惠共生	6.345	0.377	正向非对称性互惠共生	1.025	0.914	正向非对称性互惠共生
1993	1.497	0.651	正向非对称性互惠共生	2.747	0.451	正向非对称性互惠共生	1.021	0.933	正向非对称性互惠共生
1994	1.359	0.692	正向非对称性互惠共生	1.875	0.508	正向非对称性互惠共生	1.017	0.949	正向非对称性互惠共生
1995	1.314	0.714	正向非对称性互惠共生	1.570	0.525	正向非对称性互惠共生	1.014	0.958	正向非对称性互惠共生

续表

年份	辽宁			吉林			黑龙江		
	θ_{ML}	θ_{LM}	共生模式判定	θ_{ML}	θ_{LM}	共生模式判定	θ_{ML}	θ_{LM}	共生模式判定
1996	1.278	0.736	正向非对称性互惠共生	1.418	0.557	正向非对称性互惠共生	1.012	0.966	正向非对称性互惠共生
1997	1.233	0.760	正向非对称性互惠共生	1.300	0.569	正向非对称性互惠共生	1.008	0.969	正向非对称性互惠共生
1998	1.184	0.771	正向非对称性互惠共生	1.303	0.573	正向非对称性互惠共生	1.008	0.970	正向非对称性互惠共生
1999	1.155	0.784	正向非对称性互惠共生	1.305	0.596	正向非对称性互惠共生	1.007	0.971	正向非对称性互惠共生
2000	1.137	0.811	正向非对称性互惠共生	1.272	0.636	正向非对称性互惠共生	1.006	0.976	正向非对称性互惠共生
2001	1.120	0.816	正向非对称性互惠共生	1.246	0.659	正向非对称性互惠共生	1.005	0.977	正向非对称性互惠共生
2002	1.110	0.825	正向非对称性互惠共生	1.224	0.682	正向非对称性互惠共生	1.005	0.979	正向非对称性互惠共生
2003	1.093	0.838	正向非对称性互惠共生	1.201	0.712	正向非对称性互惠共生	1.004	0.982	正向非对称性互惠共生
2004	1.074	0.852	正向非对称性互惠共生	1.164	0.753	正向非对称性互惠共生	1.004	0.985	正向非对称性互惠共生
2005	1.091	0.876	正向非对称性互惠共生	1.139	0.784	正向非对称性互惠共生	1.004	0.985	正向非对称性互惠共生
2006	1.081	0.894	正向非对称性互惠共生	1.120	0.816	正向非对称性互惠共生	1.004	0.987	正向非对称性互惠共生
2007	1.070	0.913	正向非对称性互惠共生	1.102	0.853	正向非对称性互惠共生	1.003	0.988	正向非对称性互惠共生
2008	1.063	0.932	正向非对称性互惠共生	1.087	0.878	正向非对称性互惠共生	1.003	0.990	正向非对称性互惠共生
2009	1.057	0.933	正向非对称性互惠共生	1.080	0.891	正向非对称性互惠共生	1.003	0.988	正向非对称性互惠共生
2010	1.048	0.947	正向非对称性互惠共生	1.073	0.913	正向非对称性互惠共生	1.003	0.991	正向非对称性互惠共生
2011	1.038	0.956	正向非对称性互惠共生	1.064	0.929	正向非对称性互惠共生	1.002	0.993	正向非对称性互惠共生
2012	1.034	0.959	正向非对称性互惠共生	1.058	0.937	正向非对称性互惠共生	1.002	0.992	正向非对称性互惠共生
2013	1.032	0.962	正向非对称性互惠共生	1.055	0.941	正向非对称性互惠共生	1.002	0.992	正向非对称性互惠共生

9.5.2 东北综合经济区制造业与物流业共生系数测算

进一步地可以计算出制造业与物流业的共生系数 θ_M 和 θ_L，由于这两个系数有极大的关联性，图 9 – 3 仅给出了 θ_M 的变化趋势。

从图 9 – 3 可以看出，辽宁省制造业与物流业的共生系数 θ_M 在波动中先上升后下降，1978 年 θ_M 为 0.648，1986 年达到历史最高值，为 0.984，说明此阶段制造业对物流业的影响小于物流业对制造业的影响，并且随着时间的推移，这种影响系数也在不断地发生着调整，制造业对物流业的影响系数在不断增加，而物流业对制造业的影响系数在不断下降。但从 1986 年起，制造业对物流业的影响程度在持续加大。吉林省的曲线形状与辽宁省的类似，制造业与物流业的共生系数 θ_M 在波动中先上升后下降，1978 年 θ_M 为 0.689，1991 年达到历史最高值，为 0.997，说明此阶段制造业对物流业的影响小于物流业对制造业的影响，并且随着时间的推移，这种影响系数也在不断地发生着调整，制造业对物流业的影响系数在不断增加，而物流业对制造业的影响系数在不断下降。从 1991 年起，制造业对物流业的影响程度在持续地加大。黑龙江省制造业与物流业的共生系数 θ_M 在波动中下降，1978 年 θ_M 为 0.617，2013 年为 0.503，说明制造业

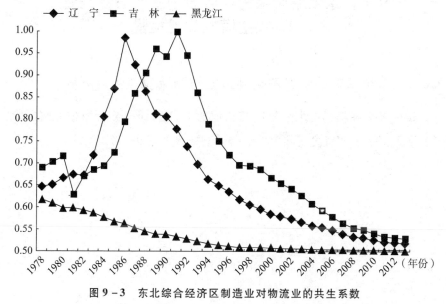

图 9 – 3　东北综合经济区制造业对物流业的共生系数

对物流业的影响小于物流业对制造业的影响，并且随着时间的推移，这种影响系数也在不断发生着调整，总体上可以看出制造业对物流业的影响系数在加大。

9.5.3 东北综合经济区制造业与物流业由非对称性互惠共生模式向对称性互惠共生模式过渡所需要的时间测算

从表 9 – 9 可知，辽宁在 1987 年之后，吉林在 1992 年之后，黑龙江在 1978 年之后共生度值均为正值。处理方式与全国的一样，运用 Matlab 求得各个地区的拟合方程曲线（如表 9 – 10 所示）。从中可以看出，各个方程所对应的调整后的 R^2 均大于 93%，说明方程拟合程度较高。

根据 $\theta_{ML} = \theta_{LM}$，可计算出各个地区的 x 值，将其换算成为所对应的年份，即辽宁大约在 2031 ~ 2032 年会实现制造业与物流业联动发展利益分配从非对称性互惠共生向对称性互惠共生的过渡。吉林大约在 2044 年会实现这一转化，黑龙江在 2062 ~ 2063 年会实现这一转化。从中可以看出从非对称性互惠共生模式向对称性互惠共生模式过渡还要经历一个比较漫长的过程，各个地区进入对称性互惠共生模式的年份不一。

9.6 东部沿海综合经济区制造业与物流业共生模式实证检验

9.6.1 东部沿海综合经济区制造业与物流业共生度测算

运用 Eviews7.2 对制造业 V_M 与物流业 V_L 进行回归分析和相关性检验，通过散点图可知两者之间相关性显著。其结果如表 9 – 11 所示。

表 9-10　东北综合经济区制造业与物流业由非对称性互惠共生模式向对称性互惠共生模式过渡所需要的时间测算

地区	实证时间	θ_{ML}、θ_{LM} 关于 x 值的拟合曲线	x 值	调整后的 R^2	进入对称性互惠共生状态时间
辽宁	1987~2013年	$\theta_{ML} = 0.1432x^3 + 0.2673x^2 - 0.151x + 1.115$ $\theta_{LM} = (-0.01606)\,x^5 + (-0.002943)\,x^4 + 0.06451x^3 - 0.034x^2 + 0.1008x + 0.8038$	45.44	0.9393 0.9954	2031~2032 年
吉林	1992~2013年	$\theta_{ML} = 7.349 \times 10^6 e^{-8.289x} + 1.219 e^{-0.1174x}$ $\theta_{LM} = 0.9445e^{-\left(\frac{x-1.752}{3.216}\right)^2} + 0.1182e^{-\left(\frac{x+1.217}{0.5658}\right)^2}$	53	0.999 0.9982	2044 年
黑龙江	1978~2013年	$\theta_{ML} = (-5.82 \times 10l-6)\,x^3 + 0.0005146x^2 - 0.01531x + 1.157$ $\theta_{LM} = 0.9757e^{-\left(\frac{x-1.748}{1.684}\right)^2} + 0.5648e^{-\left(\frac{x+0.04959}{0.8867}\right)^2} + 0.01311e^{-\left(\frac{x-0.04925}{0.1607}\right)^2} + 0.01898e^{-\left(\frac{x+0.1784}{0.1593}\right)^2} + 0.2369e^{-\left(\frac{x+0.7607}{0.543}\right)^2} + 0.04879e^{-\left(\frac{x-0.8918}{0.5001}\right)^2} + 0.6554e^{-\left(\frac{x+1.645}{0.8386}\right)^2}$	84.9894	0.9976 0.9978	2062~2063 年

表 9 – 11   东部沿海综合经济区各地区制造业与物流业的回归方程式

东部沿海综合经济区	V_M与 V_L的回归方程式
上海	$V_L = 10.06369 + 0.129063 V_M$ $\begin{pmatrix} 1.26113 \\ 0.2141 \end{pmatrix} \begin{pmatrix} 52.54626 \\ 0.0000 *** \end{pmatrix} \begin{pmatrix} R^2 = 0.987836 \\ 调整后的 R^2 = 0.987478 \\ F = 2761.109 \\ P = 0.000000 \end{pmatrix}$ $V_M = -49.72569 + 7.653919 V_L$ $\begin{pmatrix} -0.801333 \\ 0.4285 \end{pmatrix} \begin{pmatrix} 52.54626 \\ 0.0000 *** \end{pmatrix}$
江苏	$V_L = 39.08246 + 0.092506 V_M$ $\begin{pmatrix} 1.610676 \\ 0.1165 \end{pmatrix} \begin{pmatrix} 35.82685 \\ 0.0000 *** \end{pmatrix} \begin{pmatrix} R^2 = 0.974195 \\ 调整后的 R^2 = 0.973436 \\ F = 1283.563 \\ P = 0.000000 \end{pmatrix}$ $V_M = -263.4090 + 10.53120 V_L$ $\begin{pmatrix} -0.994869 \\ 0.3268 \end{pmatrix} \begin{pmatrix} 35.82685 \\ 0.0000 *** \end{pmatrix}$
浙江	$V_L = 66.13295 + 0.081132 V_M$ $\begin{pmatrix} 2.901522 \\ 0.0065 *** \end{pmatrix} \begin{pmatrix} 22.07396 \\ 0.0000 *** \end{pmatrix} \begin{pmatrix} R^2 = 0.934773 \\ 调整后的 R^2 = 0.932855 \\ F = 487.2596 \\ P = 0.000000 \end{pmatrix}$ $V_M = -510.8602 + 11.52165 V_L$ $\begin{pmatrix} -1.758805 \\ 0.0876 * \end{pmatrix} \begin{pmatrix} 22.07396 \\ 0.0000 *** \end{pmatrix}$

从表 9 – 11 中可以看出，三个地区调整后的 R^2 均高于 93%，说明模型的拟合程度高，三个地区的 F 统计量均较高，远远大于 $F_{0.05}$ （1，34）的值，说明模型的线性关系在 95% 的置信水平下显著性成立。进而可以进一步求解出其共生度及发展趋势（如表 9 – 12 所示）。

表9-12 1978～2013年东部沿海综合经济区制造业与物流业的共生度和共生模式判定

年份	上海			江苏			浙江		
	θ_{ML}	θ_{LM}	共生模式判定	θ_{ML}	θ_{LM}	共生模式判定	θ_{ML}	θ_{LM}	共生模式判定
1978	2.172	0.727	正向非对称性互惠共生	-0.381	0.217	物流业寄生于制造业	-0.078	0.055	物流业寄生于制造业
1979	1.937	0.735	正向非对称性互惠共生	-0.404	0.230	物流业寄生于制造业	-0.105	0.064	物流业寄生于制造业
1980	1.726	0.748	正向非对称性互惠共生	-0.479	0.264	物流业寄生于制造业	-0.124	0.083	物流业寄生于制造业
1981	1.660	0.753	正向非对称性互惠共生	-0.572	0.276	物流业寄生于制造业	-0.194	0.094	物流业寄生于制造业
1982	1.602	0.755	正向非对称性互惠共生	-0.724	0.285	物流业寄生于制造业	-0.258	0.097	物流业寄生于制造业
1983	1.480	0.760	正向非对称性互惠共生	-0.983	0.312	物流业寄生于制造业	-0.338	0.112	物流业寄生于制造业
1984	1.395	0.771	正向非对称性互惠共生	-2.009	0.351	物流业寄生于制造业	-0.537	0.136	物流业寄生于制造业
1985	1.337	0.800	正向非对称性互惠共生	23.994	0.422	正向非对称性互惠共生	-0.844	0.180	物流业寄生于制造业
1986	1.260	0.804	正向非对称性互惠共生	3.846	0.444	正向非对称性互惠共生	-1.293	0.202	物流业寄生于制造业
1987	1.229	0.812	正向非对称性互惠共生	2.368	0.512	正向非对称性互惠共生	-1.988	0.234	物流业寄生于制造业
1988	1.183	0.837	正向非对称性互惠共生	1.723	0.555	正向非对称性互惠共生	-4.448	0.279	物流业寄生于制造业
1989	1.152	0.847	正向非对称性互惠共生	1.664	0.587	正向非对称性互惠共生	-46.212	0.298	物流业寄生于制造业
1990	1.116	0.851	正向非对称性互惠共生	1.648	0.600	正向非对称性互惠共生	68.094	0.309	正向非对称性互惠共生
1991	1.089	0.869	正向非对称性互惠共生	1.452	0.632	正向非对称性互惠共生	3.831	0.350	正向非对称性互惠共生
1992	1.073	0.891	正向非对称性互惠共生	1.331	0.707	正向非对称性互惠共生	2.243	0.416	正向非对称性互惠共生
1993	1.058	0.915	正向非对称性互惠共生	1.210	0.775	正向非对称性互惠共生	1.672	0.517	正向非对称性互惠共生
1994	1.046	0.932	正向非对称性互惠共生	1.154	0.826	正向非对称性互惠共生	1.431	0.603	正向非对称性互惠共生
1995	1.040	0.943	正向非对称性互惠共生	1.119	0.854	正向非对称性互惠共生	1.277	0.667	正向非对称性互惠共生

续表

年份	上海			江苏			浙江		
	θ_{ML}	θ_{LM}	共生模式判定	θ_{ML}	θ_{LM}	共生模式判定	θ_{ML}	θ_{LM}	共生模式判定
1996	1.033	0.949	正向非对称性互惠共生	1.086	0.867	正向非对称性互惠共生	1.233	0.707	正向非对称性互惠共生
1997	1.029	0.953	正向非对称性互惠共生	1.073	0.877	正向非对称性互惠共生	1.181	0.734	正向非对称性互惠共生
1998	1.027	0.955	正向非对称性互惠共生	1.061	0.882	正向非对称性互惠共生	1.160	0.750	正向非对称性互惠共生
1999	1.024	0.958	正向非对称性互惠共生	1.054	0.889	正向非对称性互惠共生	1.138	0.763	正向非对称性互惠共生
2000	1.021	0.962	正向非对称性互惠共生	1.047	0.901	正向非对称性互惠共生	1.115	0.780	正向非对称性互惠共生
2001	1.019	0.965	正向非对称性互惠共生	1.040	0.910	正向非对称性互惠共生	1.097	0.792	正向非对称性互惠共生
2002	1.017	0.967	正向非对称性互惠共生	1.036	0.920	正向非对称性互惠共生	1.080	0.815	正向非对称性互惠共生
2003	1.016	0.974	正向非对称性互惠共生	1.031	0.934	正向非对称性互惠共生	1.068	0.843	正向非对称性互惠共生
2004	1.013	0.978	正向非对称性互惠共生	1.027	0.948	正向非对称性互惠共生	1.056	0.868	正向非对称性互惠共生
2005	1.011	0.981	正向非对称性互惠共生	1.035	0.957	正向非对称性互惠共生	1.095	0.886	正向非对称性互惠共生
2006	1.010	0.984	正向非对称性互惠共生	1.028	0.963	正向非对称性互惠共生	1.076	0.903	正向非对称性互惠共生
2007	1.009	0.985	正向非对称性互惠共生	1.025	0.969	正向非对称性互惠共生	1.064	0.918	正向非对称性互惠共生
2008	1.009	0.987	正向非对称性互惠共生	1.021	0.973	正向非对称性互惠共生	1.057	0.927	正向非对称性互惠共生
2009	1.010	0.986	正向非对称性互惠共生	1.018	0.975	正向非对称性互惠共生	1.053	0.928	正向非对称性互惠共生
2010	1.008	0.988	正向非对称性互惠共生	1.014	0.979	正向非对称性互惠共生	1.043	0.939	正向非对称性互惠共生
2011	1.008	0.989	正向非对称性互惠共生	1.012	0.981	正向非对称性互惠共生	1.038	0.947	正向非对称性互惠共生
2012	1.007	0.989	正向非对称性互惠共生	1.011	0.983	正向非对称性互惠共生	1.036	0.950	正向非对称性互惠共生
2013	1.007	0.989	正向非对称性互惠共生	1.010	0.984	正向非对称性互惠共生	1.035	0.953	正向非对称性互惠共生

通过表 9 - 12 可以看出，东部沿海综合经济区各个地区制造业与物流业相互之间的共生度差异显著。上海考察期内所有年份均为正向非对称性互惠共生模式，制造业对物流业的共生度在波动中不断下降，而物流业对制造业的共生度则在波动中不断上升，但物流业对制造业的拉动作用大于制造业对物流业的推动作用。江苏和浙江共生模式的转换经历了两个阶段，对于江苏来说，1978 ~ 1984 年为物流业寄生于制造业模式，1985 ~ 2013 年为正向非对称性互惠共生模式，并且 1985 年以来制造业对物流业的推动作用小于物流业对制造业的拉动作用；浙江省从 1978 到 1989 年处于物流业寄生于制造业阶段，1990 ~ 2013 年处于正向非对称性互惠共生阶段，并且物流业对制造业的拉动作用大于制造业对物流业的推动作用。随着时间的推移，这 3 个地区在未来的某个时间将出现由非对称性互惠共生向对称性互惠共生模式的转变。

9.6.2 东部沿海综合经济区制造业与物流业共生系数测算

进一步地可以计算出制造业与物流业的共生系数 θ_M 和 θ_L，由于两者有极大的关联性，图 9 - 4 仅给出了 θ_M 的变化趋势。

从图 9 - 4 可以看出，上海市制造业与物流业的共生系数 θ_M 一路下降，1978 年为 0.749，2013 年为 0.504，但始终大于 0.5，说明上海市制造业对物流业的影响小于物流业对制造业的影响，但随着时间的推移，制造业对物流业的影响系数在不断上升，而物流业对制造业的影响系数在不断下降，在未来的某个时间内，两者对彼此的影响将会趋同。江苏省制造业与物流业的共生系数 θ_M 在波动中先上升后下降，1978 年 θ_M 为 0.637，1985 年达到历史的最高值，为 0.983，说明此阶段制造业对物流业的影响小于物流业对制造业的影响，并且随着时间的推移，制造业对物流业的影响系数在不断下降，而物流业对制造业的影响在持续上升。但从 1985 年起，物流业对制造业的影响程度在减小，制造业对物流业的影响系数在增加。浙江省与江苏省的情况类似，制造业与物流业的共生系数 θ_M 在波动中先上升后下降，1978 年为 0.588，1990 年达到历史的最高值，为 0.995，说明此阶段制造业对物流业的影响小于物流业对制造业的影响，并且随着时间的推移，物流业对制造业的影响系数在不断增加。但从 1990 年起，制造业对物流业的影响程度在持续加大，而物流业对制造业的影响程度在降低，两者在未来的某个时间内将会趋同。

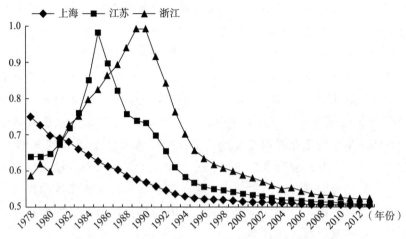

图 9 - 4　东部沿海综合经济区制造业对物流业的共生系数

9.6.3　东部沿海综合经济区制造业与物流业由非对称性互惠共生模式向对称性互惠共生模式过渡所需要的时间测算

从表 9 - 12 可知，上海在 1978 年之后，江苏在 1985 年之后，浙江在 1990 年之后共生度值均为正值。处理方式与全国的一样，运用 Matlab 求得各个地区的拟合方程曲线（如表 9 - 13 所示）。从中可以看出，各个方程所对应的调整后的 R^2 均大于 83%，说明方程拟合程度较高。

根据 $\theta_{ML} = \theta_{LM}$，可计算出各个地区的 x 值，将其换算成为所对应的年份，即上海大约在 2014～2015 年会实现制造业与物流业联动发展利益分配从非对称性互惠共生向对称性互惠共生的过渡。江苏大约在 2021～2022 年会实现这一转化，浙江在 2026 年会实现这一转化。从中可以看出从非对称性互惠共生模式向对称性互惠共生模式过渡还要经历一个比较漫长的过程，各个地区进入对称性互惠共生模式的年份不一。

表 9 - 13　东部沿海综合经济区制造业与物流业由非对称性互惠共生模式过渡向对称性互惠共生模式过渡所需要的时间测算

地区	实证时间	θ_{ML}、θ_{LM} 关于 x 值的拟合曲线	x 值	调整后的 R^2	进入对称性互惠共生状态时间
上海	1978～2013 年	$\theta_{ML} = 2.355 \times 10^{14} e^{-\left(\frac{x+38.16}{6.361}\right)^2} + 1.122 e^{-\left(\frac{x-17.02}{47.21}\right)^2}$ $\theta_{LM} = \dfrac{0.9201x^2 + 2.01x + 2.74}{x^2 + 1.834x + 2.929}$	37.5720	0.9966 0.9949	2014～2015 年
江苏	1985～2013 年	$\theta_{ML} = 0.002868x^2 - 0.1182x + 2.183$ $\theta_{LM} = 0.1246x^7 + 0.01034x^6 - 0.0776x^5 - 0.03443x^4 + 0.158x^3 - 0.05457x^2 + 0.06479x + 0.8975$	37.52	0.8331 0.9951	2021～2022 年
浙江	1990～2013 年	$\theta_{ML} = 66.94x^{-4.538} + 1.153$ $\theta_{LM} = 0.9267 e^{-\left(\frac{x-1.67}{1.271}\right)^2} + 0.2805 e^{-\left(\frac{x-0.5022}{0.6777}\right)^2} + 0.6851 e^{-\left(\frac{x+0.6373}{1.053}\right)^2}$	37	0.9998 0.9971	2026 年

9.7 南部沿海综合经济区制造业与物流业的共生模式实证检验

9.7.1 南部沿海综合经济区制造业与物流业共生度测算

运用 Eviews7.2 对制造业 V_M 与物流业 V_L 进行回归分析和相关性检验，通过散点图可知两者之间相关性显著。其结果如表 9 – 14 所示。

表 9 – 14 南部沿海综合经济区各地区制造业与物流业的回归方程式

南部沿海综合经济区	V_M 与 V_L 的回归方程式
福建	$V_L = 82.91060 + 0.127682 V_M$ $\begin{pmatrix} 4.111771 \\ 0.0002*** \end{pmatrix} \begin{pmatrix} 20.34777 \\ 0.0000*** \end{pmatrix} \begin{pmatrix} R^2 = 0.924113 \\ 调整后的 R^2 = 0.921881 \\ F = 414.0318 \\ P = 0.000000 \end{pmatrix}$ $V_M = -454.1038 + 7.237598 V_L$ $\begin{pmatrix} -2.692564 \\ 0.0109** \end{pmatrix} \begin{pmatrix} 28.41174 \\ 0.0000*** \end{pmatrix}$
广东	$V_L = 173.8689 + 0.084731 V_M$ $\begin{pmatrix} 3.572093 \\ 0.0011*** \end{pmatrix} \begin{pmatrix} 17.96100 \\ 0.0000*** \end{pmatrix} \begin{pmatrix} R^2 = 0.904654 \\ 调整后的 R^2 = 0.901850 \\ F = 322.5976 \\ P = 0.000000 \end{pmatrix}$ $V_M = -1261.607 + 10.67683 V_L$ $\begin{pmatrix} -2.091772 \\ 0.0440** \end{pmatrix} \begin{pmatrix} 17.96100 \\ 0.0000*** \end{pmatrix}$
海南	$V_L = 10.98843 + 0.253247 V_M$ $\begin{pmatrix} 4.324258 \\ 0.0001*** \end{pmatrix} \begin{pmatrix} 19.30411 \\ 0.0000*** \end{pmatrix} \begin{pmatrix} R^2 = 0.916390 \\ 调整后的 R^2 = 0.913931 \\ F = 372.6487 \\ P = 0.000000 \end{pmatrix}$ $V_M = -30.25609 + 3.618556 V_L$ $\begin{pmatrix} -2.808183 \\ 0.0082*** \end{pmatrix} \begin{pmatrix} 19.30411 \\ 0.0000*** \end{pmatrix}$

从表 9 - 14 中可以看出，三个地区调整后的 R^2 均高于 90% ，说明模型的拟合程度高，三个地区的 F 统计量均较高，远远大于 $F_{0.05}$ （1，34）的值，说明模型的线性关系在 95% 的置信水平下显著性成立。进而可以进一步求解出其共生度及发展趋势（如表 9 - 15 所示）。

通过表 9 - 15 可以看出，南部沿海综合经济区各个地区制造业与物流业相互之间的共生度差异显著，但各个地区从寄生模式向正向非对称性互惠共生模式过渡的时间基本一致。福建考察期内经历了两个阶段：1978 ~ 1991 年为物流业寄生于制造业模式，1992 ~ 2013 年为正向非对称性互惠共生模式，并且物流业对制造业的拉动作用大于制造业对物流业的推动作用；广东在考察期内也经历了两个阶段：1978 ~ 1990 年为物流业寄生于制造业模式，1991 ~ 2013 年为正向非对称性互惠共生模式，并且物流业对制造业的拉动作用大于制造业对物流业的推动作用；海南 1978 ~ 1991 年为物流业寄生于制造业模式，1992 ~ 2013 年为正向非对称性互惠共生模式，并且 1992 年以来制造业对物流业的推动作用小于物流业对制造业的拉动作用。随着时间的推移，这 3 个地区制造业对物流业的推动作用在不断提升，而物流业对制造业的拉动作用在不断降低，在未来的某个时间将出现由非对称性互惠共生模式向对称性互惠共生模式的转变。

9.7.2 南部沿海综合经济区制造业与物流业共生系数测算

进一步地可以计算出制造业与物流业的共生系数 θ_M 和 θ_L，由于两者有极大的关联性，图 9 - 5 仅给出了 θ_M 的变化趋势。从中可以看出，南部沿海经济区中三个省份制造业与物流业的共生系数 θ_M 有着极为相似的演进规律。

福建省制造业与物流业的共生系数 θ_M 在波动中先上升后下降，1978 年 θ_M 为 0.617，1992 年达到历史的最高值，为 0.971，2013 年为 0.530，说明此阶段制造业对物流业的影响小于物流业对制造业的影响，1978 ~ 1992 年制造业对物流业的影响在逐步缩小，而物流业对制造业的影响在逐步增加，但从 1992 年起，物流业对制造业的影响程度在减小，而制造业对物流业的影响在增加。广东省制造业与物流业的共生系数 θ_M 在波动中先上升后下降，1978 年 θ_M 为 0.723，1990 年达到历史的最高值，为 0.968，说明此阶段制造业对物流业的影响小于物流业对制造业的影响，1978 ~ 1990 年制

表 9－15　1978～2013 年南部沿海综合经济区制造业与物流业的共生度和共生模式判定

年份	福建			广东			海南		
	θ_{ML}	θ_{LM}	共生模式判定	θ_{ML}	θ_{LM}	共生模式判定	θ_{ML}	θ_{LM}	共生模式判定
1978	-0.057	0.035	物流业寄生于制造业	-0.093	0.036	物流业寄生于制造业	-0.064	0.065	物流业寄生于制造业
1979	-0.056	0.039	物流业寄生于制造业	-0.106	0.039	物流业寄生于制造业	-0.077	0.065	物流业寄生于制造业
1980	-0.075	0.044	物流业寄生于制造业	-0.131	0.042	物流业寄生于制造业	-0.064	0.063	物流业寄生于制造业
1981	-0.106	0.049	物流业寄生于制造业	-0.165	0.048	物流业寄生于制造业	-0.077	0.059	物流业寄生于制造业
1982	-0.124	0.052	物流业寄生于制造业	-0.183	0.052	物流业寄生于制造业	-0.121	0.067	物流业寄生于制造业
1983	-0.132	0.055	物流业寄生于制造业	-0.198	0.058	物流业寄生于制造业	-0.136	0.075	物流业寄生于制造业
1984	-0.183	0.064	物流业寄生于制造业	-0.278	0.070	物流业寄生于制造业	-0.184	0.098	物流业寄生于制造业
1985	-0.246	0.087	物流业寄生于制造业	-0.436	0.083	物流业寄生于制造业	-0.357	0.120	物流业寄生于制造业
1986	-0.301	0.094	物流业寄生于制造业	-0.516	0.092	物流业寄生于制造业	-0.451	0.134	物流业寄生于制造业
1987	-0.448	0.112	物流业寄生于制造业	-0.819	0.118	物流业寄生于制造业	-0.620	0.151	物流业寄生于制造业
1988	-1.075	0.157	物流业寄生于制造业	-1.231	0.158	物流业寄生于制造业	-0.917	0.186	物流业寄生于制造业
1989	-2.115	0.180	物流业寄生于制造业	-2.017	0.184	物流业寄生于制造业	-1.348	0.210	物流业寄生于制造业
1990	-3.436	0.188	物流业寄生于制造业	-6.134	0.203	物流业寄生于制造业	-2.541	0.229	物流业寄生于制造业
1991	-7.210	0.225	物流业寄生于制造业	6.810	0.248	正向非对称性互惠共生	-11.642	0.256	物流业寄生于制造业
1992	9.088	0.271	正向非对称性互惠共生	3.105	0.305	正向非对称性互惠共生	4.429	0.320	正向非对称性互惠共生
1993	2.602	0.374	正向非对称性互惠共生	2.036	0.402	正向非对称性互惠共生	2.139	0.442	正向非对称性互惠共生
1994	1.823	0.492	正向非对称性互惠共生	1.547	0.474	正向非对称性互惠共生	1.683	0.497	正向非对称性互惠共生
1995	1.469	0.541	正向非对称性互惠共生	1.382	0.541	正向非对称性互惠共生	1.518	0.492	正向非对称性互惠共生

续表

年份	福建			广东			海南		
	θ_{ML}	θ_{LM}	共生模式判定	θ_{ML}	θ_{LM}	共生模式判定	θ_{ML}	θ_{LM}	共生模式判定
1996	1.343	0.580	正向非对称性互惠共生	1.311	0.576	正向非对称性互惠共生	1.435	0.519	正向非对称性互惠共生
1997	1.266	0.622	正向非对称性互惠共生	1.231	0.606	正向非对称性互惠共生	1.358	0.532	正向非对称性互惠共生
1998	1.221	0.642	正向非对称性互惠共生	1.207	0.628	正向非对称性互惠共生	1.266	0.562	正向非对称性互惠共生
1999	1.190	0.661	正向非对称性互惠共生	1.188	0.644	正向非对称性互惠共生	1.246	0.578	正向非对称性互惠共生
2000	1.165	0.694	正向非对称性互惠共生	1.150	0.677	正向非对称性互惠共生	1.216	0.602	正向非对称性互惠共生
2001	1.155	0.717	正向非对称性互惠共生	1.124	0.698	正向非对称性互惠共生	1.197	0.623	正向非对称性互惠共生
2002	1.147	0.744	正向非对称性互惠共生	1.114	0.720	正向非对称性互惠共生	1.181	0.659	正向非对称性互惠共生
2003	1.134	0.768	正向非对称性互惠共生	1.108	0.761	正向非对称性互惠共生	1.168	0.703	正向非对称性互惠共生
2004	1.116	0.796	正向非对称性互惠共生	1.096	0.796	正向非对称性互惠共生	1.143	0.734	正向非对称性互惠共生
2005	1.160	0.814	正向非对称性互惠共生	1.135	0.836	正向非对称性互惠共生	1.149	0.783	正向非对称性互惠共生
2006	1.132	0.836	正向非对称性互惠共生	1.119	0.859	正向非对称性互惠共生	1.128	0.834	正向非对称性互惠共生
2007	1.107	0.861	正向非对称性互惠共生	1.104	0.879	正向非对称性互惠共生	1.107	0.865	正向非对称性互惠共生
2008	1.093	0.880	正向非对称性互惠共生	1.093	0.894	正向非对称性互惠共生	1.095	0.881	正向非对称性互惠共生
2009	1.091	0.887	正向非对称性互惠共生	1.080	0.898	正向非对称性互惠共生	1.104	0.874	正向非对称性互惠共生
2010	1.078	0.908	正向非对称性互惠共生	1.069	0.913	正向非对称性互惠共生	1.089	0.899	正向非对称性互惠共生
2011	1.070	0.922	正向非对称性互惠共生	1.060	0.923	正向非对称性互惠共生	1.075	0.916	正向非对称性互惠共生
2012	1.061	0.929	正向非对称性互惠共生	1.053	0.926	正向非对称性互惠共生	1.067	0.923	正向非对称性互惠共生
2013	1.056	0.936	正向非对称性互惠共生	1.048	0.930	正向非对称性互惠共生	1.063	0.927	正向非对称性互惠共生

造业对物流业的影响在逐步缩小，而物流业对制造业的影响在逐步增加，但从 1990 年起，物流业对制造业的影响程度在减小，而制造业对物流业的影响在增加。海南省制造业与物流业的共生系数 θ_M 在波动中先上升后下降，1978 年 θ_M 为 0.496，1991 年达到历史的最高值，为 0.979，说明此阶段制造业对物流业的影响小于物流业对制造业的影响，1978 ~ 1991 年制造业对物流业的影响在逐步缩小，而物流业对制造业的影响在逐步增加，但从 1991 年起，物流业对制造业的影响程度在减小，而制造业对物流业的影响在增加。从横向比较来看，在出现峰值之前，广东省物流业对制造业的影响大于福建省大于海南省。而过了峰值以后，三个省份的这一数值更加趋近。

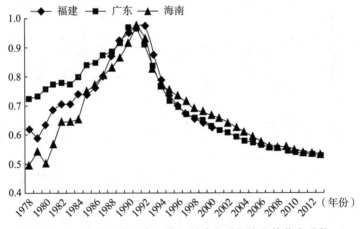

图 9 – 5　南部沿海综合经济区制造业对物流业的共生系数

9.7.3　南部沿海综合经济区制造业与物流业由非对称性互惠共生模式向对称性互惠共生模式过渡所需要的时间测算

运用 Matlab 求得各个地区的拟合方程（如表 9 – 16 所示）。从中可以看出，各个方程所对应的调整后的 R^2 均大于 98%，说明方程拟合程度很高。

根据 $\theta_{ML} = \theta_{LM}$，可计算出各个地区的 x 值，将其换算成为所对应的年份，即福建大约在 2027 ~ 2028 年会实现制造业与物流业联动发展利益分配从非对称性互惠共生向对称性互惠共生的过渡。广东大约在 2018 ~ 2019 年会实现这一转化，海南在 2051 ~ 2052 年会实现这一转化。从中可以看出从非对称性互惠共生模式向对称性互惠共生模式过渡还要经历一个比较漫长的过程，各个地区进入对称性互惠共生模式的年份不一。

表 9-16 南部沿海综合经济区制造业与物流业由非对称性互惠共生模式向对称性互惠共生模式过渡所需要的时间测算

地区	实证时间	θ_{ML}、θ_{LM} 关于 x 值的拟合曲线	x 值	调整后的 R^2	进入对称性互惠共生状态时间
福建	1992~2013 年	$\theta_{ML} = 7.973x^{-2.319} + 1.106$ $\theta_{LM} = 0.705x^{0.2172} - 0.4337$	36.6723	0.9993 0.9957	2027~2028 年
广东	1991~2013 年	$\theta_{ML} = 5.788x^{-1.653} + 1.022$ $\theta_{LM} = 0.3741x^{0.341} - 0.1265$	28.4250	0.9995 0.9904	2018~2019 年
海南	1992~2013 年	$\theta_{ML} = 2.26 \times 10^{-6} e^{-8.713x} + 1.213 e^{-0.1111x}$ $\theta_{LM} = 0.9242 e^{-\left(\frac{x-1.382}{2.45}\right)} - 0.1114 e^{-\left(\frac{x-1.072}{0.06086}\right)^2} +$ $0.1345 e^{-\left(\frac{x+0.9344}{0.5361}\right)^2} + 0.1558 e^{-\left(\frac{x+1.407}{0.2762}\right)^2}$	55.5	0.9956 0.9899	2051~2052 年

9.8 黄河中游综合经济区制造业与物流业共生模式实证检验

9.8.1 黄河中游综合经济区制造业与物流业共生度测算

运用 Eviews7.2 对制造业 V_M 与物流业 V_L 进行回归分析和相关性检验，通过散点图可知两者之间相关性显著。其结果如表 9-17 所示。

表 9-17 黄河中游综合经济区各地区制造业与物流业的回归方程式

黄河中游综合经济区	V_M 与 V_L 的回归方程式
陕西	$V_L = 47.90467 + 0.089999 V_M$ $\begin{pmatrix} 4.542090 \\ 0.0001*** \end{pmatrix} \begin{pmatrix} 20.05546 \\ 0.0000*** \end{pmatrix}$ $\begin{pmatrix} R^2 = 0.922058 \\ 调整后的 R^2 = 0.919766 \\ F = 402.2213 \\ P = 0.000000 \end{pmatrix}$ $V_M = -392.6060 + 10.24518 V_L$ $\begin{pmatrix} -3.122157 \\ 0.0037*** \end{pmatrix} \begin{pmatrix} 20.05546 \\ 0.0000*** \end{pmatrix}$

黄河中游综合经济区	V_M 与 V_L 的回归方程式
山西	$V_L = 16.12069 + 0.136737V_M$ $\begin{pmatrix} 2.736749 \\ 0.0098*** \end{pmatrix}$ $\begin{pmatrix} 52.78017 \\ 0.0000*** \end{pmatrix}$ $\begin{pmatrix} R^2 = 0.987942 \\ 调整后的 R^2 = 0.987588 \\ F = 2785.747 \\ P = 0.000000 \end{pmatrix}$ $V_M = -100.3237 + 7.225116V_L$ $\begin{pmatrix} -2.277004 \\ 0.0292** \end{pmatrix}$ $\begin{pmatrix} 52.78017 \\ 0.0000*** \end{pmatrix}$
河南	$V_L = 95.91651 + 0.078391V_M$ $\begin{pmatrix} 3.655750 \\ 0.0009*** \end{pmatrix}$ $\begin{pmatrix} 17.09622 \\ 0.0000*** \end{pmatrix}$ $\begin{pmatrix} R^2 = 0.895795 \\ 调整后的 R^2 = 0.892730 \\ F = 292.2807 \\ P = 0.000000 \end{pmatrix}$ $V_M = -745.9462 + 11.42729V_L$ $\begin{pmatrix} -2.123253 \\ 0.0411** \end{pmatrix}$ $\begin{pmatrix} 17.09622 \\ 0.0000*** \end{pmatrix}$
内蒙古	$V_L = 34.14950 + 0.154889V_M$ $\begin{pmatrix} 3.989899 \\ 0.0003*** \end{pmatrix}$ $\begin{pmatrix} 48.29085 \\ 0.0000*** \end{pmatrix}$ $\begin{pmatrix} R^2 = 0.985630 \\ 调整后的 R^2 = 0.985207 \\ F = 2332.007 \\ P = 0.000000 \end{pmatrix}$ $V_M = -197.7211 + 6.363451V_L$ $\begin{pmatrix} -3.458161 \\ 0.0015*** \end{pmatrix}$ $\begin{pmatrix} 48.29085 \\ 0.0000*** \end{pmatrix}$

从表 9-17 中可以看出，四个地区调整后的 R^2 均高于 89%，说明模型的拟合程度较高，四个地区的 F 统计量均较高，远远大于 $F_{0.05}$（1，34）的值，说明模型的线性关系在 95% 的置信水平下显著性成立。进而可以进一步求解出其共生度及发展趋势（如表 9-18 所示）。

通过表 9-18 可以看出黄河中游综合经济区各个地区制造业与物流业相互之间的共生度差异显著，各个地区大致经历了两个阶段。陕西省 1978~1992 年为物流业寄生于制造业模式，1993~2013 年为正向非对称性互惠共生模式，并且在 1993 年之后制造业对物流业的共生度大于物流业对

表9-18 1978～2013年黄河中游综合经济区制造业与物流业的共生度和共生模式判定

年份	陕西			山西			河南			内蒙古		
	θ_{ML}	θ_{LM}	共生模式判定	θ_{ML}	θ_{LM}	共生模式判定	θ_{ML}	θ_{LM}	共生模式判定	θ_{ML}	θ_{LM}	共生模式判定
1978	-0.091	0.064	物流业寄生于制造业	-0.241	0.290	物流业寄生于制造业	-0.118	0.046	物流业寄生于制造业	-0.099	0.090	物流业寄生于制造业
1979	-0.110	0.069	物流业寄生于制造业	-0.377	0.326	物流业寄生于制造业	-0.136	0.053	物流业寄生于制造业	-0.103	0.096	物流业寄生于制造业
1980	-0.113	0.073	物流业寄生于制造业	-0.831	0.331	物流业寄生于制造业	-0.181	0.062	物流业寄生于制造业	-0.152	0.110	物流业寄生于制造业
1981	-0.107	0.070	物流业寄生于制造业	-0.434	0.332	物流业寄生于制造业	-0.224	0.063	物流业寄生于制造业	-0.135	0.112	物流业寄生于制造业
1982	-0.140	0.075	物流业寄生于制造业	-0.807	0.345	物流业寄生于制造业	-0.251	0.068	物流业寄生于制造业	-0.196	0.128	物流业寄生于制造业
1983	-0.168	0.082	物流业寄生于制造业	-1.109	0.378	物流业寄生于制造业	-0.353	0.076	物流业寄生于制造业	-0.270	0.140	物流业寄生于制造业
1984	-0.256	0.092	物流业寄生于制造业	-22.719	0.432	物流业寄生于制造业	-0.433	0.087	物流业寄生于制造业	-0.364	0.150	物流业寄生于制造业
1985	-0.264	0.113	物流业寄生于制造业	13.458	0.464	正向非对称性互惠共生	-0.613	0.106	物流业寄生于制造业	-0.540	0.172	物流业寄生于制造业
1986	-0.358	0.126	物流业寄生于制造业	4.640	0.480	正向非对称性互惠共生	-0.675	0.125	物流业寄生于制造业	-0.682	0.184	物流业寄生于制造业
1987	-0.519	0.141	物流业寄生于制造业	3.884	0.500	正向非对称性互惠共生	-0.855	0.138	物流业寄生于制造业	-0.701	0.209	物流业寄生于制造业
1988	-1.025	0.175	物流业寄生于制造业	2.670	0.547	正向非对称性互惠共生	-1.807	0.174	物流业寄生于制造业	-0.853	0.242	物流业寄生于制造业
1989	-1.422	0.194	物流业寄生于制造业	2.575	0.589	正向非对称性互惠共生	-3.630	0.187	物流业寄生于制造业	-1.491	0.275	物流业寄生于制造业
1990	-3.900	0.201	物流业寄生于制造业	2.249	0.613	正向非对称性互惠共生	-10.600	0.191	物流业寄生于制造业	-1.996	0.283	物流业寄生于制造业
1991	-4.618	0.228	物流业寄生于制造业	1.719	0.641	正向非对称性互惠共生	9.818	0.216	正向非对称性互惠共生	-6.274	0.318	物流业寄生于制造业
1992	-118.364	0.260	正向非对称性互惠共生	1.464	0.671	正向非对称性互惠共生	4.786	0.282	正向非对称性互惠共生	20.078	0.354	正向非对称性互惠共生
1993	4.840	0.303	正向非对称性互惠共生	1.328	0.714	正向非对称性互惠共生	2.694	0.358	正向非对称性互惠共生	3.067	0.424	正向非对称性互惠共生
1994	2.760	0.343	正向非对称性互惠共生	1.245	0.744	正向非对称性互惠共生	2.366	0.439	正向非对称性互惠共生	2.379	0.483	正向非对称性互惠共生
1995	2.071	0.389	正向非对称性互惠共生	1.187	0.784	正向非对称性互惠共生	1.661	0.510	正向非对称性互惠共生	1.862	0.536	正向非对称性互惠共生

续表

年份	陕西			山西			河南			内蒙古		
	θ_{ML}	θ_{LM}	共生模式判定	θ_{ML}	θ_{LM}	共生模式判定	θ_{ML}	θ_{LM}	共生模式判定	θ_{ML}	θ_{LM}	共生模式判定
1996	1.700	0.423	正向非对称性互惠共生	1.158	0.814	正向非对称性互惠共生	1.433	0.555	正向非对称性互惠共生	1.593	0.580	正向非对称性互惠共生
1997	1.560	0.441	正向非对称性互惠共生	1.143	0.837	正向非对称性互惠共生	1.322	0.579	正向非对称性互惠共生	1.464	0.617	正向非对称性互惠共生
1998	1.497	0.456	正向非对称性互惠共生	1.126	0.842	正向非对称性互惠共生	1.279	0.587	正向非对称性互惠共生	1.401	0.634	正向非对称性互惠共生
1999	1.417	0.478	正向非对称性互惠共生	1.112	0.847	正向非对称性互惠共生	1.243	0.594	正向非对称性互惠共生	1.343	0.648	正向非对称性互惠共生
2000	1.325	0.508	正向非对称性互惠共生	1.105	0.857	正向非对称性互惠共生	1.200	0.630	正向非对称性互惠共生	1.279	0.674	正向非对称性互惠共生
2001	1.254	0.532	正向非对称性互惠共生	1.097	0.869	正向非对称性互惠共生	1.173	0.651	正向非对称性互惠共生	1.236	0.697	正向非对称性互惠共生
2002	1.223	0.565	正向非对称性互惠共生	1.085	0.887	正向非对称性互惠共生	1.153	0.674	正向非对称性互惠共生	1.198	0.722	正向非对称性互惠共生
2003	1.204	0.611	正向非对称性互惠共生	1.073	0.910	正向非对称性互惠共生	1.132	0.713	正向非对称性互惠共生	1.167	0.766	正向非对称性互惠共生
2004	1.160	0.667	正向非对称性互惠共生	1.063	0.930	正向非对称性互惠共生	1.106	0.759	正向非对称性互惠共生	1.147	0.822	正向非对称性互惠共生
2005	1.188	0.745	正向非对称性互惠共生	1.041	0.947	正向非对称性互惠共生	1.116	0.800	正向非对称性互惠共生	1.094	0.870	正向非对称性互惠共生
2006	1.158	0.797	正向非对称性互惠共生	1.038	0.955	正向非对称性互惠共生	1.097	0.831	正向非对称性互惠共生	1.079	0.900	正向非对称性互惠共生
2007	1.140	0.827	正向非对称性互惠共生	1.033	0.964	正向非对称性互惠共生	1.081	0.860	正向非对称性互惠共生	1.065	0.926	正向非对称性互惠共生
2008	1.122	0.861	正向非对称性互惠共生	1.030	0.971	正向非对称性互惠共生	1.067	0.886	正向非对称性互惠共生	1.051	0.945	正向非对称性互惠共生
2009	1.100	0.868	正向非对称性互惠共生	1.027	0.968	正向非对称性互惠共生	1.086	0.890	正向非对称性互惠共生	1.042	0.953	正向非对称性互惠共生
2010	1.088	0.895	正向非对称性互惠共生	1.022	0.975	正向非对称性互惠共生	1.081	0.907	正向非对称性互惠共生	1.037	0.962	正向非对称性互惠共生
2011	1.075	0.917	正向非对称性互惠共生	1.019	0.981	正向非对称性互惠共生	1.073	0.919	正向非对称性互惠共生	1.031	0.970	正向非对称性互惠共生
2012	1.066	0.928	正向非对称性互惠共生	1.017	0.981	正向非对称性互惠共生	1.060	0.925	正向非对称性互惠共生	1.027	0.972	正向非对称性互惠共生
2013	1.062	0.934	正向非对称性互惠共生	1.016	0.981	正向非对称性互惠共生	1.052	0.929	正向非对称性互惠共生	1.024	0.973	正向非对称性互惠共生

制造业的共生度，但制造业对物流业的共生度逐步在缩小，而物流业对制造业的共生度在逐步增加。山西省在考察期内也经历了两个阶段：1978～1984年为物流业寄生于制造业模式，1985～2013年为正向非对称性互惠共生模式，并且1985年以后制造业对物流业的共生度大于物流业对制造业的共生度，说明物流业对制造业的拉动作用大于制造业对物流业的推动作用，但制造业对物流业的共生度在减小，物流业对制造业的共生度在增加。河南省1978～1990年为物流业寄生于制造业模式，1991～2013年为正向非对称性互惠共生模式，并且1991年以来制造业对物流业的共生度大于物流业对制造业的共生度，说明物流业对制造业的拉动作用大于制造业对物流业的推动作用，但制造业对物流业的共生度在减小，而物流业对制造业的共生度在增加。内蒙古1978～1991年为物流业寄生于制造业模式，1992～2013年为正向非对称性互惠共生模式，并且1992年以后制造业对物流业的共生度大于物流业对制造业的共生度，说明物流业对制造业的拉动作用大于制造业对物流业的推动作用，但制造业对物流业的共生度在减小，而物流业对制造业的共生度在增加。随着时间的推移，这四个地区在未来的某个时间将出现由非对称性互惠共生模式向对称性互惠共生模式的转变。

9.8.2 黄河中游综合经济区制造业与物流业共生系数测算

进一步地可以计算出制造业与物流业的共生系数 θ_M 和 θ_L，由于两者有极大的关联性，图9-6仅给出了 θ_M 的变化趋势。

陕西省制造业与物流业的共生系数 θ_M 在波动中先上升后下降，1978年 θ_M 为0.587，1992年达到历史的最高值，为0.998，说明陕西省制造业对物流业的影响小于物流业对制造业的影响，并且随着时间的推移，物流业对制造业的影响先上升后下降。山西省制造业与物流业的共生系数 θ_M 在波动中先上升后下降，1978年 θ_M 为0.454，1984年达到历史的最高值，为0.981，说明山西省制造业对物流业的影响小于物流业对制造业的影响，1984年之前，山西省物流业对制造业的影响系数在增加，而制造业对物流业的影响系数在降低，1984年之后，物流业对制造业的影响在降低，而制造业对物流业的影响系数在增加。河南省制造业与物流业的共生系数 θ_M 在波动中先上升后下降，1978年 θ_M 为0.720，1992年达到历史的最高值，为

0.982，说明此阶段制造业对物流业的影响小于物流业对制造业的影响，1992年之前制造业对物流业的影响系数在降低，而物流业对制造业的影响系数在增加。但从1992年起，物流业对制造业的影响程度在降低，而制造业对物流业的影响系数在增加。内蒙古制造业与物流业的共生系数 θ_M 在波动中先上升后下降，1978年 θ_M 为0.524，1992年达到历史的最高值，为0.983，说明此阶段制造业对物流业的影响小于物流业对制造业的影响，1992年之前，制造业对物流业的影响系数在降低，而物流业对制造业的影响系数在增加。但从1992年起，物流业对制造业的影响程度反而降低，制造业对物流业的影响系数在增加。

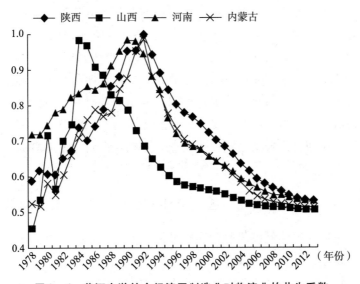

图 9 - 6　黄河中游综合经济区制造业对物流业的共生系数

9.8.3　黄河中游综合经济区制造业与物流业由非对称性互惠共生模式向对称性互惠共生模式过渡所需要的时间测算

运用 Matlab 求得各个地区的拟合方程（如表 9 - 19 所示），从中可以看出，各个方程所对应的调整后的 R^2 均大于98%，说明方程拟合程度很高。

根据 $\theta_{ML} = \theta_{LM}$，可计算出各个地区的 x 值，将其换算成为所对应的年份，即陕西省大约在2039年会实现制造业与物流业联动发展利益分配从非对称性互惠共生向对称性互惠共生的过渡。山西省大约在2049~2050年会实现这一转化，河南省在 2056～2057 年会实现这一转化。内蒙古大约在 2054～2055 年会实现这一转化。从中可以看出从非对称性互惠共生模式向对称性互惠共生模式过渡还要经历一个比较漫长的过程，各个地区进入对称性互惠共生模式的年份不一。

表 9–19　黄河中游综合经济区制造业与物流业由非对称性互惠共生模式向对称性互惠共生模式过渡所需要的时间测算

地区	实证时间	θ_{ML}、θ_{LM} 关于 x 值的拟合曲线	x 值	调整后的 R^2	进入对称性互惠共生状态时间
陕西	1993～2013 年	$\theta_{ML} = 0.000361e^{-5.652x} + 1.253e^{-0.1348x}$ $\theta_{LM} = 0.1748e^{-\left(\frac{x+1.296}{0.8371}\right)^2} + 0.1687e^{-\left(\frac{x-0.4713}{0.4863}\right)^2}$ $+ 0.9338e^{-\left(\frac{x-1.622}{2.399}\right)^2}$	47	0.9971 0.9992	2039 年
山西	1985～2013 年	$\theta_{ML} = 9.534e^{11.29x} + 1.302e^{-0.3786x}$ $\theta_{LM} = -917e^{-0.2088x} + 917.8e^{-0.2084x}$	67.5	0.9803 0.9936	2049～2050 年
河南	1991～2013 年	$\theta_{ML} = \dfrac{1.025x^2 - 0.4589x + 17.28}{x^2 - 0.5168x + 1.334}$ $\theta_{LM} = 0.9221e^{-\left(\frac{x-1.361}{2.394}\right)^2} + 0.1747e^{-\left(\frac{x+0.9304}{0.5134}\right)^2}$	69	0.9982	2056～2057 年
内蒙古	1992～2013 年	$\theta_{ML} = 1.476 \times 10^{-11}e^{-17.22x} + 1.283e^{-0.2541x}$ $\theta_{LM} = 0.9738e^{-\left(\frac{x-21.32}{15.48}\right)^2} + 0.04272e^{-\left(\frac{x-16.21}{2.163}\right)^2}$ $+ 0.05103e^{-\left(\frac{x-13.63}{1.784}\right)^2} - 0.01418e^{-\left(\frac{x-7.854}{1.029}\right)^2}$ $- 0.02616e^{-\left(\frac{x-4.702}{6.163}\right)^2}$	63.3106	0.9984 0.9999	2054～2055 年

9.9　长江中游综合经济区制造业与物流业的共生模式实证检验

9.9.1　长江中游综合经济区制造业与物流业共生度测算

运用 Eviews7.2 对制造业 V_M 与物流业 V_L 进行回归分析和相关性检验，通过散点图可知两者之间相关性显著。其结果如表 9–20 所示。

表 9 – 20　长江中游综合经济区各地区制造业与物流业的回归方程式

长江中游综合经济区	V_M 与 V_L 的回归方程式
安徽	$V_L = 55.66141 + 0.086493 V_M$ $\begin{pmatrix} 3.441408 \\ 0.0016*** \end{pmatrix}\begin{pmatrix} 14.98137 \\ 0.0000*** \end{pmatrix}\begin{pmatrix} R^2 = 0.868442 \\ 调整后的 R^2 = 0.864573 \\ F = 224.4415 \\ P = 0.000000 \end{pmatrix}$ $V_M = -346.1948 + 10.04065 V_L$ $\begin{pmatrix} -1.789618 \\ 0.0824* \end{pmatrix}\begin{pmatrix} 14.98137 \\ 0.0000*** \end{pmatrix}$
江西	$V_L = 53.71853 + 0.101834 V_M$ $\begin{pmatrix} 4.206070 \\ 0.0002*** \end{pmatrix}\begin{pmatrix} 90.18129 \\ 0.0000*** \end{pmatrix}\begin{pmatrix} R^2 = 0.889960 \\ 调整后的 R^2 = 0.886723 \\ F = 274.9779 \\ P = 0.000000 \end{pmatrix}$ $V_M = -344.3014 + 8.739276 V_L$ $\begin{pmatrix} -2.580981 \\ 0.0143** \end{pmatrix}\begin{pmatrix} 16.58246 \\ 0.0000*** \end{pmatrix}$
湖北	$V_L = 29.20957 + 0.104928 V_M$ $\begin{pmatrix} 2.716375 \\ 0.0103** \end{pmatrix}\begin{pmatrix} 33.78577 \\ 0.0000*** \end{pmatrix}\begin{pmatrix} R^2 = 0.971076 \\ 调整后的 R^2 = 0.970225 \\ F = 1141.478 \\ P = 0.000000 \end{pmatrix}$ $V_M = -209.5625 + 9.254688 V_L$ $\begin{pmatrix} -1.987266 \\ 0.0550* \end{pmatrix}\begin{pmatrix} 33.78577 \\ 0.0000*** \end{pmatrix}$
湖南	$V_L = 50.67469 + 0.118750 V_M$ $\begin{pmatrix} 3.885465 \\ 0.0004*** \end{pmatrix}\begin{pmatrix} 29.18367 \\ 0.0000*** \end{pmatrix}\begin{pmatrix} R^2 = 0.961612 \\ 调整后的 R^2 = 0.960483 \\ F = 851.6867 \\ P = 0.000000 \end{pmatrix}$ $V_M = -340.4151 + 8.097812 V_L$ $\begin{pmatrix} -2.947194 \\ 0.0058*** \end{pmatrix}\begin{pmatrix} 29.18367 \\ 0.0000*** \end{pmatrix}$

　　从表 9 – 20 中可以看出，四个地区调整后的 R^2 均高于 86%，说明模型的拟合程度较高，四个地区的 F 统计量均较高，远远大于 $F_{0.05}$（1，34）的值，说明模型的线性关系在 95% 的置信水平下显著性成立。进而可以进一步求解出其共生度及发展趋势（如表 9 – 21 所示）。

表9-21 1978~2013年长江中游综合经济区制造业与物流业的共生度和共生模式判定

年份	安徽			江西			湖北			湖南		
	θ_{ML}	θ_{LM}	共生模式判定	θ_{ML}	θ_{LM}	共生模式判定	θ_{ML}	θ_{LM}	共生模式判定	θ_{ML}	θ_{LM}	共生模式判定
1978	-0.120	0.053	物流业寄生于制造业	-0.069	0.042	物流业寄生于制造业	-0.234	0.158	物流业寄生于制造业	-0.163	0.108	物流业寄生于制造业
1979	-0.109	0.059	物流业寄生于制造业	-0.091	0.048	物流业寄生于制造业	-0.250	0.175	物流业寄生于制造业	-0.183	0.122	物流业寄生于制造业
1980	-0.170	0.064	物流业寄生于制造业	-0.110	0.055	物流业寄生于制造业	-0.273	0.214	物流业寄生于制造业	-0.193	0.133	物流业寄生于制造业
1981	-0.198	0.067	物流业寄生于制造业	-0.119	0.057	物流业寄生于制造业	-0.276	0.220	物流业寄生于制造业	-0.196	0.136	物流业寄生于制造业
1982	-0.273	0.074	物流业寄生于制造业	-0.158	0.060	物流业寄生于制造业	-0.333	0.229	物流业寄生于制造业	-0.221	0.143	物流业寄生于制造业
1983	-0.409	0.088	物流业寄生于制造业	-0.190	0.067	物流业寄生于制造业	-0.418	0.249	物流业寄生于制造业	-0.242	0.156	物流业寄生于制造业
1984	-0.548	0.110	物流业寄生于制造业	-0.196	0.086	物流业寄生于制造业	-0.689	0.302	物流业寄生于制造业	-0.284	0.175	物流业寄生于制造业
1985	-0.826	0.136	物流业寄生于制造业	-0.452	0.107	物流业寄生于制造业	-1.876	0.354	物流业寄生于制造业	-0.458	0.205	物流业寄生于制造业
1986	-1.381	0.154	物流业寄生于制造业	-0.523	0.119	物流业寄生于制造业	-2.998	0.372	物流业寄生于制造业	-0.555	0.226	物流业寄生于制造业
1987	-2.290	0.174	物流业寄生于制造业	-0.585	0.131	物流业寄生于制造业	-5.113	0.415	物流业寄生于制造业	-0.916	0.260	物流业寄生于制造业
1988	-6.529	0.213	物流业寄生于制造业	-1.063	0.160	物流业寄生于制造业	59.652	0.467	正向非对称性互惠共生	-1.344	0.309	物流业寄生于制造业
1989	-7.452	0.242	物流业寄生于制造业	-1.145	0.175	物流业寄生于制造业	3.176	0.498	正向非对称性互惠共生	-1.759	0.332	物流业寄生于制造业
1990	-15.582	0.258	物流业寄生于制造业	-1.771	0.181	物流业寄生于制造业	2.550	0.505	正向非对称性互惠共生	-3.317	0.341	物流业寄生于制造业
1991	4.622	0.276	正向非对称性互惠共生	-2.110	0.205	物流业寄生于制造业	1.916	0.541	正向非对称性互惠共生	-123.405	0.363	物流业寄生于制造业
1992	3.550	0.313	正向非对称性互惠共生	-4.059	0.242	物流业寄生于制造业	1.672	0.591	正向非对称性互惠共生	5.539	0.400	正向非对称性互惠共生
1993	2.559	0.399	正向非对称性互惠共生	1195.443	0.307	正向非对称性互惠共生	1.490	0.670	正向非对称性互惠共生	2.380	0.483	正向非对称性互惠共生
1994	1.711	0.497	正向非对称性互惠共生	3.383	0.338	正向非对称性互惠共生	1.349	0.725	正向非对称性互惠共生	1.730	0.539	正向非对称性互惠共生
1995	1.516	0.544	正向非对称性互惠共生	2.012	0.374	正向非对称性互惠共生	1.245	0.769	正向非对称性互惠共生	1.465	0.605	正向非对称性互惠共生

续表

年份	安徽			江西			湖北			湖南		
	θ_{ML}	θ_{LM}	共生模式判定	θ_{ML}	θ_{LM}	共生模式判定	θ_{ML}	θ_{LM}	共生模式判定	θ_{ML}	θ_{LM}	共生模式判定
1996	1.401	0.585	正向非对称性互惠共生	1.633	0.416	正向非对称性互惠共生	1.196	0.814	正向非对称性互惠共生	1.331	0.655	正向非对称性互惠共生
1997	1.306	0.615	正向非对称性互惠共生	1.518	0.454	正向非对称性互惠共生	1.156	0.839	正向非对称性互惠共生	1.274	0.689	正向非对称性互惠共生
1998	1.272	0.616	正向非对称性互惠共生	1.372	0.475	正向非对称性互惠共生	1.131	0.850	正向非对称性互惠共生	1.241	0.706	正向非对称性互惠共生
1999	1.247	0.619	正向非对称性互惠共生	1.307	0.488	正向非对称性互惠共生	1.117	0.859	正向非对称性互惠共生	1.212	0.720	正向非对称性互惠共生
2000	1.237	0.631	正向非对称性互惠共生	1.253	0.506	正向非对称性互惠共生	1.097	0.872	正向非对称性互惠共生	1.178	0.743	正向非对称性互惠共生
2001	1.214	0.649	正向非对称性互惠共生	1.223	0.530	正向非对称性互惠共生	1.087	0.881	正向非对称性互惠共生	1.166	0.754	正向非对称性互惠共生
2002	1.186	0.667	正向非对称性互惠共生	1.193	0.568	正向非对称性互惠共生	1.080	0.886	正向非对称性互惠共生	1.150	0.771	正向非对称性互惠共生
2003	1.157	0.692	正向非对称性互惠共生	1.178	0.617	正向非对称性互惠共生	1.073	0.890	正向非对称性互惠共生	1.132	0.773	正向非对称性互惠共生
2004	1.124	0.730	正向非对称性互惠共生	1.151	0.678	正向非对称性互惠共生	1.061	0.903	正向非对称性互惠共生	1.110	0.807	正向非对称性互惠共生
2005	1.106	0.739	正向非对称性互惠共生	1.151	0.734	正向非对称性互惠共生	1.066	0.897	正向非对称性互惠共生	1.129	0.837	正向非对称性互惠共生
2006	1.092	0.773	正向非对称性互惠共生	1.148	0.774	正向非对称性互惠共生	1.056	0.913	正向非对称性互惠共生	1.109	0.863	正向非对称性互惠共生
2007	1.077	0.810	正向非对称性互惠共生	1.132	0.812	正向非对称性互惠共生	1.050	0.925	正向非对称性互惠共生	1.097	0.888	正向非对称性互惠共生
2008	1.067	0.844	正向非对称性互惠共生	1.114	0.840	正向非对称性互惠共生	1.040	0.940	正向非对称性互惠共生	1.087	0.909	正向非对称性互惠共生
2009	1.080	0.863	正向非对称性互惠共生	1.111	0.858	正向非对称性互惠共生	1.037	0.949	正向非对称性互惠共生	1.063	0.919	正向非对称性互惠共生
2010	1.070	0.894	正向非对称性互惠共生	1.097	0.890	正向非对称性互惠共生	1.031	0.960	正向非对称性互惠共生	1.053	0.937	正向非对称性互惠共生
2011	1.062	0.916	正向非对称性互惠共生	1.084	0.911	正向非对称性互惠共生	1.027	0.968	正向非对称性互惠共生	1.046	0.950	正向非对称性互惠共生
2012	1.056	0.926	正向非对称性互惠共生	1.067	0.917	正向非对称性互惠共生	1.025	0.972	正向非对称性互惠共生	1.041	0.955	正向非对称性互惠共生
2013	1.051	0.933	正向非对称性互惠共生	1.062	0.924	正向非对称性互惠共生	1.021	0.974	正向非对称性互惠共生	1.037	0.959	正向非对称性互惠共生

通过表 9 - 21 可以看出，长江中游综合经济区各个地区制造业与物流业相互之间的共生度差异显著，各个地区大致经历了两个阶段。安徽省1978～1990 年为物流业寄生于制造业模式，1991～2013 年为正向非对称性互惠共生模式，并且在 1991 年之后制造业对物流业的共生度大于物流业对制造业的共生度，说明物流业对制造业的拉动作用大于制造业对物流业的推动作用，但制造业对物流业的共生度在降低，而物流业对制造业的共生度在上升；江西省在考察期内也经历了两个阶段：1978～1992 年为物流业寄生于制造业模式，1993～2013 年为正向非对称性互惠共生模式，并且1993 年以后制造业对物流业的共生度大于物流业对制造业的共生度，说明物流业对制造业的拉动作用大于制造业对物流业的推动作用，但制造业对物流业的共生度在降低，而物流业对制造业的共生度在上升；湖北省 1978～1987 年为物流业寄生于制造业模式，1988～2013 年为正向非对称性互惠共生模式，并且 1988 年以来制造业对物流业的共生度大于物流业对制造业的共生度，说明物流业对制造业的拉动作用大于制造业对物流业的推动作用，但制造业对物流业的共生度在降低，而物流业对制造业的共生度在上升。湖南省 1978～1991 年为物流业寄生于制造业模式，1992～2013 年为正向非对称性互惠共生模式，并且 1992 年以后制造业对物流业的共生度大于物流业对制造业的共生度，说明物流业对制造业的拉动作用大于制造业对物流业的推动作用，但制造业对物流业的共生度在降低，而物流业对制造业的共生度在上升。随着时间的演化，这四个地区在未来的某个时间将出现由非对称性互惠共生模式向对称性互惠共生模式的转变。

9.9.2 长江中游综合经济区制造业与物流业共生系数测算

进一步地可以计算出制造业与物流业的共生系数 θ_M 和 θ_L，由于两者有极大的关联性，图 9 - 7 仅给出了 θ_M 的变化趋势。

安徽省制造业与物流业的共生系数 θ_M 在波动中先上升后下降，1978 年θ_M 为 0.692，1989 年达到历史的最高值，为 0.968，说明此阶段制造业对物流业的影响小于物流业对制造业的影响，1978～1989 年制造业对物流业的影响系数在降低，而物流业对制造业的影响系数在增加。但从 1989 年起，物流业对制造业的影响程度在降低，而制造业对物流业的影响系数在增加。江西省制造业与物流业的共生系数 θ_M 在波动中先上升后下降，1978 年 θ_M 为 0.621，1993 年达到历史的最高值，为 0.9997，说明此阶段制造业 对物流业的影响小于物流业对制造业的影响，1978～1993 年制造业对物流 业的影响系数在降低，而物流业对制造业的影响系数在增加。但从 1993 年 起，物流业对制造业的影响程度在降低，而制造业对物流业的影响系数在 增加。湖北省制造业与物流业的共生系数 θ_M 在波动中先上升后下降，1978 年 θ_M 为 0.598，1988 年达到历史的最高值，为 0.992，说明此阶段制造业 对物流业的影响小于物流业对制造业的影响，1978～1988 年制造业对物流 业的影响系数在降低，而物流业对制造业的影响系数在增加。但从 1988 年 起，物流业对制造业的影响程度在降低，而制造业对物流业的影响系数在 增加。湖南省制造业与物流业的共生系数 θ_M 在波动中先上升后下降，1978 年 θ_M 为 0.601，1991 年达到历史的最高值，为 0.997，说明此阶段制造业 对物流业的影响小于物流业对制造业的影响，1978～1991 年制造业对物流 业的影响系数在降低，而物流业对制造业的影响系数在增加。但从 1991 年 起，物流业对制造业的影响程度在降低，而制造业对物流业的影响系数在 增加。

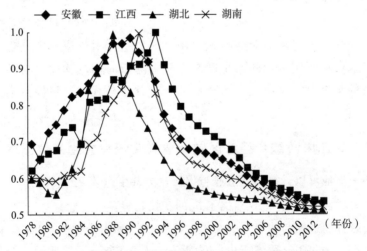

图 9 - 7　长江中游综合经济区制造业对物流业的共生系数

9.9.3 长江中游综合经济区制造业与物流业由非对称性互惠共生模式向对称性互惠共生模式过渡所需要的时间测算

运用 Matlab 求得各个地区的拟合方程（如表 9 - 22 所示），从中可以看出，各个方程所对应的调整后的 R^2 均大于 99%，说明方程拟合程度很高。

根据 $\theta_{ML} = \theta_{LM}$，可计算出各个地区的 x 值，将其换算成为所对应的年份，即安徽省大约在 2055～2056 年会实现制造业与物流业联动发展利益分配从非对称性互惠共生向对称性互惠共生的过渡。江西省大约在 2072～2073 年会实现这一转化，湖北省在 2034 年会实现这一转化。湖南省大约在 2054 会实现这一转化。从中可以看出从非对称性互惠共生模式向对称性互惠共生模式过渡还要经历一个比较漫长的过程，各个地区进入对称性互惠共生模式的年份不一。

表 9 - 22　长江中游综合经济区制造业与物流业由非对称性互惠共生模式向
对称性互惠共生模式过渡所需要的时间测算

地区	实证时间	θ_{ML}、θ_{LM} 关于 x 值的拟合曲线	x 值	调整后的 R^2	进入对称性互惠共生状态时间
安徽	1991～2013 年	$\theta_{ML} = \dfrac{1.478x^4 + 4.294x^3 + 8.566x^2 + 11.71x + 7.802}{x^4 + 4.382x^3 + 8.984x^2 + 10.94x + 6.587}$ $\theta_{LM} = 0.1948x^{0.4648} + 0.08782$	65.193	0.9989	2055～2056 年
江西	1993～2013 年	$\theta_{ML} = 3.937 \times 10^{-23} e^{-36.41x}$ $\theta_{LM} = \dfrac{0.02592x^2 - 0.01311x + 4.93}{x^2 - 3.072x + 7.738}$	80.75	1.0000 0.9928	2072～2073 年
湖北	1988～2013 年	$\theta_{ML} = 1.315 \times 10^{-14} e^{-22.04x} + 1.176 e^{-0.1288x}$ $\theta_{LM} = 0.5614 e^{-\left(\frac{x-1.596}{2.361}\right)^2} - 0.1096 e^{-\left(\frac{x-0.733}{0.007073}\right)^2} +$ $0.1741 e^{-\left(\frac{x+0.4718}{0.6989}\right)^2} + 0.417 e^{-\left(\frac{x+0.7201}{1.111}\right)^2}$	63	0.9987 0.994	2034 年
湖南	1992～2013 年	$\theta_{ML} = 3.491 \times 10^{-6} e^{-8.651x} + 1.173 e^{-0.09915x}$ $\theta_{LM} = 0.9495 e^{-\left(\frac{x-1.662}{1.754}\right)^2} - 0.1331 e^{-\left(\frac{x-0.4488}{0.6792}\right)^2} +$ $0.0234^{-\left(\frac{x+0.2257}{0.2397}\right)^2} + 0.5612 e^{-\left(\frac{x+0.9031}{111}\right)^2}$	63	0.9981 0.9986	2054 年

9.10 大西南综合经济区制造业与物流业 共生模式实证检验

9.10.1 大西南综合经济区制造业与物流业共生度测算

运用 Eviews7.2 对制造业 V_M 与物流业 V_L 进行回归分析和相关性检验，通过散点图可知两者之间相关性显著。其结果如表 9 - 23 所示。

表 9 - 23 大西南综合经济区各地区制造业与物流业的回归方程式

大西南综合经济区	V_M 与 V_L 的回归方程式
广西	$V_L = 40.63338 + 0.117388 V_M$ $\begin{pmatrix} 4.340713 \\ 0.0001*** \end{pmatrix} \begin{pmatrix} 23.62270 \\ 0.0000*** \end{pmatrix} \begin{pmatrix} R^2 = 0.942571 \\ 调整后的 R^2 = 0.940882 \\ F = 558.0318 \\ P = 0.000000 \end{pmatrix}$ $V_M = -265.2075 + 8.029544 V_L$ $\begin{pmatrix} -3.115367 \\ 0.0037*** \end{pmatrix} \begin{pmatrix} 23.62270 \\ 0.0000*** \end{pmatrix}$
重庆	$V_L = 22.47850 + 0.107174 V_M$ $\begin{pmatrix} 2.932925 \\ 0.0060*** \end{pmatrix} \begin{pmatrix} 24.38317 \\ 0.0000*** \end{pmatrix} \begin{pmatrix} R^2 = 0.945906 \\ 调整后的 R^2 = 0.944315 \\ F = 594.5392 \\ P = 0.000000 \end{pmatrix}$ $V_M = -146.4194 + 8.8255891 V_L$ $\begin{pmatrix} -1.986898 \\ 0.0550* \end{pmatrix} \begin{pmatrix} 24.38317 \\ 0.0000*** \end{pmatrix}$
四川	$V_L = 91.23373 + 0.068112 V_M$ $\begin{pmatrix} 4.351660 \\ 0.0001*** \end{pmatrix} \begin{pmatrix} 12.10007 \\ 0.0000*** \end{pmatrix} \begin{pmatrix} R^2 = 0.811542 \\ 调整后的 R^2 = 0.805999 \\ F = 146.4117 \\ P = 0.000000 \end{pmatrix}$ $V_M = -688.0504 + 11.914747 V_L$ $\begin{pmatrix} -2.115442 \\ 0.0418** \end{pmatrix} \begin{pmatrix} 12.10007 \\ 0.0000*** \end{pmatrix}$

续表

大西南综合经济区	V_M 与 V_L 的回归方程式
贵州	$V_L = -26.69022 + 0.294619 V_M$ $\begin{pmatrix} -2.714444 \\ 0.0104** \end{pmatrix} \begin{pmatrix} 24.69092 \\ 0.0000*** \end{pmatrix} \begin{pmatrix} R^2 = 0.947176 \\ 调整后的 R^2 = 0.945622 \\ F = 609.6414 \\ P = 0.000000 \end{pmatrix}$ $V_M = 111.6958 + 3.214912 V_L$ $\begin{pmatrix} 3.689155 \\ 0.0008*** \end{pmatrix} \begin{pmatrix} 24.69092 \\ 0.0000*** \end{pmatrix}$
云南	$V_L = 26.09833 + 0.077074 V_M$ $\begin{pmatrix} 3.188483 \\ 0.0031*** \end{pmatrix} \begin{pmatrix} 12.41236 \\ 0.0000*** \end{pmatrix} \begin{pmatrix} R^2 = 0.819213 \\ 调整后的 R^2 = 0.813896 \\ F = 154.0668 \\ P = 0.000000 \end{pmatrix}$ $V_M = -125.3022 + 10.62893 V_L$ $\begin{pmatrix} -1.166412 \\ 0.2516 \end{pmatrix} \begin{pmatrix} 12.41236 \\ 0.0000*** \end{pmatrix}$

从表 9 – 23 中可以看出，五个地区调整后的 R^2 均高于 80%，说明模型的拟合程度较高，五个地区的 F 统计量均较高，远远大于 $F_{0.05}$（1，34）的值，说明模型的线性关系在 95% 的置信水平下显著性成立。进而可以进一步求解出其共生度及发展趋势（如表 9 – 24 所示）。

通过表 9 – 24 可以看出，大西南综合经济区各个地区制造业与物流业相互之间的共生度差异显著，各个地区大致经历了两个阶段。广西和四川 1978 ~ 1990 年为物流业寄生于制造业模式，1991 ~ 2013 年为正向非对称性互惠共生模式，并且在 1991 年之后制造业对物流业的共生度大于物流业对制造业的共生度，说明物流业对制造业的拉动作用大于制造业对物流业的推动作用，但物流业对制造业的拉动作用在减小，而制造业对物流业的推动作用在增加，两者在未来某个时间内会达到一个平衡点；重庆在考察期内也经历了两个阶段：1978 ~ 1991 年为物流业寄生于制造业模式，1992 ~ 2013 年为正向非对称性互惠共生模式，并且 1992 年以后制造业对物流业的共生度大于物流业对制造业的共生度，说明物流业对制造业的拉动作用大于制造业对物流业的推动作用，但制造业对物流业的推动作用在增加，而

表9－24 1978～2013年大西南综合经济区制造业与物流业的共生度和共生模式判定

年份	广西			重庆			四川			贵州			云南		
	θ_{ML}	θ_{LM}	共生模式判定	θ_{ML}	θ_{LM}	共生模式判定	θ_{ML}	θ_{LM}	共生模式判定	θ_{ML}	θ_{LM}	共生模式判定	θ_{ML}	θ_{LM}	共生模式判定
1978	-0.126	0.063	物流业寄生于制造业	-0.212	0.117	物流业寄生于制造业	-0.120	0.042	物流业寄生于制造业	0.046	-0.202	制造业寄生于物流业	-0.248	0.058	物流业寄生于制造业
1979	-0.126	0.068	物流业寄生于制造业	-0.239	0.128	物流业寄生于制造业	-0.132	0.047	物流业寄生于制造业	0.051	-0.254	制造业寄生于物流业	-0.300	0.065	物流业寄生于制造业
1980	-0.170	0.074	物流业寄生于制造业	-0.277	0.140	物流业寄生于制造业	-0.147	0.052	物流业寄生于制造业	0.055	-0.272	制造业寄生于物流业	-0.311	0.071	物流业寄生于制造业
1981	-0.183	0.079	物流业寄生于制造业	-0.307	0.144	物流业寄生于制造业	-0.157	0.053	物流业寄生于制造业	0.069	-0.290	制造业寄生于物流业	-0.394	0.078	物流业寄生于制造业
1982	-0.195	0.082	物流业寄生于制造业	-0.384	0.153	物流业寄生于制造业	-0.172	0.058	物流业寄生于制造业	0.073	-0.332	制造业寄生于物流业	-0.516	0.092	物流业寄生于制造业
1983	-0.217	0.086	物流业寄生于制造业	-0.597	0.161	物流业寄生于制造业	-0.203	0.065	物流业寄生于制造业	0.098	-0.451	制造业寄生于物流业	-0.631	0.103	物流业寄生于制造业
1984	-0.264	0.097	物流业寄生于制造业	-0.712	0.187	物流业寄生于制造业	-0.244	0.073	物流业寄生于制造业	0.118	-0.686	制造业寄生于物流业	-0.851	0.115	物流业寄生于制造业
1985	-0.304	0.117	物流业寄生于制造业	-0.805	0.215	物流业寄生于制造业	-0.329	0.087	物流业寄生于制造业	0.144	-0.863	制造业寄生于物流业	-1.233	0.134	物流业寄生于制造业
1986	-0.375	0.144	物流业寄生于制造业	-0.767	0.230	物流业寄生于制造业	-0.461	0.093	物流业寄生于制造业	0.175	-0.927	制造业寄生于物流业	-1.985	0.153	物流业寄生于制造业
1987	-0.534	0.170	物流业寄生于制造业	-0.805	0.246	物流业寄生于制造业	-0.744	0.107	物流业寄生于制造业	0.182	-1.228	制造业寄生于物流业	1052.422	0.178	正向非对称性互惠共生

续表

年份	广西			重庆			四川			贵州			云南		
	θ_{ML}	θ_{LM}	共生模式判定	θ_{ML}	θ_{LM}	共生模式判定	θ_{ML}	θ_{LM}	共生模式判定	θ_{ML}	θ_{LM}	共生模式判定	θ_{ML}	θ_{LM}	共生模式判定
1988	-0.906	0.200	物流业寄生于制造业	-1.276	0.300	物流业寄生于制造业	-1.115	0.134	物流业寄生于制造业	0.220	-3.067	制造业寄生于物流业	5.239	0.227	正向非对称性互惠共生
1989	-1.615	0.219	物流业寄生于制造业	-2.867	0.337	物流业寄生于制造业	-2.051	0.149	物流业寄生于制造业	0.263	-5.795	制造业寄生于物流业	2.764	0.269	正向非对称性互惠共生
1990	-3.569	0.232	物流业寄生于制造业	-2.959	0.324	物流业寄生于制造业	-5.390	0.171	物流业寄生于制造业	0.252	-9.731	制造业寄生于物流业	2.468	0.297	正向非对称性互惠共生
1991	6.824	0.263	正向非对称性互惠共生	-5.405	0.355	物流业寄生于制造业	18.978	0.199	正向非对称性互惠共生	0.287	-54.499	制造业寄生于物流业	1.990	0.324	正向非对称性互惠共生
1992	3.055	0.318	正向非对称性互惠共生	3.957	0.410	正向非对称性互惠共生	6.273	0.220	正向非对称性互惠共生	0.354	6.727	正向非对称性互惠共生	1.880	0.364	正向非对称性互惠共生
1993	2.172	0.441	正向非对称性互惠共生	2.763	0.494	正向非对称性互惠共生	3.364	0.270	正向非对称性互惠共生	0.417	3.024	正向非对称性互惠共生	1.633	0.456	正向非对称性互惠共生
1994	1.906	0.539	正向非对称性互惠共生	2.176	0.578	正向非对称性互惠共生	2.204	0.333	正向非对称性互惠共生	0.331	2.101	正向非对称性互惠共生	1.438	0.530	正向非对称性互惠共生
1995	1.551	0.571	正向非对称性互惠共生	1.564	0.637	正向非对称性互惠共生	1.677	0.383	正向非对称性互惠共生	0.378	1.768	正向非对称性互惠共生	1.314	0.585	正向非对称性互惠共生
1996	1.419	0.593	正向非对称性互惠共生	1.394	0.669	正向非对称性互惠共生	1.473	0.422	正向非对称性互惠共生	0.411	1.674	正向非对称性互惠共生	1.214	0.637	正向非对称性互惠共生
1997	1.380	0.602	正向非对称性互惠共生	1.297	0.695	正向非对称性互惠共生	1.382	0.448	正向非对称性互惠共生	0.374	1.566	正向非对称性互惠共生	1.184	0.658	正向非对称性互惠共生

续表

年份	广西 θ_ML	θ_LM	共生模式判定	重庆 θ_ML	θ_LM	共生模式判定	四川 θ_ML	θ_LM	共生模式判定	贵州 θ_ML	θ_LM	共生模式判定	云南 θ_ML	θ_LM	共生模式判定
1998	1.359	0.622	正向非对称性互惠共生	1.266	0.696	正向非对称性互惠共生	1.326	0.463	正向非对称性互惠共生	0.419	1.496	正向非对称性互惠共生	1.153	0.674	正向非对称性互惠共生
1999	1.294	0.626	正向非对称性互惠共生	1.235	0.701	正向非对称性互惠共生	1.300	0.468	正向非对称性互惠共生	0.597	1.468	正向非对称性互惠共生	1.123	0.668	正向非对称性互惠共生
2000	1.258	0.642	正向非对称性互惠共生	1.203	0.716	正向非对称性互惠共生	1.258	0.487	正向非对称性互惠共生	0.651	1.404	正向非对称性互惠共生	1.109	0.673	正向非对称性互惠共生
2001	1.214	0.652	正向非对称性互惠共生	1.179	0.733	正向非对称性互惠共生	1.226	0.512	正向非对称性互惠共生	0.685	1.371	正向非对称性互惠共生	1.093	0.681	正向非对称性互惠共生
2002	1.171	0.669	正向非对称性互惠共生	1.155	0.756	正向非对称性互惠共生	1.198	0.537	正向非对称性互惠共生	0.709	1.324	正向非对称性互惠共生	1.085	0.697	正向非对称性互惠共生
2003	1.153	0.702	正向非对称性互惠共生	1.138	0.786	正向非对称性互惠共生	1.179	0.569	正向非对称性互惠共生	0.729	1.247	正向非对称性互惠共生	1.073	0.720	正向非对称性互惠共生
2004	1.130	0.751	正向非对称性互惠共生	1.121	0.816	正向非对称性互惠共生	1.137	0.618	正向非对称性互惠共生	0.742	1.187	正向非对称性互惠共生	1.059	0.757	正向非对称性互惠共生
2005	1.172	0.785	正向非对称性互惠共生	1.082	0.830	正向非对称性互惠共生	1.179	0.654	正向非对称性互惠共生	0.769	1.145	正向非对称性互惠共生	1.078	0.777	正向非对称性互惠共生
2006	1.145	0.821	正向非对称性互惠共生	1.068	0.855	正向非对称性互惠共生	1.147	0.701	正向非对称性互惠共生	0.795	1.118	正向非对称性互惠共生	1.072	0.806	正向非对称性互惠共生
2007	1.119	0.858	正向非对称性互惠共生	1.067	0.882	正向非对称性互惠共生	1.127	0.745	正向非对称性互惠共生	0.826	1.099	正向非对称性互惠共生	1.064	0.835	正向非对称性互惠共生

续表

年份	广西			重庆			四川			贵州			云南		
	θ_{ML}	θ_{LM}	共生模式判定	θ_{ML}	θ_{LM}	共生模式判定	θ_{ML}	θ_{LM}	共生模式判定	θ_{ML}	θ_{LM}	共生模式判定	θ_{ML}	θ_{LM}	共生模式判定
2008	1.101	0.884	正向非对称性互惠共生	1.057	0.907	正向非对称性互惠共生	1.113	0.786	正向非对称性互惠共生	0.839	1.079	正向非对称性互惠共生	1.056	0.859	正向非对称性互惠共生
2009	1.096	0.892	正向非对称性互惠共生	1.046	0.933	正向非对称性互惠共生	1.125	0.809	正向非对称性互惠共生	0.920	1.078	正向非对称性互惠共生	1.070	0.860	正向非对称性互惠共生
2010	1.074	0.918	正向非对称性互惠共生	1.044	0.946	正向非对称性互惠共生	1.112	0.847	正向非对称性互惠共生	0.933	1.064	正向非对称性互惠共生	1.065	0.885	正向非对称性互惠共生
2011	1.059	0.933	正向非对称性互惠共生	1.038	0.957	正向非对称性互惠共生	1.099	0.876	正向非对称性互惠共生	0.945	1.052	正向非对称性互惠共生	1.057	0.898	正向非对称性互惠共生
2012	1.056	0.938	正向非对称性互惠共生	1.033	0.960	正向非对称性互惠共生	1.089	0.887	正向非对称性互惠共生	0.952	1.043	正向非对称性互惠共生	1.050	0.911	正向非对称性互惠共生
2013	1.051	0.943	正向非对称性互惠共生	1.029	0.962	正向非对称性互惠共生	1.083	0.896	正向非对称性互惠共生	0.957	1.035	正向非对称性互惠共生	1.045	0.918	正向非对称性互惠共生

物流业对制造业的推动作用在减小；贵州 1978～1991 年为制造业寄生于物流业模式，1992～2013 年为正向非对称性互惠共生模式，并且 1992 年以来制造业对物流业的共生度小于物流业对制造业的共生度，说明物流业对制造业的拉动作用小于制造业对物流业的推动作用，但制造业对物流业的推动作用在减小，而物流业对制造业的拉动作用在增加。云南省 1978～1986 年为物流业寄生于制造业模式，1987～2013 年为正向非对称性互惠共生模式，并且 1987 年以后制造业对物流业的共生度大于物流业对制造业的共生度，说明物流业对制造业的拉动作用大于制造业对物流业的推动作用，但物流业对制造业的拉动作用在减小，而制造业对物流业的推动作用在增加。随着时间的推移，这五个地区在未来的某个时间内将出现由非对称性互惠共生模式向对称性互惠共生模式的转变。

9.10.2 大西南综合经济区制造业与物流业共生系数测算

进一步地可以计算出制造业与物流业的共生系数 θ_M 和 θ_L，由于两者有极大的关联性，图 9-8 仅给出了 θ_M 的变化趋势。

广西壮族自治区制造业与物流业的共生系数 θ_M 在波动中先上升后下降，1978 年为 0.667，1991 年达到历史的最高值，为 0.963，说明此阶段制造业对物流业的影响小于物流业对制造业的影响，1978～1991 年制造业对物流业的影响在减小，而物流业对制造业的影响在增加。但从 1991 年起，物流业对制造业的影响程度在减小，而制造业对物流业的影响在增加。重庆市制造业与物流业的共生系数 θ_M 在波动中先上升后下降，1978 年为 0.643，1991 年达到历史的最高值，为 0.938，说明此阶段制造业对物流业的影响小于物流业对制造业的影响，1978～1991 年制造业对物流业的影响在减小，而物流业对制造业的影响在增加。但从 1991 年起，物流业对制造业的影响程度在减小，而制造业对物流业的影响在增加。四川省制造业与物流业的共生系数 θ_M 在波动中先上升后下降，1978 年为 0.738，1991 年达到历史的最高值，为 0.990，说明此阶段制造业对物流业的影响小于物流业对制造业的影响，1978～1991 年制造业对物流业的影响在减小，而物流业对制造业的影响在增加。但从 1991 年起，物流业对制造业的影响程度在减小，而制造业对物流业的影响在增加。贵州省制造业与物流业的共

生系数 θ_M 在波动中先下降后上升，1978 年为 0.186，1991 年达到历史的最低值，为 0.005，说明此阶段物流业对制造业的影响小于制造业对物流业的影响，1978 ~ 1991 年制造业对物流业的影响在增加，而物流业对制造业的影响在减小。但从 1991 年起，物流业对制造业的影响程度在增加，而制造业对物流业的影响在减小。云南省制造业与物流业的共生系数 θ_M 在波动中先上升后下降，1978 年为 0.810，1987 年达到历史最高值，为 0.9998，说明此阶段制造业对物流业的影响大于物流业对制造业的影响，1978 ~ 1991 年制造业对物流业的影响在减小，而物流业对制造业的影响在增加。但从 1991 年起，物流业对制造业的影响程度在减小，而制造业对物流业的影响在增加。

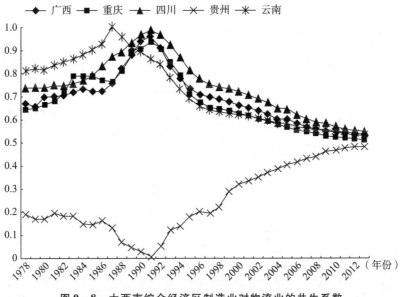

图 9 – 8　大西南综合经济区制造业对物流业的共生系数

9.10.3　大西南综合经济区制造业与物流业由非对称性互惠共生模式向对称性互惠共生模式过渡所需要的时间测算

运用 Matlab 求得各个地区的拟合方程（如表 9 – 25 所示），从中可以看出，各个方程所对应的调整后的 R^2 均大于 96%，说明方程拟合程度很高。

根据 $\theta_{ML} = \theta_{LM}$，可计算出各个地区的 x 值，将其换算成为所对应的年份，即广西大约在 2030～2031 年会实现制造业与物流业联动发展利益分配从非对称性互惠共生向对称性互惠共生的过渡。重庆大约在 2048～2049 年会实现这一转化，四川在 2039～2040 年会实现这一转化。贵州省大约在 2057～2058 会实现这一转化。云南大约在 2072～2073 会实现这一转化。从中可以看出从非对称性互惠共生模式向对称性互惠共生模式过渡还要经历一个比较漫长的过程，各个地区进入对称性互惠共生模式的年份不一。

表 9-25　大西南综合经济区制造业与物流业由非对称性互惠共生模式向对称性互惠共生模式过渡所需要的时间测算

地区	实证时间	θ_{ML}、θ_{LM} 关于 x 值的拟合曲线	x 值	调整后的 R^2	进入对称性互惠共生状态时间
广西	1991～2013 年	$\theta_{ML} = 13.96e^{-0.9246x} + 1.99$ $\theta_{LM} = 0.2779x^{0.3987} - 0.01466$	40.3387	0.983 0.9638	2030～2031 年
重庆	1992～2013 年	$\theta_{ML} = 0.2268x^4 - 0.3157x^3 - 0.1411x^2 + 0.8453x + 1.161$ $\theta_{LM} = -0.0001897x^6 + 0.01292x^5 - 0.03699x^4 - 0.02368x^3 + 0.0672x^2 + 0.144x + 0.7666$	55.78	0.9673 0.9969	2048～2049 年
四川	1991～2013 年	$\theta_{ML} = 1.697 \times 10^{17} e^{-\left(\frac{x+10.34}{1.437}\right)^2} + 67.25e^{-\left(\frac{x+47.63}{23.95}\right)^2}$ $\theta_{LM} = 0.8719e^{-\left(\frac{x-1.679}{1.168}\right)^2} + 0.2265e^{-\left(\frac{x-0.5342}{0.6999}\right)^2} + 0.427e^{-\left(\frac{x+0.6395}{1.065}\right)^2}$	49.1988	0.9984 0.9986	2039～2040 年
贵州	1992～2013 年	$\theta_{ML} = 0.06344x^7 - 0.03205x^6 - 0.3077x^5 + 0.1436x^4 + 0.4031x^3 - 0.1819x^2 + 0.1027x + 0.7226$ $\theta_{LM} = 0.2928x^6 - 0.5223x^5 - 0.4597x^4 + 0.926x^3 + 0.1967x^2 - 0.611x + 1.277$	66.49	0.9856 0.9838	2057～2058 年
云南	1987～2013 年	$\theta_{ML} = 2993e^{-\left(\frac{x+1.718}{0.07805}\right)^2} + 1.481e^{-\left(\frac{x+1.396}{0.2253}\right)^2} + 0.5169e^{-\left(\frac{x+0.9894}{0.284}\right)^2} + 204.7e^{-\left(\frac{x+178.8}{78.4}\right)^2}$ $\theta_{LM} = 0.9172e^{-\left(\frac{x-1.745}{2.745}\right)^2} + 0.1687e^{-\left(\frac{x+0.4921}{0.4863}\right)^2}$	86.75	1.000 0.994	2072～2073 年

9.11 大西北综合经济区制造业与物流业共生模式实证检验

9.11.1 大西北综合经济区制造业与物流业共生度测算

运用 Eviews7.2 对制造业 V_M 与物流业 V_L 进行回归分析和相关性检验，通过散点图可知两者之间相关性显著，其结果如表 9 − 26 所示。

表 9 − 26　大西北综合经济区各地区制造业与物流业的回归方程式

大西北综合经济区	V_M 与 V_L 的回归方程式
甘肃	$V_L = -0.856402 + 0.157889 V_M$ $\begin{pmatrix} -0.315774 \\ 0.7541 \end{pmatrix}\begin{pmatrix} 45.76692 \\ 0.0000 *** \end{pmatrix}\begin{pmatrix} R^2 = 0.984027 \\ 调整后的 R^2 = 0.983557 \\ F = 2094.611 \\ P = 0.000000 \end{pmatrix}$ $V_M = 13.12956 + 6.232407 V_L$ $\begin{pmatrix} 0.776202 \\ 0.4430 \end{pmatrix}\begin{pmatrix} 45.76692 \\ 0.0000 *** \end{pmatrix}$
青海	$V_L = 6.169418 + 0.080508 V_M$ $\begin{pmatrix} 4.271611 \\ 0.0001 *** \end{pmatrix}\begin{pmatrix} 17.42184 \\ 0.0000 *** \end{pmatrix}\begin{pmatrix} R^2 = 0.899265 \\ 调整后的 R^2 = 0.896303 \\ F = 303.5205 \\ P = 0.000000 \end{pmatrix}$ $V_M = -51.75838 + 11.16984 V_L$ $\begin{pmatrix} -2.705705 \\ 0.0106 ** \end{pmatrix}\begin{pmatrix} 17.42184 \\ 0.0000 *** \end{pmatrix}$
宁夏	$V_L = -4.728147 + 0.063544 V_M$ $\begin{pmatrix} -1.809985 \\ 0.0791 * \end{pmatrix}\begin{pmatrix} 26.11694 \\ 0.0000 *** \end{pmatrix}\begin{pmatrix} R^2 = 0.952520 \\ 调整后的 R^2 = 0.951124 \\ F = 682.0947 \\ P = 0.000000 \end{pmatrix}$ $V_M = 101.0686 + 14.98893 V_L$ $\begin{pmatrix} 2.641117 \\ 0.0124 ** \end{pmatrix}\begin{pmatrix} 26.11694 \\ 0.0000 *** \end{pmatrix}$

大西北综合经济区	V_M 与 V_L 的回归方程式
新疆	$V_L = 21.24789 + 0.114527 V_M$ $\begin{pmatrix} 3.446778 \\ 0.0015*** \end{pmatrix} \begin{pmatrix} 19.94648 \\ 0.0000*** \end{pmatrix} \begin{pmatrix} R^2 = 0.921271 \\ 调整后的 R^2 = 0.918956 \\ F = 397.8622 \\ P = 0.000000 \end{pmatrix}$ $V_M = -120.8539 + 8.044141 V_L$ $\begin{pmatrix} -2.145737 \\ 0.0391** \end{pmatrix} \begin{pmatrix} 19.94648 \\ 0.0000*** \end{pmatrix}$

从表 9 - 26 可以看出，四个地区调整后的 R^2 均高于 89%，说明模型的拟合程度高，四个地区的 F 统计量均较高，远远大于 $F_{0.05}$（1，34）的值，说明模型的线性关系在 95% 的置信水平下显著性成立。进而可以进一步求解出其共生度及发展趋势（如表 9 - 27 所示）。

通过表 9 - 27 可以看出，大西北综合经济区各个地区制造业与物流业相互之间的共生度差异显著。甘肃在考察期内各个年份均为正向非对称性互惠共生模式，并且制造业对物流业的共生度小于物流业对制造业的共生度，说明制造业对物流业的推动作用大于物流业对制造业的拉动作用，但制造业对物流业的推动作用在降低，而物流业对制造业的拉动作用在增加；青海在考察期内经历了两个阶段：1978 ~ 1991 年为物流业寄生于制造业模式，1992 ~ 2013 年为正向非对称性互惠共生模式，并且 1992 年以后制造业对物流业的共生度大于物流业对制造业的共生度，说明物流业对制造业的拉动作用大于制造业对物流业的推动作用，但制造业对物流业的推动作用在增加，而物流业对制造业的拉动作用在降低；宁夏 1978 ~ 1997 年为制造业寄生于物流业模式，1998 ~ 2013 年为正向非对称性互惠共生模式，并且 1998 年以来制造业对物流业的共生度小于物流业对制造业的共生度，说明物流业对制造业的拉动作用小于制造业对物流业的推动作用，但物流业对制造业的拉动作用在增加，而制造业对物流业的推动作用在降低。新疆 1978 ~ 1989 年为物流业寄生于制造业模式，1990 ~ 2013 年为正向非对称性互惠共生模式，并且 1990 年以后制造业对物流业的共生度大于物流业对制造业的共生度，说明物流业对制造业的拉动作用大于制造业对物流业的推动作用，但物流业对制造业的拉动作用在降低，而制造业对物

表9-27 1978~2013年大西北综合经济区制造业与物流业的共生度和共生模式判定

年份	甘肃			青海			宁夏			新疆		
	θ_{ML}	θ_{LM}	共生模式判定	θ_{ML}	θ_{LM}	共生模式判定	θ_{ML}	θ_{LM}	共生模式判定	θ_{ML}	θ_{LM}	共生模式判定
1978	0.603	1.185	正向非对称性互惠共生	-0.178	0.068	物流业寄生于制造业	0.089	-0.081	制造业寄生于物流业	-0.085	0.072	物流业寄生于制造业
1979	0.610	1.172	正向非对称性互惠共生	-0.121	0.066	物流业寄生于制造业	0.088	-0.094	制造业寄生于物流业	-0.113	0.085	物流业寄生于制造业
1980	0.610	1.182	正向非对称性互惠共生	-0.178	0.069	物流业寄生于制造业	0.108	-0.090	制造业寄生于物流业	-0.146	0.086	物流业寄生于制造业
1981	0.624	1.210	正向非对称性互惠共生	-0.121	0.064	物流业寄生于制造业	0.112	-0.082	制造业寄生于物流业	-0.176	0.088	物流业寄生于制造业
1982	0.637	1.193	正向非对称性互惠共生	-0.178	0.068	物流业寄生于制造业	0.135	-0.083	制造业寄生于物流业	-0.202	0.091	物流业寄生于制造业
1983	0.661	1.169	正向非对称性互惠共生	-0.241	0.077	物流业寄生于制造业	0.151	-0.093	制造业寄生于物流业	-0.251	0.112	物流业寄生于制造业
1984	0.708	1.142	正向非对称性互惠共生	-0.479	0.086	物流业寄生于制造业	0.170	-0.111	制造业寄生于物流业	-0.364	0.121	物流业寄生于制造业
1985	0.778	1.120	正向非对称性互惠共生	-0.695	0.104	物流业寄生于制造业	0.206	-0.143	制造业寄生于物流业	-0.440	0.148	物流业寄生于制造业
1986	0.815	1.107	正向非对称性互惠共生	-0.527	0.127	物流业寄生于制造业	0.225	-0.155	制造业寄生于物流业	-0.661	0.165	物流业寄生于制造业

续表

年份	甘肃			青海			宁夏			新疆		
	θ_{ML}	θ_{LM}	共生模式判定	θ_{ML}	θ_{LM}	共生模式判定	θ_{ML}	θ_{LM}	共生模式判定	θ_{ML}	θ_{LM}	共生模式判定
1987	0.836	1.103	正向非对称性互惠共生	-0.479	0.136	物流业寄生于制造业	0.267	-0.201	制造业寄生于物流业	-1.060	0.182	物流业寄生于制造业
1988	0.838	1.088	正向非对称性互惠共生	-0.635	0.184	物流业寄生于制造业	0.282	-0.277	制造业寄生于物流业	-3.388	0.224	物流业寄生于制造业
1989	0.849	1.075	正向非对称性互惠共生	-0.695	0.208	物流业寄生于制造业	0.331	-0.391	制造业寄生于物流业	-6.074	0.245	物流业寄生于制造业
1990	0.851	1.069	正向非对称性互惠共生	-7.681	0.217	物流业寄生于制造业	0.341	-0.401	制造业寄生于物流业	4.192	0.268	正向非对称性互惠共生
1991	0.856	1.059	正向非对称性互惠共生	-33.642	0.235	物流业寄生于制造业	0.384	-0.451	制造业寄生于物流业	2.973	0.312	正向非对称性互惠共生
1992	0.871	1.052	正向非对称性互惠共生	5.346	0.258	正向非对称性互惠共生	0.414	-0.594	制造业寄生于物流业	2.129	0.364	正向非对称性互惠共生
1993	0.877	1.041	正向非对称性互惠共生	3.483	0.324	正向非对称性互惠共生	0.435	-0.997	制造业寄生于物流业	1.897	0.457	正向非对称性互惠共生
1994	0.906	1.032	正向非对称性互惠共生	2.958	0.377	正向非对称性互惠共生	0.477	-1.609	制造业寄生于物流业	1.552	0.507	正向非对称性互惠共生
1995	0.924	1.025	正向非对称性互惠共生	2.061	0.404	正向非对称性互惠共生	0.554	-5.223	制造业寄生于物流业	1.373	0.541	正向非对称性互惠共生
1996	0.931	1.020	正向非对称性互惠共生	1.782	0.413	正向非对称性互惠共生	0.634	-9.995	制造业寄生于物流业	1.290	0.563	正向非对称性互惠共生

续表

年份	甘肃			青海			宁夏			新疆		
	θ_{ML}	θ_{LM}	共生模式判定	θ_{ML}	θ_{LM}	共生模式判定	θ_{ML}	θ_{LM}	共生模式判定	θ_{ML}	θ_{LM}	共生模式判定
1997	0.943	1.019	正向非对称性互惠共生	1.617	0.429	正向非对称性互惠共生	0.680	−59.620	制造业寄生于物流业	1.248	0.621	正向非对称性互惠共生
1998	0.949	1.018	正向非对称性互惠共生	1.513	0.453	正向非对称性互惠共生	0.705	45.755	正向非对称性互惠共生	1.195	0.618	正向非对称性互惠共生
1999	0.953	1.017	正向非对称性互惠共生	1.400	0.477	正向非对称性互惠共生	0.728	12.825	正向非对称性互惠共生	1.160	0.631	正向非对称性互惠共生
2000	0.960	1.017	正向非对称性互惠共生	1.318	0.512	正向非对称性互惠共生	0.741	5.002	正向非对称性互惠共生	1.141	0.695	正向非对称性互惠共生
2001	0.964	1.015	正向非对称性互惠共生	1.251	0.538	正向非对称性互惠共生	0.773	3.674	正向非对称性互惠共生	1.145	0.708	正向非对称性互惠共生
2002	0.968	1.014	正向非对称性互惠共生	1.202	0.567	正向非对称性互惠共生	0.791	2.842	正向非对称性互惠共生	1.129	0.784	正向非对称性互惠共生
2003	0.971	1.012	正向非对称性互惠共生	1.166	0.612	正向非对称性互惠共生	0.805	2.080	正向非对称性互惠共生	1.141	0.755	正向非对称性互惠共生
2004	0.976	1.010	正向非对称性互惠共生	1.145	0.674	正向非对称性互惠共生	0.816	1.665	正向非对称性互惠共生	1.122	0.801	正向非对称性互惠共生
2005	0.986	1.008	正向非对称性互惠共生	1.170	0.727	正向非对称性互惠共生	0.872	1.481	正向非对称性互惠共生	1.112	0.838	正向非对称性互惠共生
2006	0.988	1.006	正向非对称性互惠共生	1.151	0.776	正向非对称性互惠共生	0.882	1.346	正向非对称性互惠共生	1.100	0.870	正向非对称性互惠共生

续表

年份	甘肃 θ_{ML}	θ_{LM}	共生模式判定	青海 θ_{ML}	θ_{LM}	共生模式判定	宁夏 θ_{ML}	θ_{LM}	共生模式判定	新疆 θ_{ML}	θ_{LM}	共生模式判定
2007	0.989	1.005	正向非对称性互惠共生	1.128	0.818	正向非对称性互惠共生	0.892	1.243	正向非对称性互惠共生	1.093	0.883	正向非对称性互惠共生
2008	0.990	1.004	正向非对称性互惠共生	1.128	0.852	正向非对称性互惠共生	0.904	1.179	正向非对称性互惠共生	1.085	0.906	正向非对称性互惠共生
2009	0.990	1.005	正向非对称性互惠共生	1.104	0.860	正向非对称性互惠共生	0.945	1.167	正向非对称性互惠共生	1.077	0.893	正向非对称性互惠共生
2010	0.991	1.003	正向非对称性互惠共生	1.082	0.889	正向非对称性互惠共生	0.956	1.131	正向非对称性互惠共生	1.072	0.921	正向非对称性互惠共生
2011	0.993	1.003	正向非对称性互惠共生	1.074	0.914	正向非对称性互惠共生	0.963	1.100	正向非对称性互惠共生	1.062	0.936	正向非对称性互惠共生
2012	0.993	1.003	正向非对称性互惠共生	1.069	0.921	正向非对称性互惠共生	0.967	1.093	正向非对称性互惠共生	1.044	0.939	正向非对称性互惠共生
2013	0.994	1.002	正向非对称性互惠共生	1.067	0.927	正向非对称性互惠共生	0.968	1.086	正向非对称性互惠共生	1.037	0.942	正向非对称性互惠共生

流业的推动作用在增加。随着时间的推移，这四个地区在未来的某个时间将出现由非对称性互惠共生模式向对称性互惠共生模式的转变。

9.11.2　大西北综合经济区制造业与物流业共生系数测算

进一步可以计算出制造业与物流业的共生系数 θ_M 和 θ_L，由于这两个系数有极大的关联性，图 9-9 仅给出了 θ_M 的变化趋势。

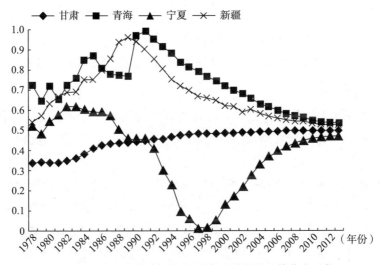

图 9-9　大西北综合经济区制造业对物流业的共生系数

甘肃制造业与物流业的共生系数 θ_M 在波动中不断上升，1978 年 θ_M 为 0.337，但始终小于 0.5，说明物流业对制造业的影响小于制造业对物流业的影响，并且随着时间的推移，物流业对制造业的影响程度在持续加大。青海制造业与物流业的共生系数 θ_M 在波动中先上升后下降，1978 年为 0.723，1991 年达到历史的最高值，为 0.993，说明此阶段制造业对物流业的影响小于物流业对制造业的影响，1978～1991 年制造业对物流业的影响系数在降低，而物流业对制造业的影响系数在增加，但从 1991 年起，物流业对制造业的影响程度在降低，而制造业对物流业的影响系数在增加。宁夏制造业与物流业的共生系数 θ_M 在波动中经历了先下降后上升再下降再上升四个阶段，1978 年 θ_M 为 0.523，1997 年达到历史的最低值，为 0.011，1978 年制造业对物流业的影响小于物流业对制造业的影响，1979 年制造业对物流业的影响大于物流业对制造业的影响，1980～1988 年制造业对物业的影响小于物流业对制造业的影响，1989 年之后制造业对物流业的影响大于物流业对制造业的影响，并且随着时间的推移，制造业对物流业的影响先增加后减小。新疆制造业与物流业的共生系数 θ_M 在波动中先上升后下降，1978 年 θ_M 为 0.541，1989 年达到历史的最高值，为 0.940，说明此阶段制造业对物流业的影响小于物流业对制造业的影响，1978~1989 年物流业对制造业的影响在增加，而制造业对物流业的影响在减小，1989 年以后，制造业对物流业的影响在增加，物流业对制造业的影响在减小。

9.11.3 大西北综合经济区制造业与物流业由正向非对称性互惠共生模式向正向对称性互惠共生模式过渡所需要的时间测算

运用 Matlab 求得各个地区的拟合方程（如表 9-28 所示），从中可以看出，各个方程所对应的调整后的 R^2 均大于 98%，说明方程拟合程度很高。

根据 $\theta_{ML} = \theta_{LM}$，可计算出各个地区的 x 值，将其换算成为所对应的年份，即甘肃大约在 2077~2078 年会实现制造业与物流业联动发展利益分配从正向非对称性互惠共生模式向对称性互惠共生模式的过渡。青海大约在 2060~2061 年会实现这一转化，宁夏在 2087~2088 年会实现这一转化。新疆大约在 2041~2042 会实现这一转化。从中可以看出从非对称性互惠共生模式向对称性互惠共生模式过渡还要经历一个比较漫长的过程，各个地区进入对称性互惠共生模式的年份不一。

表 9-28 大西北综合经济区制造业与物流业由非对称性互惠共生模式向
对称性互惠共生模式过渡所需要的时间测算

地区	实证时间	θ_{ML}、θ_{LM} 关于 x 值的拟合曲线	x 值	调整后的 R^2	进入对称性互惠共生状态时间
甘肃	1978~2013 年	$\theta_{ML} = -0.01121x^5 + 0.01307x^4 + 0.03687x^3 - 0.08426x^2 + 0.09989x + 0.9291$ $\theta_{LM} = -0.0002732x^6 + 0.01065x^5 - 0.0009472x^4 - 0.0351x^3 + 0.04827x^2 - 0.03878x + 1.026$	64.19	0.9909 0.9924	2077~2078 年

地区	实证时间	θ_{ML}、θ_{LM}关于x值的拟合曲线	x值	调整后的R^2	进入对称性互惠共生状态时间
青海	1992~2013 年	$\theta_{ML} = 0.01598e^{-3.398x} + 1.207e^{0.09222x}$ $\theta_{LM} = 11.39e^{-\left(\frac{x-2.517}{1.604}\right)^2} - 66.08e^{-\left(\frac{x-3.486}{2.246}\right)^2} + 0.03114e^{-\left(\frac{x-0.6048}{0.3893}\right)^2} - 0.1598e^{-\left(\frac{x+0.291}{0.7765}\right)^2} + 73.86e^{-\left(\frac{x-4.519}{2.824}\right)}$	69.25	0.9939 0.9949	2060~2061 年
宁夏	1998~2013 年	$\theta_{ML} = 0.008841x^8 + 0.005066x^7 - 0.04151x^6 + 0.0009699x^5 + 0.04982x^4 - 0.009726x^3 - 0.01247x^2 + 0.1057x + 0.8596$ $\theta_{LM} = 3.06x^6 - 4.586x^5 - 5.077x^4 + 6.613x^3 + 2.702x^2 - 2.346x + 1.213$	89.38	0.9805 0.992	2087~2088 年
新疆	1990~2013 年	$\theta_{ML} = 0.05526x^6 - 0.145x^5 + 0.0536x^4 + 0.05336x^3 + 0.02988x^2 - 0.09662x + 1.138$ $\theta_{LM} = 0.008728x^8 - 0.01796x^7 - 0.03265x^6 + 0.09014x^5 + 0.003915x^4 - 0.1286x^3 + 0.01107x^2 + 0.249x + 0.7256$	42.44	0.9977 0.9931	2041~2042 年

9.12 小结

综合以上的分析，可以总结出当前我国制造业与物流业联动发展模式有以下特征。

1. 除了北京、河北、贵州、宁夏、甘肃、黑龙江和上海外，其他地区的制造业对物流业的共生度在波动中由负转为正，但转"正"的时间不一，各个省份制造业对物流业的共生度出现转"正"的时间如表 9-29 所示。而在物流业对制造业的共生度 θ_{LM} 表中，北京出现由负转正的时间是在 1982 年，贵州出现由负转正的时间是在 1992 年，宁夏出现由负转正的时间是在 1998 年。将制造业对物流业的共生度值与物流业对制造业的共生度值结合起来，再结合共生模式的判定标准，可得出以下演化规律。

（1）$\theta_{ML} > 0$，$\theta_{LM} < 0$（典型的如 1982 年之前的北京、1992 年之前的

贵州、1998 年之前的宁夏），表示该地区制造业处于寄生模式状态。

（2）$\theta_{ML}<0$，$\theta_{LM}>0$（典型的如表 9 – 29 中所列的省份，在由负转正的时间节点之前），表示这些地区制造业与物流业的共生模式为物流业寄生状态。

（3）$\theta_{ML}\neq\theta_{LM}>0$（典型的如河北、黑龙江、上海、甘肃 4 个地区在考察期内），双方对彼此的共生度均为正值，但不等，因此属于非对称性互惠共生模式，除此之外，类型（1）和（2）中的地区由负转正后，也均转化为非对称性互惠共生模式。

（4）$\theta_{ML}=\theta_{LM}>0$，目前尚没有地区属于此种情况，但随着时间的推移，多数地区已经开始向对称性互惠共生模式靠拢，各个地区在从非对称性互惠共生模式向对称性互惠共生模式转变的路上，已经做出了不同的努力，并且取得了一定的效果。而具体各个地区向对称性互惠共生模式演化还需要多长的时间可再做进一步的计算。

表 9 – 29　各个地区制造业对物流业的共生度 θ_{ML} 开始出现由"负"转"正"的时间

地区	转"正"时间	地区	转"正"时间	地区	转"正"时间	地区	转"正"时间
天津	1990	山西	1985	内蒙古	1992	辽宁	1987
吉林	1992	江苏	1985	浙江	1990	安徽	1991
福建	1992	江西	1993	山东	1987	河南	1991
湖北	1988	湖南	1992	广东	1991	广西	1991
海南	1992	重庆	1992	四川	1991	云南	1987
陕西	1993	青海	1992	新疆	1990	全国	1984

2. 各个地区达到对称性互惠共生模式的年份不一，全国大概在 2039～2040 年会达到对称性互惠共生模式，早于全国达到正向对称性互惠共生模式的地区包括上海、广东、江苏、山东、天津、浙江、北京、福建、广西、辽宁、湖北、河北、陕西等 13 个地区，其中上海和广东最早进入对称性互惠共生模式的行列。从中可以看出经济越发达的地区达到对称性互惠共生模式的节奏越快。上海、广东、江苏、山东、天津、浙江、北京、福建均可在 2030 年之前实现制造业与物流业的正向对称性互惠共生（见表 9 – 30）。

表9-30　全国及各个地区大致出现非对称性互惠共生模式过渡到
对称性互惠共生模式的年份

2020年之前	2021～2030年	2031～2040年	2041～2050年	2051～2060年	2061～2070年	2071～2080年	2081～2090年
上海（2014～2015）	江苏（2021～2022）	广西（2030～2031）	新疆（2014～2042）	海南（2051～2052）	青海（2060～2061）	江西（2072～2073）	宁夏（2087～2088）
广东（2018～2019）	山东（2021～2022）	辽宁（2031～2032）	吉林（2044）	湖南（2054）	黑龙江（2062～2063）	云南（2072～2073）	
	天津（2024～2025）	湖北（2034）	重庆（2048～2049）	内蒙古（2054～2055）		甘肃（2077～2078）	
	浙江（2026）	河北（2036～2037）	山西（2049～2050）	安徽（2055～2056）			
	北京（2027～2028）	陕西（2039）		河南（2056～2057）			
	福建（2027～2028）	全国（2039～2040）		贵州（2057～2058）			
		四川（2039～2040）					

注：括号里的时间分别表示各个地区达到对称性互惠共生模式的年份。

10

制造业与物流业联动发展
模式案例研究

——以宝供物流为例

上一章从区域和行业的视角检验了我国各个地区制造业与物流业联动发展共生模式的差异，事实上，企业才是实施产业联动中的真正主体，因此在产业分析的基础上，若能直接从企业的角度分析两者联动发展的演化路径则更有说服力。本章仍然是制造业与物流业共生模式关系的实证检验，所不同的是选取了企业作为研究视角，从企业的发展历程分析联动发展中共生模式演化的过程及其受到的外部共生环境和共生介质的影响。

宝供物流企业集团有限公司（以下简称"宝供"）的发展演变过程堪称中国第三方物流发展的典范。宝供在发展过程中经历了从仓储企业向第三方物流企业以及最终向供应链一体化企业转变的过程。本章将结合制造业与物流业联动发展的模式，以宝供和宝洁之间的业务关系为主线，分析宝供发展过程中与制造企业的共生模式的演化。

10.1 宝供基本情况介绍

宝供物流企业集团有限公司（P. G. Logistics Group Co. , Ltd）是我国最早运用现代物流理念和方法为客户提供供应链一体化物流服务的专业公司，是供应链全面解决方案的提供者和实施者，是一家为客户提供物流系统策划和优化、物流运作管理以及物流信息服务的公司。① 现有的宝供物

---

① 广东省商业联合会，http://www.ggcc.org.cn/tz/news_viewdetail.asp? id=211。

流已在全国设立了 9 个分（子）公司（分别设于广州、沈阳、大连、北京、上海、苏州、合肥、武汉和成都），拥有覆盖省会城市及多个二级城市的 80 个办事处（分别在天津、石家庄、太原、济南、郑州、长沙、南京、杭州、深圳、海口、南宁、福州、沈阳、大连、哈尔滨、长春、重庆、昆明、贵州、先、兰州、乌鲁木齐、拉萨和喀什等），形成了一个覆盖全国并开始向美国、澳大利亚、泰国、香港等地延伸的国际化物流运作网络和信息网络。现已在北京、广州、上海、苏州、合肥、顺德、南京、沈阳、天津和成都建立了物流基地，并在全国 40 个城市分布了 80 多个物流配送中心，总仓储面积达到 100 万平方米，年处理货物达到 2 亿件，货值超过 500 亿元。①

宝供物流的发展历程与其各个阶段的定位紧密结合，1994 年其定位是"提供门对门一体化服务"，1997 年为"提供物流一体化物流服务"，2000 年为"提供供应链一体化服务"，2003 年为"提供全球供应链一体化服务"，2006 年为"VMI 物流系统建设"，2009 年为"提供深度物流一体化服务"，2012 年为"提供电子商务解决方案"，2015 年为"深度配送网络的构建 零担干线物流平台的打造"。

宝供目前已与国内外近百家著名企业结成战略联盟，为他们提供商品以及原辅材料、零部件的采购、储存、分销、加工、包装、配送、信息处理、信息提供、系统规划设计等供应链一体化的综合物流服务。宝供目前主要服务于九大行业，针对不同行业特性和企业需求，为其提供个性化的服务。其中，日用消费品企业包括宝洁、联合利华、安利等；软件电子通信行业包括宏基、明基、东芝等；石油汽车零配件行业包括中石油、丰田等；医药包括养生堂等；连锁企业包括沃尔玛、肯德基、麦当劳等；家电企业包括飞利浦、松下、三星及海尔等。

宝供在中国的发展可通过宝供在业内所占据的七个第一来说明，宝供是中国第一家物流企业集团，第一个在中国运用现代物流观念为客户提供全程物流服务，第一个在中国建立覆盖全国的物流运作网，第一个在中国

---

① 《宝供物流 20 年发布平台战略》，2014 年 12 月 10 日，http://www.56lem.com/news/show - 839.html。

将工业化的质量管理标准运用到物流运作上，第一个在中国建立基于 Internet/Intranet 的物流信息系统，第一个在中国将产学研相结合，举办物流技术与管理发展的国际性高级研讨会，是第一个在中国创办物流奖励基金的企业。[①]

当前，宝供集团又在全国沿海以及内地重要城市兴建了 10 个面积在 15～70 万平方米的高效、大型现代化物流基地，形成了以现代物流基地为枢纽的网络体系。这样的物流基地不仅是现代化的储存、运输、分拨、配送、多种运输交叉作业的中心，也是加工增值服务中心、商品展示中心、贸易集散中心、金融结算中心、信息枢纽及信息发布中心。其提供的服务除了一关三检、物流科研培训，还包括为生产制造及流通产品、进出口产品提供全球供应链一体化的服务。

宝供取得这些成就经历了一个漫长的过程，这一过程也正好反映出了制造企业与物流企业之间联动发展模式的差异及演化。根据其发展的历史脉络，总体上可以分为偏利共生模式阶段、非对称性互惠共生模式阶段、为从非对称性互惠共生模式向对称性互惠共生模式转变做出努力阶段以及多种互惠共生模式并存阶段。

10.2　偏利共生模式阶段（1994 年）

在 1994 年宝供储运成立之前，其还是一家铁路货物转运站，当时站场的总体规模很小，但经营方式很灵活，运输质量比较高，是广州唯一一家能够提供全天候 24 小时货运及门到门服务的企业，因此在市场上受到好评。[②]

美国宝洁公司是世界上最大的日用消费品生产企业，1992 年，宝洁公司进入中国市场，并在广东地区建立了大型生产基地。产品能否及时、快速地运送到全国各地是宝洁公司能否迅速抢占中国市场的重要决定因素（杨国军和刘志学，2005）。为了节省运输成本，宝洁公司除选择公路运输

---

① 《宝供的七个第一》，http://www.fitstone.cn/article.php？msgID＝7256。

② 《广州宝供第三方物流》，http://jpkc.szpt.edu.cn/dzsw/article_content.asp？id＝90。

之外，也在积极地寻求铁路解决方案。当时广东占主导地位的储运企业均以国有企业为主，这些企业在经营过程中普遍存在地方保护主义、观念落后陈旧、储运条块分割、信息简陋不畅、运作效率低下等问题，难以适应客户需求。与这些传统的国有企业相比，宝供储运公司能够提供全天候 24 小时的服务，货损货差率低，服务态度好。在这种背景下，这家铁路货物转运站引起了宝洁的关注，让宝洁公司尝试着把其在中国市场的物流业务交给了这家货物转运站。当时宝洁提出的要求是货物转运站必须按照国际的 GMP 质量保证体系①和 SOP② 运作管理程序提供服务。围绕着宝洁公司的物流需求，宝供设计了业务流程，制定严格的流程管理制度。在第一单业务中，这家转运站异常小心翼翼地完成了宝洁交给的任务，正如刘武所说的："我们像照料婴儿一样细心呵护宝洁的每一件产品。""刚开始的生意宝供不但没有赚到钱，反而还贴进去几千元。"③

从中可以看出，这种偏利共生模式主要存在于宝供成立之初，为了争取宝洁的业务，而在利益上做出牺牲。对于宝供来说，其在具体的某一单业务中可能亏损或者实现零利润，但其所赢得的信任是一种难得的无形资产；对于宝洁来说，宝供在业务上的完善与开展对其发展产生了重要的影响。当然这样的模式只是短暂的过渡状态，在发展过程中，宝供随着自身力量的强大，也逐步争取了一部分利益。

这一阶段的共生界面主要包括信息技术的使用，宝供针对宝洁公司的物流服务需求，严格按照 GMP 质量管理标准和 SOP 运作管理程序，对运输过程中的接货、卸货、运货按照统一的操作方法、模式和标准来完成，为宝洁公司提供门到门的"一条龙"服务。

---

① "GMP"是英文 Good Manufacturing Practice 的缩写，意思是"良好作业规范"或是"优良制造标准"，是一套适用于制药、食品等行业的强制性标准，要求企业从原料、人员、设施设备、生产过程、包装运输、质量控制等方面按国家有关法规达到卫生质量要求，形成一套可操作的作业规范帮助企业改善卫生环境、及时发现生产过程中存在的问题等。

② SOP 是 Standard Operation Procedure 的缩写，即标准作业程序，指将某一事件的标准操作步骤和要求以统一的格式描述出来，用来指导和规范日常工作。

③ 刘武：《宝供三变》，《当代经理人》，2003，http://finance.sina.com.cn/roll/20030707/1338361203.shtml。

10.3 非对称性互惠共生模式阶段
（1994～1997 年）

10.3.1 第一阶段：1994～1996 年

1994 年，由于与宝洁的业务关系，宝供储运公司成立，刚刚成立之时，公司规模很小，仓库和车队都是租的，为了满足宝洁提出的铁路运输铺货要求，宝供不得不牺牲其他客户的订单，因此，一开始宝供只有宝洁这一家客户，宝供储运当时的业务流程和发展方向都是围绕着宝洁来设计的，宝洁的业务量占了宝供所有业务量的 90% 左右。

作为回报，宝洁授予宝供铁路运输的总代理权。宝供首先在成都、北京、上海、广州设立了四家分公司，这些分公司的业务直接与宝洁有关，按照同样的操作方法、同样的模式与标准进行运作，提供"一条龙"服务。所以很多企业一提到宝供第一反应是"为宝洁供应"，包括宝供物流公司的英文名称"PGL"，很多人也认为其与宝洁"P&G"有着很强的历史渊源。

1994～1996 年是宝洁在中国业务增长十分迅猛的时期，50% 的增长量使他们对于仓库存储的需求越来越大。这是一种依附的体现，宝供依附宝洁的节省物流成本的需求发展了自己的业务，宝洁依附宝供的服务提高了其核心竞争力（王雪，2003）。

从以上分析中可以看出，在发展初期，宝供与宝洁之间的关系处于非对称性互惠共生阶段，主要表现在两个方面。

一方面，没有宝洁，宝供即将消亡，不可能获得发展。宝洁在与宝供合作过程中提出的 GMP 标准，对于宝供自身也有重要的提升作用，正如宝供内部负责人所说："宝洁这样的跨国公司管理规范，要求严格，和这样的企业进行业务往来，迎合他们的需求，本身就是一个提升的过程。"[①]

---

① 《宝供物流的三级跳》，http://wenku.baidu.com/view/2e9cd1ea81c758f5f61f674f.html。

另一方面,宝供的发展对宝洁业务的开展、成本的降低起到了重要的作用,针对宝洁公司的物流需求,宝供对物流管理系统进行规划设计和实施,以"量身定做,一体化运作和个性服务"的模式满足宝洁公司的个性化需求,通过高水准的信息技术系统帮助宝洁实现仓储、运输等关键物流信息的实时网上跟踪,进而达到优化业务流程、降低物流总成本、整合物流供应链的目的。据统计,宝供帮助宝洁公司在一年内节省成本达 600 万美元。

10.3.2 第二阶段:1996～1997 年

随着业务量的加大,宝供的反应速度也在明显下降,宝洁发现宝供亦出现了到货时间不准、破损率上升、货运信息不能及时反馈等问题。1995年,宝洁公司首次按照 GMP 19 个关键要素对宝供进行评估检查后发现,上海分公司仅得了负 40 分,其他公司也均未达标,这极大地影响到了宝供与宝洁之间的合作关系。为了破解这样的一种局面,宝供通过信息技术手段实现了与宝洁合作关系的持续,并且开拓了国际市场。1996 年宝供建立了一套基于 DOS 平台①的利用电话线连接的内部网络,以便在全国范围内的分公司之间传递一些信息。

在宝洁的影响下,宝供越来越按照现代物流管理的思想对企业进行管理,对信息技术也越发重视。宝供通过全面订单系统对订单进行全程跟踪,来实现物流信息闭环管理,以期在运输、仓储等供应商、第三方物流商、客户(制造企业、零售企业)所形成的供应链中成为"链主",使双方对彼此的贡献程度提升。

宝供从此开始由储运商向真正意义上的第三方物流服务商演化,打造独立的物流服务网络,其与宝洁仍然维持着大量的业务往来,两者之间的关系如图 10 - 1 所示。

---

① DOS 是英文 Disk Operating System 的缩写,即硬盘操作系统,它能有效地管理各种软硬件资源,对它们进行合理的调度,所有的软件和硬件都在 DOS 的监控和管理下有条不紊地进行着自己的工作。

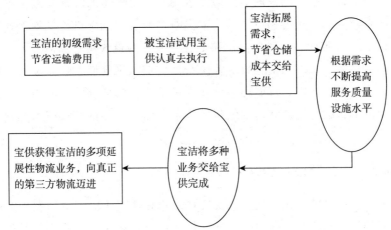

图 10 – 1 宝供依附宝洁成长的示意图

资料来源：王雪：《宝供的发展史给现代物流业的启示》，《辽宁经济》2003 年第 12 期。

10.4 为从非对称性互惠共生模式向对称性互惠共生模式转变做出努力阶段（1997～1999 年）

攀援宝洁这棵大树不断上升的宝供，借助宝洁的高度舒展自己的枝蔓，迅速攀附上了飞利浦、卡夫、LG、壳牌等几十家跨国公司，成为一家在中国市场初具影响力的第三方物流商。

此时的宝供已经提高了自身的议价能力，不再是单纯依靠宝洁才能成长的企业，人们对宝供的理解从一开始的"为宝洁提供服务"演变为"第三方物流商"（如图 10 – 2 所示）。

其间所存在的共生界面包括：1997 年开发出基于互联网的物流信息系统，进行信息的采集与传递，替代电话与传真；1998 年改进用户界面实现与客户信息共享；1999 年实现业务运作与成本核算、结算一体化，降低成本，提高效益；1997～1999 年实现通过系统进行物流运输、仓储、核算管理等。

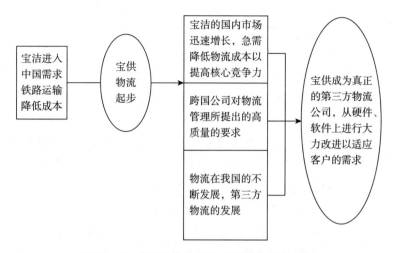

图 10 - 2　宝供在整个国内市场的发展示意图

资料来源：根据"王雪：《宝供的发展史给现代物流业的启示》，《辽宁经济》2003 年第 12 期"改编而成。

10.5　多种共生模式并存阶段（2000 年至今）

2000 年至今，是宝供从提供物流专业服务向提供供应链一体化服务转型的阶段。宝供不断加强与其他企业的合作，其间的口号为"依靠宝洁，发挥优势，积极参与市场竞争"，宝供已经引入了竞争机制，这是逐步实现从非对称性互惠共生模式向对称性互惠共生模式转变的关键。在不同的链条中，宝供所起到的作用不一样，其与制造业的联动发展模式也存在较大的差异。通过市场竞争机制的引入，宝供与宝洁之间的关系除了之前的合作外，宝洁也将其物流业务分给了其他的服务商，宝供的客户名单中也不再只有宝洁，还增添了飞利浦、TCL 等几十家国内外著名企业。

其间所存在的共生界面主要是一系列的信息化建设，依托于信息化建设，宝供集团也获得了一系列荣誉。2000 年与客户实现数据对接，提高运作效率；2001 年采用多种模式与客户进行电子数据交换，提高客户满意度，开拓市场；2002 年通过电子商务 B2B，与客户结成供应链一体化合作伙伴，连续三年入选中国物流与采购联合会信息化优秀案例；2003 年实施

物流企业的 ERP① 与 BPR②、TOM③ 与 WMS④ 等系统的开发与建设；2004
年宝供物流系统全面升级 TOM（OMS、SMS、TMS），⑤ WMS 建立以 TOM
为基础的第三方物流集成平台，有效地集成全面订单管理、仓储管理、运
输管理和财务管理等模块，实现了物流、信息流和资金流的一体化管理，
通过 EDI 等技术实现了与客户信息系统的有效信息交换与共享，在国内处
于领先水平；2005 年实现订单/货物全程动态跟踪，主要使用了 GPS 系
统；⑥ 2006 宝供又对物流平台进行了延伸和拓展，使用了整体调度与成本
标杆 RFID⑦ 技术，建设了宝供第三方物流 ERP 系统，并且荣获了中国信
息协会主办的"政府信息化企业创新奖"，连续三年被评为"中国企业信
息化 500 强"。2007~2011 年的核心是实现企业的转型，2007 年，宝供物
流获得由中国计算机报社颁发的"信息化影响中国 2007 年度贡献奖"，
2008 年被中国信息化推进联盟评为"2008 年中国信息化应用百强企业"，
被中国电子信息产业发展研究院和中国信息化推进联盟联合推选为"2008

---

① ERP：企业资源计划（Enterprise Resource Planning），是针对物质资源管理、人力资源管
   理、财务资源管理、信息资源管理集成一体化的企业管理软件。
② BPR：业务流程重组（Business Process Reengineering），是对企业的业务流程做根本性的思
   考和彻底重建，其目的是在成本、质量、服务和速度等方面取得显著成绩，使企业能最
   大限度地适应以顾客、竞争、变化为特征的现代企业经营环境。
③ TOM：全面订单信息管理系统（Total Order Management），将客户和供应商的订单系统进
   行整合优化，有效地实现供应商所有品牌在客户店内的分销及销售，节约供应商的货物
   运送成本，降低客户的库存成本及脱销率，真正建立起战略伙伴关系。宝供物流已于
   2002 年开始实施 TOM，使物流达到与国际物流公司相当的订单管理和客户服务水平，公
   司整体的物流成本降低了 20%。其中，上海分公司经过整合物流成本降低了 12%，南京
   分公司降低了 8%。
④ WMS：仓库管理系统（Warehouse Management System），全球领先的 Exceed 4000WMS 系统
   适用于现代化立体仓管理，根据客户需求对 EXCEED 做客户化，定义不同的批次管理策
   略，并支持交叉理货，条码扫描跟踪。
⑤ OMS：订单管理系统（Order Management System），开发客户下单系统，开放库存查询程
   序、电子数据收发查询程序、条码扫描检查程序等配套程序供仓库或客户使用；SMS：库
   存管理系统（Stock Management System），实现对货物进出仓和在仓库中各种状态的完全
   管理，包括库位、批次、拣货、库存管理和盘点等功能，具有完备的仓库管理功能；
   TMS：运输管理系统（Transportation Management System），主要是物流管理系统中对物流
   环节中运输环节的具体管理，包括车辆管理、在运途中货物的管理等。
⑥ GPS：全球定位系统（Global Positioning System），应用于陆地、海洋、航空航天等系统。
⑦ RFID：射频识别技术（Radio Frequency Identification），通过射频信号自动识别目标对象并
   获取数据。

中国信息化建设年度优秀企业"。2009 年被中国交通运输协会等单位联合评定为"2009 年度最佳信息管理物流企业"（如图 10－3 所示）。

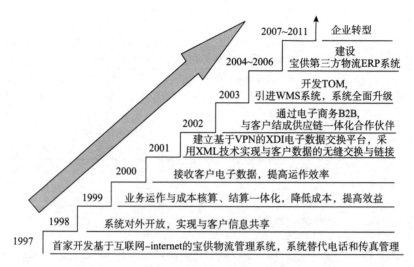

2007~2011 企业转型

2004~2006 建设
宝供第三方物流ERP系统

2003 开发TOM,
引进WMS系统，系统全面升级

2002 通过电子商务B2B,
与客户结成供应链一体化合作伙伴

2001 建立基于VPN的XDI电子数据交换平台，采
用XML技术实现与客户数据的无缝交换与链接

2000 接收客户电子数据，提高运作效率

1999 业务运作与成本核算、结算一体化，降低成本，提高效益

1998 系统对外开放，实现与客户信息共享

1997 首家开发基于互联网–internet的宝供物流管理系统，系统替代电话和传真管理

图 10－3　宝供的信息化之路

资料来源：宝供物流简介；顾小昱：《宝供物流的信息化建设道路》，《物流技术与应用》2009 年第 3 期。

信息化建设在宝供集团的各个领域都发挥了作用。首先是在运输配送方面，信息化建设对运输业务进行整体调度，有效地整合了运输资源，降低了成本，实现了对在途物资的跟踪；在仓储管理方面，依托于仓库管理系统 WMS/SMS，宝供集团对客户库存产品进行高效的进出库管理，通过强大的库存分析、储位优化和快速拣选系统，为客户减少了产品在库的时间，节省了库存成本。在财务系统方面，宝供集团在完全满足财务基础核算的基础上，实现了集团层面的财务集中、全面预算、资金管理、财务报告的全面统一。在客户关系管理方面，宝供集团依托于客户关系管理系统，采用具有国际水准的 SOP 运作管理系统和质量保证 GMP 体系，赢得了客户的高度好评。

目前宝供的客户有两大类型：一类是外资企业和对宝供系统依赖程度较高的客户，如宝洁、飞利浦、红牛等；另一类是国内客户和中小型客户，如美晨、杭州松下、厦华电子等。面对一些小客户和供应商，宝供成为链主有助于整合资源，形成畅通、高效的物流链。就国内物流链而言，宝供在其中占据着主导地位，议价能力较强。宝供根据客户不同需求，提供了各种成熟的服务模式，主要有三种（见表 10 - 1）。

表 10 - 1　宝供所提供的服务模式

模式	特　点
宝洁模式	客户自有信息管理系统，宝供管理的仓库使用客户系统的客户端输单，同时数据直接传输到宝供的系统，双方同时拥有运作数据，方便双方对账
飞利浦模式	客户把自有的系统数据导出后，传送到宝供，宝供根据数据打印运作单，把结果返回客户，数据再导入客户系统。这是宝供目前运作上对客户支持最大、最先进的运作方式，即 EDI* 方式
红牛模式	客户没有系统，宝供需要编写客户下单部分的程序。这些服务模式为客户带来了降低成本、订单缩短完成周期、准时交货率提升、提高企业应变和反应能力等诸多好处。

* EDI：电子数据交换（Electronic Data Interchange），在公司之间传输订单、发票等作业文件的电子化手段。

资料来源：根据"宝供物流企业集团——国内知名物流公司"资料（宝供物流企业集团官方网站 http://www. pgl-world. cn/）整理而得。

据业内人士透露，目前宝洁六成的业务订单，还是交由宝供做；不同的是，这些订单所占据的宝供的业务份额，已降到 10% 以下。而宝洁与其他物流企业之间的合作订单大致占了宝洁物流外包订单的四成。物流业对制造业的贡献程度上升，而制造业对物流业的贡献程度下降，两者向对称性互惠共生模式转化（见表 10 - 2）。在这场物流业国际竞争中，首先获得实惠的，将是宝洁这样的跨国公司，竞争能让客户最大限度地达到降低成本、优化供应链管理的目的。

表 10 - 2　宝供物流发展过程中与制造企业的共生模式一览表

时间	共生单元	事件	共生模式	特　点	共生介质
1994 年	宝供储运前身与宝洁	第一次业务往来	偏利共生	为了争取宝洁的信任，宝供这次没有任何收益，甚至还亏损了一部分，而宝洁则从初次合作中获益颇多	通过人工跟单模式完成大部分的业务
1994 ~ 1996 年	宝供与宝洁	双方合作关系良好稳定	非对称性互惠共生	宝供因宝洁而生，宝供放弃了与其他企业的业务往来，专门为宝洁提供服务，宝洁为宝供的发展做出了巨大贡献，可以说没有宝洁就没有现在的宝供	设立分公司、实施 GMP 标准

时间	共生单元	事件	共生模式	特　点	共生介质
1995~1997年	宝供与宝洁	双方签订长期往来的运输合同关系，但宝洁对宝供提供的服务表示不满，提出了一系列标准	非对称性互惠共生	宝供因宝洁而生，宝供放弃了与其他企业的业务往来，专门为宝洁提供服务，宝洁为宝供的发展做出了巨大贡献，宝供的业务量中，宝洁占了90%左右	设立分公司、通过信息技术手段加大业务处理的能力
1997年	宝供、宝洁、和黄天百集团	宝供与宝洁长期稳定的合作关系解除，仅给予宝供一般运输公司的身份，将其部分业务量交给和黄天百集团	非对称性互惠共生	宝洁对宝供发展的贡献度下降，其交给宝供的业务量占其自身业务总量的近六成，其他业务量交给和黄天百集团，通过引入竞争机制，打破了宝供与宝洁先前的关系	基于物联网的物流信息系统采集与传递，替代电话与传真
1997~2000年	宝供、宝洁、和黄天百集团、飞利浦、三星等	宝供提出了发展战略，引入市场竞争机制，积极寻找新的合作伙伴	从非对称性互惠共生向对称性互惠共生过渡	宝洁在宝供中的业务量仅占宝供业务总量的10%，维持与其他企业的合作关系，双方处于从非对称性互惠共生向对称性互惠共生发展的中间组织形态，宝供可以脱离宝洁而存在	1998年正式启动运输业务单号管理系统和基于Internet/Intanet的宝供物流信息管理系统
2000年之后	宝供、宝洁、和黄天百集团、飞利浦、三星、安利、联合利华等	市场形成了网络式的发展结构	对称性互惠共生与非对称性互惠共生模式并存（针对不同主体而言）	与跨国企业仍处于非对称性互惠共生模式，面临着跨国物流企业的竞争，利益偏向于跨国企业；与国内企业的合作中，尽量争取在价值链中的领导者地位，利益偏向于宝供	TOM、WMS、GPS、RFID

10.6　小结

（1）宝供与宝洁的联动发展处于自组织的共生系统中

在宝供从单纯的储运、物流服务企业最终向供应链一体化企业转变的过程中，其与合作伙伴，尤其是宝洁之间的关系也发生了重大变化。充分体现了制造业与物流业联动发展这一系统的开放性、非线性、非平衡性及涨落性等自组织特征。

　　宝供与宝洁处于自组织演化的共生系统中，在宝供发展的不同阶段，其与宝洁形成了不同的共生模式、服务模式及共生界面。随着宝供从形成期、发展期、调整期过渡到成熟期，宝供与宝洁之间的共生模式也从偏利共生过渡到非对称性互惠共生并最终向对称性互惠共生方向发展，共生界面中使用的信息技术水平越来越高，从 SOP 标准、GMP 标准的实施到 In-ternet、DOS 系统的应用，EDI 的发展以及 RFID 等技术的应用等，不一而足。宝供为宝洁提供的物流服务也从传统的储运逐步过渡到专业物流服务、第三方物流服务和供应链一体化服务（如图 10 - 4 所示）。

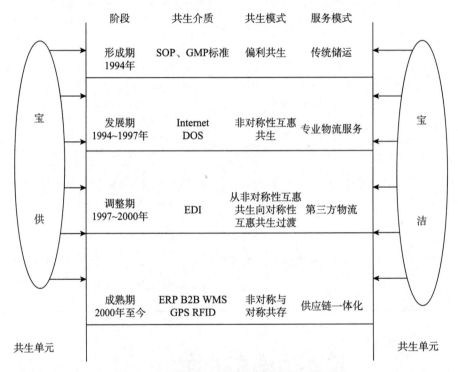

图 10 - 4　宝洁与宝供联动发展的共生模式图

　　（2）宝供与宝洁的联动发展遵循着共同进化的思想

　　在宝供与宝洁合作的过程中，也综合体现出了两者联动发展共同进化的思想，随着外部共生环境、共生界面（介质）的变化，两者在联动发展过程中的共生模式也发生了相应的变化（如图 10 - 5 所示）。

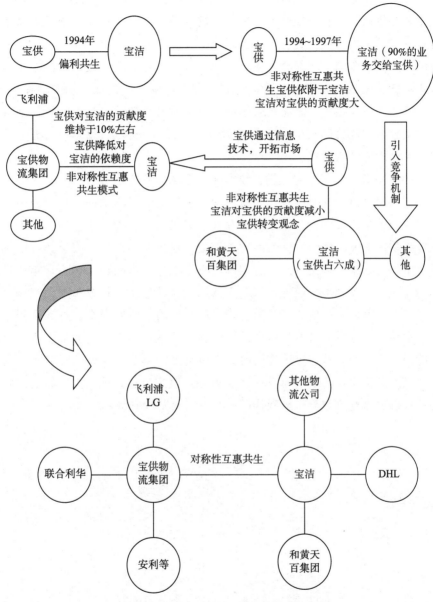

图 10-5 宝供与宝洁联动发展模式演化图

（3）合理分工依旧是宝供与宝洁联动发展的途径

宝供与宝洁之间合作业务量的多少以及具体合作的领域遵循着合理分

工的原则。在 1994 年宝洁在国内没有办法找到合适的承运铁路货运段的物流服务提供商时，它与宝供签订了三年的运输合同，将铁路运输段的服务全程外包给宝供完成。随着竞争机制的引入，宝洁在 1997 年终止与宝供之间的铁路运输合同，将部分业务外包给其他的物流公司完成，目的在于引入市场竞争机制，促使物流成本有更大程度的降低。因此，就宝洁而言，其物流发展模式经历了企业自营物流、物流业务分散外包到企业物流业务内部整合再到整合物流业务整体外包几个阶段（张宏斌，2008），充分体现出了合理分工的思想。

（4）竞争合作机制伴随着宝供与宝洁联动发展的始末

宝供与宝洁一开始以合作的身份出现，但宝洁对宝供的业务能力不断提出新的更高的要求，双方之间也存在一定程度的竞争关系，即宝洁是否选择将物流业务外包给宝供的问题。随着市场机制的进一步完善，宝洁选择了更多的物流服务提供商，这在一定程度上给宝供施加了压力，宝供借此转变观念，改变了之前唯一依赖宝洁而生存的想法，积极参与到市场竞争过程中，争取与其他的制造商合作。同时，为了不断提高自身在市场上的竞争地位，宝供通过各种各样的信息技术手段加强自身的业务实力，议价能力不断提升。其与宝洁之间的关系也逐步由偏利共生模式过渡到非对称性互惠共生模式甚至于向对称性互惠共生模式转化。从双方之间的这种关系可以看出竞争与合作机制伴随着两者联动发展的始末。

制造业与物流业联动发展效率评价：基于超效率 DEA 模型

11.1 引言

制造业与物流业在联动发展中构成了一个相互关联、相互影响的复合系统，在一定的时期和技术条件下系统内的要素能够持久、有序、稳定和协调地发展，但随着时间的演化以及外部技术条件的改变，系统也会不断地演化。因此，本章在机理和模式分析的基础上，为了进一步反映出制造业与物流业联动发展的效率，拟对当前我国制造业与物流业联动发展的效率进行评价。

本书认为制造业与物流业联动发展系统包含着制造业子系统、物流业子系统以及制造业与物流业联动发展系统三大部分，因此，探讨制造业与物流业联动效果，首先要分析的是各个子系统内部的综合运作效率，其次是分析制造业与物流业互为投入产出的综合运作效率（见图 11-1）。

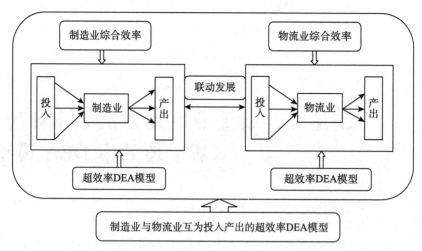

图 11 - 1　制造业与物流业联动发展的 DEA 效率分析

11.2　研究方法及其应用

11.2.1　超效率 DEA 模型

　　DEA 是美国运筹学家 Charnes、Cooper 和 Rhodes（1978）以"相对效率"概念为基础，根据多指标投入和多指标产出对相同类型的决策单元进行相对有效性或者效益评价分析的一种线性规划模型，称为 C^2R 模型，之后该模型在假定规模收益可变的情况下，被扩展为 BC^2 模型。其广泛地运用于评价多个决策单元的相对有效性，特别适用于多投入、多产出的复杂系统的效率评价，但传统 DEA 模型在评价的过程中只能区分出有效率和无效率的决策单元，对于多个决策单元同时为有效率的时候无法对其进行比较和排序。而超效率数据包络分析模型（Super Efficiency DEA，SE - DEA）正弥补了其在这一方面的缺陷，其基本评价思想是：在评价过程中不会改变在 C^2R 中相对无效决策单元在超效率 DEA 模型中的有效性，也就是说其最终效率值与用传统 DEA 模型测量出来的一样。但就有效决策单元而言，在其效率值不变的前提下，投入按照比例增加，将投入增加的比例记为超效率评价值。因此生产前沿面后移，故其测算出来的效率值要大于利用传统的 DEA 模型所测定的效

276

率值。图 11 - 2 显示了在规模报酬不变情况下的超效率模型。在计算单元 B 的效率值时，将其排除在 DMU 参与集合之外，则此时 $ACDE$ 成为有效生产前沿面，线段 BB' 表示 B 点的投入量仍然可增加的幅度，则 B 点的超效率评价值为 $OB'/OB > 1$，A 和 C 点的超效率值也可以根据此得出。

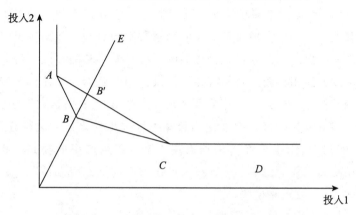

图 11 - 2　规模报酬不变的超效率 DEA 模型

假设有 n 个决策单元，$j = 1,2,\cdots,n$，每个决策单元均有 m 种输入和 s 种输出，分别用 $x_j = (x_{1j},x_{2j},\cdots,x_{mj})^T$ 和 $y_j = (y_{1j},y_{2j},\cdots,y_{sj})^T$ 表示输入向量和输出向量，并且 $x_{ij} \geqslant 0(i = 1,2,\cdots,m)$，$y_{rj} \geqslant 0(r = 1,2,\cdots,s)$，$v_i$ 表示第 i 种输入指标的权重，u_r 表示第 r 种输出指标的权重，$v = (v_1,v_2,\cdots,v_m)^T$ 和 $u = (u_1,u_2,\cdots,u_s)^T$ 为权重向量。记对应的 $DMU - j_0$ 输入、输出数据分别为 x_{j0}、y_{j0}，$1 \leqslant j_0 \leqslant n$，则 SE - DEA 模型如下所示：

$$\min \left[\theta - \varepsilon \left(\sum_{i=1}^{m} s_i^- + \sum_{r=1}^{s} s_i^+ \right) \right]$$

$$s.t. \sum_{\substack{j=1 \\ j \neq k}}^{n} x_{ij}\lambda_j + s_i^- \leqslant \theta x_0 \tag{11-1}$$

$$\sum_{\substack{j=1 \\ j \neq k}}^{n} y_j\lambda_j - s_i^+ = y_0$$

$$\lambda_j \geqslant 0, j = 1,2,\Lambda,n, s_i^+ \geqslant 0, s_i^- \geqslant 0$$

Banker 和 Giifford（1988）以及 Bankeretal（1989）首先提出了在测算时将有效 DMU 从参考效率前沿面分离出去而在 C^2R 模型的基础上构建了超效率模型。

11.2.2 Malmquist 指数

为了更加准确地评价决策单元的时间变化趋势以及探求造成这种变化趋势的原因，可以运用Malmquist指数做进一步分析，其是宏观经济学中用于衡量一国经济发展质量的指标，是指扣除了资本投入和劳动投入的贡献之外，其他所有能够实现经济增长的因素贡献的总和，包括技术进步、资源配置效率的提高（主要体现为体制的不断完善）和随机因素等。与其他的效率测度方法相比较，其具有如下优点：（1）适合于多个国家或者地区的跨时期的样本分析；（2）不需要考虑投入产出的相关价格信息；（3）能够被进一步分解为技术效率变化指数和技术进步变化指数进行分析。[1] 胡鞍钢（2003）指出未来经济增长取决于全要素生产率的提高。Malmquist指数利用距离函数的比率来计算投入产出效率的动态变动情况，其原理可以通过式（11-2）来说明。

$$M_i(X^{t+1}, Y^{t+1} X^t, Y^t) = \left[\frac{D_i^t(X^t, Y^t)}{D_i^t(X^{t+1}, Y^{t+1})} \times \frac{D_i^{t+1}(X^t, Y^t)}{D_i^{t+1}(X^{t+1}, Y^{t+1})} \right]^{\frac{1}{2}} \qquad (11-2)$$

该指数涉及两个单期的距离函数 $D_i^{t+1}(X_i^t, Y_i^t)$ 和 $D_i^t(X_i^t, Y_i^t)$，两个跨期的距离函数 $D_i^{t+1}(X_i^{t+1}, Y_i^{t+1})$ 和 $D_i^t(X_i^{t+1}, Y_i^{t+1})$，$D_i^t(X_i^t, Y_i^t)$ 为以第 t 期的技术表示的第 t+1 期效率水平，其他的依此类推。$M_i(X^{t+1}, Y^{t+1} X^t, Y^t) > 1$ 表示生产效率改善，反之则表示恶化。同时，该式可以进一步分解为技术效率变化指数（EFFCH）[2] 和技术进步变化指数（TECHCH）[3] 的乘积，而技术效率变动可以进一步分解为纯技术效率变动（PECH）和规模效率变动（SECH），[4] 各个指标的值大于1表示效率改善，反之则表示恶化。

$$M_i(X^{t+1}, Y^{t+1} X^t, Y^t) = \left[\frac{D_i^t(X^t, Y^t)}{D_i^{t+1}(X^{t+1}, Y^{t+1})} \right]^{\frac{1}{2}} \times \left[\frac{D_i^{t+1}(X^t, Y^t)}{D_i^{t+1}(X^{t+1}, Y^{t+1})} \right]^{\frac{1}{2}} \frac{D_i^t(X^t, Y^t)}{D_i^{t+1}(X^{t+1}, Y^{t+1})}$$

---

[1] 王美霞、樊秀峰、宋爽：《中国省会城市生产性服务业全要素生产率增长及收敛性分析》，《当代经济科学》2013 年第 4 期。
[2] 技术效率变化指数通过比较不同时期决策单元相对于生产前沿面的距离来反映技术效率的变动，即指不同时期的实际产出水平与各自最优产出水平的距离之比。
[3] 技术进步变化指数通过比较不同时期的生产前沿面的移动反映技术进步，即指相同投入在不同时期的最优产出水平之比。
[4] 规模效率变化指数通过比较不同时期的规模效率来反映其变动。

$$= \left[\frac{D_i^{t+1}(X^t, Y^t)}{D_i^{t+1}(X^{t+1}, Y^{t+1})} \right] \times \left[\frac{D_i^{t+1}(X^t, Y^t)}{D_i^{t+1}(X^t, Y^t)} \right]^{\frac{1}{2}} \qquad (11-3)$$

全要素生产率的上升意味着相同数量的要素投入可以获得更多的产出，如果全要素生产率停止增长，则意味着在边际报酬递减的情况下，单纯依靠要素投入的增加来促使产出的增加，将最终使经济的增长趋于停滞。

国外关于全要素生产率方面的研究主要是理论方面的，E. Denison（1967）通过纳入 Shultz 和 Becker 的人力资本理论，将投入要素做了更为详细的分解，将 TFP 增长率分解为资源配置改善、规模收益和知识进步。Aigner、Lovell 和 Schimidt（1977）[①] 以及 Meeusen 和 Van den Broeck（1977）分别提出了随机前沿生产函数，之后的研究逐步将 TFP 的变化分解为生产可能性边界的移动和技术效率的变化。Fare（1994）在规模报酬可变模型的基础上将生产率指数变化分解为技术进步变化、规模效率变化和纯技术效率变化。国内关于全要素生产率方面的研究主要是在实证方面。叶裕民（2002）运用索洛模型，对 1978～1998 年全国及各省区市的全要素生产率进行了测算。张军和施少华（2003）采用生产函数法对 1952～1998 年中国经济统计数据进行回归分析，计算了中国经济的全要素生产率及其增长率。颜鹏飞和王兵（2004）运用 DEA 方法测度了 1978～2001 年中国 30 个省份的技术效率、技术进步以及 Malmquist 生产率指数。傅勇和白龙（2009）在省际面板数据基础上分析了我国改革开放以来的 TFP 变动。因此，本章在超效率 DEA 模型分析的基础上，同时也测算了各个地区的 Malmquist 指数。

11.3 实证研究及结果分析

11.3.1 研究指标及数据的选取

兼顾到样本数据的可比性、可得性以及科学性的原则，本章选取了相

---

① 转引自秦丽娟：《基于 SFA 方法的我国高校 X（低）效率研究》，江西财经大学硕士学位论文，2008 年。

应的投入和产出指标分别反映制造业和物流业的综合效率情况，如表 11 - 1
所示，此表中的物流业主要统计的是交通运输、仓储和邮政业的数据，所
有增加值以及固定资产投资总额的数据是按照当年价格计算的，全部从业
人员年平均人数大部分年份年鉴里直接给出了数据，年鉴里没给出数据的
按照如下公式进行计算：

$$全部从业人员平均人数 = 工业增加值/全员劳动生产率 \qquad (11-4)$$

研究对象是中国大陆各省、自治区和直辖市，考虑到部分指标数据的
可获得性，部分指标没有 2000 年之前的数据，因此，此处选取了 2000 ~
2013 年的数据，数据来源于各相应年度的《中国统计年鉴》，具体的数据
见附录 6 和附录 7。

11.3.2 制造业子系统效率分析

11.3.2.1 制造业子系统静态效率分析

首先运用 DEAP2.1 软件基于 C^2R 模型考虑了投入导向的 DEA 模型，
对我国 31 个省区市制造业子系统的效率值进行分析（具体见附录 8）。从
中可以看出，北京、天津、河北、山东、黑龙江、上海、江苏、广东、海
南、山西、河南、内蒙古、新疆等多数年份的效率值为 1，其中，北京、
山东、上海、广东各年份的效率值均为 1，无法对其进行排序，因此在
C^2R 模型的基础了考虑了基于投入导向的超效率模型，基于 DEA - Frontier
软件，计算出了超效率值，其结果如表 11 - 1 所示。

从中可以看出，原先效率值小于 1 的区域依然保持数据不变，但原先
效率值为 1 的区域在超效率 DEA 模型下有明显的区分度，可以看出各个地
区具体的排序问题，更有针对性。

在超效率 DEA 模型下，全国制造业综合效率指数从 2000 年的 0.970
调整为 2013 年的 1.005，在波动中略有上升，年均值水平为 0.968，2013
年达到历史的最高水平，为 1.005，说明经过十来年的发展，我国制造业
综合效率已有一定程度的提升。

分综合经济区来看，我国制造业综合效率值呈现出东北综合经济区
（1.267）高于北部沿海综合经济区（1.230）、高于南部沿海综合经济区
（1.139）、高于东部沿海综合经济区（1.119）、高于黄河中游综合经济区

表 11-1 基于 C^2R 模型考虑了投入导向的 2000~2013 年制造业子系统超效率值

地区	2000 年	2001 年	2002 年	2003 年	2004 年	2005 年	2006 年	2007 年	2008 年	2009 年	2010 年	2011 年	2012 年	2013 年	2000~2013 年均值
北京	1.066	1.450	1.429	1.146	1.156	1.485	2.084	2.057	2.604	2.215	1.495	1.180	1.554	1.405	1.595
天津	0.856	0.857	0.899	0.962	0.955	0.993	1.070	1.058	1.116	1.010	1.037	1.055	1.112	1.151	1.009
河北	0.994	0.979	1.012	0.952	0.975	1.039	1.055	1.074	1.162	1.071	1.084	1.116	1.076	1.107	1.050
山东	1.223	1.219	1.235	1.194	1.199	1.478	1.392	1.282	1.278	1.255	1.209	1.201	1.286	1.250	1.264
北部沿海综合经济区	1.035	1.126	1.144	1.064	1.071	1.249	1.400	1.368	1.540	1.388	1.206	1.138	1.257	1.228	1.230
辽宁	0.951	0.981	0.987	0.919	0.925	0.809	0.793	0.812	0.875	0.875	0.924	0.950	0.879	0.933	0.901
吉林	0.688	0.801	0.935	1.041	0.981	0.882	0.811	0.836	0.789	0.778	0.801	0.848	0.930	0.872	0.857
黑龙江	4.342	3.842	3.443	2.533	2.502	2.258	1.886	1.605	1.661	1.044	1.010	0.983	0.770	0.738	2.044
东北综合经济区	1.993	1.875	1.788	1.498	1.469	1.316	1.163	1.084	1.108	0.899	0.912	0.927	0.860	0.848	1.267
上海	1.474	1.495	1.581	1.630	1.485	1.340	1.277	1.265	1.266	1.233	1.311	1.375	1.206	1.365	1.379
江苏	0.968	0.998	1.067	1.096	1.123	1.131	1.108	1.063	1.065	1.013	1.087	1.073	1.297	1.044	1.081
浙江	1.065	0.960	0.958	0.891	0.812	0.842	0.826	0.834	0.834	0.832	0.865	0.947	0.799	1.119	0.899
东部沿海综合经济区	1.169	1.151	1.202	1.205	1.140	1.104	1.070	1.054	1.055	1.026	1.088	1.131	1.101	1.176	1.119
福建	1.045	1.008	0.934	0.789	0.764	0.797	0.751	0.685	0.715	0.722	0.731	0.723	0.658	0.805	0.795
广东	1.927	1.693	1.641	1.598	1.444	1.524	1.753	1.842	1.842	2.008	1.938	1.718	1.785	1.780	1.749
海南	0.649	0.639	0.639	0.609	0.746	0.696	0.761	1.054	1.021	1.334	1.045	1.086	0.997	0.943	0.873
南部沿海综合经济区	1.207	1.113	1.071	0.999	0.985	1.006	1.088	1.193	1.193	1.354	1.238	1.176	1.147	1.176	1.139
陕西	0.566	0.629	0.689	0.665	0.729	0.741	0.784	0.852	0.888	0.923	0.995	1.162	1.181	1.178	0.856
山西	0.455	0.470	0.535	0.628	0.752	0.755	0.751	0.943	1.191	1.169	1.216	1.256	1.095	1.021	0.874
河南	0.825	0.943	0.962	0.897	0.872	1.019	1.045	1.103	1.092	1.141	1.029	1.000	0.984	1.005	0.994

续表

地区	2000 年	2001 年	2002 年	2003 年	2004 年	2005 年	2006 年	2007 年	2008 年	2009 年	2010 年	2011 年	2012 年	2013 年	2000~2013 年均值
内蒙古	0.619	0.656	0.722	0.731	0.789	0.895	0.960	1.216	1.308	1.573	1.422	1.446	1.698	1.585	1.116
黄河中游综合经济区	0.616	0.675	0.727	0.730	0.785	0.853	0.885	1.029	1.120	1.201	1.166	1.216	1.240	1.198	0.960
安徽	0.769	0.790	0.747	0.612	0.653	0.646	0.659	0.669	0.648	0.653	0.699	0.748	0.760	0.822	0.706
江西	0.575	0.599	0.576	0.551	0.580	0.667	0.670	0.658	0.621	0.660	0.696	0.738	0.816	0.820	0.659
湖北	0.955	0.980	0.972	0.809	0.756	0.733	0.779	0.787	0.763	0.782	0.807	0.840	0.797	0.821	0.827
湖南	0.842	0.839	0.821	0.593	0.593	0.707	0.749	0.789	0.795	0.769	0.797	0.822	0.813	0.914	0.775
长江中游综合经济区	0.785	0.802	0.779	0.641	0.646	0.688	0.715	0.726	0.707	0.716	0.750	0.787	0.796	0.844	0.742
广西	0.794	0.735	0.690	0.611	0.621	0.699	0.761	0.776	0.680	0.660	0.657	0.720	0.759	0.760	0.709
重庆	0.698	0.720	0.709	0.667	0.633	0.612	0.603	0.611	0.528	0.661	0.663	0.746	0.797	0.849	0.678
四川	0.771	0.729	0.732	0.638	0.619	0.682	0.735	0.758	0.765	0.776	0.837	0.865	0.884	0.984	0.770
贵州	0.541	0.511	0.503	0.487	0.552	0.710	0.676	0.668	0.689	0.782	0.704	0.625	0.639	0.786	0.634
云南	1.015	0.991	0.870	0.820	0.856	0.864	0.902	0.925	0.897	0.933	0.885	0.879	0.807	0.832	0.891
大西南综合经济区	0.764	0.737	0.701	0.645	0.656	0.713	0.736	0.748	0.712	0.762	0.749	0.767	0.777	0.842	0.736
西藏	0.465	0.588	0.712	0.349	0.397	0.520	0.607	0.567	0.526	0.562	0.510	0.531	0.509	0.516	0.526
甘肃	0.537	0.443	0.432	0.452	0.493	0.745	0.785	0.882	0.898	0.899	1.010	1.081	1.000	0.929	0.756
青海	0.697	0.635	0.682	0.638	0.669	0.756	0.812	0.830	0.893	0.896	1.208	1.236	1.162	1.150	0.876
宁夏	0.678	0.745	0.768	0.784	0.765	0.612	0.625	0.646	0.654	0.634	0.672	0.698	0.780	0.737	0.700
新疆	1.021	1.051	1.429	0.914	1.086	1.164	1.363	1.439	1.359	1.226	1.297	1.032	0.963	0.930	1.162
大西北综合经济区	0.679	0.692	0.804	0.627	0.682	0.760	0.838	0.873	0.866	0.843	0.939	0.916	0.883	0.852	0.804
全国平均	0.970	0.967	0.978	0.878	0.886	0.929	0.962	0.987	1.014	1.003	0.988	0.990	0.993	1.005	0.968

（0.960）、高于大西北综合经济区（0.804）、高于长江中游综合经济区
（0.742）、高于大西南综合经济区（0.736）的态势。其中，东北综合经济
区、北部沿海综合经济区、东部沿海综合经济区和南部沿海综合经济区效
率均值高于全国平均水平。

分时间变化趋势来看，这八大综合经济区超效率值变化趋势如图11-3
所示，大西北综合经济区、黄河中游综合经济区、南部沿海综合经济区、北
部沿海综合经济区的制造业综合效率值在波动中均有不同程度的上升。而东
北综合经济区的制造业超效率值则在波动中有较大幅度的下降。

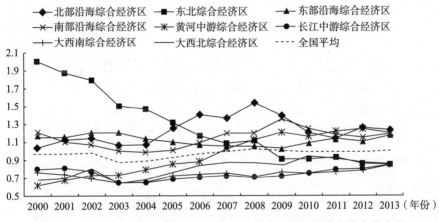

图 11-3　超效率 DEA 模型下全国及八大综合经济区制造业综合效率图

从各个省份来看，制造业综合效率均值最高的地区是黑龙江，年均值
为 2.044，其次为广东，1.749，年均值高于 1 的省区市还包括北京、天
津、河北、山东、上海、江苏、内蒙古和新疆，除了内蒙古和新疆外，其
他地区总体的经济发展水平均较高。制造业综合效率值较低的省份主要集
中于西藏等地，其中西藏最低，为 0.526。

从各大片区 DEA 有效值个数来看，[①] 全国制造业 DEA 有效性个数在波
动中有所上升，2000 年为 8 个地区，2013 年为 13 个地区，2010 年和 2011
年达到历史的最高值，为 15 个地区。DEA 有效性个数较多的地区主要集
中于北部沿海综合经济区（45 个）、东部沿海综合经济区（28 个）、黄河
中游经济区（25 个）和南部沿海综合经济区（21 个）（见表 11-2）。

---

① 各个省区市的 DEA 有效性可见附录 9。

表 11 - 2　2000～2013 年全国及八大综合经济区制造业 DEA 有效性个数

DEA 有效性个数	2000年	2001年	2002年	2003年	2004年	2005年	2006年	2007年	2008年	2009年	2010年	2011年	2012年	2013年
北部沿海综合经济区	2	2	3	2	2	2	4	4	4	4	4	4	4	4
东北综合经济区	1	1	1	2	1	1	1	1	1	1	0	0	0	0
东部沿海综合经济区	2	1	2	2	2	2	2	2	2	2	2	2	2	3
南部沿海综合经济区	2	2	1	1	1	1	1	2	2	2	2	1	1	1
黄河中游综合经济区	0	0	0	0	0	1	1	2	3	3	3	4	4	4
长江中游综合经济区	0	0	0	0	0	0	0	0	0	0	0	0	0	0
大西南综合经济区	0	0	0	0	0	0	0	0	0	0	0	0	0	0
大西北综合经济区	1	1	1	0	1	1	1	1	1	1	3	3	2	1
全国	8	7	8	7	7	8	10	12	13	13	15	15	13	13

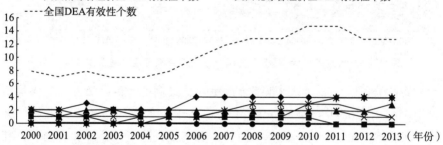

图 11 - 4　超效率 DEA 模型下全国及八大综合经济区制造业 DEA 有效性个数

11.3.2.2　制造业子系统动态效率分析

以上是对 2000～2013 年我国制造业综合运作效率的测度，但是这些描述的只是单独年份上的相对效率，是基于截面数据的静态效率评价，难以反映出样本是存在效率进步还是效率退步。为了更具体地反映制造业综合效率变化的情况，本部分结合 Malmquist 指数做进一步的分析。总体来看，全国 31 个省区市 2000～2013 年全要素生产率（TFPCH）的动态变化平均值为 1.12，这表明 2013 年较 2000 年物流业的全要素生产率改善了 12%。再从分解结果来看，全要素生产率改善的贡献来源包括综合技术效率变化和技术进步效率变化，其中综合技术效率均值为 1.009，改善了 0.9%，技术进步效率改善了 11%，而综合效率变化主要是因为纯技术效率和规模效率各上升了 0.7% 和 0.2%。

从年度变化来看，2000～2001 年 Malmquist 指数为 1.074，上升 7.4%，主要得益于技术进步效率和纯技术效率的改进，分别上升了 7.4% 和 0.8%。2001～2002 年 Malmquist 指数为 1.077，上升 7.7%，主要得益于技术进步效率的改善，上升了 10.2%。2002～2003 年 Malmquist 指数为 1.078，上升 7.8%，主要得益于技术进步效率的带动，上升了 13.8%。2003～2004 年 Malmquist 指数为 1.194，上升 19.4%，主要得益于技术进步效率、纯技术效率和规模效率的提升，分别改善了 16%、0.7% 和 2.2%。2004～2005 年 Malmquist 指数为 1.115，改善了 11.5%，主要受到技术进步效率和纯技术效率改善的影响，分别改善了 10% 和 2.4%。2005～2006 年 Malmquist 指数为 1.156，上升 15.6%，主要得益于技术进步效率和纯技术效率的带动，分别改善了 18% 和 0.3%。2006～2007 年 Malmquist 指数为 1.121，上升 12.1%，主要得益于技术进步效率、纯技术效率和规模经济效率的带动，分别改善了 5.8%、2.1% 和 3.8%。2007～2008 年 Malmquist 指数为 1.08，改善了 8%，主要受到技术进步效率上升的影响，为 10%。2008～2009 年 Malmquist 指数为 0.998，受到金融危机的影响，全要素生产率下降了 0.2%，主要是因为技术进步效率和规模效率下降的影响。2009～2010 年 Malmquist 指数为 1.309，上升 30.9%，主要受益于技术进步效率、纯技术效率和规模效率改善的影响，分别改善了 28.6%、1.3% 和 0.6%。2010～2011 年 Malmquist 指数为 1.171，上升 17.1%，主要受益于技术进步效率改善、纯技术效率改善和规模效率改善的影响，分别改善了 12.9%、2.4% 和 1.3%。2011～2012 年 Malmquist 指数为 1.27，上升 27%，主要受益于技术进步效率、纯技术效率和规模效率改善的影响，分别上升了 17.9%、0.6% 和 7.1%。2012～2013 年 Malmquist 指数为 0.969，下降 3.1%，主要受到技术进步效率和规模效率下降的影响（见表 11－3）。

表 11 - 3   2000 ~ 2013 年我国制造业 Malmquist 指数及其分解

效率评价期间	Effch	Techch	Pech	Sech	Tfpch
全期间平均数	1.009	1.11	1.007	1.002	1.12
2000 ~ 2001 年	1	1.074	1.008	0.992	1.074
2001 ~ 2002 年	0.977	1.102	0.995	0.982	1.077
2002 ~ 2003 年	0.947	1.138	0.958	0.989	1.078
2003 ~ 2004 年	1.029	1.16	1.007	1.022	1.194
2004 ~ 2005 年	1.014	1.1	1.024	0.99	1.115
2005 ~ 2006 年	0.98	1.18	1.003	0.977	1.156
2006 ~ 2007 年	1.059	1.058	1.021	1.038	1.121
2007 ~ 2008 年	0.982	1.1	0.99	0.992	1.08
2008 ~ 2009 年	1.006	0.992	1.017	0.989	0.998
2009 ~ 2010 年	1.018	1.286	1.013	1.006	1.309
2010 ~ 2011 年	1.037	1.129	1.024	1.013	1.171
2011 ~ 2012 年	1.078	1.179	1.006	1.071	1.27
2012 ~ 2013 年	1.004	0.966	1.031	0.974	0.969

结合图 11 - 4 还可以看出，在我国制造业综合效率的变动过程中，纯技术效率的变化值域最小，而技术进步效率的变化值域最大。全要素生产率的曲线图趋势与技术进步效率的曲线趋势一致，说明，技术进步效率的变动是我国制造业全要素生产率变动的主要原因。

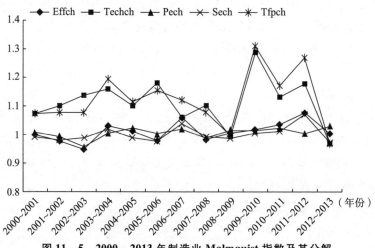

图 11 - 5   2000 ~ 2013 年制造业 Malmquist 指数及其分解

结合各个具体的区域来看，2000～2013 年全要素生产率上升最多的地区是北部沿海综合经济区，为 1.150，改善了 15%，主要是技术进步、纯技术效率和规模经济的结果，分别改善了 14.2%、0.3% 和 0.4%（如表 11-4 所示）。从各个省份来看，全国 31 个省区市的全要素生产率改善并不均匀，改善幅度最大的地区是江西，为 1.194。

表 11-4　2000～2013 年我国各省区市以及八大综合
经济区制造业 Malmquist 指数及其分解

地区	Effch	Techch	Pech	Sech	Tfpch
辽　宁	1.006	1.149	0.999	1.007	1.156
吉　林	1.018	1.172	1.014	1.003	1.193
黑龙江	0.977	1.011	0.977	1	0.987
东北综合经济区	**1.000**	**1.111**	**0.997**	**1.003**	**1.112**
北　京	1	1.101	1	1	1.101
天　津	1.012	1.119	1.012	1	1.132
河　北	1.002	1.188	1.001	1.002	1.191
山　东	1.014	1.159	1	1.014	1.175
北部沿海综合经济区	**1.007**	**1.142**	**1.003**	**1.004**	**1.150**
上　海	1	1.128	1	1	1.128
江　苏	1.009	1.15	1.003	1.006	1.161
浙　江	0.998	1.113	1	0.998	1.111
东部沿海综合经济区	**1.002**	**1.130**	**1.001**	**1.001**	**1.133**
福　建	0.976	1.065	0.979	0.996	1.039
广　东	0.983	1.066	1	0.983	1.048
海　南	1.029	1.103	1.011	1.018	1.135
南部沿海综合经济区	**0.996**	**1.078**	**0.997**	**0.999**	**1.074**
陕　西	1.045	1.064	1.04	1.005	1.111
山　西	1.062	1.084	1.061	1.002	1.152
河　南	0.999	1.11	1.024	0.975	1.108
内蒙古	1.038	1.15	1.028	1.009	1.193
黄河中游综合经济区	**1.036**	**1.102**	**1.038**	**0.998**	**1.141**
安　徽	1.006	1.163	1.006	1	1.17

续表

地区	Effch	Techch	Pech	Sech	Tfpch
江　西	1.025	1.165	1.025	0.999	1.194
湖　北	0.984	1.154	0.982	1.002	1.135
湖　南	1.001	1.115	1.003	0.998	1.116
长江中游综合经济区	**1.004**	**1.149**	**1.004**	**1.000**	**1.154**
广　西	0.997	1.095	0.996	1.001	1.092
重　庆	1.015	1.087	1.014	1.001	1.103
四　川	1.011	1.126	1.02	0.992	1.139
贵　州	1.029	1.02	1.028	1.001	1.05
云　南	0.986	1.072	0.986	0.999	1.057
大西南综合经济区	**1.008**	**1.080**	**1.009**	**0.999**	**1.088**
西　藏	1.008	1.017	1	1.008	1.026
甘　肃	1.043	1.11	1.043	1.001	1.158
青　海	1.028	1.117	1	1.028	1.148
宁　夏	1.006	1.148	0.982	1.025	1.155
新　疆	0.994	1.105	0.996	0.999	1.099
大西北综合经济区	**1.016**	**1.099**	**1.004**	**1.012**	**1.117**
均值	1.009	1.11	1.007	1.002	1.12

11.3.3　物流业子系统效率分析

11.3.3.1　物流业子系统静态效率分析

首先运用 DEAP2.1 软件基于 C^2R 模型对我国 31 个省区市物流业子系统的效率值进行分析（如附录 10 所示）。从中可以看出，北京、天津、河北、山东、辽宁、上海、江苏、浙江、福建、广东、山西、内蒙古、安徽、宁夏等地较多年份的效率值为 1，其中山东、上海所有年份的效率值均为 1，无法对其进行排序，因此在 C^2R 模型的基础上考虑了基于投入导向的超效率模型，其结果如表 11-5 与图 11-6 所示，从中可以看出，原先效率值小于 1 的区域依然保持数据不变，但原先效率值为 1 的区域在超效率 DEA 模型下有明显的区分度，可以看出各个地区具体的排序问题，更有针对性。

表 11-5 基于 C²R 模型考虑了投入了导向的 2000~2013 年物流业子系统超效率值

地区	2000 年	2001 年	2002 年	2003 年	2004 年	2005 年	2006 年	2007 年	2008 年	2009 年	2010 年	2011 年	2012 年	2013 年	2000~2013 年均值
北京	0.757	0.737	0.664	0.806	0.743	1.048	0.921	0.964	0.805	1.066	1.048	1.076	0.852	0.853	0.881
天津	1.611	1.503	1.625	2.052	3.663	2.849	2.964	2.583	0.970	2.032	1.697	1.954	1.507	1.779	2.056
河北	0.935	0.946	1.097	1.094	0.960	0.839	0.989	1.060	0.952	1.154	1.206	1.248	1.311	1.631	1.102
山东	1.203	1.296	1.222	1.215	1.248	1.450	1.430	1.473	1.731	1.696	1.567	1.446	1.306	1.109	1.385
北部沿海综合经济区	1.127	1.120	1.152	1.292	1.653	1.546	1.576	1.520	1.115	1.487	1.379	1.431	1.244	1.343	1.356
辽宁	1.092	1.004	1.174	1.255	1.038	0.876	0.827	0.859	0.804	0.884	0.896	0.956	1.018	0.990	0.977
吉林	0.731	0.912	0.763	0.674	0.596	0.693	0.742	0.659	0.590	0.565	0.489	0.495	0.509	0.564	0.642
黑龙江	0.799	0.822	0.773	0.807	0.873	0.903	0.779	0.744	0.542	0.496	0.436	0.555	0.642	0.712	0.706
东北综合经济区	0.874	0.913	0.903	0.912	0.836	0.824	0.783	0.754	0.645	0.648	0.607	0.669	0.723	0.755	0.775
上海	3.670	2.885	2.775	2.866	2.341	2.946	2.880	2.540	6.220	2.222	2.701	2.675	4.061	5.757	3.324
江苏	1.374	1.242	1.266	1.210	1.196	1.037	1.059	1.046	0.976	1.297	1.355	1.416	1.407	1.383	1.233
浙江	1.334	1.434	1.519	1.498	1.459	1.237	1.232	1.226	0.965	0.974	0.993	0.977	0.916	0.931	1.192
东部沿海综合经济区	2.126	1.854	1.853	1.858	1.666	1.740	1.724	1.604	2.720	1.497	1.683	1.689	2.128	2.690	1.917
福建	1.841	1.709	1.595	1.443	1.352	1.169	1.066	1.114	0.934	0.958	0.895	0.782	0.758	0.817	1.174
广东	1.633	1.606	1.631	1.498	1.364	1.023	0.978	0.966	0.828	0.996	0.976	0.940	0.986	1.246	1.191
海南	0.645	0.740	0.620	0.678	0.618	0.864	0.699	0.781	0.647	0.792	0.774	0.769	0.683	0.486	0.700
南部沿海综合经济区	1.373	1.352	1.282	1.206	1.111	1.018	0.914	0.954	0.803	0.915	0.882	0.831	0.809	0.850	1.021
陕西	0.640	0.643	0.722	0.712	0.673	0.667	0.661	0.701	0.937	0.942	0.847	0.838	0.727	0.708	0.744
山西	1.765	1.552	1.541	1.647	1.751	1.719	2.251	1.929	0.871	0.720	0.734	0.701	0.697	0.788	1.333
河南	0.832	0.793	0.741	0.740	0.765	0.784	0.746	0.821	0.890	0.929	0.831	0.848	0.898	0.788	0.815

续表

地区	2000年	2001年	2002年	2003年	2004年	2005年	2006年	2007年	2008年	2009年	2010年	2011年	2012年	2013年	2000~2013年均值
内蒙古	0.844	1.003	0.836	0.858	0.740	0.967	0.969	0.999	0.872	1.024	1.041	1.090	1.232	1.218	0.978
黄河中游综合经济区	**1.020**	**0.998**	**0.960**	**0.989**	**0.982**	**1.034**	**1.157**	**1.112**	**0.892**	**0.904**	**0.863**	**0.869**	**0.888**	**0.875**	**0.968**
安徽	0.723	0.688	0.779	0.769	0.751	0.837	0.818	0.817	1.612	1.545	1.904	1.909	2.014	2.665	1.273
江西	0.757	0.768	0.664	0.721	0.692	0.718	0.639	0.684	0.823	0.836	0.779	0.745	0.878	1.034	0.767
湖北	0.621	0.677	0.636	0.632	0.630	0.673	0.643	0.645	0.613	0.645	0.638	0.630	0.603	0.663	0.639
湖南	0.749	0.744	0.784	0.825	0.931	0.958	0.915	0.895	0.820	1.013	1.004	0.951	0.877	0.883	0.882
长江中游综合经济区	**0.712**	**0.719**	**0.716**	**0.737**	**0.751**	**0.797**	**0.754**	**0.760**	**0.967**	**1.010**	**1.081**	**1.059**	**1.093**	**1.311**	**0.890**
广西	0.698	0.684	0.723	0.817	0.706	0.686	0.750	0.699	0.841	0.915	0.916	0.918	0.820	0.714	0.778
重庆	0.838	0.830	0.676	0.724	0.696	0.665	0.663	0.658	0.644	0.759	0.745	0.979	0.672	0.658	0.729
四川	0.696	0.689	0.701	0.661	0.718	0.693	0.681	0.637	0.637	0.628	0.619	0.619	0.597	0.531	0.650
贵州	0.512	0.468	0.497	0.479	0.455	0.505	0.530	0.502	0.427	0.846	0.815	0.843	0.923	0.957	0.626
云南	0.842	0.774	0.743	0.771	0.775	0.739	0.720	0.741	0.328	0.291	0.308	0.318	0.321	0.387	0.576
大西南综合经济区	**0.717**	**0.689**	**0.668**	**0.690**	**0.670**	**0.658**	**0.669**	**0.647**	**0.575**	**0.688**	**0.681**	**0.736**	**0.667**	**0.650**	**0.672**
西藏	0.088	0.187	0.276	0.663	0.685	0.515	0.458	0.556	0.421	0.491	0.459	0.469	0.479	0.462	0.444
甘肃	0.686	0.674	0.615	0.625	0.793	0.647	0.736	0.837	0.928	0.870	0.759	0.652	0.613	0.608	0.717
青海	0.412	0.463	0.482	0.496	0.451	0.434	0.436	0.432	0.373	0.423	0.412	0.379	0.342	0.301	0.417
宁夏	0.625	0.563	0.552	0.491	0.452	0.520	0.521	0.536	0.958	1.009	1.007	1.064	1.165	1.077	0.753
新疆	0.663	0.598	0.573	0.538	0.507	0.540	0.508	0.491	0.477	0.477	0.430	0.421	0.511	0.561	0.521
大西北综合经济区	**0.495**	**0.497**	**0.499**	**0.562**	**0.578**	**0.531**	**0.532**	**0.570**	**0.631**	**0.654**	**0.613**	**0.597**	**0.622**	**0.602**	**0.570**
全国平均	0.988	0.956	0.944	0.976	0.988	0.974	0.975	0.955	0.982	0.951	0.945	0.957	0.978	1.073	0.974

从中可以看出，在超效率 DEA 模型下，全国物流业综合效率指数从 2000 年的 0.988 调整为 2013 年的 1.073，在波动中略有上升，年均值为 0.974，2013 年达到历史最高水平，为 1.073，2002 年为历史的最低水平，为 0.944。分综合经济区来看，我国物流业综合效率值呈现出东部沿海综合经济区（1.917）高于北部沿海综合经济区（1.356）、高于南部沿海综合经济区（1.021）、高于黄河中游综合经济区（0.968）、高于长江中游综合经济区（0.890）、高于东北综合经济区（0.775）、高于大西南综合经济区（0.672）、高于大西北综合经济区（0.570）的态势。其中，东部沿海综合经济区、北部沿海综合经济区和南部沿海综合经济区效率均值高于全国平均水平。

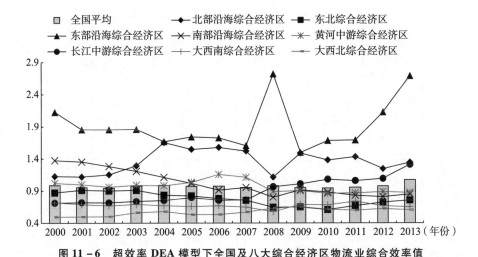

图 11-6 超效率 DEA 模型下全国及八大综合经济区物流业综合效率值

从各个省份来看，上海市各个年份的物流业综合效率值最高，从 2000 年的 3.670 在波动中逐步提升为 2013 年为 5.757，年均值为 3.324，始终高于其他省区市的效率值，其次为天津市，年均值为 2.056，均值水平高于 1 的省区市还包括河北、山东、江苏、浙江、福建、广东、山西、安徽等 8 个地区，表明这些地区为 DEA 投入有效区，除了安徽和山西外，其余地区均为沿海经济发达地区。物流业综合效率值较低的省份主要集中于青海、西藏、新疆、云南等地区，其中青海最低，为 0.417。

从各大片区 DEA 有效性个数来看,[①] 全国物流业 DEA 有效性个数在波动中略有上升，2000 年为 9 个地区，2013 年为 10 个地区，而 2008 年为历史的最低水平，仅有 3 个地区。从八大综合经济区来看，北部沿海综合经济区的物流业 DEA 有效性总数（39 个）高于东部沿海综合经济区（35个）、高于南部沿海综合经济区（15 个）、高于黄河中游综合经济区（14个）、高于长江中游综合经济区（9 个）、高于东北综合经济区（6 个）、高于大西北综合经济区（5 个）、高于大西南综合经济区（0 个）。从图中还可以看出，2008 年为一个拐点，除了东北综合经济区和大西南综合经济区外，其他综合经济区过了 2008 年以后，DEA 有效性个数均有所增加，其中北部沿海综合经济区增加得最为明显（见表 11 - 6、图 11 - 7）。

表 11 - 6　2000 ~ 2013 年全国及八大综合经济区物流业
DEA 有效性个数

地区	2000年	2001年	2002年	2003年	2004年	2005年	2006年	2007年	2008年	2009年	2010年	2011年	2012年	2013年	2000 ~ 2013年总数
北部沿海综合经济区	2	2	3	3	2	3	2	3	1	4	4	4	3	3	39
东北综合经济区	1	1	1	1	1	0	0	0	0	0	0	0	1	0	6
东部沿海综合经济区	3	3	3	3	3	3	3	3	1	2	2	2	2	2	35
南部沿海综合经济区	2	2	2	2	2	1	1	0	0	0	0	0	0	1	15
黄河中游综合经济区	1	2	1	1	1	1	1	1	0	1	1	1	1	1	14
长江中游综合经济区	0	0	0	0	0	0	0	0	1	2	2	1	0	2	9
大西南综合经济区	0	0	0	0	0	0	0	0	0	0	0	0	0	0	0
大西北综合经济区	0	0	0	0	0	0	0	0	0	0	1	1	1	1	5
全国	9	10	10	10	9	7	8	3	10	10	9	9	10		123

---

① 各个省区市的 DEA 有效性个数可见附录 11。

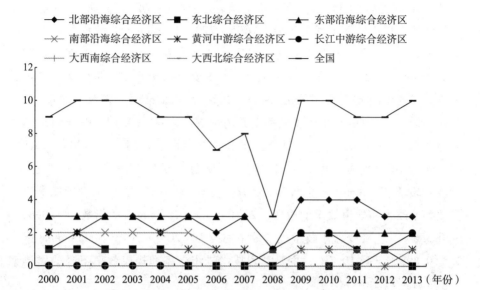

图 11 - 7 2000~2013 年全国及八大综合经济区物流业 DEA 有效性个数

11.3.3.2 物流业子系统动态效率分析

以上是对 2000~2013 年我国物流业综合运作效率的测度，但是这些描述的只是单独年份上的相对效率，是基于截面数据的静态效率评价，难以反映出样本是存在效率进步还是效率退步。为了更具体地反映物流综合效率变化的情况，本部分结合 Malmquist 指数做进一步的分析，具体年份的 Malmquist 数值可见附录 12。总体来看，全国 31 个省区市 2000~2013 年全要素生产率（Tfpch）的动态变化平均值为 1.018，这表明 2013 年较 2000 年物流业的全要素生产率改善了 1.8%。再从分解结果来看，全要素生产率改善的贡献来源包括综合技术效率变化和技术进步效率变化，其中综合技术效率均值为 1.003，改善了 3%，技术进步效率改善了 1.5%，而综合效率变化主要是因为规模效率上升了 6%。

从年度变化来看，2000~2001 年 Malmquist 指数为 1.038，上升 3.8%，主要得益于综合技术效率的提升，上升了 5.2%，而技术进步效率则下降了 1.3%。2001~2002 年 Malmquist 指数为 1.08，上升 8%，主要得益于技术进步效率的改善，上升了 9.4%。2002~2003 年 Malmquist 指数为 1.031，上升 3.1%，主要得益于规模效率的带动，上升了 5.2%。2003~2004 年 Malmquist 指数为 1.071，上升 7.1%，主要得益于技术进步效率的

提升，为 11.9%。2004～2005 年 Malmquist 指数为 0.925，下降 7.5%，主
要受到技术进步效率下降的影响。2005～2006 年 Malmquist 指数为 1.012，
上升 1.2%，主要得益于技术进步效率和纯技术效率的带动。2006～2007
年 Malmquist 指数为 1.064，上升 6.4%，主要得益于技术进步效率、纯技
术效率和规模经济效率的带动。2007～2008 年 Malmquist 指数为 1.058，上
升 5.8%，主要受到技术进步效率上升的影响。2008～2009 年 Malmquist 指
数为 0.915，下降 8.5%，主要受到技术进步效率下降的影响。2009～2010
年 Malmquist 指数为 1.03，上升 3%，主要受益于技术进步效率的改善。
2010～2011 年 Malmquist 指数为 1.107，上升 10.7%，主要受益于技术进
步效率的改善和规模效率的改善。2011～2012 年 Malmquist 指数为 1.036，
上升 3.6%，主要受益于技术进步效率的改善。2012～2013 年 Malmquist 指
数为 0.893，下降 10.7%，主要受到技术进步效率和规模效率下降的影响
（见表 11－7）。

表 11－7　2000～2013 年物流业 Malmquist 指数及其分解

效率评价期间	Effch	Techch	Pech	Sech	Tfpch
全期间平均数	1.003	1.015	0.997	1.006	1.018
2000～2001 年	1.052	0.987	1.009	1.043	1.038
2001～2002 年	0.987	1.094	0.999	0.988	1.08
2002～2003 年	1.046	0.985	0.995	1.052	1.031
2003～2004 年	0.957	1.119	0.981	0.976	1.071
2004～2005 年	1.041	0.889	1.012	1.029	0.925
2005～2006 年	0.986	1.026	1.004	0.982	1.012
2006～2007 年	1.024	1.039	1.019	1.004	1.064
2007～2008 年	0.951	1.114	0.95	1	1.058
2008～2009 年	1.064	0.86	1.029	1.034	0.915
2009～2010 年	0.965	1.067	0.97	0.995	1.03
2010～2011 年	0.999	1.109	0.997	1.002	1.107
2011～2012 年	0.975	1.063	0.985	0.99	1.036
2012～2013 年	1.003	0.89	1.019	0.985	0.893

结合图 11－8 还可以看出，在我国物流业综合效率的变动过程中，纯

技术效率的值域变化最小，而技术进步效率的值域变化最大。全要素生产率的曲线趋势与技术进步效率的曲线趋势一致，说明，技术进步效率的变动是我国物流业全要素生产率变动的主要原因。

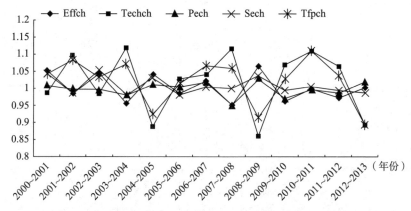

图 11 - 8　2000 ~ 2013 年物流业 Malmquist 指数及其分解图

结合各个具体的区域来看，2000 ~ 2013 年全要素生产率上升最多的地区是大西北综合经济区，为 1.052，改善了 5.2%，主要是技术进步和规模经济改善的结果（如表 11 - 8 所示）。从各个省份来看，全国 31 个省区市的全要素生产率改善并不均匀，其中，全要素生产率值大于 1 的地区包括北京、河北、山东、江苏、浙江、广东、陕西、内蒙古、安徽、江西、湖北、湖南、广西、重庆、四川、贵州、云南、西藏、宁夏、新疆等 20 个地区。

表 11 - 8　2000 ~ 2013 年我国各省区市以及八大综合经济区
物流业 Malmquist 指数及其分解

地区	Effch	Techch	Pech	Sech	Tfpch
辽　宁	1.002	0.989	0.999	1.003	0.991
吉　林	0.98	1.003	0.979	1.001	0.983
黑龙江	0.993	0.986	0.992	1	0.979
东北综合经济区	**0.992**	**0.993**	**0.99**	**1.001**	**0.984**
北　京	1	1.016	0.997	1.004	1.016
天　津	1	0.967	1	1	0.967
河　北	1.013	1.045	1.007	1.006	1.058

地区	Effch	Techch	Pech	Sech	Tfpch
山　东	1.007	1.009	1	1.007	1.017
北部沿海综合经济区	**1.005**	**1.009**	**1.001**	**1.004**	**1.015**
上　海	1	0.985	1	1	0.985
江　苏	1.011	1.014	1	1.011	1.026
浙　江	0.986	1.035	0.993	0.992	1.02
东部沿海综合经济区	**0.999**	**1.011**	**0.998**	**1.001**	**1.01**
福　建	0.984	1.011	0.984	1	0.994
广　东	0.998	1.012	1	0.998	1.01
海　南	0.978	0.991	1	0.978	0.969
南部沿海综合经济区	**0.987**	**1.005**	**0.995**	**0.992**	**0.991**
陕　西	1.008	1.003	1.008	1	1.01
山　西	0.982	0.987	0.984	0.998	0.969
河　南	1.009	0.977	1.005	1.004	0.985
内蒙古	1.013	1.034	1.008	1.005	1.047
黄河中游综合经济区	**1.003**	**1**	**1.001**	**1.002**	**1.003**
安　徽	1.025	1.07	1.023	1.002	1.097
江　西	1.022	0.987	1.014	1.008	1.009
湖　北	1.008	0.996	1.006	1.002	1.004
湖　南	1.018	1.016	1.018	1	1.034
长江中游综合经济区	**1.018**	**1.017**	**1.015**	**1.003**	**1.036**
广　西	1.001	1.013	0.998	1.003	1.014
重　庆	0.982	1.034	0.984	0.997	1.015
四　川	0.977	1.032	0.98	0.997	1.008
贵　州	1.049	1.055	1.037	1.012	1.107
云　南	0.942	1.078	0.944	0.998	1.015
大西南综合经济区	**0.990**	**1.042**	**0.989**	**1.001**	**1.032**
西　藏	1.136	1.057	1	1.136	1.2
甘　肃	0.991	0.981	0.986	1.005	0.972
青　海	0.976	1.023	1.002	0.975	0.998
宁　夏	1.037	1.048	1	1.037	1.087
新　疆	0.986	1.017	0.977	1.01	1.003

续表

地区	Effch	Techch	Pech	Sech	Tfpch
大西北综合经济区	**1.025**	**1.025**	**0.993**	**1.033**	**1.052**
均值	1.003	1.015	0.997	1.006	1.018

11.3.4 制造业与物流业互为投入产出的效率分析

以上两部分分别考虑了制造业与物流业子系统的效率值，为了更深入地反映两者联动发展的效率情况，本部分在各自子系统的基础上加入了对方的一些因素，如在物流业子系统中加入了制造业作为投入部分，在制造业子系统中加入了物流业作为投入部分。根据各自的经济含义，构建了如下的指标体系（如表 11-9 所示）。

表 11-9　制造业与物流业互为投入产出的指标体系

制造业与物流业指标作为投入，物流业指标作为产出的效率系统		制造业与物流业指标作为投入，制造业指标作为产出的效率系统	
投入	产出	投入	产出
物流业固定资产投资总额 物流业从业人员数 公路里程数 民用载货汽车数量 工业增加值 规模以上工业企业主营业务收入 规模以上工业企业利润总额	物流业增加值 货运量 货物周转量	物流业固定资产投资总额 物流业从业人员数 公路里程数 民用载货汽车数量 制造业固定资产投资总额 规模以上工业企业全部从业人员平均数 规模以上工业企业单位数	工业增加值 规模以上工业企业主营业务收入 规模以上工业企业利润总额

首先运用 DEAP2.1 软件基于 C^2R 模型对我国 31 个省区市考虑了制造业为投入指标的物流业系统的效率值进行分析（见附录 13）。其中北京、天津、河北、山东、辽宁、上海、江苏、浙江、福建、海南、山西、内蒙古、安徽、江西、湖南、广西、贵州、西藏、甘肃和宁夏等地区多个年份的效率值均为 1，北京、天津、河北、上海、海南、内蒙古等 6 个地区的所有效率值均为 1，无法对其进行排序。因此在 C^2R 模型的基础上考虑了基于投入导向的超效率 DEA 模型，其结果如表 11-10 及图 11-9 所示。从中可以看出，原先效率值小于 1 的区域依然保持数据不变，但原先效率值为 1 的区域在超效率 DEA 模型下有明显的区分度，可以看出各个地区具体的排序问题，更有针对性。

表 11 - 10　基于 C^2R 模型以投入为导向的，考虑了制造业为投入指标的物流业系统的超效率值

地区	2000年	2001年	2002年	2003年	2004年	2005年	2006年	2007年	2008年	2009年	2010年	2011年	2012年	2013年	2000~2013年均值
北京	1.099	1.129	1.042	1.095	1.059	1.532	1.517	1.522	1.486	1.621	1.730	1.840	1.679	1.680	1.431
天津	1.904	1.977	2.385	2.499	3.663	2.849	2.964	2.583	0.970	2.032	1.697	1.954	1.507	1.779	2.197
河北	1.003	1.082	1.165	1.117	1.051	1.133	1.264	1.311	1.359	1.378	1.360	1.452	1.458	1.606	1.267
山东	0.881	1.086	0.953	1.001	1.117	1.423	1.268	1.348	1.339	1.248	1.106	1.036	0.947	0.969	1.123
北部沿海综合经济区	1.222	1.318	1.386	1.428	1.722	1.734	1.753	1.691	1.288	1.570	1.473	1.570	1.398	1.508	1.504
辽宁	1.033	1.176	1.238	1.317	1.233	1.239	1.155	0.960	0.913	0.890	0.855	0.935	0.979	1.006	1.066
吉林	0.745	0.914	0.821	0.730	0.708	0.826	0.871	0.805	0.795	0.720	0.658	0.630	0.612	0.644	0.748
黑龙江	0.835	0.926	0.878	0.926	0.935	0.959	0.848	0.871	0.670	0.670	0.621	0.674	0.796	0.850	0.818
东北综合经济区	0.871	1.005	0.979	0.991	0.959	1.008	0.958	0.879	0.793	0.760	0.711	0.746	0.796	0.833	0.878
上海	3.670	2.885	2.775	2.866	2.341	2.946	2.880	2.540	6.220	2.222	2.701	2.675	4.061	5.757	3.324
江苏	1.241	0.987	0.983	0.989	0.910	0.922	0.992	1.046	0.976	1.145	1.207	1.226	1.324	1.160	1.079
浙江	1.331	1.434	1.519	1.498	1.459	1.223	1.219	1.214	0.965	0.910	0.920	0.889	0.885	0.827	1.164
东部沿海综合经济区	2.080	1.769	1.759	1.784	1.570	1.697	1.697	1.600	2.720	1.426	1.610	1.597	2.090	2.581	1.856
福建	2.132	1.906	1.794	1.600	1.564	1.317	1.147	1.174	1.116	0.991	0.955	0.913	0.942	0.897	1.318
广东	0.836	0.948	0.996	0.953	0.909	0.827	0.796	0.850	0.715	0.762	0.764	0.774	0.819	0.856	0.843
海南	2.139	1.921	1.778	1.641	1.895	1.813	1.737	1.818	1.617	1.460	1.504	1.745	1.907	1.266	1.732
南部沿海综合经济区	1.703	1.592	1.523	1.398	1.456	1.319	1.227	1.281	1.149	1.071	1.074	1.144	1.222	1.006	1.297
陕西	0.846	0.960	1.017	0.964	0.975	0.838	0.902	0.827	1.004	0.999	0.919	0.882	0.771	0.777	0.906
山西	2.090	2.037	2.000	2.120	2.037	1.938	2.303	2.144	0.915	0.879	0.878	0.853	0.974	1.277	1.603
河南	0.854	0.905	0.959	1.025	1.025	0.926	0.835	0.951	1.001	0.964	0.851	0.775	0.815	0.757	0.903

续表

地区	2000 年	2001 年	2002 年	2003 年	2004 年	2005 年	2006 年	2007 年	2008 年	2009 年	2010 年	2011 年	2012 年	2013 年	2000～2013 年均值
内蒙古	1.216	1.421	1.312	1.266	1.061	1.244	1.225	1.230	1.210	1.204	1.191	1.282	1.436	1.326	1.259
黄河中游综合经济区	**1.251**	**1.330**	**1.322**	**1.344**	**1.274**	**1.237**	**1.316**	**1.288**	**1.032**	**1.012**	**0.960**	**0.948**	**0.999**	**1.034**	**1.168**
安徽	0.921	0.753	0.838	0.901	0.949	1.087	1.170	1.288	1.494	1.492	1.830	1.703	1.814	2.321	1.326
江西	1.687	1.915	1.664	1.336	1.492	1.289	1.009	0.988	0.925	0.911	0.870	0.827	0.915	1.010	1.203
湖北	0.698	0.771	0.695	0.710	0.705	0.769	0.815	0.821	0.794	0.773	0.779	0.759	0.676	0.656	0.744
湖南	0.954	1.020	1.031	1.007	1.303	1.134	1.150	1.077	0.902	1.074	1.052	0.958	0.928	0.926	1.037
长江中游综合经济区	**1.065**	**1.115**	**1.057**	**0.988**	**1.112**	**1.070**	**1.036**	**1.044**	**1.029**	**1.062**	**1.133**	**1.062**	**1.083**	**1.228**	**1.077**
广西	0.876	0.950	1.125	1.255	1.102	0.887	0.985	0.973	1.213	1.084	1.072	1.077	1.039	0.915	1.040
重庆	0.996	0.985	0.850	0.843	0.844	1.066	1.064	0.868	0.859	0.897	0.923	1.086	0.993	0.783	0.933
四川	0.758	0.802	0.873	0.951	0.982	0.813	0.810	0.786	0.718	0.618	0.622	0.611	0.553	0.495	0.742
贵州	0.696	0.734	0.809	0.743	0.767	0.838	0.809	0.814	0.826	1.485	1.511	1.605	1.577	1.573	1.056
云南	0.882	0.870	0.886	0.962	1.039	0.864	0.804	0.842	0.633	0.439	0.472	0.515	0.540	0.871	0.758
大西南综合经济区	**0.842**	**0.868**	**0.909**	**0.951**	**0.947**	**0.894**	**0.894**	**0.857**	**0.850**	**0.905**	**0.920**	**0.979**	**0.940**	**0.928**	**0.906**
西藏	0.518	2.045	2.818	5.161	4.831	2.733	3.276	6.051	4.916	3.508	3.028	2.803	2.484	3.336	3.393
甘肃	1.016	1.714	0.955	1.121	0.993	1.292	1.078	1.056	1.537	1.095	1.150	1.112	0.865	1.183	1.155
青海	2.177	0.615	0.676	0.733	0.683	0.598	0.542	0.562	0.581	0.537	0.528	0.519	0.509	0.583	0.703
宁夏	0.959	1.013	1.405	1.182	1.187	0.990	1.231	0.898	1.920	1.510	1.567	1.471	1.748	1.438	1.323
新疆	0.851	0.772	0.838	0.778	0.788	0.640	0.694	0.737	0.679	0.590	0.534	0.524	0.622	0.755	0.700
大西北综合经济区	**1.104**	**1.232**	**1.338**	**1.795**	**1.697**	**1.250**	**1.364**	**1.861**	**1.927**	**1.448**	**1.361**	**1.286**	**1.245**	**1.459**	**1.455**
全国平均	1.221	1.247	1.261	1.332	1.342	1.257	1.270	1.321	1.331	1.165	1.157	1.165	1.199	1.299	1.255

观察表 11 – 10 可发现，东部沿海综合经济区（1.856）＞北部沿海综合经济区（1.504）＞大西北综合经济区（1.455）＞南部沿海综合经济区（1.297）＞黄河中游综合经济区（1.168）＞长江中游综合经济区（1.077）＞大西南综合经济区（0.906）＞东北综合经济区（0.878）。

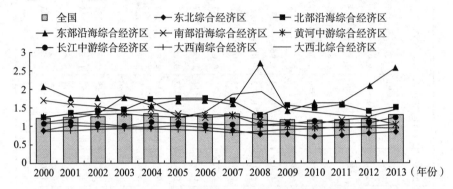

图 11 – 9　2000～2013 年全国及八大综合经济区考虑了制造业作为投入指标的物流业 DEA 效率值

从各个省份来看，考虑了制造业作为投入项的物流业超效率 DEA 值上海市几乎各个年份都为最高，从 2000 年的 3.670 在波动中逐步提升为 2013 年为 5.757，年均值为 3.324，与之几乎并驾齐驱的西藏，年均值为 3.393，均值水平高于 1 的省区市还包括天津、辽宁、北京、河北、山东、江苏、浙江、福建、海南、山西、内蒙古、安徽、江西、湖南、广西、贵州、甘肃、宁夏等地区。

从各大片区的 DEA 有效性个数来看，[①] 全国考虑了制造业作为投入指标的物流业 DEA 有效性个数在波动中逐步上升，2000 年为 14 个地区，2013 年为 15 个地区，2004 年和 2006 年达到历史的最高值，为 18 个地区，而 2012 年为历史的最低水平，为 13 个地区。从八大综合经济区来看，北部沿海综合经济区考虑了制造业作为投入指标的物流业 DEA 有效性总数（55 个）高于大西北综合经济区（36 个）、高于东部沿海综合经济区（29个）、高于黄河中游综合经济区和长江中游综合经济区（27 个）、高于南部沿海综合经济区（23 个）、高于大西南综合经济区（15 个）、高于东北

---

① 各个省区市的 DEA 有效性可见附录 14。

综合经济区（8 个）（见表 11 – 11 及图 11 – 10）。

表 11 – 11　全国及八大综合经济区考虑了制造业作为
投入指标的物流业 DEA 有效性个数

各大片区考虑了制造业作为投入指标的物流业 DEA 有效性个数	2000年	2001年	2002年	2003年	2004年	2005年	2006年	2007年	2008年	2009年	2010年	2011年	2012年	2013年	总数
东北综合经济区	1	1	1	1	1	1	1	0	0	0	0	0	0	1	8
北部沿海综合经济区	3	4	4	4	4	4	4	4	4	4	4	4	4	4	55
东部沿海综合经济区	3	2	2	2	2	2	2	3	1	2	2	2	2	2	29
南部沿海综合经济区	2	2	2	2	2	2	2	2	2	1	1	1	1	1	23
黄河中游综合经济区	2	2	3	3	3	2	2	2	3	1	1	1	1	1	27
长江中游综合经济区	1	2	2	2	2	3	3	3	1	2	1	2	1	2	27
大西南综合经济区	0	0	0	0	2	1	1	0	1	2	2	3	2	1	15
大西北综合经济区	2	3	2	3	2	2	3	2	3	3	3	3	2	3	36
全国	14	16	16	17	18	17	18	16	15	15	15	15	13	15	220

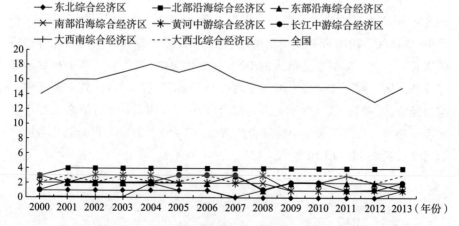

图 11 – 10　2000 ~ 2013 年全国及八大综合经济区考虑了制造业作为
投入指标的物流业 DEA 有效性个数

在增加了物流业 4 个指标作为投入项的制造业效率值中可以看出，黑龙江、北京、天津、河北、山东、上海、江苏、浙江、福建、广东、海南、陕西、山西、河南、内蒙古、新疆 16 个地区多个年份的效率值为 1，具体数值可见附录 15。其中北京、天津、山东、上海、江苏、浙江、广东各个年份的效率值均为 1，说明这些地区物流业的发展促进了制造业的发展，将两者进行比较发现，无法对其进行排序，因此在 C^2R 模型的基础上考虑了基于投入导向的超效率模型，其结果如表 11 – 12 和图 11 – 11 所示。从中可以看出，原先效率值小于 1 的区域依然保持数据不变，但原先效率值为 1 的区域在超效率 DEA 模型下有明显的区分度，可以看出各个地区具体的排序问题，更有针对性。

以物流业作为产出指标有效率的地区个数明显地多于以制造业为产出指标的有效率地区的个数。说明当前我国大部分地区制造业对物流业发展的带动作用明显大于物流业发展对制造业发展的带动作用，物流业发展对制造业效率水平的提升仍然有待于进一步提升。

从各个省份来看，在考虑了物流业作为投入项的制造业超效率值中，上海市最高，年均效率值为 3.211，各个年份的效率值在全国 31 个省区市中均是最高的，均值水平高于 1 的省区市还包括黑龙江、北京、天津、河北、山东、江苏、浙江、广东、河南、内蒙古以及新疆等地区。可以看出有效率的地区几乎都集中于北部沿海经济区和东部沿海经济区。

从各大片区 DEA 有效性个数来看，[①] 全国考虑了物流业作为投入项的制造业 DEA 有效性个数在波动中逐步上升，2000 年为 11 个地区，2013 年为 16 个地区，2010 年达到历史的最高值，为 17 个地区。从八大综合经济区来看，北部沿海综合经济区的 DEA 有效性总数（52 个）高于东部沿海综合经济区（42 个）、高于南部沿海综合经济区（25 个）、高于黄河中游综合经济区（24 个）、高于大西北综合经济区（19 个）、高于东北综合经济区（18 个）、高于长江中游综合经济区（2 个）、高于大西南综合经济区（1 个）（见表 11 – 13 和图 11 – 12）。

---

① 各个省区市的 DEA 有效性可见附录 16。

表 11-12 基于 C²R 模型、以投入为导向的，考虑了物流业为投入指标的制造业为产出指标的超效率值

地区	2000年	2001年	2002年	2003年	2004年	2005年	2006年	2007年	2008年	2009年	2010年	2011年	2012年	2013年	2000～2013年均值
辽宁	0.974	1.015	1.113	0.993	0.910	0.799	0.684	0.794	0.725	0.863	0.852	0.944	0.926	1.014	0.900
吉林	0.748	0.875	0.984	1.059	0.999	0.903	0.827	0.889	0.860	0.906	0.883	0.941	1.079	0.985	0.924
黑龙江	4.135	3.841	3.449	2.609	2.596	2.502	1.747	1.539	1.544	1.024	1.034	1.189	1.051	0.925	2.085
东北综合经济区	**1.952**	**1.910**	**1.849**	**1.554**	**1.502**	**1.401**	**1.086**	**1.074**	**1.043**	**0.931**	**0.923**	**1.025**	**1.019**	**0.975**	**1.303**
北京	1.222	1.539	1.440	1.149	1.156	1.485	2.084	2.057	2.604	2.215	1.495	1.190	1.554	1.405	1.614
天津	1.059	1.096	1.181	1.157	1.292	1.341	1.748	1.401	1.610	1.454	1.570	1.977	1.896	1.920	1.479
河北	0.964	0.950	0.995	0.987	1.010	1.054	1.063	1.130	1.131	1.046	0.967	0.966	1.017	1.110	1.028
山东	1.218	1.278	1.250	1.342	1.412	1.613	1.395	1.377	1.282	1.240	1.117	1.094	1.127	1.135	1.277
北部沿海综合经济区	**1.116**	**1.216**	**1.217**	**1.159**	**1.218**	**1.373**	**1.573**	**1.491**	**1.657**	**1.489**	**1.287**	**1.307**	**1.399**	**1.393**	**1.349**
上海	5.069	4.100	4.512	5.317	3.399	3.066	2.386	2.345	2.117	2.533	2.752	2.743	2.424	2.189	3.211
江苏	1.033	1.015	1.035	1.265	1.332	1.342	1.392	1.527	1.648	1.642	1.685	1.614	1.623	1.462	1.401
浙江	1.351	1.488	1.499	1.392	1.229	1.218	1.154	1.153	1.080	1.019	1.078	1.114	1.025	1.105	1.208
东部沿海综合经济区	**2.484**	**2.201**	**2.349**	**2.658**	**1.987**	**1.875**	**1.644**	**1.675**	**1.615**	**1.731**	**1.838**	**1.824**	**1.691**	**1.585**	**1.940**
福建	1.140	1.211	1.263	1.194	1.082	1.026	0.941	0.891	0.829	0.868	0.913	0.876	0.881	0.799	0.994
广东	1.531	1.332	1.313	1.249	1.145	1.189	1.180	1.634	1.466	1.574	1.459	1.339	1.396	1.341	1.368
海南	0.649	0.639	0.639	0.609	0.746	0.708	0.789	1.054	1.024	1.334	1.045	1.087	0.997	0.943	0.876
南部沿海综合经济区	**1.107**	**1.061**	**1.072**	**1.017**	**0.991**	**0.974**	**0.970**	**1.193**	**1.106**	**1.259**	**1.139**	**1.101**	**1.091**	**1.028**	**1.079**
陕西	0.574	0.629	0.695	0.678	0.756	0.773	0.889	0.973	1.074	1.104	1.064	1.189	1.195	1.178	0.912
山西	0.579	0.510	0.547	0.646	0.789	0.821	0.867	1.035	1.245	1.155	1.244	1.252	1.108	1.021	0.916
河南	0.839	0.942	0.928	0.906	0.856	0.973	0.996	1.070	1.167	1.327	1.184	1.180	1.149	1.017	1.038

续表

地区	2000年	2001年	2002年	2003年	2004年	2005年	2006年	2007年	2008年	2009年	2010年	2011年	2012年	2013年	2000~2013年均值
内蒙古	0.619	0.656	0.722	0.731	0.796	0.914	0.976	1.215	1.295	1.560	1.376	1.435	1.698	1.588	1.113
黄河中游综合经济区	0.653	0.684	0.723	0.740	0.799	0.870	0.932	1.073	1.195	1.287	1.217	1.264	1.288	1.201	0.995
安徽	0.772	0.801	0.797	0.779	0.746	0.754	0.718	0.732	0.702	0.760	0.834	0.989	0.940	1.025	0.811
江西	0.578	0.600	0.605	0.594	0.614	0.736	0.690	0.753	0.727	0.782	0.850	0.906	0.983	1.025	0.746
湖北	0.977	0.967	0.922	0.779	0.731	0.720	0.730	0.748	0.707	0.817	0.824	0.805	0.817	0.776	0.809
湖南	0.842	0.838	0.807	0.628	0.639	0.758	0.758	0.833	0.743	0.749	0.819	0.810	0.849	0.958	0.788
长江中游综合经济区	0.792	0.802	0.783	0.695	0.683	0.742	0.724	0.767	0.720	0.777	0.832	0.878	0.897	0.946	0.788
广西	0.794	0.735	0.711	0.611	0.621	0.715	0.803	0.848	0.741	0.743	0.724	0.754	0.781	0.778	0.740
重庆	0.737	0.742	0.709	0.680	0.653	0.627	0.635	0.647	0.555	0.745	0.813	0.868	0.839	0.849	0.721
四川	0.794	0.753	0.746	0.715	0.693	0.719	0.741	0.773	0.711	0.731	0.809	0.898	0.952	0.895	0.781
贵州	0.545	0.520	0.539	0.522	0.595	0.776	0.773	0.753	0.771	0.841	0.764	0.641	0.661	0.800	0.679
云南	1.015	0.987	0.852	0.820	0.856	0.898	0.923	0.965	0.914	0.956	0.910	0.879	0.846	0.864	0.906
大西南综合经济区	0.777	0.747	0.711	0.670	0.684	0.747	0.775	0.797	0.738	0.803	0.804	0.808	0.816	0.837	0.765
西藏	0.465	0.588	0.712	0.349	0.397	0.520	0.607	0.567	0.526	0.561	0.510	0.531	0.509	0.516	0.526
甘肃	0.537	0.452	0.456	0.468	0.546	0.768	0.818	1.018	0.954	1.072	1.143	1.089	1.001	0.929	0.804
青海	0.697	0.635	0.682	0.638	0.670	0.764	0.839	0.851	0.904	0.896	1.208	1.236	1.162	1.150	0.881
宁夏	0.688	0.749	0.774	0.799	0.837	0.700	0.698	0.790	0.746	0.763	0.783	0.800	0.857	0.737	0.766
新疆	1.021	1.051	1.429	0.914	1.086	1.164	1.363	1.439	1.340	1.266	1.310	1.054	0.963	0.930	1.166
大西北综合经济区	0.682	0.695	0.811	0.634	0.707	0.783	0.865	0.933	0.894	0.912	0.991	0.942	0.898	0.852	0.828
全国	1.102	1.082	1.107	1.051	1.006	1.043	1.039	1.090	1.088	1.114	1.097	1.109	1.107	1.076	1.080

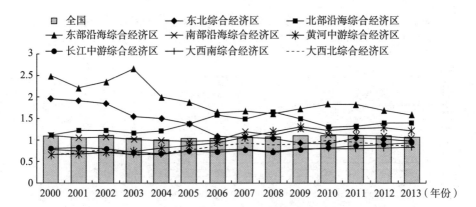

图 11 - 11　2000 ~ 2013 年全国及八大综合经济区考虑了物流业
作为投入项的制造业 DEA 效率值

表 11 - 13　2000 ~ 2013 年全国及八大综合经济区考虑了物流业
作为投入项的制造业 DEA 有效性个数

地区	2000年	2001年	2002年	2003年	2004年	2005年	2006年	2007年	2008年	2009年	2010年	2011年	2012年	2013年	总计
东北综合经济区	1	2	2	2	1	1	1	1	1	1	1	1	2	1	18
北部沿海综合经济区	3	3	3	3	4	4	4	4	4	4	4	4	4	4	52
东部沿海综合经济区	3	3	3	3	3	3	3	3	3	3	3	3	3	3	42
南部沿海综合经济区	2	2	2	2	2	2	1	2	2	2	2	1	1	1	25
黄河中游综合经济区	0	0	0	0	0	0	0	3	4	4	4	1	4	4	24
长江中游综合经济区	0	0	0	0	0	0	0	0	0	0	0	0	0	2	2
大西南综合经济区	1	0	0	0	0	0	0	0	0	0	0	0	0	0	1
大西北综合经济区	1	1	1	0	1	1	1	2	1	1	3	3	2	1	19
全国	11	11	11	10	11	11	10	15	15	15	17	14	16	16	183

　　以制造业子系统超效率值为横坐标，物流业子系统超效率值为纵坐标，将表 11 -1 和表 11 -5 中最后一列的数据提取，得到 31 个省区市的坐

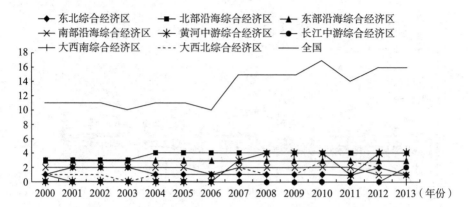

图 11 - 12 2000 ~ 2013 年全国及八大综合经济区考虑了物流业作为投入项的制造业 DEA 有效性个数

标值，分别画于同一张图中，如图 11 - 13 所示，以 1 为分界点，可将此图分为四个象限。其中，位于右上角象限的地区包括天津、河北、山东、上海、江苏、广东 6 个地区，位于右下角象限的地区包括黑龙江、北京、内蒙古、新疆 4 个地区，位于左上角象限的地区包括浙江、福建、山西、安徽 4 个地区，位于左下角象限的地区最多，包括辽宁、吉林、海南、陕西、河南、江西、湖北、湖南、广西、重庆、四川、贵州、云南、西藏、甘肃、青海、宁夏等 17 个地区，除了海南为东部地区之外，其他地区总体经济情况相对落后，说明目前大部分地区的制造业和物流业子系统的超效率值均有待于进一步提高。

在考虑了各自的要素为对方子系统投入指标时，系统超效率值发生了变化，如表 11 - 10 和表 11 - 12 所示，将两表中最后一列"2000 ~ 2013 平均值"提取出来，得到 31 个省区市的数组组合，以"考虑了物流业为投入的制造业超效率值"为横坐标，"考虑了制造业为投入的物流业超效率值"为纵坐标，将 31 个省区市的数组组合画于图中，如图 11 - 14 所示，以 1 为分界线，将其分为四个象限。其中，位于右上角象限的地区包括北京、天津、河北、山东、上海、江苏、浙江、内蒙古 8 个地区，说明这些地区制造业与物流业互为投入产出时的超效率值均比较高，位于右下角象限的地区包括广东、黑龙江、河南、新疆 4 个地区，说明这些地区物流业为投入、制造业为产出的效率值较高，而制造业为投入，物流业为产出的

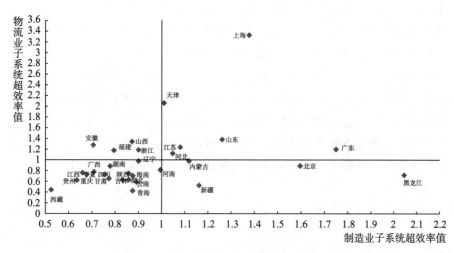

图 11-13 制造业与物流业子系统超效率 DEA 值

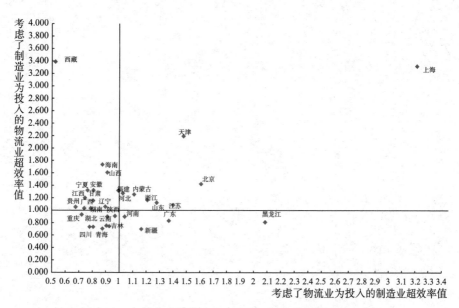

图 11-14 制造业与物流业互为投入产出的超效率 DEA 值

效率值较低；位于左上角象限的地区包括福建、辽宁、广西、海南、贵州、湖南、甘肃、江西、宁夏、安徽、山西和西藏 12 个地区，说明这些地区制造业为投入、物流业为产出的效率值有效，而物流业为投入，制造业为产出的效率值较低；位于左下角象限的地区包括吉林、青海、陕西、云南、四川、重庆和湖北 7 个地区，这些地区制造业为投入、物流业为产出与制造业为产出、物流业为投入的效率值均较低。从中可以看出，在考虑了制造业与物流业作为投入要素对彼此产出的影响时，大部分地区的超效率值均有所提升，但各个地区提升的幅度不一。同时，从两张图中还可以看出，我国大部分省份位于左下角区域，位于右上角区域的省份较少，再一次说明了物流业与制造业联动发展的效率水平有待于进一步提高。

同时，将上下两张图结合起来比较可以发现，在考虑了对方作为自己的投入要素的基础上，制造业和物流业总体上的效率值均是提升的。

制造业与物流业联动发展的
影响因素分析

12.1 共生单元维度

12.1.1 交易费用

制造业与物流业联动发展的核心是制造企业在多大程度上愿意把相应的物流业务外包给专门的物流公司,因此,交易费用的降低对于物流外包决策的选择有着重要的影响。同时,交易费用的多少还是双方选择利益分配模式的标准之一。交易费用越高,成本越高,双方之间长期合作的可能性越小,共生单元越倾向于从市场中搜寻其他的企业作为合作伙伴。短期的费用越高的话,这种偏利共生的形式越明显。因此,交易费用越低的地区,物流业发展对制造业发展的贡献程度越大,交易费用越高的地区,物流业发展对制造业发展的贡献程度越小。

12.1.2 核心成员

制造业与物流业联动发展中的共生单元按照力量大小的差异可以进一步细分以下三种类型。

A. 骨干型企业

这类企业在系统中占据中枢位置,为系统成员提供共享资产,找到行之有效的创造价值的方法,并与其他成员分享价值,骨干型企业创造的价值对整个系统至关重要。

B. 主宰型企业

共生系统中的主宰者以更为传统的直接方式来施加影响力，它们利用自己的重要地位，直接接管或者控制整个网络。

C. 缝隙型企业

缝隙型企业致力于培养自己的专门能力，把自己与系统中的其他成员区别开来。利用其他缝隙型或骨干企业提供的互补性资源，该企业就能将所有精力投入到专业技术上。

这种企业类型与共生系统的共生模式息息相关，骨干型企业和主宰型企业往往在共生系统中占据主导位置，而一些缝隙型企业仅仅是骨干型企业或者是主宰型企业的补充。在发展的过程中，利益分配往往偏向于骨干型企业和主宰型企业，因此利益分配的模式偏向于非对称性互惠共生模式。

12.1.3　市场结构

在第 6 章分工部分中得出，制造业与物流业之间是否进行联动发展很大程度上取决于中间投入（物流服务外包）的价格，而这种价格的决定因素从根本上而言与市场结构特征有关。

由于市场结构存在垄断、寡头垄断、垄断竞争以及完全竞争四种形式，因此制造业与物流业之间的关系将形成多种组合。在上游物流业投入过程中，若其投入的物流服务信息技术含量高，不易被其他要素所取代（即资产专用性强），这种上游的物流企业就倾向于形成垄断型企业，其在市场上的议价能力就高，所获得的利益分配也就多；若其投入的物流服务属于一般性的劳动密集要素，容易被其他企业或者要素所取代（即资产专用性弱），这种上游的物流企业就倾向于形成竞争型企业，其在市场上的议价能力就弱，所获得的利益分配也就少。当前我国国内的物流业面临着外资物流企业的残酷竞争，大大小小的物流公司不成体系，各自为战，占据着竞争性的环节，而制造业则处于主导的地位，占据着垄断优势，于是就形成了上游竞争下游垄断的市场结构，制造企业享有市场势力，拥有大部分的垄断利润。

另外，单纯从企业数量来看，当制造企业与物流企业都拥有较多的企业时，两部分中企业的替代性均较强，部门产品的市场需求弹性就会较大，市场就接近于完全竞争，按照边际成本对其产出进行定价，产量达到最大时，市场效率接近于最优，企业所获得的利润接近于加成成本。市场机制越完善、越成熟，越有利于制造企业与物流企业双方之间的利益分配。经济发达地区，市场机制比较成熟，市场上大大小小的制造企业与物流企业数量比较多，因此制造业与物流业之间的联动发展偏向于对称性互惠共生模式，而经济落后的地区，市场机制不尽完善，往往某一行业占据核心或者是垄断地位，并在利益分配中居于主导地位，利益分配易呈现出非对称性的特征。

12.2　共生界面维度

信息和信息技术是现代物流的灵魂，是物流技术和现代技术发展和创新的支撑，关于信息技术在物流与供应链管理领域中的应用是现代物流区别于传统物流的一个重要方面，宋远方（2000）研究了信息技术在供应链、物流中的应用；Lawrence（2000）提出了以香港空运行业为应用的电子物流的设计框架；杨东援（2000）对综合物流公用信息平台的体系进行了规划设计；[①] 林洪伟和龚国华（2000）设计了一套第三方物流企业的信息系统；刘蕾（2001）阐述了信息技术的发展促使了物流内涵的转变，促进了以信息技术为依托的现代物流业的形成与高级化；李春艳（2012）探讨了物流信息技术在现代物流中的应用策略。

改革开放以来，我国虽然制造业取得了飞速的发展，但还称不上制造业强国，除了在专业技术方面相对滞后之外，物流与供应链管理也很滞后。与发达国家相比，我国许多企业由于资金不足，在物流信息设施上投入不足，设施老化、物流作业手段落后等问题时有发生，导致物流作业效率低下。费时费力，生产经营成本居高不下。许多企业的信息化建设滞后，企业电子化水平低，导致信息加工和处理手段落后，远远不能满足企业和顾客的要求。物流信息技术水平的低下已经成为制造业发展转型升级的一大瓶颈。因此，制造业企业迫切需要改善物流与供应链管理，提高运

---

① 杨东援：《综合物流公用信息平台规划研究》，http://wenku.baidu.com/view/0c00d93a580216fc700afd87.html。

作效率水平，其中关键的一环是要加快物流信息化的建设。①

信息技术是制造业与物流业联动发展的平台。制造业与物流业之间的协同作用需要完善的信息技术的支撑，制造业需要物流业的高技术来帮助其增强作业的连续性，提高运作效率，降低成本和促进规模化生产。2007年，中国的制造商在信息技术应用方面给予了大规模的投入，中石油等大型企业 ERP 系统成功上线，GPS、RFID 等一批物流设备广泛应用于神化、宝钢、上海华谊等企业（何明珂，2007）。交通通信技术的进步使网络关系超越了地理空间的限制，产品销售可以通过互联网进行，大大降低了运输成本。物联网作为信息化发展的方向，对多行业、多领域的信息化产生了深远的影响。其中，制造业物流信息化是制造业信息化与物流信息化的深度融合，既包含从制造企业内部，实现制造企业物流信息化，还包括从供应链角度，实现制造业供应链物流信息化，通过网络技术实现企业信息系统与其上下游企业的信息系统的对接，与外部社会物流、政府监管部门网络的对接，实现资源共享。② 在"互联网＋"时代，制造业与物流业的联动发展也有了新的手段，通过打造物流信息平台，实现了物流企业和货主的对接与合作。按照快达网络物流信息服务平台的说法是："作为物流供应链中的一家企业，他们没有一辆车，但是通过一张网，可以网罗 8000多家运输企业和车主在这方面寻求货运信息，一些企业货主也在这里发布货运需求。"③

12.3　共生环境维度

12.3.1　政府支持

制造业与物流业的联动发展少不了国家政策的出台和支持，政府在制造业与物流业联动发展中的作用表现在为两者的联动发展创造出良好的外

---

① 《制造企业的物流信息化概况》，《制造业信息化杂志》，http://www.e - gov. org. cn/xinxi-hua/news006/201407/150909. html，2014 年 7 月 20 日。

② 《物联网对制造业物流信息化产生直接影响》，中华工控网，http://www.eepw.com.cn/arti-cle/246429. htm，2014 年 5 月 6 日。

③ 《互联网＋让物流业与制造业联动发展有了新手段》，工控中国，http://www.gkzhan.com/news/detail/58031. html，2015 年 8 月 10 日。

部环境，为联动发展制定相关的政策法规，选择相应的增长点及培育相关的人才等方面。这几年来，国家连续出台的一系列制造业与物流业联动发展的措施都在一定程度上推动了两业的联动发展，是两业联动发展的催化剂。

2004 年 8 月 5 日，国家发展改革委员会、商务部、公安部、铁道部、交通部、海关总署、税务总局、民航总局和工商总局等九个部门联合下发《关于促进我国现代物流业发展的意见》，这是迄今为止我国最综合的物流政策。2006 年 3 月 14 日第十届全国人大十次会议通过了《中华人民共和国国民经济和社会发展第十一个五年规划纲要》，提出要大力发展生产性服务业，其中，现代物流作为生产性服务业的重要内容而被单独强调。① 2007 年 3 月 19 日，国务院发布《国务院关于加快发展服务业的若干意见》，再一次强调要大力发展 "面向生产的服务业，促进现代制造业与服务业有机融合，互动发展。优先发展运输业，提升物流业的专业化、社会化服务水平，大力发展第三方物流"。② 2007 年 9 月 21～22 日，国务院在合肥市召开全国服务业工作会议，全面贯彻落实《国务院关于加快发展服务业的若干意见》。2007 年 9 月 25 日国家发改委在上海召开首届全国制造业与物流业联动发展大会，这次会议直接点燃了制造业与物流业联动发展的火种，得到了业内专家、地方政府、制造业和物流业的普遍响应。2008 年 11 月 25 日，由中国物流与采购联合会主办的纪念改革开放 30 年 20 个重大事件中，其中一个重大事件就是 2008 年 7 月由商务部与中国物流与采购联合会共同建立的物流行业产业损害预警机制的正式启动。2009 年 3 月 13 日，国务院正式对外发布了《物流业调整和振兴规划》（国发〔2009〕8 号）的具体内容。该规划把 "制造业与物流业联动发展工程" 列入规划中的九大重点工程之一，指出应加强对制造业物流分离外包的指导和促进，支持制造企业改造现有业务流程，促进物流业务分离外包，提高核心竞争力；培育一批适应现代制造业物流需求的第三方物流企业，提升物流业为制造业服务的能力和水平；制定鼓励制造业与物流业联动发展的相关政策，组织实施一批制造业与物流业联动发展的示范工程和重点项目，促

---

① 《中华人民共和国国民经济和社会发展第十一个五年规划纲要（全文）》，http://politics.people.com.cn/GB/1026/4208451.html。
② 《国务院关于加快发展服务业的若干意见》，国发〔2007〕7 号，http://www.chinaacc.com/new/63/73/157/2007/3/wa6113334801823700224424-0.htm。

进现代制造业与物流业有机融合、联动发展（《物流业调整和振兴规划》，2009）。2009 年 9 月中国物流与采购联合会在充分调研的基础上，起草了《关于推进制造业与物流业联动发展的政策建议》。2009 年 10 月 29~30 日国家发展和改革委员会、云南省人民政府和中国物流与采购联合会联合在昆明市召开第二届制造业与物流业联动发展大会，会议总结了各地推动两业联动工作的有关情况及政策措施，交流了制造企业与物流企业联动发展经验、做法与体会，介绍了制造业物流发展的趋势及我国制造业与物流业联动发展的现状与问题。中国物流与采购联合会在此基础上，给出了《关于推进制造业与物流业联动发展的政策建议》，征求意见稿中给出了制造业与物流业联动发展的对策建议，包括评价体系、财税政策、信息平台等。为贯彻落实全国现代物流工作部际联席会议办公室出台的《关于促进制造业与物流业联动发展的意见》，中国交通运输协会于 2010 年 11 月 10~11 日召开了第四届制造业与物流业联动发展年会暨物流产业调整与振兴规划体系下的基础设施建设与发展论坛，讨论在物流服务利润不断降低的局面下如何实现两业联动、两业联动中发展的配套物流园区发展等问题。2010 年 4 月，全国现代物流工作部际联席会议办公室提出了《关于制造业与物流业联动发展的意见》，各级地方政府也相继出台了一系列鼓励两业联动的优惠政策。① 除此之外，各地方政府也积极响应国家的政策与号召，提出了一系列有利于制造业与物流业联动发展的政策措施。这一系列制造业与物流业联动发展政策措施的出台表明了国家、行业协会、企业、社会对制造业与物流业联动发展问题的极大关注，使现代物流业的发展更为迅猛。

12.3.2　法律制度

市场竞争的加剧，使从微观上降低物流成本成为企业获取竞争优势的重要手段。单个企业之间的物流竞争，已逐步转向供应链与供应链之间的竞争。也就是说，在现代物流系统中，企业的供需关系包括了从战略层到作业层的全方位合作，这种供需联系的日益密切，也迫切需要有一整套适应这种变革的法规体系，以调整行为主体之间的关系。

---

① 《制造业与物流业两业联动进展不尽如人意》，《现代物流报》，http://www.chinawuliu.com.cn/cflp/newss/content/201102/674_127822.html。

福建省第十一届人大常委会第十七次会议已经表决通过《福建省促进现代物流业发展条例》,[①] 该条例对闽台开展物流交流合作做出了多项的具体规定。这是大陆首部为物流业立法的地方性法规。该条例的出台将极大地促进现代物流业发展,推动传统物流业转型,社会化、专业化的现代物流服务体系的建立,进而推进海峡西岸经济区建设。这些都充分说明了法律法规的完善对物流业发展的重要性。

12.3.3 地理位置

地理位置等自然环境是一个区域存在的基础,尤其对交通枢纽及物流网络的构建具有举足轻重的作用。一般地,自然资源丰富的地区,物流产业发展相对较快,制造业与物流业发展的协调度相对较好。制造业与物流业所处的地理位置对于招商、获得良好的人力资源以及经济支持等具有非常显著的作用,对于系统的稳定性也能起到关键的作用。因此,地理位置越优越,交通越便利,越有利于制造业与物流业的联动发展。

除此之外,良好的经济环境是制造业与物流业联动发展的基石,良好的经济环境能够提供优质的公共服务平台和公共服务载体,从而为制造业与物流业的联动发展创造一个安全、互通的良好环境。资金投入是保障制造业与物流业联动发展的一个重要因素,通过建立和完善以政府投入为引导,企业投入为主体的多渠道、多层次的科技投入体系,可有助于实现两者的融合发展。综上,两业联动发展的影响因素如图 12 - 1 所示。

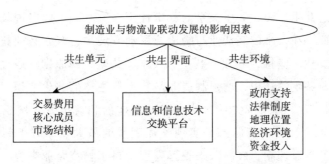

图 12 - 1 制造业与物流业联动发展的影响因素框架图

---

① 《福建省促进现代物流业发展条例》,福建人大网,http://www.fjsen.com/a/2010 - 09/30/content_3737059.htm。

13

制造业与物流业联动发展的
演化路径分析

从以上分析中可以看出，制造业与物流业之间的联动发展遵循着一定的演化规律。在利益分配从非对称性互惠共生模式到对称性互惠共生模式过渡的过程中，按照其受到的影响因素的差异，本章将从共生单元、共生模式、共生环境、共生界面四个维度入手重点分析如何更好地实现两业的联动发展。

13.1　共生单元维度

13.1.1　树立共生共赢的发展意识

尽管在制造业与物流业联动发展过程中，二者的共生现象时有发生，但由于缺乏共生意识，共生关系的稳定性不易维系，难以实现长期的互惠互利。因此，在未来的制造业与物流业联动发展中，双方必须充分认识到共赢的重要性，坚持"共建、共生、共享、共赢"四原则，通过政策手段强化人们对共生的认识，增强制造业与物流业主体的共生意识，借助政府的力量维护双方的共生关系，从供应链整体的利益出发，摆脱"你赢我亏，我赢你亏"的博弈状态，实现整体利益的最大化。对于制造企业来说，要转变物流理念，放眼未来长远发展；对于物流企业来说，要转变传统的从客户获得利益的理念，树立服务创造价值的理念。

13.1.2　认清各自在联动发展中所处的生态位

当前，在制造业与物流业的联动发展中，存在的一大常态是，某一企业的能力处于核心的地位，从而成为联动发展中的主宰型企业。这种主宰型企业的存在使许多中小型企业依附其存在，从而在利益分配上也出现了非对称性互惠共生的模式。因此，系统中的共生单元应该充分认识到其在系统中所处的生态位，[①] 找准自己的位置，避免生态位重叠而产生的无序和恶性的竞争。同时，作为制造业子系统的各类企业以及物流业子系统的各类型的物流企业在发展的过程中更要确定好自身发展的侧重点，通过适当控制共生单元的密度，适度增加同类共生单元的维度，减少同质竞争。

13.1.3　不断提高物流服务水平

当前我国物流企业在联动发展中尚属于依附群体，物流企业要想提高自身的竞争力，吸引到制造企业更多的订单，必须努力提高自身的服务能力，深入了解制造企业的物流运作方式，以供应链的思路，进一步参与到制造业的生产、流通领域中，主动推出新的更周到的服务项目，按照集成整合、便捷高效、服务增值、绿色环保的原则，不断提高定制化、一体化服务能力。通过提高物流标准化、信息化水平，在物流的计量标准、技术标准、数据传输标准、物流作业和服务标准等方面做好工作，加强对标准化工作的协调和组织工作。

物流企业为了增强总体的竞争能力，可以通过兼并或者合作的方式，扩大其市场份额，这种联盟可以提高物流的运作效率，降低物流成本，提高与制造企业的议价能力。如德国国营邮政出资 11.4 亿美元收购了美国大型的陆上运输企业 AEI，美国的 UPS 并购了挑战航空公司，美国国营邮政公司并购了德国大型民营物流企业 PARCE，法国邮政收购了德国的民营敦克豪斯公司。[②] 这种物流业的兼并与合作必将构筑起新型的物流网络，节约时间和费用，战胜竞争对手，为货主提供优质的服务。最终要鼓励物流业直接向制造业渗透延伸，直接作用于制造业的生产流程，以供应链为纽带，打造一批专业化的物流服务提供商，形成两者之间相互联动、相互促

---

① 生态位（niche）是传统生态学的一个基本概念。生态位法则又称为格乌司原理，指在生物群落或者生态系统中，每一个物种都要拥有自己的角色和地位，即占据一定的空间，发挥一定的功能。其不仅适用于生物界，在企业、组织领域里也有广泛的应用。

② 《国外物流的发展趋势刍议》，http://www.ccedisp.com/exhi/exhipar.asp? id = 572&ArticlePage = 3。

进的机制。制造业与物流业共同组建第三方物流企业，发挥各自的优势，共同开拓新的市场和延伸服务领域也是一种有效途径。应支持物流企业深入开展制造业企业供应链管理，与制造业企业建立战略合作伙伴关系，建设与制造业企业紧密配套的仓储配送设施和有效衔接的物流信息平台，提供从采购到最终销售的完整供应链服务，促进制造业转型升级。应加快发展具有供应链设计、咨询管理能力的专业物流企业，着力优化针对重点制造业行业的供应链管理，满足高端物流需求，鼓励传统运输、仓储企业向供应链上下游延伸服务，建设第三方供应链管理平台，加快培育一批具有全球采购、全球配送能力的供应链服务商，以满足生产者和消费者不断增长的需求为出发点，不断创新服务模式，提升服务水平。物流业企业要创新企业物流模式，运用供应链管理和现代物流的理念，实现流程再造，推进物流业的创新发展。加大服务型人才的培养力度，为物流服务业的发展创造有利条件，努力缩小物流业与制造业之间的差距，鼓励物流企业创新，鼓励物流企业的技术引进和人才引进行为。当前，我国正处于经济增长速度换档期、结构调整阵痛期和改革开放攻坚期"三期叠加"的特殊阶段，我国物流业发展要适应新常态发展的需要，从规模速度型粗放型增长进一步转向质量效率集约型增长，从增量扩能为主转向调整存量、做优增量并存的深度调整，通过转型升级，提升物流服务的质量和水平，主动适应新常态，融入新常态。

13.1.4　协调好两业联动发展的关系

制造业与物流业的联动发展无疑为双方都提供了巨大的发展空间，在发展过程中，制造业与物流业的协调对双方的共生发展都会产生重要的影响。制造业与物流业的联动发展，制造企业物流环节的外包本身就是分工领域的范畴，分工可以提高劳动生产率，但是分工过细，也会带来协调成本的问题，因此制造业与物流业的联动发展要求双方要能真正从产业协调的角度出发，做好共生单元之间的磨合工作。加强协调沟通是使各项物流外包业务朝着既定的经营目标和谐一致、有条不紊地进行的重要保证，也是双方进一步加强深度合作、减少矛盾和分歧的有效方法。因此，双方应建立协调沟通机制，定期交流情况，协调深入开展协作的领域和工作。既要注意到两者之间总量的协调，更要关注两者之间结构和空间的协调。制造业不同行业所需要的物流运作模式存在较大的差异，因此，应基于不同行业的各种类型的需求主体对物流业发展需求的规模、类型进行选择，进一步提升物流企业对制造业细分行业的服务能力和服务水平。制造业与物流业的联动发展具有明显的时空分异的特征，不同的区域内不同局部的物流供给和需求不同，这种空间关系的协调将会影响到物流业的基础设施建设及物流园区的合理布局。时间上的协调主要在于应根据区域经济发展趋势及区域产业结构优化方向，适时地对物流供给加以协调。

13.2　共生模式维度

13.2.1　明确共生模式，发挥产业集聚在制造业与物流业联动发展中的作用

在制造业与物流业联动发展存在的共生模式中，每一种模式都有它相应的共生界面特征、开放特征、分配特征以及阻尼特征。因此，在制造业与物流业联动发展过程中应明确双方的共生模式，对于发展实力比较弱的一方，可以通过产业集聚的方式提高自身的实力。第5章的理论分析中曾经指出，制造业产业集聚有利于物流业的发展，物流产业集聚也有利于制造业的发展，产业集聚现象既是制造业与物流业联动发展的结果同时也将促进制造业与物流业的进一步联动发展。马歇尔（1890）提出厂商的集中能创造一个完善的高度专业化的劳动力市场，从而产生知识外溢效应。George J. S.（1951）也提出产业的地理集中可以鼓励垂直分工，也就是厂商会从外部的供应商取得生产时所需的中间品投入。因此，在制造业与物流业的联动发展过程中，应该注重产业集群在其中所发挥的重大作用。以制造业产业集群带动物流业集聚，以物流业集聚促进制造业产业集群的转型升级（韦琦，2011）。目前很多地区的制造业所在的工业园区已经建立起了相应的物流园区，这种园区配套的模式本质上所体现出的是制造业与物流业之间的协同发展。

13.2.2 充分发挥物流外包在制造业与物流业联动发展过程中的作用

本书在研究背景中曾指出当前我国制造业与物流业存在供需结构上的矛盾，制造企业选择物流外包仍然是以节约成本为导向，自营物流模式仍然是我国制造企业物流运作的主要方式，大部分物流企业自身服务水平有限，难以满足制造业的物流服务需求，两者并未形成良好的互动关系。因此，在未来的发展中，应该将物流外包作为联动发展的契机，通过制造业业务主辅分离和流程再造，不断创造物流需求，促进物流业的发展，降低制造业成本，降低风险，提升企业服务价值，实现两业的协调发展。如国外大型制造业通过物流外包实现与物流业的联动发展，实现"从拥有走向控制"，对我国两业的联动发展具有重要的参考价值。宜家复杂的供应链网络的构建，离不开物流外包活动的参与，它在全球 40 个国家建立了 267 个商场，有 1220 家供应商分布在全球 55 个国家，其中 16 个国家有 28 个商场配送中心和 11 个客户配送中心（黄有方和严伟，2010）。

13.2.3 推进制造业与物流业的模式创新发展

应在创新联动模式、丰富联动内涵、提升联动质量、营造外部环境上多下功夫，不断提升供应链管理和服务的能力和水平。制造业与物流业联动发展的真正实施主体是企业，因此，制造业与物流业的创新发展要以企业为主体，以市场为导向，推进产学研相互结合的技术创新体系，推进制造与创造、引资与引智、技术升级与产业升级紧密结合，加大企业技术创新、产业创新、产品创新和品牌创新的投入，提高自主知识产权的产品研发和制造能力。[①] 从制造业与物流业联动发展拓展到商贸业、金融业等多业联动，形成合作共赢的"产业生态圈"。借助资本投入和技术创新"两轮驱动"，通过技术创新、管理创新、模式创新、集成创新、制度创新，打造战略竞争优势，助推制造业与物流业的联动发展。

---

① 许正平：《基于灰色关联分析的漳州市制造业与物流业协调发展实证分析》，《湖南商学院学报》2014 年第 1 期。

13.3　共生环境维度

13.3.1　制定和完善联动发展相关政策

自国务院《物流业调整和振兴规划》实施以来，仍然存在许多问题亟待解决，如物流运作环节税率不统一，税负偏高的问题；仓储类物流企业土地使用税不堪重负的问题；城市交通管理与物流业发展的矛盾问题；执法标准不一，物流企业罚款负担重的问题；物流基础设施建设的用地和融资问题；物流企业异地设点受阻，各类资质无法统一使用、税收不能统一核算的问题；在网络化经营和"走出去"中遇到的问题，等等。① 为此，在制定物流发展规划或者发展政策时，要加强引导、搭建平台，营造良好的联动环境。各级政府相关部门要进一步提高认识，转变发展观念，加强制造业与物流业间的协调，通过体制创新和政策引导，为两业联动营造宽松的发展环境，为物流业全面、协调和可持续发展创造良好的体制和政策环境。制定和完善物流法律法规是促进我国制造业物流健康发展的一项迫切任务，也是规范行业发展秩序和整顿不合理行为的要求。政府部门作为一个推进制造业与物流业联动发展的助推手和平台，应为两业的联动发展牵线搭桥，因此，应该建立信任机制，提供政策信息，创新有利于制造业与物流业联动发展的政策环境，为制造业与物流业的联动发展保驾护航。国家还可以通过财政税收政策、土地政策及投融资政策等促进制造业与物流业的联动发展。如在财政税收政策上，可以鼓励有条件的制造企业将企业的物流资产从主业中分离，成立独资或者合资企业，或者集体转让，对于转让企业全部产权的，不征收增值税和营业税，企业所得税有关政策按照企业所得税法及其实施条例和现行有关扶持政策执行。制造企业与物流企业以合作方式实行联动发展的，其用电、用水和用气等价格可与工业企业同等待遇。② 2014 年 6 月 11 日李克强主持召开国务院常务会议并讨论通过了《物流业发展中长期规划》，决定简化合并增值税特定一般纳税人征

---

① 何黎明：《转变方式，提高质量，努力开创十二五物流业发展新局面——我国物流业十一五发展回顾与十二五展望》，在 2011 年中国物流发展报告会上的讲话。

② 山东省经济和信息化委：《关于推进制造业与物流业联动发展的实施意见》，2010。

收率，减轻企业负担。在《促进制造业与物流业联动发展的意见》中也给出了部分优惠意见：鼓励有条件的国有制造企业将企业的物流资产从主业中分离出来，成立独资或者合资法人企业或者整体转让，符合相关政策适用条件的，可根据《关于企业重组业务企业所得税处理若干问题的通知》（财税〔2009〕59号）、《关于企业改制重组若干契税政策的通知》（财税〔2008〕175号）和《关于国有大中型企业主辅分离辅业改制分流安置富余人员的实施办法》（国经贸企改〔2002〕859号）等有关文件，享受相关的扶持政策。对承接制造业一体化物流业务的物流企业，根据《关于试点物流企业有关税收政策问题的通知》（国税发〔2005〕208号）精神，符合条件的，可优先推荐为试点企业；有资金需求的，可择优推荐给有关银行提供政策性贷款支持。物流企业承接或租赁制造企业剥离的物流设施，各地在土地等方面要给予必要的支持。各省区市要根据实际情况，安排财政资金支持"两业联动"。对《产业结构调整指导目录》中鼓励类的项目，需进口国内不能生产的自用设备的，在规定范围内，应免征进口关税。

13.3.2　成立联动发展领导小组

政府要继续为企业搭建对接平台，组织实施试点示范工程。充分发挥典型案例的引领示范作用，进一步挖掘潜力和动力，引导企业自觉主动地进行联动合作。引导更多的企业采用供应链管理的思路和观念协调各个部门，细化相关的任务政策，鼓励生产制造、商贸流通等领域的机制创新，打破由部门分割、地区分割、物流市场不统一等带来的市场进入壁垒，促进物流服务的规范化、市场化。政府部门将通过引导示范搭建平台，通过建立统一开放、竞争有序的市场体系，破解联动发展的政策约束，加强对物流发展的综合协调，促进供应链管理和服务的深度发展。① 当前物流市场已经出现了进入门槛过低，企业不注重服务质量的提高，而单纯压价、恶性竞争等现象，因此，要进一步提高宏观调控能力，加大监控力度，建立市场准入制度，限制不合格企业进入物流市场，控制恶性竞争。

---

① 宋斌斌：《步入深度调整期　制造业与物流业联动正逢时》，《中国工业报》2014年6月24日。

13.3.3　充分发挥物流行业组织的作用

国家的物流行业组织也在促进物流企业与物流企业之间、物流企业与政府之间的有机联系方面发挥着重要作用，因此，在两业联动发展过程中应该充分发挥其在企业经营、市场监管、行业标准制定等方面的协调和组织作用。

13.4　共生界面维度

在制造业与物流业联动发展的初期，其共生界面往往是物流基础设施水平的提高，随着两者联动发展进入发展期和成熟期，这种共生界面中更多的是对信息技术的运用。

13.4.1　整合区域物流基础设施

物流基础设施是物流业务开展的重要载体，其利用效率的高低直接关系到企业的经营效益和竞争力，物流基础设施的建设对于降低物流成本、改善物流条件、保证物流质量起到了举足轻重的作用，区域物流基础设施的整合为制造业与物流业的联动发展提供了设施平台。因此，应积极发挥物流基础设施的作用，从区域内的资源禀赋和比较优势出发，整合区域内的资源，真正实现区域物流资源整体效率的最大化。

目前，物流基础设施平台的建设主要包含三个层面的内容，首先是基础设施类包括机场、铁路、公路、航道及管道网络、仓库、物流中心、配送中心、站场及码头等的建设；其次是设备类包括物流中心、配送中心内的各种运输工具、作业设备等的建设；最后是标准类包括物流术语标准、仓库标准、作业标准、集装箱标准等的建设。最终区域物流基础设施的整合应该是对三个层面上的建设所进行的权衡，增强现有各类基础设施之间的兼容性和协同性，追求系统的最优化。

13.4.2　建立和完善物流现代信息系统

当前制造业与物流业没有很好地实现联动发展的原因在于物流运作效率低，运输成本较高，物流业务没有得到很好的整合，而现代物流信息系统的建立和使用对于物流企业提高运营效率、增加物流系统各环节对市场变化的灵敏度等具有重要的作用。如 EDI、GPS、RFID 等技术的使用，可以大大降低物流成本、提高物流效率，因此，也就更加有利于制造业与物流业之间的联动发展。**首先，物流企业要积极建立物流信息共享机制。**这是制造业与物流业联动发展的关键。通过建立两业之间联动发展的风险防范机制、信任机制、协商机制等，可以保证企业之间的信息能够畅通无阻地交流。为此，可以通过 Internet 建立物流信息商务平台，实现信息共享及传递，通过快速反应系统（QR，Quick Response）、有效客户反应（ECR，Efficient Consumer Response）、持续补货系统（CRP，Continuous Replenishment Practice）以及供应商管理库存系统（VMI，Vendor Managed Inventory）等先进管理方法技术的实施来保证制造业与物流业的联动发展。2010 年物联网技术的迅速升温掀起了新一轮的物流技术热潮，这也将在制造业与物流业联动发展中发挥积极的作用。**其次，可以通过加强物流软件标准化建设，加快通用标准体系的建立，实现数据传输格式和接口的标准化。**借助信息技术实现对物流各环节的全程跟踪，实现有效控制，这也是实现制造业与物流业联动发展的有效途径。张琳和刘琛（2014）分析了信息标准化、技术标准化、管理标准化对制造业与物流业协同发展的影响。依托大数据、云计算、物联网等新的信息技术等推动制造业与物流业的联动发展。加快推进物流信息网络建设，建立公共物流信息平台，逐步建立起以信息化为支撑，连接货源采购、运输、仓储、加工和配送等功能齐全的物流网络体系，促进两业的交流沟通，通过信息系统统一企业规范，实时采集财务数据与业务数据，实现资源共享、数据共用和信息互通。**最后，依托"互联网＋"推动信息技术与现代制造业和物流业的融合创新。**"互联网＋"是创新 2.0 下的互联网发展新形态、新业态，是知识社会创新下的互联网形态演进。"互联网＋"代表着充分发挥互联网在生产要素配置中的优化和集成作用，将互联网的创新成果深度融合于经济社会各个领域。依托"互联网＋"可重点促进以云计算、物联网、大数据为代表的新一代信息技术与现代制造业、生产性服务业等的融合创新，其中物流业就是生产性服务业中的一大模块。

13.4.3　加快物流人才教育平台建设

人才是两业联动发展的核心，为此，应该引进国外物流高层次人才，加强校企之间的合作，采取订单方式培养所需的人才。通过沟通、参观学习等方式，建立适合企业自身的人力资源开发战略和人才梯队建设规划。加强对认证培训机构的监管，确保职业培训质量，积极采取代理培训、技能培训、在岗培训和定向培训等方式对从业人员进行非学历教育，形成供应链一体化的人才融合队伍。

13.4.4　着力提升物流产业与商务金融业的融合发展

良好的金融发展水平会为制造业与物流业的联动发展提供更多的机遇，物流的发展也促进了金融工具、金融制度和金融监管的创新，同时，物流业在发展过程中也需要金融部门的大力支持，发展供应链金融服务平台，加快推进融资平台、多方联动交流平台、市场交易平台的发展，促进两业的快速联动。

14

结论与展望

14.1　本书的结论

本书在产业共生理论的基础上对制造业与物流业联动发展的机理、模式以及效率进行理论和实证分析，得出如下结论。

（1）制造业与物流业联动发展的共生系统中包含制造业与物流业两大共生单元，各种不同的共生模式以及共生环境。其中共生单元主要指的是制造业与物流业两大共生单元，可以通过象参量和质参量的变化来描述这两大共生单元的基本特征；共生模式包括互不利共生、寄生、偏利共生、非对称性互惠共生和对称性互惠共生模式，不同发展阶段、不同共生单元所选取的共生模式不一样；共生环境包括政府政策、法律制度及信息技术等。

（2）制造业与物流业联动发展的机理包括自组织演化、共同进化、合理分工及合作竞争关系。制造业与物流业的联动发展是一种自组织现象，制造业与物流业会在系统涨落力作用下达到新的耦合状态，两者通过合理分工和合作竞争的原则可使联动发展后的利益大于联动发展之前的利益，出现共同进化、协同演化的过程。

（3）制造业与物流业联动发展的自组织演化中得出制造业工业增加值是这一联动发展系统的序参量，制造业工业增加值的变化支配着物流业货物周转量的演化，系统中的状态变量和控制变量稍有变化，系统的结果就会向完全不同的方向转化。

（4）种群生态学中的传染病模型、密度依赖模型及双密度依赖模型反映出制造业与物流业之间存在协同演化规律、存在传染行为、处于互利共生阶段但也存在一定程度上的竞争关系。

（5）制造业与物流业合理分工后获得的利益分配受到联动发展系统所处的市场结构、投入成本、制造企业与物流企业的需求弹性、两者的关联程度等因素的影响。物流企业在一定范围内的集聚可以使下游的制造企业减少搜寻成本，从而提高制造企业的利润；制造企业在一定范围内的集聚亦能够使上游的物流企业共享需求扩张的优势，从而提高物流企业的利润。

（6）制造业与物流业联动发展过程中的合作竞争关系及系统的演化方向受到两者联动发展所处的初始状态、联动发展所获得的收益、联动发展的成本、贴现值的大小、政府的补贴机制等因素的影响，数值模拟进一步验证了不同参数值对系统演化方向的影响。

（7）制造业与物流业联动发展的共生模式包括互不利共生、寄生、偏利共生、非对称性互惠共生及对称性互惠共生模式。其中互不利共生、寄生和偏利共生模式下计算出来的其中一方的产出水平低于双方在独立状态下的产出水平，因此，这几种模式只是短暂的状态。在非对称性互惠共生模式下，物流企业力量比较薄弱，在联动发展过程中提供的物流服务具有较大的相似性，存在竞争，制造企业作为其中的核心企业，吸附能力较强，对物流企业的贡献程度较大，获得大部分的利益；在对称性互惠共生模式下，制造企业在联动发展过程中可以通过技术、信息、资源、管理等手段与物流企业达成联动发展，物流企业也可以通过上述手段与制造企业达成联动发展，要求双方对彼此的贡献程度大于其对对方发展构成的阻滞作用。非对称性互惠共生是现有共生模式的常态，而对称性互惠共生是最为理想的状态，这种共生模式的演化方向遵循着从寄生、偏利共生到非对称性互惠共生并最终向对称性互惠共生模式的过渡。

（8）分别选取制造业工业增加值和物流业增加值代表制造业与物流业发展的主质参量，实证1978年以来除了西藏外的其他地区制造业与物流业对彼此的共生度的差异，共生度计算结果显示，不同地区制造业对物流业的共生度以及物流业对制造业的共生度存在显著的差异。除了个别地区外，大部分地区制造业与物流业在联动发展过程中大致经历了从寄生模式到非对称性互惠共生模式的转变，并向对称性互惠共生模式演化。拟合方程曲线结果显示，不同地区向对称性互惠共生模式转化的时间不一样。东部地区向对称性互惠共生模式演化的速度普遍快于其他地区，较早进入对称性互惠共生模式。

（9）宝供与宝洁之间的联动发展模式遵循了从偏利共生到非对称性互惠共生最终向对称性互惠共生演化的过程。这集中体现出宝供在提供物流服务时由之前单纯的仓储企业向第三方物流企业以及最终向供应链一体化企业所做出的转变。

（10）基于超效率DEA模型，分别对制造业子系统以及物流业子系统的效率值进行测算，在此基础上将物流业发展因子纳入原先的制造业子系统中以及将制造业发展因子纳入物流业的子系统中，经过实证发现在考虑了制造业与物流业互为投入要素的系统中，大部分地区系统的整体运作效率均有所提升，说明联动发展之后总体的效率值还是有所提升的。

（11）制造业与物流业的联动发展主要受到以下因素的影响：共生单元所处的地理位置、交易费用、核心成员、市场结构特征、政府的相关政策支持、法律制度以及信息技术平台等。其中共生单元的市场结构是影响双方之间共生的最主要因素。

（12）制造业与物流业联动发展的演化路径可以从共生单元、共生环境及共生界面入手。对于政府、行业、企业而言，必须从多视角、多思维角度思考制造业与物流业联动发展的关系。政府和行业协会应该加强对制造业与物流业联动发展的引导，促进有效竞争共生秩序的形成，为制造业与物流业提供互动、沟通与合作的平台，促进企业间建立正式与非正式的交流网络，尽可能创造制造业与物流业的共生机会，为企业之间长期的互惠共生合作关系创造条件。制造企业和物流企业则应该充分认识到自身在联动发展中所处的生态位，提高共生单元自身的水平。物流企业之间的联盟是未来联动发展的路径之一，可以通过发挥产业集聚的作用带动两业的联动发展，物流外包是制造业与物流业联动发展的契机，物流信息系统的建立和使用、信息共享是制造业与物流业能够实现联动发展的关键。

14.2　未来研究的方向

（1）本书在对制造业与物流业联动发展模式的实证检验中主要通过宏

观收集到的数据进行说明，未来的研究中可考虑通过实地调研、设计调查
问卷的方式，对制造业与物流业联动发展的模式做实证研究，同时，可以
选取不同类型的制造业与物流业联动发展的例子，对其进行深入剖析，分
析两者联动发展的内在演化规律以及不同类型制造业与物流业在联动发展
过程中存在的差异。

（2）本书在对制造业与物流业联动发展模式影响因素的分析中主要使
用的是理论和定性的分析方式，而没有对其中的影响因素展开深入的分
析，未来的研究中可考虑将其进一步深化。

（3）本书在构建演化博弈模型的时候分别构造了制造企业与物流企业
之间、政府与企业之间的矩阵，但事实上这三者在做出决策的过程中也是
相互影响的，未来的研究中可考虑构建三方共同的演化博弈模型。

（4）本书的研究主要基于宏观经济数据进行分析，未来研究中也可以
考虑利用上市公司的财务数据，从微观的角度对制造业与物流业的联动发
展机理、模式及效率进行研究，使研究的结论更加切合实际，分析更为完
整和周密。

（5）本书主要以全国和八大综合经济区作为分析的对象，未来的研究
中要更充分地结合当前中国经济研究的热点来深入展开。具体地可从如下
几个方面进行拓展：一是，2013 年 9 月和 10 月国家主席习近平在出访中
亚和东南亚国家期间，先后提出了共建"丝绸之路经济带"和"21 世纪
海上丝绸之路"的重大倡议，未来研究过程中也可以考虑将国内视野拓展
到国际视野，探讨在"一带一路"背景下，沿线国家制造业与物流业联动
发展的实际经验和效率评价。二是国内方面突出强调了长江经济带和京津
冀协同发展，以及上海、广东、天津、福建四个自贸区所形成的支撑带，
后期的研究中可以考虑重点探讨"经济带""自贸区"框架下的制造业与
物流业联动发展问题。

参考文献

[1] Adelheld, H. Transport Infrastructure, Agglomeration Economics and Firm Birth: Empirical Evidence from Portugal [J]. *Journal of Regional Science*, 2004, 44 (4): 693 – 712.

[2] Agenor, Pierre-Richard, and Joshua Aizenman. Public Capital and the Big Push. Work in Progress, University of Manchester, 2006.

[3] Ahmdajina V. Symbiosis: *An Introduction to Biological Association*. University Press of New England [M]. 1986, 88 – 94.

[4] Amburgey, Terry L, Rao, Hayagreeva, Organizational Ecology: Past, Present, and Future Directions. *Academy of Management Journal*, 1996, 39: 1265 – 1287.

[5] Amita Shah. Inter-Firm Scalar Linkage in India: A Class within the Small Scale Industry [J]. 1994, (6): 237 – 267.

[6] Andersson D. *Third Party Logistics: Outsourcing Logistics in Partnerships* [M]. Department of Management and Economics, 1997.

[7] Aoki M. Organizational Conventions and the Gains from Diversity: an Evolution Game Approach [J]. *Industrial and Corporate Change*, 1998, 7 (4): 399 – 432.

[8] Arch W. Shaw. *Some Problems in Marketing Distribution* [M]. Harvard University Press, 1915.

[9] Arthur W. B., Steven N. D., David A. L. *The Economy as an Evolving Complex System* [M]. Addison-Westey, 1997.

[10] Aschauer, D. A. Is Public Expenditure Productive? *Journal of Monetary Economics*, 1989, 23, 177 – 200.

330

[11] Banga, R. & Goldar, B. Contribution of Services to Output Growth and Productivity in Indian Manufacturing: Pre and Post Reforms [Z]. Working Paper No. 139, India Council for Research on International Economic Relations, New Delhi, 2004.

[12] Banister, D. , Berechman, Y. Transport Investment and the Promotion of Economic Growth [J]. *Transport Geography*, 2001, 9 (3): 209 – 218.

[13] Bass, Frank M. , A New Product Growth Model for Consumer Durables [J]. *Management Science*, 1969, 15: 215 – 227.

[14] Bathla. Inter-sectoral Growth Linkages in India: Implications for Policy and Liberalized Reforms. 2003, http://ieg. nic. in/dis_ seema_77. pdf.

[15] Bernd Scholz-Reiter, Morosini Frazzon, Thomas Makuse hewitz. Integrating Manufacturing and Logistics Systems along Global Supply Chain [J]. *CIPR Journal of Manufacturing Science and Technology*, 2010 (2): 216 – 223.

[16] Boarnet, M. , G. Spillover and Location Effects of Public Infrastructure [J]. *Journal of Regional Science*, 1998, (38): 381 – 400.

[17] Bolton. , D. Ross. *Industrial Structure and Economic Performance*. 3rd ed [M]. New York: Houghton Mifflin Company, 1993.

[18] Bowersox, D. J. The Strategic Benefits of Logistics Alliances [J]. *Harvard Business Review*, 1990, (68): 36 – 45.

[19] Boyle CA, Baetz B W. A Prototype Knowledge-based Decision Support System for Industrial Waste Management: II. Application to a Trinidadian Industrial Estate Case Study. *Waste Manage.* 17 (7), 1997, 411 – 428.

[20] Brewer A. M, Button K. J, Hensher D A. *Handbook of Logistics and Supply-chain Managenment* [D]. Oxford: Pergamon, 2001.

[21] Camarina Matos L. M. , Afsarmanesh H. , Lima C. Hierarchical Coordination in Virtual Enterprise Infrastructure [J]. *Journal of Intelligent and Robotic System*, 1999, 26 (1).

[22] Chen C. The Effects of Environment and Partner Characteristics on the Choice of Alliance Forms [J]. *International Journal of Project Management*, 2003, (21): 115 – 124.

[23] Chen. Y. W, M. Larbani, Simulating the Performance of Supply Chain with Various Alliances. *International Journal of Advanced Manufacture Technology*, 2005.

[24] Chris van Egeraat, David Jacobson. Geography of Production Linkages in the Irish and Scottish Microcomputer Industry: The Role of Logistics [J]. *Economic Geography*. 2005. (81): 283 – 303.

[25] Ciccone, A. and Hall, R. Productivity and the Density of Economic Activity [J]. *American Economic Review*, 1996, 86 (1): 54 – 70.

[26] Coffey W. J. Bailly A. S. Producer Service and Flexible Production: an Exploratory Analysis [J]. *Growth and Change*, 1991, (22): 95 – 117.

[27] Cohen, S. , Zysman, J. *Manufacturing Matters: the Myth of the Post-industrial Economy* [M]. Basic Books, New York. 1987.

[28] Corbett, M. *The Outsourcing Revolution* [M]. Kaplan Business, September, 2004.

[29] Craig T. Outsourcing: Let the Buyers Beware [J]. *Transportation and Distribution*, 1996, 37 (5).

[30] Daugherty J. , Stank P. , and Rogers S. 3rd-Party Logistics Service Providers: Purchasing Perception [J]. *International Journal of Purchasing and Material Management*, 1996, 32 (2).

[31] D. Delfino, P. J. Simmons. Infectious Disease and Economic Growth: the Case of Tuberculosis [J]. Working Paper, 1999.

[32] Dension, E. *Why Growth Rates Differ* [M]. Washington. D. C. : Brooking Institute, 1967: 19 – 30.

[33] Dixit A and Stigliz J. Monopolistic Competition and Optimum Product Diversity [J]. *American Economic Review*, 1977, 67: 297 – 308.

[34] Drejer, I. Business Services as a Production Factor [J]. *Economic Systems Research*, 2002, 14 (4): 389 – 405.

[35] Ed Cohen-R, Thomas N. M. Designing Eco-industrial Parks: the United States Experience [J]. *United Nations Environment Programme*, *Industry and Environment*, 1996 (19), 4.

[36] Egeraat CV, Jacobson D. The Geography of Production Linkages in the I-

rish and Scottish Microcomputer Industry: the Role of Information Exchange [J]. *Ti jdschrit Voor Economische en Sociale Geografie*, 2006, (4): 405 – 417.

[37] Ehrenfeld J R. Industrial Ecology: Paradigm Shift or Normal Science [J]. *The American Behavioral Scientist*, 2000, 44 (2): 229 – 244.

[38] Ehrenfeld J. Industrial Ecology: a New Field or Only a Metaphor? [J]. *Journal of Cleaner Production*, 2004 (12): 825 – 831.

[39] Ehrenfeld, J. Putting the Spotlight on Metaphors and Analogies in Industrial Ecology. *Journal of Industrial Ecology* [J]. 2003 Vol. 7, No. 1, pp1 – 4.

[40] Ethier W. National and International Returns to Scale in the Modern Theory of International Trade [J]. *American Economic Review*, 1982, No. 6: 389 – 405.

[41] Eitan A., Rachid E. A., Yezekael H., Hamidou T. The Evolution of Transport Protocols: An Evolutionary Game Perspective [J]. *Computer Networks*, 2009, 1751 – 1759.

[42] Engberg H. *Industrial Symbiosis in Denmark* [M]. NewYork: NewYork University, Stern School of Business Press, 1993, 25 – 26.

[43] Esben S. A. Railroadization as Schumpeters Standard Example of Capitalist Evolution: An Evolutionary-Ecological Interpretation [C]. Paper for the Workshop on the History of Evolutionary Thought in Economics, 1999. 8.

[44] Eswaran M, Kotwal A. The Role of Service in the Process of Industrialization [J]. *Journal of Development Economics*, 2002, 68 (2): 401 – 420.

[45] Fare, Rolf, Shawna, Grosskopf, Mary, Norris, Zhongyang Zhang. Productivity Growth, Technical Progress, and Efficiency Change in Industrialized Countries [J]. *American Economic Review*, 1994 (1): 66 – 83.

[46] Fixler D. J., Siegel D. Outsourcing and Productivity Growth in Services [J]. *Structural Change and Economic Dynamics*, 1999, 10 (2): 177 – 194.

[47] Francois, J. *Producer Services, Scale, and the Division of Labor* [M]. Oxford Economic Papers, 1990: 715 – 729.

[48] Friedman D, Fung K. C. International Trade and the International Organi-

zation of Firms: an Evolutionary Approach [J]. *Journal of International Economics*, 1996, 41 (1): 113 – 137.

[49] Friedman D. Evolutionary Games in Economics [J]. *Econometrica*, 1991: 59 (3), 637 – 666.

[50] Frosch, R. A., and Nicholas E. G, Strategies for Manufacturing [J]. *Scientific American*, September, 1989, 94 – 105.

[51] Funderburg R, Boarnet M. Agglomeration Potential: The Spatial Scale of Industry Linkages in the Southern California Economy [J]. *Growth and Change*. 2008. (39): 24 – 57.

[52] Garlno, G. A., Voith, R. Accounting for Differences in Aggregate State Productivity [J]. *Regional Science and Urban Economics*, 1992, 22 (4): 597 – 617.

[53] George J. Stigler. The Division of Labor is Limited by the Extent of the Market [J]. *The Journal of Political Economy*, 1951, 59 (3): 185 – 193.

[54] Geo, W. R. The Growth of Producer Service Industries: Sorting through the Externalization Debate [J]. *Growth and Change*, 1991 (22): 118 – 141.

[55] Geroski P. A., Mazzucato K.. Modeling the Dynamics of Industry Populations [J]. *International Journal of Industrial Organization*, 2001, 19: 1003 – 1022.

[56] Giuerrieri P., Meliciani V. International Competitiveness in Producer Services [M]. Paper Presented at the SETI Meeting in Rome, May, 2003.

[57] Guerrieri, P., V.. Meliciani. Technology and International Competitiveness: The Interdependence between Manufacturer and Producer Services [J]. *Structural Change and Economic Dynamics*, 2005, 16: 489 – 502.

[58] Grubel, Walker. The Dominance of Producers Services in the US Economy [J]. *Banca Nazionale del Lavoro Quaterly Review*, 1991 (3).

[59] Hakansson H. *Industrial Technological Development: a Network Approach* [M]. London: Croom Helm, 1987.

[60] Hamid Etemad, Richard W. Wright and Leo Pual Dana. Symbiotic International Business Networks: Collaboration between Small and Large Firms

[J]. *Thunderbird International Business Review*, 2001, 43 (4): 481 – 499.

[61] Hannan, Michael. T, John Freeman. *Organizational Ecology* [M]. Cambridge, MA: Hvarard University Press. 1989.

[62] Hans V. Obstacles and Preconditions for Logistics and Manufacturing Improvements in Africa a Case Study [J]. *International Journal of Operations & Production Management*, 1999, 19 (3): 293 – 307.

[63] Hansen N. Factors in Danish field: How High-wage, Flexible Production has Succeeded in Peripheral Jutland [J]. *International Regional Science Review*, 1991 (14): 109 – 132.

[64] Hardy C, Graedel T E. Industrial Ecosystems as Food Webs. *J Ind Ecol*, 2002, 6 (1): 29.

[65] Hawken P. *The Ecology of Commerce* [M]. New York: Harper Business, 1993.

[66] Holtz-Eakin, D., Schwartz A. E. Spational Productivity Spillovers from Public Infrastructure: Evidence from State Highway [J]. *International Tax and Public Finance*, 1995 (2): 459 – 468.

[67] Hubert Schmitz. Global Competition and Local Cooperation: Success and Failure in the Sinos Valley, Brazil [J]. *World Development*, 1999. (27): 1627 – 1650.

[68] Hutton T. A. Service Industries, Globalization and Urban Restructuring Within the Asia-Pacific: New Development Trajectories and Planning Responses [J]. *Progress in Planning*, 2004, (1): 1 – 74.

[69] Jocl A C, Baum, Helaine J K, Suresh K. Dominant Designs and Population Dynamics in Telecommunication Services: Founding and Failure of Facsimile Transmission Service Organizations [J]. *Social Science Research*, 1995, 24 (2): 97 – 135.

[70] Joong-Kun. Firm Performance in the E-commerce Market: The Role of Logistics Capabilities and Logistics Outsourcing [Ph. D]. University of Arkansas, 2001.

[71] Joseph W. K. Chan. Competitive Strategies and Manufacturing Logistics: An

335

Empirical Study of Hong Kong Manufacturers [J]. *International Journal of Physical Distribution & Logistics Management*. 2005, 35 (1): 20 –43.

[72] J. Ziman. *Technological Innovation as an Evolutionary Process* [M]. Cambridge: Harvard Univeresity Press, 2000: 224 – 236.

[73] Karaomerioglu, B. C. Manufacturing in Decline_ A Matter of Definition [J]. *Economy, Innovation, New Technology*, 1999 (8): 175 – 196.

[74] Keckler S E & Allen D T. , Material Reuse Modeling [J]. *Journal of Industrial Ecology*, 1999, 2 (4): 79 –92.

[75] Kogut B. The Stability of Joint Ventures: Reciprocity and Competitive Rivalry [J]. *Journal of Industrial Economics*, 1989 (38): 183 –198.

[76] Krugman, P. First Nature, Second Nature and Metropolitan Location [J]. *Journal of Regional Science*, 1993, (332): 129 –144.

[77] Karaomerlioglu, D. , & Carlsson, B. Manufacturing in Decline? A Matter of Definition Economy, Innovation [J]. *New Technology*, 1999: 175 – 196.

[78] Klodt, H. Structural Change Towards Services: the German Experience [J]. *University of Birmingham IGS Discussion Paper*, 2000: 12 –15.

[79] Kuei C. Principles of Supply Chain Management-a Balanced Approach [J]. *Emerald Management Reviews*, 2005, 34 (2): 11 –22.

[80] Lamberta BF. Eco-industrial Parks: Stimulating Sustainable Development in Mixed Industrial Parks [J]. *Technovation*, 2002, (22): 471 –484.

[81] Lifset R. Industrial Metaphor, a Field, and a Journal [J]. *Journal of Industrial Ecol*, 1997, 1 (1): 1 –3.

[82] Low, E Warren, J, and Moran, S. *Discorvering Industrial Ecology: An Executive Briefing and Soucebook*. Battelle Press [R]. Cleveland, OH, 1997, 121 –125.

[83] Lynch C. *Logistics Outsourcing: a Management Guide* [M]. Oakbrook: Council of Logistics Management, 2000.

[84] Macpherson A. The Role of Producer Service Outsourcing in the Innovation Performance of New York State Manufacturing Firms [J]. *Annals of the Association of American Geographers*, 1997, 87 (1): 52 – 71.

[85] Marcial Marazzoa, Rafael Scherreb, Elton Fermandes. Air Transport Demand and Economic Growth in Brazil: A Time Series Analysis [J]. *Transportation Research Part E: Logistics and Transportation Review*, 2010. 46 (2): 261 – 269.

[86] Markusen J. R. Trade in Producer Services and in Other Specialized Intermediate Inputs [J]. *American Economic Review*, 1989, No 3, 85 – 95.

[87] Markus Hesse, Jean-paul Rodrigue. The Transport Geography of Logistics and Freight Distribution. *Journal of Transport Geography* [J]. 2004 (6): 171 – 184.

[88] Marrewijk, C. et. Al, Producer Services, Comparative Advantage, and International Trade and Patterns, *Journal of International Economics*, 1997, 42, 195 – 220.

[89] Martin Andersson. Co-location of Manufacturing & Producer Services -A Simultaneous Equation Approach 2004.

[90] Marshall J. N. Corporate Reorganization and the Geography of Service. Evidence from the Motor Vehicle Aftermarket in the West Midlands Region of the UK [J]. *Regional Studies*, 1989, 23 (2): 139 – 150.

[91] Martinelli, F. A Demand-Oriented Approach to Understanding Producer Services. in P. W. Daniels, and F. Moulaert (eds.) *The Changing Geography of Advanced Producer Services* [M]. London: Belhaven Press, 1991.

[92] Maynard-Smith J. *Evolution and the Theory of Games* [M]. Cambridge: Cambridge University Press, 1982.

[93] Maynard-Smith, J. The Theory of Games and the Evolution of Animal Conflicts [J]. *Journal of Theoretical Biology*, 1974 (47), 209 – 221.

[94] Meade L. M. , Lilesa D. Justifying Alliances and Partnering: a Prerequisite for Virtual Enterprise Infrastructure [J]. *Omega*, 1997, 25 (1) .

[95] Moor J. F. Predators and Prey: A New Ecology of Competition [J]. *Harvard Business Review*, 1993, (5): 22 – 31.

[96] Mukush E. & Ashok K. The Role of the Services Sector in the Process of Industrialization, *Journal of Development Economics*, 2002 (26), 401 – 420.

[97] Murray B. Low, Eric Abrahamson. Movements, Band Wagons, and

Clones: Industry Evolution and the Entrepreneurial Process [J]. *Journal of Business Venturing*, 1997, 12: 435 – 457.

[98] Mukesh Eswaran, Ashok Kotwal. The Role of the Service Sector in the Process of Industrialization [J]. *Journal of Development Economics*, 2002, (68): 401 – 420.

[99] Nelson Q., Winter S. *An Evolutionary Theory of Economic Change*. Cambridge, MA: The Belknap Press of Harvard University Press, 1982.

[100] Ochel W., Wegner M. *Service Economy in Europe: Opportunities for Growth* [M]. London: West view Press, 1987.

[101] O'Faeeell, P. N., Hitchens, D. M. Producer Services and Regional Development: A Review of Some Major Conceptual Policy and Research Issues [J]. *Environment and Planning*, 1990 (22): 1141 – 1154.

[102] Olav Sorenson. The Effects of Population-Level Learning on Market Entry: The American Automobile Industry [J]. *Social Science Research*, 2000, 29: 307 – 326.

[103] Ole M. & Olga W. L. Integration between Manufacturers and Third Party Logistics Providers [J]. *International Journal of Operations & Production Management*, 2008, 28 (4): 331 – 359.

[104] Paolo G, Valentina M. Technology and International Competitiveness: the Interdependence between Manufacturing and Producer Services [J]. *Structural Change and Economic Dynamics*, 2005, 16 (2): 489 – 500.

[105] Pappas. N., Sheehan. P. *The New Manufacturing: Linkage Between Production and Service Activities*. Melbourne: Victoria University Press, 1998: 127 – 155.

[106] Park S. H, Russo M. V. When Competition Eclipses Cooperation: an Event History Analysis of Joint Venture Failure [J]. *Management Science*, 1996 (42): 875 – 890.

[107] Park, S. H., Chan, K. S.. A Cross-country Input-output Analysis of Intersectoral Relationships between Manufacturing and Services and Their Employment Implications [J]. *World Development*, 1989, 17 (2): 199 – 212.

[108] Park, S. H.. Linkages between Industry and Services and Their Implications for Urban Employment Generation in Developing Countries [J]. *Journal of Development Economics*, 1989, 30 (2): 359 – 379.

[109] P. Parker and H. Gatignon. Specifying Competitive Effects in Diffusion Models: an Empirical Analysis [J]. *International Journal of Research in Marketing*, 1994, 11: 17 – 39.

[110] Perry M. The Internationalization of Advertising [J]. *Geofourm*, 1990, 21 (1): 35 – 50.

[111] Persson G. , Virum, H. Growth Strategies for Logistics Services Providers: A Case Study [J]. *The International Journal of Logistics Management*, 2001, 12 (1) .

[112] Pilat, D. , Wolf, A. Measuring the Interaction between Manufacturing and Services. STI Working Paper 2005/5, OECD, Paris.

[113] Praveen A. Jumping the technology S-curve [J]. *IEEE Spectrum*, 1995, 32 (6): 49 – 54.

[114] Ricardo Alaez-aller' Amaya Erro-garces. The Automotive Industry in the 'Old Periphery' of the European Union: Regional Input Linkages of Volkswagen Navarra SA [J] . *Journal of Economic and Social Geography*, 2006. (97): 377 – 388.

[115] Rietveld P. , Nigkamp P. Transport Infrastructure and Regional Development [A]. Polak, J. , B. , Heertje A. Analytical Transport Economics: An International Perspective [C] . Cheltenham: Edward Elgar Pub, 2000.

[116] Riddle, D. *Service-led Growth: the Role of the Service Sector in the World Development* [M]. Praeger Publishers, 1986.

[117] Rowthorn. R, Ramaswamy, R. 1999, Growth. Trade and Deindustrialisation [J]. *IMF Staff Papers*, 46 (1): 18 – 41.

[118] R. R. Nelson, S. G. Winter. *An Evolutionary Theory of Economic Change* [M]. Cambridge Harvard University Press 1982: 35 – 56.

[119] Rubinstein A. Perfect Equilibrium in a Bargaining Model [J]. *Econometrica*, 1982, 50, 105 – 109.

[120] Salmi O. Eco-efficiency and Industrial Symbiosis-a Counterfactual Analysis of a Mining Community [J]. *Clean Prod*, 2007, 15 (17): 1696.

[121] Schumpeter, J. A. , 1934. *The Theory of Economic Development* [M]. Harvard University Press, Cambridge.

[122] Scott, G. D. *Plant Symbosis*. Edward Arnold, 1969.

[123] Skjoett-Larsen, T. , 2000. Third Party Logistics from an Interorganizational Point of View. *International Journal of Physical Distribution and Logistics Management* 30, 112 – 127.

[124] Shah A. Inter-firm Scalar Linkage in India: a Class within the Small Scale Industry [J]. *Small Business Economic*, 1994, (6): 237 – 247.

[125] Shugan, S. M. Explanations for the Growth of Services. In: Rust RT, Oliver RL, editors. *Service Quality: New Directions in Theory and Practice*. Thousand Okas, CA: Sage Publications, 1994: 72 – 94.

[126] Shunming Chen, Jie Li, Meijuan Jia. The Relationship between Producer Service and Local Manufacturing Industry: Empirical Evidence from Shanghai Service and Management, 2009, (03) .

[127] Sink L. Buyer Observations of the US 3rd-Party Logistics Market [J]. *International Journal of Business Logistics*, 1996, 26 (3) .

[128] Smith, D. C. Musatine L. . Carbohydrate Movement from Autotroph to Hetertroph in Parasite and Mutuatistic. *Biological Review* 44, 1999: 17 – 90.

[129] Stank T. P. Daugherty PJ. The Impact of Operating Environment on the Formation of Cooperative Logistics Relationships. *Transportation Research-E* (Logistics and Transportation Review), 1997, 33 (1): 53 – 64.

[130] Stephen H. Levine. Products and Ecological Models-A Population Ecology Perspective [J]. *Journal of Industrial Ecology*, 2003 (2): 137.

[131] Taylor P. D. , Jonker L. B. Evolutionary Stable Strategy and Game Dynamics [J]. *Math Biosci*, 1978, 40 (3): 145 – 156.

[132] Wang ZZ, Chen GY. Benefits Distribution and Qualitative Analysis of Interactive Development between Manufacturing and Logistics Industry. Pro-

ceeding of 2010 International Conference of Logistics Engineering and Management, 2010 (10).

[133] Wei-bin Zhang. Economic Geography and Transportation Condition with Endogenous Time Distribution amongst Work, Travel and Leisure [J]. *Journal of Transport Geography*, in Press, Corrected Proof, Available online 12 February 2007.

[134] Weibull JW. *Evolutionary Game Theory* [M]. Boston: MIT Press, 1998. 32 – 48.

[135] Windrum, Tomlinson. Mark, Knowledge, Intensive Services and International Competitiveness: A Four Country Comparison. *Technology Analysis Strategic Management*, 1999, 11 (3): 391 – 448.

[136] Wolf, A. The Interaction between Manufacturing and Services and Its Potential Role for Productivity Growth. Paper for the Intermediate Input-output Meeting on Sustainability [J]. *Trade & Productivity*, July, 26 – 28, 2006, Sendai, Japan.

[137] Wong, Y C, Tao, Z G. An Economic Study of Hong Kong's Producer Service Sector and Its Role in Supporting Manufacturing [C]. A Research Proposal, 2000.

[138] Young H P. *Individual Strategy and Social Structure: an Evolutionary Theory of Institutions* [M]. Princeton: Preinceton University Press, 1998.

[139] Zaccaro S. J. & Horn Z. N. J. Leadership Theory and Practices: Fostering and Effective Symbiosis [J]. *The Leadership Quarterly Bulletin*, 2003, 14: 769 – 806.

[140] Ziman J. *Technological Innovation as an Evolutionary Process*, Cambridge 2000.

[141] 〔韩〕李承律, 2005,《共生时代——东北亚区域发展新路线图》, 世界知识出版社。

[142] 〔美〕爱德华·威尔逊, 王一民等译, 2007,《昆虫的社会》, 重庆出版社。

[143] 〔美〕劳伦斯, 詹宁斯, 2005,《电子分销: 电子商务环境下的分销模式与工具》, 电子工业出版社。

[144] 〔日〕黑川纪章，2004，《共生城市》，《建筑学报》第 1 期。

[145] 〔日〕黑川纪章，1987，《新共生思想》，中国建筑书店。

[146] 〔日〕花崎皋平，1993，《主体性与共生的哲学》，筑摩书房。

[147] B. 豪伊尔，1973，《运输与发展》，麦克米伦出版公司。

[148] 艾仁智，2005，《自组织理论与城市商业银行发展》，《金融研究》第 6 期。

[149] 彼得·德鲁克，1962，《经济的黑色大陆》，《财富》。

[150] 卞崇道，2008，《融合与共生——东亚视域中的日本哲学》，人民出版社。

[151] 卞华白，高阳，2008，《"共生"联盟系统的演化方向判别模型——基于耗散结构理论的一种分析》，《学术交流》第 3 期。

[152] 〔美〕伯特·佛雷德曼，2002，《第五项修炼教程》，上海三联书店。

[153] 蔡玲如，王红卫，曾伟，2009，《基于系统动力学的环境污染演化博弈问题研究》，《计算机科学》第 8 期。

[154] 蔡小军，李双杰，刘启浩，2006，《生态工业园共生产业链的形成机理及其稳定性研究》，《软科学》第 3 期。

[155] 曹华，刘瑞，2010，《区域联动发展的经济政策创新研究——以我国西南六省区市经济联动发展的政策创新为例》，《经济问题探索》第 2 期。

[156] 曹玉贵，2005，《企业集群共生模型及其稳定性分析》，《华北水利水电学院学报》（社科版）第 1 期。

[157] 柴国君，2012，《内蒙古现代物流业与制造业联动关系研究》，《物流科技》第 6 期。

[158] 陈春晖，2012，《基于灰色关联的福建省制造业与物流业联动发展研究》，《中国市场》第 1 期。

[159] 陈畴镛，吴国财，2007，《产业集群与第三方物流的共生模型及稳定性分析》，《杭州电子科技大学学报》（社会科学版）第 12 期。

[160] 陈凤先，夏训峰，2007，《浅析"产业共生"》，《工业技术经济》第 14 期。

[161] 陈金波，2009，《企业竞争的进化博弈论与种群生态学模型》，《数

学的实践与认识》第 1 期。

[162] 陈丽平，2009，《基于产业联动的县域经济发展模式研究》，《科技和产业》第 10 期。

[163] 陈平，张宗成，2008，《股票市场对货币政策传导机制影响的实证研究——基于脉冲响应函数和方差分解的技术分析》，《南方金融》第 6 期。

[164] 陈伟达，韩勇，达庆利，2007，《苏州地区生产者服务业与制造业互动关系研究》，《东南大学学报》第 9 期。

[165] 陈伟达，张宇，2009，《生产者服务业对制造业竞争力提升的影响研究——基于我国投入产出表的实证分析》，《东南大学学报》第 3 期。

[166] 陈宪，黄建锋，2004，《分工、互通与融合：服务业与制造业关系演进的实证研究》，《中国软科学》第 10 期。

[167] 陈晓红，顾海峰，2003，《"共生性"商品市场扩散机制研究》，《中国软科学》第 6 期。

[168] 陈星光，周晶，朱振涛，2009，《城市交通出行方式选择的演化博弈分析》，《管理工程学报》第 2 期。

[169] 陈智刚，马俊生，2011，《云南制造业与物流业的产业关联分析》，《物流技术》第 11 期。

[170] 程大涛，2003，《基于共生理论的企业集群组织研究》，浙江大学博士学位论文。据中国优秀硕博士学位论文全文数据库。

[171] 程永伟，2013，《我国制造业与物流业联动发展的测度及影响研究》，《中国经济问题》第 1 期。

[172] 程胜，张俊飚，2007，《产业集群动态演化过程的稳态和混沌分析》，《学术月刊》第 10 期。

[173] 程世平，彭其渊，2006，《安徽物流业对经济增长作用的实证分析》，《交通标准化》Z1 期。

[174] 崔晓迪，2011，《基于 DEA–GRA 双层模型的制造业与物流业联动效果分析——以天津市为例》，《科技管理研究》第 31 期。

[175] 崔忠付，2011，《制造业与物流业联动发展的途径及趋势》，《现代物流报》11 月 27 日。

［176］丁俊发，2009，《制造业物流环节必须分离》，《泉州晚报》4 月
21 日。

［177］丁俊发，2007，《中国物流》，中国物资出版社。

［178］丁永波，周柏翔，凌丹，2007，《供应链联盟共生模式及稳定性分
析》，《统计与决策》第 6 期。

［179］董千里，2013，《基于集成场理论的制造业与物流业网链融合发展
机理研究》，《物流技术》第 3 期。

［180］董直庆，王林辉，2008，《财政货币政策和我国股市关联性：基于
脉冲响应函数和方差分解的对比检验》，《税务与经济》第 5 期。

［181］杜一民，张明玉，2008，《物流与产业集群共生发展机制研究》，
《生产力研究》第 20 期。

［182］段雅丽，樊锐，黎忠诚，2009，《湖北制造业与物流服务业协调发
展现状及对策分析》，《物流技术》第 9 期。

［183］段云龙，2005，《互惠共生——市场经济条件下中小企业的战略选
择》，《云南财贸学院学报》第 4 期。

［184］樊敏，2010，《中国城市群物流产业效率分析及发展策略研究——
基于产业运作及联动发展视角》，《软科学》第 5 期。

［185］范明，汤学俊，2004，《企业可持续成长的自组织研究——一个一
般框架及其对中国企业可持续成长的应用分析》，《管理世界》第
10 期。

［186］范文婷，黄中祥，2009，《城市交通方式间的互利合作模型》，《铁
道科学与工程学报》第 2 期。

［187］方晓昌，2006，《辽宁制造业物流供应链发展战略与管理模式研
究》，沈阳工业大学硕士学位论文。

［188］冯德连，2000，《中小企业与大企业共生模式的分析》，《财经研
究》第 1 期。

［189］冯泰文，2009，《生产性服务业的发展对制造业效率的影响——以
交易成本和制造成本为中介变量》，《数量经济技术经济研究》第
3 期。

［190］冯智能，齐振宏，2007，《生态工业园的企业共生关系研究》，华中
农业大学硕士学位论文。

［191］ 付涛，王玫，2008，《中国制造企业的物流外包——供应链核心成员之路》，《中国市场》第 6 期。

［192］ 傅远佳，2011，《基于系统动力学的库存管理研究》，《港口经济》第 8 期。

［193］ 傅勇，白龙，2009，《中国改革开放以来的全要素生产率变动及其分解（1978～2006 年）——基于省际面板数据的 Malmquist 指数分析》，《金融研究》第 7 期。

［194］ 甘卫华，汪娟，2010，《江西省物流业与制造业发展关系实证研究》，《商业时代》第 17 期。

［195］ 高传胜，刘志彪，2005，《生产者服务与长三角制造的集聚和发展——理论、实证与潜力分析》，《上海经济研究》第 8 期。

［196］ 高萌泽，2008，《企业集群共生演化模型及其机理的研究》，北京交通大学硕士学位论文。

［197］ 高伟，2006，《产业生态网络两种典型共生模式的稳定性研究》，大连理工大学硕士学位论文。

［198］〔加〕格鲁克，沃克，1993，《服务业的增长：原因与影响》，上海三联书店。

［199］ 葛金田，2012，《制造业与物流业联动发展的实证分析》，《物流工程与管理》第 1 期。

［200］ 龚鹏，阎黎，2012，《西安制造业与物流业联动发展的现状及对策》，《物流技术》第 1 期。

［201］〔日〕公文俊平，雨谷译，1987，《日本进入服务产业新时代》，新华出版社。

［202］ 顾乃华，毕斗斗，任旺兵，2006，《中国转型期生产性服务业发展与制造业竞争力关系研究——基于面板数据的实证分析》，《中国工业经济》第 9 期。

［203］ 桂寿平，2005，《灰关联理论与区域物流》，《中国物流与采购》第 12 期。

［204］ 郭莉，Lawrence Malesu，胡筱敏，2008，《产业共生的"技术创新悖论"——兼论我国生态工业园的效率改进》，《科学学与科学技术管理》第 10 期。

[205] 郭莉，苏敬勤，徐大伟，2005，《基于哈肯模型的产业生态系统演化机制研究》，《中国软科学》第11期。

[206] 郭淑娟，董千里，《基于制造业与物流业联动发展的合作模式研究》，《物流技术》第7期。

[207] 海峰，2006，《区域物流论》，经济管理出版社。

[208] 韩超群，2009，《第三方物流企业和制造企业关系分析——基于演化博弈理论的角度》，《经济师》第12期。

[209] 韩敬稳，赵道致，秦娟娟，2009，《Bertrand 双寡头对上游供应商行为的演化博弈分析》，《管理科学》第4期。

[210] 韩晓丽，2009，《制造业与物流业协调发展的计量分析》，《价值工程》第1期。

[211] 韩锡琴，2010，《制造业与物流业联动机理与发展模式研究》，沈阳工业大学硕士学位论文。

[212] 何黎明，2014，《物流业需加快转型升级》，《经济日报》9月1日。

[213] 何自力，徐学军，2006，《生物共生学说的发展与在其他领域的应用研究综述》，《企业家天地》（理论版）第11期。

[214] 侯方淼，2009，《对外贸易与现代物流发展的关系——以北京市为例的实证分析》，《河南商业高等专科学校学报》第22期。

[215] 侯红昌，2010，《河南制造业和物流业联动发展分析》，《企业活力》第4期。

[216] 胡才龙，2013，《中小企业与中小银行共生性研究》，南京财经大学硕士学位论文。

[217] 胡明礼，刘思峰，方志耕，阮爱清，2006，《企业集群演进的进化博弈链模型研究》，《科技进步与对策》第11期。

[218] 胡守钧，2006，《社会共生论》，复旦大学出版社。

[219] 胡守钧，2002，《走向共生》，上海文化出版社。

[220] 胡蔚波，2005，《制造企业物流联盟模式研究》，武汉大学博士学位论文。

[221] 胡晓鹏，李庆科，2009，《生产性服务业与制造业共生关系研究》，《数量经济技术经济研究》第2期。

[222] 黄福华，谷汉文，2009，《中国现代制造业与物流业协同发展对策

探讨》,《中国流通经济》第 8 期。

[223] 黄凯南,2009,《演化博弈与演化经济学》,《经济研究》第 2 期。

[224] 黄鲁成,张红彩,2005,《基于生态学的通讯设备制造业的技术创新种群演化分析》,《中国管理科学》第 5 期。

[225] 黄少安,2005,《经济学研究重心的转移与"合作"经济学构想——对创建"中国经济学"的思考》,《经济研究》第 5 期。

[226] 黄有方,严伟,2010,《我国制造业与物流业联动发展的趋势及建议》,《上海海事大学学报》第 3 期。

[227] 黄有方,2010,《两业联动中物流外包的发展趋势及建议》,《物流技术与应用》第 3 期。

[228] 黄志刚,2005,《交通基础设施建设与区域经济协调发展研究》,长沙理工大学硕士学位论文。

[229] 黄宗阜,周愉峰,袁桂林,2010,《基于非对称性演化博弈的物流联盟专用性资产的投资分析》,《黑龙江社会科学》第 2 期。

[230] 惠巧鸽,2013,《陕西省制造业与物流业联动发展协调性研究》,长安大学硕士学位论文。

[231] 计国君,张茹秀,2010,《基于演化博弈的生态供应链采购管理研究》,《生态经济》第 1 期。

[232] 姜克锦,张殿业,刘帆焱,2008,《城市道路交通系统供需协同演化模型与实证研究》,《人类工效学》第 12 期。

[233] 姜启源,1998,《数学模型》,高等教育出版社。

[234] 蒋辉,麻学峰,2010,《旅游产业链中纵向外部性的演化博弈分析》,《技术创新与管理》第 1 期。

[235] 蒋慧峰,陈森发,2010,《基于时不变综合系数的运输方式动力学模型》,《系统工程学报》第 2 期。

[236] 蒋蓉华,王娜,2009,《区域经济合作的演化博弈分析》,《技术经济与管理研究》第 6 期。

[237] 江小涓,李辉,2004,《服务业与中国经济:相关性和加快增长的潜力》,《经济研究》第 1 期。

[238] 蒋笑梅,李贵春,2010,《产品内分工视角的物流产业界定》,《港口经济》第 2 期。

[239] 蒋照连，黄峰，黄丽娟，2010，《物流业与制造业联动发展策略研究》，《福建论坛》第 4 期。

[240] 解学梅，曾赛星，2009，《都市圈技术创新主体协同的演化博弈分析》，《上海交通大学学报》第 9 期。

[241] 金玲，刘长滨，李秀杰，2009，《我国建设供应链合作的演化博弈分析》，《建筑经济》第 6 期。

[242] 孔原，刘览，2009，《现代物流与我国进出口贸易的关系研究——基于 VAR 模型的脉冲响应函数分析》，《价值工程》第 8 期。

[243] 郎春雷，刘志迎，2004，《高技术产业共生理论研究》，合肥工业大学硕士学位论文。

[244] 冷志明，张合平，2007，《基于共生理论的区域经济合作机理研究》，《未来与发展》第 6 期。

[245] 黎继子，刘春玲，常亚平，李柏勋，2006，《集群式供应链组织续衍与物流园区发展的耦合分析》，《中国软科学》第 1 期。

[246] 黎继子，刘春玲，2005，《集群内中小企业物流外包的五种模式》，《中国物流与采购》第 10 期。

[247] 李春发，冯立攀，2014，《考虑外部性的生态产业共生网络演化博弈分析》，《复杂系统与复杂性科学》第 9 期。

[248] 李电生，员丽芬，2010，《港口群物流系统效率测度——基于多子系统模糊 DEA 模型分析》，《北京交通大学学报》（社会科学版）第 2 期。

[249] 李冠霖，2002，《第三产业投入产出分析——从投入产出的角度看第三产业的产业关联与产业波及特性》，中国物价出版社。

[250] 李焕荣，2007，《基于共生观的战略网络关系进化动因研究》，《科技进步与对策》第 6 期。

[251] 李焕荣，2007，《基于超循环观的战略网络进化过程研究》，《科技管理研究》第 8 期。

[252] 李辉，2008，《产业集群的生态演化规律及其运行机制研究》，吉林大学博士学位论文。

[253] 李虹，2009，《制造业与物流业联动发展对策分析》，《生产力研究》第 10 期。

［254］ 李丽梅，韩瑞珠，2009，《物流外包网络竞合机制的演化博弈分析》，《软科学》第 4 期。

［255］ 李建建，2010，《制造业与物流业联动发展的 SWOT 分析》，《物流工程与管理》第 9 期。

［256］ 李江虹，2011，《广东省物流业与制造业协调联动发展探析》，《物流技术》第 12 期。

［257］ 李久鑫，郑绍濂，2000，《高技术企业的组织与自组织管理》，《中国软科学》第 6 期。

［258］ 李松庆，苏开拓，2009，《广东制造业与物流业联动发展的灰色关联分析》，《中国集体经济》第 15 期。

［259］ 李停，2014，《安徽省制造业与生产性服务业共生模式判定：理论与经验研究》，《中国科技论坛》第 9 期。

［260］ 李燕，2005，《共生哲学的基本理念》，《理论学习》第 5 期。

［261］ 梁红艳，王健，2014，《物流业发展对制造业效率的影响：制度环境的调节作用》，《福州大学学报》第 4 期。

［262］ 梁红艳，王健，2013，《物流业与制造业的产业关联研究》，《福建师范大学学报》第 2 期。

［263］ 李春艳，2012，《物流信息技术在现代物流中的应用》，《物流技术》第 3 期。

［264］ 李久鑫，郑绍濂，2000，《高技术企业的组织与自组织管理》，《中国软科学》第 5 期。

［265］ 李力，杨柳，2006，《物流产业与国民经济之间关系的实证研究》，《武汉理工大学学报》第 6 期。

［266］ 李肖钢，赵莉，2010，《宁波市物流业与制造业集群联动发展模式研究》第 7 期。

［267］ 李燕，2005，《共生哲学的基本理念》，《理论学习》第 5 期。

［268］ 李洋，2007，《生产性服务业与制造业互动性研究》，四川省社会科学院硕士学位论文。

［269］ 李煜，骆温平，刘华荣，2014，《基于全要素生产率的我国物流业与制造业联动研究》，《物流技术》第 10 期。

［270］ 李正明，2004，《论生产性服务革命与制造业的关系和影响》，《上

海应用技术学院学报》第 2 期。

[271] 李志强，温建芳，2009，《企业家制度创新行为的演化博弈模型研究》，《科学决策》第 1 期。

[272] 李子奈，2003，《计量经济学方法和应用》，解放军出版社。

[273] 李忠民，刘育红，张强，2011，《"新丝绸之路"交通基础设施、空间溢出与经济增长——基于多维要素空间面板数据模型》，《财经问题研究》第 4 期。

[274] 廖迎，阮陆宁，2008，《区域物流与区域经济增长——基于面板单位根与面板协整分析》，《南昌大学学报》第 39 期。

[275] 廖日卿，2009，《基于 Logistic 模型的服务型海关物流监控部门与物流企业共生关系研究》，《上海海关学院学报》第 2 期。

[276] 林洪伟，龚国华，2000，《基于 web 的第三方物流信息系统的开发与设计》，《管理信息系统》第 1 期。

[277] 林震，杨浩，2005，《城市交通结构的优化模型分析》，《土木工程学报》第 5 期。

[278] 林子波，李碧珍，2008，《海西区制造业与生产性服务业互动关系的实证分析》，《福建论坛》（人文社会科学版）第 1 期。

[279] 凌丹，2006，《基于共生理论的供应链联盟研究》，吉林大学硕士学位论文。

[280] 刘兵权，王耀中，2010，《分工、现代生产性服务业与高端制造业发展》，《山西财经大学学报》第 11 期。

[281] 刘秉镰，林坦，2010，《制造业物流外包与生产率的关系研究》，《中国工业经济》第 9 期。

[282] 刘秉镰，余泳泽，2010，《我国物流业地区间效率差异及其影响因素实证研究——基于数据包络分析模型及托宾模型的分析》，《中国流通经济》第 9 期。

[283] 刘丹，2009，《促进福建省制造业与物流业联动发展的对策研究》，《物流技术》第 28 期。

[284] 刘丹，2012，《制造业与物流业协调发展的实证研究》，《福州大学学报》第 3 期。

[285] 刘德海，2010，《群体性突发事件中政府机会主义行为的演化博弈

分析》，《中国管理科学》第 1 期。

[286] 刘国山，徐士琴，孙懿文等，2013，《生态产业共生网络均衡模型》，《北京科技大学学报》第 9 期。

[287] 刘金芳，徐枞巍，高波，2011，《供应链整合创新的演化博弈分析》，《系统工程》第 8 期。

[288] 刘蕾，2001，《信息技术与物流业的发展》，《电子科技大学学报》（社科版）第 3 期。

[289] 刘明宇，芮明杰，姚凯，2010，《生产性服务价值链嵌入与制造业升级的协同演进关系研究》，《中国工业经济》第 8 期。

[290] 刘璠，程国平，2009，《第四方物流企业协同运作研究》，武汉理工大学博士学位论文。

[291] 刘浩，原毅军，2010，《中国生产性服务业与制造业的共生行为模式检验》，《财贸研究》第 3 期。

[292] 刘娟，2007，《物流服务业与制造业协调发展问题研究》，《中国储运》第 2 期。

[293] 刘荣增，2006，《共生理论及其在构建和谐社会中的作用》，《百家论坛》第 1 期。

[294] 刘书瀚，张瑞，刘立霞，2010，《中国生产性服务业和制造业的产业关联分析》，《南开经济研究》第 6 期。

[295] 刘涛，李帮义，孙涛，2010，《供应链中信用交易的演化博弈分析》，《管理评论》第 3 期。

[296] 刘雯，2011，《制造业与物流业联动发展探析》，《中国流通经济》第 10 期。

[297] 刘文博，2010，《辽宁省制造业与物流业联动发展现状及对策探讨》，《现代企业管理》第 3 期。

[298] 刘学妮，宁宣熙，2007，《产业集群演化与物流业发展的耦合分析》，《科技进步与对策》第 9 期。

[299] 刘一霖，2008，《生产性服务业与制造业协同创新研究——以第三方物流为例》，浙江大学硕士学位论文。

[300] 刘源，2008，《"传染病模型"在隐性知识传播中的应用》，《科技进步与对策》第 7 期。

[301] 刘玥，2008，《产业联动网络演化模型与联动路径研究》，中国矿业大学博士学位论文。

[302] 刘贞，任玉珑，2007，《发电商演化博弈过程中的创新行为仿真研究》，《工业工程》第7期。

[303] 刘志彪，2001，《垂直专业化：经济全球化中的贸易和生产模式》，《经济理论与经济管理》第10期。

[304] 刘志彪，2006，《发展现代生产者服务业与调整优化制造业结构》，《南京大学学报》（哲学·人文科学·社会科学）第5期。

[305] 刘志迎，郎春雷，2004，《基于共生的产业经济分析范式探讨》，《经济学动态》第2期。

[306] 刘志学，许泽勇，2003，《基于非对称信息理论的第三方物流合作博弈分析》，《中国管理科学》第5期。

[307] 柳瑞禹，殷素萍，2008，《物流地产供需双方的演化博弈模型》，《技术经济》第8期。

[308] 楼园，韩福荣，2004，《从自组织方法论角度看企业仿生研究》，《北京工业大学学报》（社会科学版）第6期。

[309] 鲁成秀，尚金城，2003，《论生态工业园区建设的理论基础》，《农业与技术》第3期。

[310] 鲁成秀，尚金城，2004，《生态工业园规划建设的理论与方法初探》，《经济地理》第3期。

[311] 〔美〕奥德姆等，陆健健等译，2008，《生态学基础》，高等教育出版社。

[312] 陆小成，罗新星，2007，《产业集群协同演化与策略选择》，《统计与决策》第22期。

[313] 陆玉梅，田野，2008，《基于演化博弈的企业自主创新与模仿创新模式选择研究》，《科技管理研究》第6期。

[314] 吕涛，聂锐，2007，《产业联动的内涵理论依据及表现形式》，《工业技术经济》第5期。

[315] 〔美〕罗斯托，1962，《经济成长的阶段》，商务印书馆。

[316] 罗哲，2005，《集群视角下的中小企业与大企业共生研究》，《开发研究》第5期。

[317] 毛荐其，杨海山，2006，《技术创新进化过程与市场选择机制》，《科研管理》第 3 期。

[318] 马凤华，2008，《生产服务业与制造业互动研究述评》，《经济管理》第 17 期。

[319] 马凌，潘伟静，2009，《电信产业生态系统稳定性研究》，《科技管理研究》第 9 期。

[320] 马慧，于红春，王红新，2012，《供需双方网络渠道选择的演化博弈分析》，《管理评论》第 10 期。

[321] 马士华，林勇，2000，《供应链管理》，北京机械工程出版社。

[322] 茆翠红，钱钢，胡伟伟，2008，《创新行为中政府和企业的演化博弈及稳态分析》，《科技管理研究》第 10 期。

[323] 慕艳平，2008，《制造业物流业联动发展共攀高峰》，《管理观察》第 7 期。

[324] 聂荣，钱克明，潘德惠，2006，《基于 Logistic 方程的创新技术传播模式及其稳定性分析》，《管理工程学报》第 1 期。

[325] 潘孝礼，2008，《物流产业与经济协同发展》，《中国市场》第 4 期。

[326] 彭本红，冯良清，2010，《现代物流业与先进制造业的共生机理研究》，《商业经济与管理》第 1 期。

[327] 彭永华，2008，《中国仍需提升制造业与物流业联动水平》，《市场周刊：新物流》第 2 期。

[328] 钱书法，肖宁，2006，《企业共生模式演进及启示》，《商业研究》第 17 期。

[329] 秦书生，2004，《技术创新系统复杂性与自组织》，《系统辩证学学报》第 4 期。

[330] 秦颖，武春友，武春光，2004，《生态工业共生网络运作中存在的问题及其柔性化研究》，《软科学》第 2 期。

[331] 邱灵，申玉铭，任旺兵，2008，《北京生产性服务业与制造业的关联及空间分布》，《地理学报》第 12 期。

[332] 邱玉琢，陈森发，2006，《运输方式互利共生的非线性动力学模型》，《系统工程》第 24 期。

[333] 曲莎，王京芳，周浩，厉秉铎，2009，《生态工业园共生网络的关

联度分析》，《科技进步与对策》第 1 期。

[334] 曲顺兰，申亮，郑华章，2007，《基于演化博弈的和谐税收征纳关系的构建》，《税务研究》第 6 期。

[335] 饶勇，黄福才，魏敏，2008，《演化博弈论视角下的区域经济协调发展》，《贵州社会科学》第 5 期。

[336] 任志安，吴江，2005，《企业集群形成机理的进化博弈分析》，《合肥学院学报》（自然科学版）第 9 期。

[337] 单汨源，吴炜炜，江黎明，2009，《制造商与零售商合作广告的动态非对称演化博弈》，《软科学》第 4 期。

[338] 尚涛，陶蕴芳，2009，《中国生产性服务贸易开放与制造业国际竞争力关系研究——基于脉冲响应函数方法的分析》，《世界经济研究》第 5 期。

[339] 邵扬，2009，《物流业对中国经济增长的影响研究》，吉林大学硕士学位论文。

[340] 沈华，汪朗峰，2010，《我国高技术产业研究人员创新特征因素研究》，《科技进步与对策》第 21 期。

[341] 沈文装，2014，《物流业与制造业联动关系影响因素研究——基于物流企业的实证研究》，浙江工商大学硕士学位论文。

[342] 申亮，王玉燕，2007，《绿色供应链的演化博弈分析》，《价值工程》第 5 期。

[343] 申亮，2008，《绿色供应链演化博弈的政府激励机制研究》，《技术经济》第 3 期。

[344] 沈绪明，2010，《也谈制造业与物流业的联动发展》，《物流技术》（装备版）第 4 期。

[345] 沈正平，简晓彬，施同兵，2007，《产业地域联动的测度方法及其应用讨论》，《经济地理》第 6 期。

[346] 生延超，2008，《技术联盟的共生稳定分析》，《软科学》第 2 期。

[347] 盛昭瀚，蒋德鹏，2002，《演化经济学》，上海三联书店。

[348] 施国洪，赵曼，2010，《基于 DEA 的江苏省物流业与制造业协调发展评价》，《科技管理研究》第 9 期。

[349] 石岿然，肖条军，2007，《基于演化博弈理论的企业组织模式选

择》,《东南大学学报》第 5 期。

[350] 帅斌,2005,《物流经济》,西南交通大学出版社。

[351] 舒晖,文振华,肖阳扬,2014,《湖南省大型制造业企业与物流业联动发展探究》,《物流工程与管理》第 5 期。

[352] 史莉洁,2006,《"共生"理论及其当代意义》,华中科技大学硕士学位论文。

[353] 申亮,董千里,张林,2014,《交通基础设施门槛、物流业与制造业获利能力》,《中国流通经济》第 8 期。

[354] 史硕云,2007,《生态工业园共生网络研究》,河海大学硕士学位论文。

[355] 宋晗菲,2013,《发达国家生产性服务业与制造业互动发展研究》,郑州大学硕士学位论文。

[356] 宋远方,2000,《供应链管理与信息技术》,经济科学出版社。

[357] 苏东水,2010,《产业经济学》,高等教育出版社。

[358] 苏秦,张艳,2011,《制造业与物流业联动现状及原因探析》,《软科学》第 3 期。

[359] 苏秦,张艳,2012,《制造业与物流业联动现状分析及国际比较》,《中国软科学》第 5 期。

[360] 孙博,王广成,2012,《矿区生态产业共生系统的稳定性》,《生态学报》第 10 期。

[361] 孙军,2001,《你了解共生关系吗》,《世界科学》第 6 期。

[362] 孙天琦,2001,《准市场组织的发展与"寡头主导,大、中、小共生"的金融组织结构研究——以银行业为例的分析》,《金融研究》第 10 期。

[363] 谭清美,冯凌云,葛云,2003,《物流能力对区域经济的贡献研究》,《现代经济探讨》第 8 期。

[364] 唐强荣,康泽永,2010,《生产性服务业与制造业关系研究述评》,《生产力研究》第 3 期。

[365] 唐强荣,徐学军,何自力,2009,《生产性服务业与制造业共生发展模型及实证研究》,《南开管理评论》第 3 期。

[366] 陶长琪,2004,《IT 企业集群的共生性和稳定性研究》,《科技管理

研究》第 5 期。

[367] 陶良虎，辛洁，2008，《湖北物流业与经济发展的实证研究》，《商品储运与养护》第 6 期。

[368] 陶永宏，2005，《基于共生理论的船舶产业集群形成机理与发展演变研究》，南京理工大学博士论文。

[369] 田刚，2013，《制造业与物流业共生关系演化规律及动力模型研究》，《工业工程与管理》第 2 期。

[370] 田家林，黄涛珍，2010，《生产性服务业与其他产业的互动关系——基于历次投入产出表的分析》，《中国科技论坛》第 8 期。

[371] 田雪，2014，《北京市物流业与制造业、生产性服务业互动需求分析》，《商业时代》第 5 期。

[372] 田宇，马钦海，2010，《电信业技术变迁的演化博弈分析》，《技术经济》第 2 期。

[373] 田宇，阎琦，2007，《物流外包关系中物流服务需求方信任的影响因素研究》，《国际贸易问题》第 5 期。

[374] 汪标，2010，《SCM 环境下制造业与物流业联动发展物流战略联盟模式探析》，《物流工程与管理》第 10 期。

[375] 汪朗峰，胡汉辉，2009，《制造业利润对研发投入依赖规律研究》，《软科学》第 11 期。

[376] 汪鸣，冯浩，2002，《现代物流的发展及管理》，《宏观经济管理》第 11 期。

[377] 汪普庆，李春艳，2008，《食品供应链的组织演化——一个演化博弈视角的分析》，《湖北经济学院学报》第 5 期。

[378] 王发明，2007，《基于生态观的产业集群演进研究》，浙江大学博士学位论文。

[379] 王发明，于志伟，侯金燕，2014，《基于产业链管理的煤电产业共生系统目标模式及其稳定性分析》，《科技管理研究》第 23 期。

[380] 王海萍，2011，《物流在制造业中的嵌入性研究》，《经济问题》第 10 期。

[381] 王海萍，2012，《物流外包合作关系的理论框架研究》，《经济问题探索》第 1 期。

[382] 王浩天，2011，《重庆制造业与物流业联动发展模式及实现路径研究》，重庆交通大学硕士学位论文。

[383] 王红霞，2007，《产业集聚是否就是产业联动》，《解放日报》8月27日。

[384] 王健，刘丹，魏重德，2010，《制造业与物流业联动发展理论和实践》，同济大学出版社。

[385] 王健，梁红艳，2012，《物流业发展对制造业效率的影响——基于地区和行业面板数据的分析》，《中国流通经济》第2期。

[386] 王见喜，2010，《我国物流业与制造业联动发展模式研究》，武汉科技大学硕士学位论文。

[387] 王金武，2005，《我国生产性服务业与制造业互动分析及其对策研究》，武汉理工大学硕士学位论文。

[388] 王晶晶，2013，《河北省物流业与制造业联动发展分析》，河北师范大学硕士学位论文。

[389] 王海萍，2011，《物流在制造业中的嵌入性研究》，《经济问题》第10期。

[390] 王慧敏，2014，《五大举措推动制造业与物流业联动发展》，中国产业安全指南网，http://www.acs.gov.cn/sites/aqzn/jrywnry.jsp?contentId=2776704457017，2014年1月3日。

[391] 王玲，2007，《供应链网络竞合机制：一个演化博弈的视角》，《预测》第5期。

[392] 王茂林，刘秉镰，2009，《制造业与物流业联动发展中存在的问题与趋势》，《现代管理科学》第3期。

[393] 王俭，韩婧男，胡成等，2012，《城市复合生态系统共生模型及应用研究》，《中国人口·资源与环境》第11期。

[394] 王宁，2011，《辽宁制造业与物流业的联动分析》，天津海事大学硕士学位论文。

[395] 王淑云，2005，《物流外包的理论与应用》，人民交通出版社。

[396] 王世磊，严广乐，2009，《绿色供应链中供应商与核心企业的演化博弈模型分析》，《科技与管理》第5期。

[397] 王仕卿，韩福荣，2006，《高新技术企业种群的演化规律》，《北京

工业大学学报》第 11 期。

[398] 王曙光，李桂香，朱丽等，2013，《生态工业园区产业共生效率的量化评价》，《工业技术经济》第 6 期。

[399] 王文，刘伟，2010，《生产性物流服务对制造业市场竞争力的价值贡献分析法》，《软科学》第 6 期。

[400] 王晓艳，2009，《制造业与物流业联动发展的机理和模式研究》，《物流技术》第 7 期。

[401] 王宇露，李元旭，2008，《国际合资企业的共生模型及其稳定性分析》，《上海管理科学》第 4 期。

[402] 王玉梅，2003，《发达的生产者服务业应成为上海不可替代的竞争优势》，《上海立信会计学院学报》第 12 期。

[403] 王玉燕，李帮义，申亮，2008，《两个生产商的逆向供应链演化博弈分析》，《系统工程理论与实践》第 4 期。

[404] 王兆华，武春友，王国红，2002，《生态工业园中两种工业共生模式比较研究》，《软科学》第 2 期。

[405] 王兆华，武春友，2002，《基于交易费用理论的生态工业园中企业共生机理研究》，《科学学与科学技术管理》第 8 期。

[406] 王兆华，尹建华，武春友，2003，《生态工业园中的生态产业链结构模型研究》，《中国软科学》第 10 期。

[407] 王兆华，2002，《生态工业园工业共生网络研究》，大连理工大学博士学位论文。

[408] 王珍珍，陈功玉，2002，《我国物流产业集聚对制造业工业增加值影响的实证研究》，《上海财经大学学报》第 6 期。

[409] 王珍珍，陈功玉，2009，《基于 Logistic 模型的制造业与物流业联动发展模式研究》，《中国管理科学》第 17 辑。

[410] 王珍珍，陈功玉，2010，《我国制造业不同子行业与物流业联动发展协调度实证研究——基于灰色关联模型》，《上海财经大学学报》第 3 期。

[411] 王珍珍，陈功玉，2009，《制造业与物流业联动发展的竞合模型研究——基于产业生态系统的视角》，《经济与管理》第 7 期。

[412] 王珍珍，陈功玉，2011，《制造业与物流业联动发展的模式及关系

研究——基于 VAR 模型的脉冲响应函数及方差分解的分析》，《珞珈管理评论》第 2 辑。

［413］王珍珍，2012，《我国制造业与物流业联动发展的时空分异探析》，《福建师范大学学报》第 3 期。

［414］王之泰，2002，《现代物流学》，中国物资出版社。

［415］王子龙，谭清美，许萧迪，2006，《企业集群共生演化模型及实证研究》，《中国管理科学》第 2 期。

［416］王子龙，谭清美，许箫迪，2007，《产业系统演化模型及实证研究》，《统计研究》第 2 期。

［417］王子龙，谭清美，许箫迪，2005，《集群企业生态位协同演化模型研究》，《工业技术经济》第 9 期。

［418］王子龙，许箫迪，2013，《政产学研协同创新的演化博弈分析》，《科技与经济》第 8 期。

［419］王自勤，2012，《制造业与物流业联动发展内涵与理想模式研究》，《物流技术》第 15 期。

［420］王佐，2009，《制造业与物流业联动发展的本源和创新》，《中国流通经济》第 2 期。

［421］韦琦，2011，《制造业与物流业联动关系演化与实证分析》，《中南财经政法大学学报》第 1 期。

［422］韦琦，2014，《物流业与制造业的协同定位：基于中国省级数据的实证研究》，《中大管理研究》第 9 期。

［423］魏际刚，邱成利，胡吉平，2001，《运输方式涨落的系统动力学模型》，《数量经济技术经济研究》第 4 期。

［424］翁心刚，2000，《城市环境与物流合理化》，《中国流通经济》第 3 期。

［425］吴大进，曹力，陈立华，1990，《协同学原理和应用》，华中理工大学出版社。

［426］吴飞驰，2002，《企业的共生理论：我看见了看不见的手》，人民出版社。

［427］吴飞驰，2000，《关于共生理念的思考》，《哲学动态》第 6 期。

［428］伍利群，尹国俊，2012，《风险投资产业与电子信息产业的共生模

式研究》，《杭州电子科技大学学报》第 6 期。

[429] 吴勇民，纪玉山，吕永刚，2014，《金融产业与高新技术产业的共生演化研究——来自中国的经验证据》，《经济学家》第 7 期。

[430] 吴宏涛，2008，《区域港口群演化问题研究》，中国海洋大学硕士学位论文。

[431] 吴群，2011，《制造业与物流业联动共生模式及相关对策研究》，《经济问题探索》第 1 期。

[432] 吴志军，2006，《生态工业园工业共生网络治理研究》，《当代财经》第 9 期。

[433] 武春友，刘岩，王恩旭，2009，《基于哈肯模型的城市再生资源系统演化机制研究》，《中国软科学》第 11 期。

[434] 武春友，2006，《资源效率与生态规划管理》，清华大学出版社。

[435] 夏青，2013，《基于哈肯模型的现代服务业演化机制研究》，《中国矿业大学学报》第 4 期。

[436] 夏晴，郑吉昌，姜红，2004，《论服务业发展与分工的演进》，《中国软科学》第 10 期。

[437] 萧灼基，2002，《金融共生理论与城市商业银行改革序言》，商务印书馆。

[438] 肖丕楚，周序红，朱方明，2003，《西部传统优势企业与新兴中小企业共生模式探讨》，《生产力研究》第 2 期。

[439] 肖伟，赖明勇，2009，《基于演化博弈算法的全球供应链研发策略分析》，《社会科学论坛》第 7 期。

[440] 肖忠东，顾元勋，孙林岩，2009，《工业产业共生体系理论研究》，《科技进步与对策》第 9 期。

[441] 谢奉军，龚国平，2006，《工业园区企业网络的共生模型研究》，《江西社会科学》第 11 期。

[442] 谢莉，李平龙，贾让成，2014，《基于 VAR 模型的宁波制造业与物流业联动发展分析》第 3 期。

[443] 徐剑，韩锡琴，2009，《制造业与物流业联动机理研究》，《沈阳工业大学学报》第 10 期。

[444] 徐学军，2008，《助推新世纪的经济腾飞：中国生产性服务业巡

礼》，科学出版社。

[445] 许国兵，2007，《企业物流外包管理决策方法研究》，北京交通大学硕士学位论文。

[446] 薛立敏等，1993，《生产性服务业与制造业互动关系之研究》，《台湾中华经济研究院》。

[447] 薛伟贤，张娟，2010，《高技术企业技术联盟互惠共生的合作伙伴选择研究》，《研究与发展管理》第2期。

[448] 颜鹏飞，王兵，2004，《技术效率、技术进步与生产率增长：基于DEA的实证分析》，《经济研究》第12期。

[449] 杨达，2008，《基于核心竞争力的企业物流外包决策研究》，《铁道运输与经济》第11期。

[450] 杨春河，张文杰，孟燕萍，2005，《现代物流产业概念内涵和外延的理论研究》，《物流技术》第10期。

[451] 杨国军，刘志学，2005，《第三方物流服务采购流程及实例分析》，《物流技术》第5期。

[452] 杨国忠，许超，刘聪敏等，2012，《有限理性条件下技术创新扩散的演化博弈分析》，《工业技术经济》第4期。

[453] 杨杰，宋马林，2011，《可持续发展视域下我国区域环境效率研究》，《商业经济与管理》第9期。

[454] 杨杰，叶小榕，2009，《制造业效率区域差异及其影响因素分析——基于中国省级面板数据的研究》，《统计教育》第9期。

[455] 杨杰，2011，《区域差异视角下现代物流业与制造业效率的关系研究——基于中国2003-2007年省级面板数据的计量分析》，《广西经济管理干部学院学报》第1期。

[456] 杨青，彭金鑫，2011，《创业风险投资产业和高技术产业共生模式研究》，《软科学》第2期。

[457] 杨万平，袁晓玲，2009，《从FDI看美国经济波动对我国经济增长的影响——基于广义脉冲响应函数法的实证研究》，《国际贸易问题》第8期。

[458] 杨万平，袁晓玲，2008，《对外贸易、FDI对环境污染的影响分析——基于中国时间序列的脉冲响应函数分析：1982-2006》，《世

界经济研究》第 12 期。

[459] 杨勇，2012，《广东省制造业与物流业联动发展研究》，华南理工大学硕士学位论文。

[460] 杨松令，刘亭立，2009，《基于共生理论的上市公司股东行为研究——一个研究框架及设想》，《会计研究》第 1 期。

[461] 姚洪兴，狄红星，丁娟，2007，《两类零售企业竞争策略选择的演化博弈分析》，《数学的实践与认识》第 10 期。

[462] 叶昌友，王遐见，2013，《交通基础设施、交通运输业与区域经济增长》，《产业经济研究》第 2 期。

[463] 叶茂盛，2007，《现代物流业与制造业升级互动关系探析》，《市场周刊：新物流》第 10 期。

[464] 叶裕民，2002，《全国及各省区市全要素生产率的计算和分析》，《经济学家》第 3 期。

[465] 易志刚，易中懿，2012，《保险金融综合经营共生界面特征的计量分析》，《经济问题》第 9 期。

[466] 伊俊敏，周晶，2007，《江苏省制造业与物流业的发展水平差异分析》，《现代管理科学》第 7 期。

[467] 易余胤，2009，《企业技术创新投资行为的演化博弈分析》，《科技进步与对策》第 2 期。

[468] 尹希果，刘培森，2014，《城市化、交通基础设施对制造业集聚的空间效应》，《城市问题》第 11 期。

[469] 于海生，赵林度，龙迎红，2008，《考虑声誉激励的供应链合作伙伴演化博弈模型》，《数学的实践与认识》第 2 期。

[470] 于惊涛，李作志，苏敬勤，2008，《东北装备制造业技术外包共生强度影响因素研究》，《财经问题研究》第 4 期。

[471] 于全辉，孟卫东，2007，《企业群落中创新行为的进化博弈分析》，《科技管理研究》第 1 期。

[472] 余菲菲，张阳，2008，《协同演化视角下公司战略与业务战略的互动研究》，《科学学与科学技术管理》第 10 期。

[473] 于文武，2012，《东北地区制造业与物流业联动发展的机制研究》，《中国市场》第 19 期。

[474] 袁纯清，1998，《共生理论——兼论小型经济》，经济科学出版社。

[475] 袁纯清，2002，《金融共生理论与城市商业银行改革》，商务印书馆。

[476] 袁国敏，王亚鸽，王阿楠，2008，《中国虚拟经济与实体经济发展的协调度分析》，《当代经济管理》第 3 期。

[477] 袁克珠，2007，《长三角制造业与区域物流联动发展研究——基于灰色关联分析》，《经济与社会发展》第 10 期。

[478] 袁增伟，毕军，2006，《生态产业共生网络运营成本及其优化模型开发研究》，《系统工程理论与实践》第 7 期。

[479] 云程浩，李严峰，王永峰，2014，《制造业与物流业联动发展模式选择研究——微观视角下的比较分析》，《物流工程与管理》第 7 期。

[480] 张传玉，孙文军，李辉，《加快日照市制造业与物流业联动的发展策略》，《商场现代化》第 1 期。

[481] 张宏斌，2008，《第三方物流企业演进及其经济学含义——以宝供物流企业集团为例》，《中国流通经济》第 5 期。

[482] 张红辉，陈红，刘春芳，2014，《从生态 - 产业共生关系考察农业可持续性》，《安徽农业科学》第 28 期。

[483] 张军，施少华，2003，《中国全要素生产率变动：1952 - 1998》，《世界经济文汇》第 3 期。

[484] 张快娟，2011，《制造业与物流业协调发展的计量分析——以杭州市为例》，浙江工商大学硕士学位论文。

[485] 张琳，刘琛，2014，《标准化对制造业和物流业协同发展作用研究——基于供应链角度》，《物流技术》第 7 期。

[486] 张林刚，陈忠，2009，《基于 Lotka - Volterra 模型的创新扩散模式研究》，《科学学与科学技术管理》第 6 期。

[487] 张敬峰，周守华，2013，《产业共生、金融生态与供应链金融》，《金融论坛》第 8 期。

[488] 张萌，姜振寰，胡军，2008，《工业共生网络运作模式及稳定性分析》，《中国工业经济》第 6 期。

[489] 张明星，孙跃，朱敏，2006，《种群生态理论视角下的企业间相互

关系研究》，《首都经济贸易大学学报》第 4 期。

[490] 张沛东，2010，《区域制造业与生产性服务业耦合协调度分析——基于中国 29 个省级区域的实证研究》，《开放研究》第 2 期。

[491] 张庆普，胡运权，1995，《城市生态经济系统复合 Logistic 发展机制的探讨》，《哈尔滨工业大学学报》第 4 期。

[492] 张同江，2010，《制造业与物流业联动发展的建议》，《物流工程与管理》第 12 期。

[493] 张小兵，2008，《论生产性服务业与制造业的互动和融合》，南昌大学硕士学位论文。

[494] 张孝峰，蒋寒迪，2006，《产业转移与区域协调发展研究》，华龄出版社。

[495] 张学良，2007，《中国交通基础设施与经济增长的区域比较分析》，《财经研究》第 8 期。

[496] 张艳，2009，《EIPs 工业共生系统构建与结点关系研究》，《武汉理工大学学报》第 12 期。

[497] 张艳，苏秦，2011，《制造业与物流业联动现状分析及国际比较》，《中国软科学》第 5 期。

[498] 张莹，2013，《安徽省生产性服务业对制造业技术溢出的影响研究》，安徽财经大学硕士学位论文。

[499] 张燕，2007，《江苏省制造业与现代物流业互动发展研究》，《江苏商论》第 12 期。

[500] 张泽麟，王道平，张虹等，2014，《标准设定动因下企业 R&D 联盟的进化博弈分析》，《软科学》第 1 期。

[501] 章凯，2003，《动机的自组织目标理论及其管理学蕴涵》，《中国人民大学学报》第 2 期。

[502] 张世贤，2000，《工业投资效率与产业结构变动的实证研究——兼与郭克莎博士商榷》，《管理世界》第 5 期。

[503] 张万强，温晓丽，2011，《构架内生增长动力的老工业基地振兴道路》，中国经济出版社。

[504] 张文杰，2002，《区域经济发展与现代物流》，《中国流通经济》第 1 期。

［505］赵放，成丹，2012，《东亚生产性服务业和制造业的产业关联分析》，《世界经济研究》第7期。

［506］赵红，陈绍愿，陈荣秋，2004，《生态智慧型企业共生体行为方式及其共生经济效益》，《中国管理科学》第6期。

［507］赵玉林，魏芳，2007，《基于哈肯模型的高技术产业化过程机制研究》，《科技进步与对策》第4期。

［508］郑吉昌，夏晴，2004，《服务业、服务贸易与区域竞争力》，浙江大学出版社。

［509］郑吉昌，夏晴，2004，《现代服务业与制造业竞争力关系研究——以浙江先进制造业基地建设为例》，《财贸经济》第9期。

［510］郑吉昌，2003，《产品服务增殖与现代制造企业竞争优势》，《商业经济与管理》第8期。

［511］郑慕强，2009，《区域物流能力与经济增长关系的实证研究——以广东为例》，《创新》第7期。

［512］植草益，2001，《信息通讯业的产业融合》，《中国工业经济》第2期。

［513］《物流业调整和振兴规划》，2009，国发〔2009〕8号。

［514］钟晓君，2009，《外商直接投资与我国进出口贸易关系研究——基于VAR模型的脉冲响应函数和方差分解方法分析》，《统计教育》第6期。

［515］周彩红，2010，《基于协整与脉冲响应函数的FDI溢出效应分析——以长三角制造业为例》，《科学决策》第6期。

［516］周浩，2003，《企业集群的共生模型及稳定性分析》，《系统工程》第7期。

［517］周鑫，季建华，2008，《港口竞争合作策略的演化博弈分析》，《中国航海》第3期。

［518］周云飞，2014，《陕西制造业与物流业协同演化研究》，西安工业大学硕士学位论文。

［519］周振华，2003，《产业融合：产业发展及经济增长的新动力》，《中国工业经济》第4期。

［520］朱莉，2011，《基于超网络的制造业与物流业协调优化模型》，《系

统工程》第 6 期。

[521] 朱莉，金丹丹，陈蕾，2014，《低碳经济下制造业与物流业协调发展研究》，《物流技术》第 2 期。

[522] 朱培培，2012，《北京市生产性服务业与现代制造业互动关系研究》，北京工业大学硕士学位论文。

[523] 朱少英，2007，《基于演化博弈的创新网络形成机理研究》，《山西大同大学学报》第 10 期。

[524] 朱永达，张涛，李炳军，2001，《区域产业系统的演化机制和优化控制》，《管理科学学报》第 6 期。

附　录

附录1　1978~2013年我国物流业部分指标数据

年份	货运量（万吨）	货运量增长率（%）	民用载货汽车数量（万辆）	民用载货汽车数量增长率（%）	货物周转量（亿吨公里）	货物周转量增长率（%）
1978	319431	—	100.17	—	9928	—
1979	318258	-0.37	114.37	14.18	11013.65	10.94
1980	310841	-2.33	129.9	13.58	11629	5.59
1981	298642	-3.92	144.09	10.92	11746.8	1.01
1982	311937	4.45	156.75	8.79	12539.63	6.75
1983	323956	3.85	169.44	8.10	13465.53	7.38
1984	339995	4.95	188.37	11.17	14919.57	10.80
1985	745763	119.35	223.2	18.49	18365	23.09
1986	853557	14.45	246.57	10.47	20147.49	9.71
1987	948229	11.09	281.21	14.05	22228.51	10.33
1988	982195	3.58	317.85	13.03	23825.71	7.19
1989	988435	0.64	346.37	8.97	25591.71	7.41
1990	970602	-1.80	368.48	6.38	26208	2.41
1991	985793	1.57	398.62	8.18	27987	6.79
1992	1045899	6.10	441.45	10.74	29218	4.40
1993	1115902	6.69	501.00	13.49	30647	4.89
1994	1180396	5.78	560.33	11.84	33435	9.10
1995	1234938	4.62	585.43	4.48	35909	7.40
1996	1298421	5.14	575.03	-1.78	36590	1.90

年份	货运量（万吨）	货运量增长率（%）	民用载货汽车数量（万辆）	民用载货汽车数量增长率（%）	货物周转量（亿吨公里）	货物周转量增长率（%）
1997	1278218	−1.56	601.23	4.56	38385	4.91
1998	1267427	−0.84	627.89	4.43	38089	−0.77
1999	1293008	2.02	676.95	7.81	40568	6.51
2000	1358682	5.08	716.32	5.82	44321	9.25
2001	1401786	3.17	765.24	6.83	47710	7.65
2002	1483447	5.83	812.22	6.14	50686	6.24
2003	1564492	5.46	853.51	5.08	53859	6.26
2004	1706412	9.07	893.00	4.63	69445	28.94
2005	1862066	9.12	955.55	7.00	80258	15.57
2006	2037060	9.40	986.30	3.22	88840	10.69
2007	2275822	11.72	1054.06	6.87	101419	14.16
2008	2585937	13.63	1126.07	6.83	110300	8.76
2009	2825222	9.25	1368.60	21.54	122133	10.73
2010	3241807	14.75	1597.55	16.73	141837	16.13
2011	3696961	14.04	1787.99	11.92	159324	12.33
2012	4100436	10.91	1894.75	5.97	173804	9.09
2013	4098900	−0.04	2010.62	6.12	168014	−3.33

附录2　势函数的含义及求解

自然界中许多现象的产生发展被一个势函数所支配，它是系统内部各子系统之间相互作用的外在表现，反映了系统从一种状态过渡到另一种状态的能力。假定一个系统在任何时刻的状态都由 n 个变量 $(x_1,\cdots,x_n)$ 的值所完全确定，$(x_1,\cdots,x_n)$ 称为系统的状态变量。设状态变量的一个函数为 $f(x_1,\cdots,x_n)$，如果系统的每个稳定的状态都是函数的极小点，反之亦然，则称函数 f 为这个系统的势函数。即，如果状态变量的一组值 $(x_1,\cdots,x_n)$ 使得 $f(x_1,\cdots,x_n)$ 取极小值，那么由 $(x_1,\cdots,x_n)$ 所确定的系统状态就是一个稳定状态，反之亦然。

取序参量 q 表示系统的环境适应能力，可以构造出如下的动力学方程：

$$\frac{dq}{dt} = -kq - \lambda q^2 + F_1(t) \tag{1}$$

k 表示系统发展的阻尼系数，λ 表示随着时间的推移，联动发展适应能力的衰减系数，在忽略随机涨落力的情况下，方程可简化为：

$$\frac{dq}{dt} = -kq - \lambda q^2 \tag{2}$$

令 $\frac{dq}{dt} = 0$ ，从而可以求解出：

当 $k > 0$ 时，方程有唯一解 $q_0 = 0$

当 $k < 0$ 时，方程有三个解：

$$q_0 = 0 \quad q_1 = -\sqrt{\frac{|k|}{\lambda}}, q_2 = \sqrt{\frac{|k|}{\lambda}} \tag{3}$$

对以上四个解进行稳定性分析，该方程对应的势函数为

$$V(q) = \frac{1}{2}kq^2 + \frac{1}{4}\lambda q^4 \tag{4}$$

当 $k > 0$ 时，方程的势函数只有一个极小点，即一个稳定点。表示对于系统发展来说，当整体环境适应能力还未达到使系统发生突变时，系统还处于无序的稳定状态中，这表明当各成员企业开始合作时，由于合作时间很短，资源的整合做得还不够充分，各成员企业之间的协同作用还未完全体现出来，系统的适应能力还不太强，系统的发展还需要时间磨合。

当 $k < 0$ 时，方程的势函数有两个极小点，有两个稳定的平衡点，q_0 是不稳定的，q_1 和 q_2 是稳定的。表明随着系统中各成员之间配合更加紧密，资源的整合度逐渐提高，整个系统的适应能力也随之加大，系统处于稳定的状态。

当趋向于零时，势函数曲线变得平坦，企业处于"临界状态"。

附录3 逻辑斯蒂增长（Logistic Growth）

逻辑斯蒂增长（Logistic Growth）是种群在有限环境中的一种最基本的

增长形态。生物在发展的初期，由于本身还不够强大，增长的速度还比较慢，发展到中期，才处于发展高峰阶段，而发展到后期，又由于衰老或环境的制约，增长速度也会降低，甚至停滞下来。这种增长速度由慢到快，然后再转慢的规律，导致了生物种群密度随时间而变化的一条 S 形曲线。自然界中人口的增长、疾病的传播、技术革新的推广等都满足 Logistic 模型的增长规律 (Pierre-Francois Verhulst，1840 ~ 1849)。

模型中一些基本参数的假设如下：

(1) 假设 y 表示 t 时刻的产出水平，y 是因变量，它随自变量时间 t 的变化而变化，为连续可微函数。

(2) 当产出量增长到一定数量之后，增长率随着产出量的继续增加而逐渐减少，且 $r(y)$ 为 y 的线性函数 $r(y) = r - sy(r, s > 0)$，其中 r 相当于 $y = 0$ 的增长率，$r > 0$，称为内禀增长率，反映行业本身的平均增长率，它与行业本身的固有特性有关。假设 r 为常数。

(3) K 反映系统外部资源的丰富程度，称为环境容纳量，因为在给定的一段时间内，某一地域空间里，假定要素禀赋（包括技术、原材料、劳动力、资本和市场规模等）一定时，K 是有限的，且为常数。

根据以上假设，当 $y = K$ 时，增长率应该为零，即 $r(K) = 0$，从而得出 $s = \dfrac{r}{K}$，于是

$$r(y) = r\left(1 - \frac{y}{K}\right) \tag{5}$$

$$\frac{dy}{dt} = ry\left(1 - \frac{y}{K}\right) \tag{6}$$

$$y(0) = y_0 \tag{7}$$

进而可以求解得

$$y(t) = \frac{K}{1 + \left(\dfrac{K}{y_0} - 1\right)e^{-rt}} \tag{8}$$

模型表示 $\dfrac{dy}{dt}$ 随着 t 的增加先增加后减少，在 $y = \dfrac{K}{2}$ 处达到最大值，当 $t \to \infty$ 时，$y \to K$，这个模型就是 Logistic 模型。

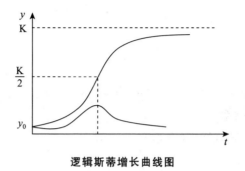

逻辑斯蒂增长曲线图

附录 4　稳定性求解判定定理

$$\begin{cases} \dfrac{\partial x_1}{\partial t} = f(x_1, x_2) \\[2mm] \dfrac{\partial x_2}{\partial t} = g(x_1, x_2) \end{cases}$$

令方程组

$$\begin{cases} \dfrac{\partial x_1}{\partial t} = f(x_1, x_2) = 0 \\[2mm] \dfrac{\partial x_2}{\partial t} = g(x_1, x_2) = 0 \end{cases}$$

则方程组的实根 $x_1 = x_1^0, x_2 = x_2^0$ 为方程的平衡点，记为点 $P_0(x_1^0, x_2^0)$

若点 $P_0(x_1^0, x_2^0)$ 存在某个区域，使得上式组成的方程组的解 $(x_1(t),$ $x_2(t))$ 从这个区域内的某个点 $(x_1(0), x_2(0))$ 出发满足

$$\lim x_1(t) = x_1^0, \lim x_2(t) = x_2^0$$

则称平衡点 $P_0(x_1^0, x_2^0)$ 是稳定的，否则称其为不稳定点。

将方程组在平衡点附近做泰勒展开式，只取一次项，取得近似线性方程，可得

$$\begin{cases} \dfrac{\partial x_1}{\partial t} = f_{x_1}(x_{10}, x_{20})(x_1 - x_{10}) + f_{x_2}(x_{10}, x_{20})(x_2 - x_{20}) \\[2mm] \dfrac{\partial x_2}{\partial t} = g_{x_1}(x_{10}, x_{20})(x_1 - x_{10}) + g_{x_2}(x_{10}, x_{20})(x_2 - x_{20}) \end{cases}$$

方程组的系数矩阵为

$$A = \begin{bmatrix} f_{x_1} & f_{x_2} \\ g_{x_1} & g_{x_2} \end{bmatrix} \Bigg|_{P_0(x_1^0, x_2^0)}$$

雅克比矩阵的特征根完全由特征矩阵的系数确定，所以上式的系数可以确定出奇点的类型。

方程的系数矩阵的特征方程为

$$\begin{vmatrix} a_{11} - \lambda & a_{12} \\ a_{21} & a_{22} - \lambda \end{vmatrix} = 0$$

整合成等式可表示为：

$$\lambda^2 - (a_{11} + a_{22})\lambda + a_{11}a_{22} - a_{12}a_{21} = 0$$
$$令 p = - (a_{11} + a_{22}), q = a_{11}a_{22} - a_{12}a_{21}$$

特征方程转化为

$$\lambda^2 + p\lambda + q = 0$$

进而可以求解出其特征根为

$$\lambda_{1,2} = \frac{-p \pm \sqrt{p^2 - 4q}}{2}$$

分别对特征根存在相异实根、重根及复根三种情况进行分析：

当 $p^2 - 4q > 0$ 时，

若 $q > 0$，

$p < 0$，奇点为稳定结点，

$p > 0$，奇点为不稳定性结点，

若 $q < 0$，

二根异号，奇点为鞍点，为不稳定点；

当 $p^2 - 4q = 0$，

$p < 0$ 的正重根，奇点为不稳定临界结点，

$q > 0$ 的负重根，奇点为稳定性临界结点；

当 $p^2 - 4q < 0$，

$p = 0$ 复数根的实部不为零，奇点为焦点，

$p \neq 0$ 复数根的实部为零，奇点为中心。

附录5　制造业与物流业共生系数

θ_M	1978	1979	1980	1981	1982	1983	1984	1985	1986	1987	1988	1989
全国	0.799	0.814	0.845	0.858	0.904	0.949	0.955	0.869	0.815	0.777	0.728	0.696
北京	0.050	0.025	0.002	0.010	0.009	0.034	0.070	0.107	0.132	0.160	0.196	0.209
天津	0.626	0.646	0.673	0.680	0.672	0.707	0.823	0.806	0.858	0.866	0.902	0.993
河北	0.201	0.220	0.226	0.224	0.240	0.257	0.292	0.322	0.341	0.369	0.400	0.416
山西	0.454	0.536	0.715	0.567	0.700	0.746	0.981	0.967	0.906	0.886	0.830	0.814
内蒙古	0.524	0.517	0.580	0.546	0.605	0.658	0.708	0.758	0.788	0.770	0.779	0.844
辽宁	0.645	0.649	0.666	0.674	0.673	0.716	0.804	0.869	0.984	0.921	0.861	0.810
吉林	0.689	0.702	0.716	0.628	0.670	0.685	0.693	0.723	0.793	0.857	0.903	0.957
黑龙江	0.617	0.609	0.597	0.598	0.593	0.587	0.577	0.566	0.562	0.552	0.545	0.539
上海	0.749	0.725	0.698	0.688	0.680	0.661	0.644	0.626	0.611	0.602	0.586	0.576
江苏	0.637	0.637	0.645	0.674	0.718	0.759	0.851	0.983	0.896	0.822	0.756	0.739
浙江	0.588	0.621	0.600	0.675	0.728	0.751	0.799	0.824	0.865	0.894	0.941	0.994
安徽	0.692	0.650	0.726	0.747	0.786	0.823	0.833	0.859	0.900	0.929	0.968	0.969
福建	0.617	0.589	0.634	0.685	0.706	0.705	0.740	0.738	0.762	0.800	0.873	0.922
江西	0.621	0.655	0.667	0.676	0.727	0.738	0.695	0.809	0.815	0.817	0.869	0.867
山东	0.562	0.596	0.591	0.672	0.685	0.741	0.802	0.882	0.958	0.912	0.854	0.801
河南	0.720	0.718	0.746	0.780	0.788	0.823	0.832	0.853	0.844	0.861	0.912	0.951
湖北	0.598	0.589	0.561	0.556	0.593	0.627	0.696	0.841	0.890	0.925	0.992	0.864
湖南	0.601	0.600	0.593	0.591	0.607	0.609	0.618	0.691	0.711	0.779	0.813	0.841
广东	0.723	0.733	0.758	0.774	0.778	0.774	0.799	0.840	0.848	0.874	0.886	0.916
广西	0.667	0.651	0.696	0.698	0.704	0.718	0.732	0.722	0.722	0.758	0.819	0.881
海南	0.496	0.545	0.504	0.569	0.644	0.645	0.653	0.749	0.771	0.804	0.832	0.865

续表

θ_M	1978	1979	1980	1981	1982	1983	1984	1985	1986	1987	1988	1989
重庆	0.643	0.650	0.664	0.681	0.715	0.787	0.792	0.789	0.769	0.766	0.809	0.895
四川	0.738	0.739	0.739	0.748	0.748	0.756	0.769	0.791	0.831	0.874	0.893	0.932
贵州	0.186	0.167	0.168	0.192	0.181	0.178	0.147	0.143	0.159	0.129	0.067	0.043
云南	0.810	0.822	0.814	0.835	0.849	0.859	0.881	0.902	0.929	1.000	0.959	0.911
陕西	0.587	0.615	0.607	0.604	0.650	0.672	0.736	0.700	0.740	0.787	0.854	0.880
甘肃	0.337	0.342	0.341	0.340	0.348	0.361	0.383	0.410	0.424	0.431	0.435	0.441
青海	0.723	0.648	0.720	0.656	0.723	0.758	0.848	0.870	0.807	0.778	0.775	0.770
宁夏	0.523	0.484	0.545	0.577	0.619	0.618	0.604	0.590	0.592	0.571	0.505	0.458
新疆	0.541	0.571	0.628	0.667	0.689	0.692	0.751	0.749	0.800	0.854	0.938	0.961

θ_M	1990	1991	1992	1993	1994	1995	1996	1997	1998	1999	2000	2001
全国	0.656	0.631	0.608	0.582	0.562	0.551	0.543	0.539	0.536	0.534	0.529	0.527
北京	0.235	0.270	0.298	0.314	0.363	0.393	0.411	0.421	0.427	0.432	0.440	0.447
天津	0.903	0.925	0.853	0.783	0.720	0.680	0.658	0.643	0.634	0.622	0.607	0.597
河北	0.422	0.445	0.455	0.466	0.470	0.478	0.482	0.485	0.487	0.488	0.490	0.491
山西	0.786	0.728	0.686	0.650	0.626	0.602	0.587	0.577	0.572	0.568	0.563	0.558
内蒙古	0.876	0.952	0.983	0.878	0.831	0.776	0.733	0.704	0.688	0.675	0.655	0.639
辽宁	0.803	0.776	0.738	0.697	0.663	0.648	0.634	0.618	0.606	0.596	0.584	0.579
吉林	0.941	0.997	0.944	0.859	0.787	0.749	0.718	0.696	0.694	0.687	0.667	0.654
黑龙江	0.539	0.533	0.529	0.523	0.517	0.514	0.512	0.510	0.510	0.509	0.508	0.507
上海	0.567	0.556	0.546	0.536	0.529	0.524	0.521	0.519	0.518	0.517	0.515	0.514
江苏	0.733	0.697	0.653	0.610	0.583	0.567	0.556	0.550	0.546	0.543	0.537	0.533
浙江	0.995	0.916	0.843	0.764	0.704	0.657	0.636	0.617	0.607	0.599	0.589	0.581
安徽	0.984	0.944	0.919	0.865	0.775	0.736	0.706	0.680	0.674	0.668	0.662	0.652
福建	0.948	0.970	0.971	0.874	0.787	0.731	0.698	0.671	0.655	0.643	0.627	0.617
江西	0.907	0.912	0.944	1.000	0.909	0.843	0.797	0.770	0.743	0.728	0.712	0.698
山东	0.757	0.719	0.676	0.643	0.598	0.575	0.563	0.555	0.552	0.548	0.542	0.537
河南	0.982	0.979	0.944	0.883	0.843	0.765	0.721	0.695	0.685	0.677	0.656	0.643
湖北	0.835	0.780	0.739	0.690	0.651	0.618	0.595	0.579	0.571	0.565	0.557	0.552
湖南	0.907	0.997	0.933	0.831	0.763	0.708	0.670	0.649	0.637	0.627	0.613	0.607
广东	0.968	0.965	0.911	0.835	0.766	0.719	0.695	0.670	0.658	0.649	0.629	0.617

θ_M	1990	1991	1992	1993	1994	1995	1996	1997	1998	1999	2000	2001
广西	0.939	0.963	0.906	0.831	0.780	0.731	0.705	0.696	0.686	0.674	0.662	0.651
海南	0.917	0.979	0.933	0.829	0.772	0.755	0.734	0.719	0.693	0.683	0.669	0.658
重庆	0.901	0.938	0.906	0.848	0.790	0.711	0.676	0.651	0.645	0.638	0.627	0.616
四川	0.969	0.990	0.966	0.926	0.869	0.814	0.777	0.755	0.741	0.735	0.721	0.705
贵州	0.025	0.005	0.050	0.121	0.136	0.176	0.197	0.193	0.219	0.289	0.317	0.333
云南	0.893	0.860	0.838	0.782	0.731	0.692	0.656	0.643	0.631	0.627	0.622	0.616
陕西	0.951	0.953	0.998	0.941	0.889	0.842	0.801	0.779	0.767	0.748	0.723	0.702
甘肃	0.443	0.447	0.453	0.457	0.467	0.474	0.477	0.481	0.483	0.484	0.486	0.487
青海	0.973	0.993	0.954	0.915	0.887	0.836	0.812	0.790	0.770	0.746	0.720	0.699
宁夏	0.460	0.460	0.410	0.304	0.228	0.096	0.060	0.011	0.015	0.054	0.129	0.174
新疆	0.940	0.905	0.854	0.806	0.754	0.717	0.696	0.668	0.659	0.648	0.622	0.618

θ_M	2002	2003	2004	2005	2006	2007	2008	2009	2010	2011	2012	2013
全国	0.525	0.522	0.519	0.516	0.514	0.511	0.510	0.510	0.508	0.507	0.507	0.506
北京	0.450	0.456	0.463	0.473	0.475	0.478	0.479	0.480	0.484	0.486	0.486	0.487
天津	0.588	0.575	0.562	0.558	0.550	0.543	0.536	0.529	0.524	0.521	0.519	0.517
河北	0.492	0.493	0.494	0.494	0.496	0.496	0.497	0.497	0.498	0.498	0.498	0.498
山西	0.550	0.541	0.533	0.524	0.521	0.517	0.515	0.515	0.512	0.510	0.509	0.509
内蒙古	0.624	0.604	0.583	0.557	0.545	0.535	0.527	0.522	0.519	0.515	0.514	0.513
辽宁	0.574	0.566	0.558	0.555	0.547	0.540	0.533	0.531	0.525	0.521	0.519	0.517
吉林	0.642	0.628	0.607	0.592	0.579	0.564	0.553	0.548	0.540	0.534	0.530	0.528
黑龙江	0.506	0.506	0.505	0.505	0.504	0.504	0.503	0.504	0.503	0.502	0.502	0.503
上海	0.513	0.511	0.509	0.507	0.507	0.506	0.505	0.506	0.505	0.505	0.505	0.504
江苏	0.530	0.525	0.520	0.520	0.516	0.514	0.512	0.511	0.509	0.508	0.507	0.507
浙江	0.570	0.559	0.549	0.553	0.544	0.537	0.533	0.531	0.526	0.523	0.522	0.521
安徽	0.640	0.626	0.606	0.600	0.586	0.571	0.558	0.556	0.545	0.537	0.533	0.530
福建	0.607	0.596	0.584	0.588	0.575	0.562	0.554	0.552	0.543	0.537	0.533	0.530
江西	0.677	0.656	0.629	0.611	0.597	0.582	0.570	0.564	0.552	0.543	0.538	0.535
山东	0.534	0.529	0.522	0.520	0.516	0.514	0.511	0.511	0.510	0.509	0.508	0.507
河南	0.631	0.614	0.593	0.583	0.569	0.557	0.546	0.550	0.544	0.539	0.534	0.531
湖北	0.549	0.546	0.540	0.543	0.536	0.531	0.525	0.522	0.518	0.515	0.513	0.512

续表

θ_M	2002	2003	2004	2005	2006	2007	2008	2009	2010	2011	2012	2013
湖南	0.598	0.594	0.579	0.574	0.562	0.553	0.545	0.537	0.529	0.524	0.521	0.520
广东	0.607	0.593	0.579	0.576	0.566	0.557	0.550	0.546	0.539	0.534	0.532	0.530
广西	0.637	0.622	0.601	0.599	0.582	0.566	0.555	0.551	0.539	0.532	0.529	0.527
海南	0.642	0.624	0.609	0.595	0.575	0.561	0.554	0.558	0.548	0.540	0.536	0.534
重庆	0.604	0.592	0.579	0.566	0.556	0.547	0.538	0.529	0.525	0.520	0.518	0.517
四川	0.691	0.674	0.648	0.643	0.621	0.602	0.586	0.582	0.568	0.556	0.551	0.547
贵州	0.349	0.369	0.385	0.402	0.416	0.429	0.437	0.461	0.467	0.473	0.477	0.480
云南	0.609	0.598	0.583	0.581	0.571	0.560	0.552	0.554	0.546	0.541	0.536	0.532
陕西	0.684	0.664	0.635	0.615	0.592	0.580	0.566	0.559	0.549	0.540	0.535	0.532
甘肃	0.488	0.490	0.491	0.494	0.495	0.496	0.496	0.496	0.497	0.497	0.498	0.498
青海	0.680	0.656	0.629	0.617	0.597	0.580	0.570	0.562	0.549	0.540	0.537	0.535
宁夏	0.218	0.279	0.329	0.370	0.396	0.418	0.434	0.447	0.458	0.467	0.469	0.471
新疆	0.590	0.602	0.584	0.570	0.558	0.553	0.545	0.547	0.538	0.532	0.526	0.524

θ_L	1978	1979	1980	1981	1982	1983	1984	1985	1986	1987	1988	1989
全国	0.201	0.186	0.155	0.142	0.096	0.051	0.045	0.131	0.185	0.223	0.272	0.304
北京	0.950	0.975	0.998	0.990	0.991	0.966	0.930	0.893	0.868	0.840	0.804	0.791
天津	0.374	0.354	0.327	0.320	0.328	0.293	0.177	0.194	0.142	0.134	0.098	0.007
河北	0.799	0.780	0.774	0.776	0.760	0.743	0.708	0.678	0.659	0.631	0.600	0.584
山西	0.546	0.464	0.285	0.433	0.300	0.254	0.019	0.033	0.094	0.114	0.170	0.186
内蒙古	0.476	0.483	0.420	0.454	0.395	0.342	0.292	0.242	0.212	0.230	0.221	0.156
辽宁	0.355	0.351	0.334	0.326	0.327	0.284	0.196	0.131	0.016	0.079	0.139	0.190
吉林	0.311	0.298	0.284	0.372	0.330	0.315	0.307	0.277	0.207	0.143	0.097	0.043
黑龙江	0.383	0.391	0.403	0.402	0.407	0.413	0.423	0.434	0.438	0.448	0.455	0.461
上海	0.251	0.275	0.302	0.312	0.320	0.339	0.356	0.374	0.389	0.398	0.414	0.424
江苏	0.363	0.363	0.355	0.326	0.282	0.241	0.149	0.017	0.104	0.178	0.244	0.261
浙江	0.412	0.379	0.400	0.325	0.272	0.249	0.201	0.176	0.135	0.106	0.059	0.006
安徽	0.308	0.350	0.274	0.253	0.214	0.177	0.167	0.141	0.100	0.071	0.032	0.031
福建	0.383	0.411	0.366	0.315	0.294	0.295	0.260	0.262	0.238	0.200	0.127	0.078
江西	0.379	0.345	0.333	0.324	0.273	0.262	0.305	0.191	0.185	0.183	0.131	0.133
山东	0.438	0.404	0.409	0.328	0.315	0.259	0.198	0.118	0.042	0.088	0.146	0.199

θ_L	1978	1979	1980	1981	1982	1983	1984	1985	1986	1987	1988	1989
河南	0.280	0.282	0.254	0.220	0.212	0.177	0.168	0.147	0.156	0.139	0.088	0.049
湖北	0.402	0.411	0.439	0.444	0.407	0.373	0.304	0.159	0.110	0.075	0.008	0.136
湖南	0.399	0.400	0.407	0.409	0.393	0.391	0.382	0.309	0.289	0.221	0.187	0.159
广东	0.277	0.267	0.242	0.226	0.222	0.226	0.201	0.160	0.152	0.126	0.114	0.084
广西	0.333	0.349	0.304	0.302	0.296	0.282	0.268	0.278	0.278	0.242	0.181	0.119
海南	0.504	0.455	0.496	0.431	0.356	0.355	0.347	0.251	0.229	0.196	0.168	0.135
重庆	0.357	0.350	0.336	0.319	0.285	0.213	0.208	0.211	0.231	0.234	0.191	0.105
四川	0.262	0.261	0.261	0.252	0.252	0.244	0.231	0.209	0.169	0.126	0.107	0.068
贵州	0.814	0.833	0.832	0.808	0.819	0.822	0.853	0.857	0.841	0.871	0.933	0.957
云南	0.190	0.178	0.186	0.165	0.151	0.141	0.119	0.098	0.071	0.000	0.041	0.089
陕西	0.413	0.385	0.393	0.396	0.350	0.328	0.264	0.300	0.260	0.213	0.146	0.120
甘肃	0.663	0.658	0.659	0.660	0.652	0.639	0.617	0.590	0.576	0.569	0.565	0.559
青海	0.277	0.352	0.280	0.344	0.277	0.242	0.152	0.130	0.193	0.222	0.225	0.230
宁夏	0.477	0.516	0.455	0.423	0.381	0.382	0.396	0.410	0.408	0.429	0.495	0.542
新疆	0.459	0.429	0.372	0.333	0.311	0.308	0.249	0.251	0.200	0.146	0.062	0.039

θ_L	1990	1991	1992	1993	1994	1995	1996	1997	1998	1999	2000	2001
全国	0.344	0.369	0.392	0.418	0.438	0.449	0.457	0.461	0.464	0.466	0.471	0.473
北京	0.765	0.730	0.702	0.686	0.637	0.607	0.589	0.579	0.573	0.568	0.560	0.553
天津	0.097	0.075	0.147	0.217	0.280	0.320	0.342	0.357	0.366	0.378	0.393	0.403
河北	0.578	0.555	0.545	0.534	0.530	0.522	0.518	0.515	0.513	0.512	0.510	0.509
山西	0.214	0.272	0.314	0.350	0.374	0.398	0.413	0.423	0.428	0.432	0.437	0.442
内蒙古	0.124	0.048	0.017	0.122	0.169	0.224	0.267	0.296	0.312	0.325	0.345	0.361
辽宁	0.197	0.224	0.262	0.303	0.337	0.352	0.366	0.382	0.394	0.404	0.416	0.421
吉林	0.059	0.003	0.056	0.141	0.213	0.251	0.282	0.304	0.306	0.313	0.333	0.346
黑龙江	0.461	0.467	0.471	0.477	0.483	0.486	0.488	0.490	0.490	0.491	0.492	0.493
上海	0.433	0.444	0.454	0.464	0.471	0.476	0.479	0.481	0.482	0.483	0.485	0.486
江苏	0.267	0.303	0.347	0.390	0.417	0.433	0.444	0.450	0.454	0.457	0.463	0.467
浙江	0.005	0.084	0.157	0.236	0.296	0.343	0.364	0.383	0.393	0.401	0.411	0.419
安徽	0.016	0.056	0.081	0.135	0.225	0.264	0.294	0.320	0.326	0.332	0.338	0.348
福建	0.052	0.030	0.029	0.126	0.213	0.269	0.302	0.329	0.345	0.357	0.373	0.383

续表

θ_L	1990	1991	1992	1993	1994	1995	1996	1997	1998	1999	2000	2001
江西	0.093	0.088	0.056	0.000	0.091	0.157	0.203	0.230	0.257	0.272	0.288	0.302
山东	0.243	0.281	0.324	0.357	0.402	0.425	0.437	0.445	0.448	0.452	0.458	0.463
河南	0.018	0.021	0.056	0.117	0.157	0.235	0.279	0.305	0.315	0.323	0.344	0.357
湖北	0.165	0.220	0.261	0.310	0.349	0.382	0.405	0.421	0.429	0.435	0.443	0.448
湖南	0.093	0.003	0.067	0.169	0.237	0.292	0.330	0.351	0.363	0.373	0.387	0.393
广东	0.032	0.035	0.089	0.165	0.234	0.281	0.305	0.330	0.342	0.351	0.371	0.383
广西	0.061	0.037	0.094	0.169	0.220	0.269	0.295	0.304	0.314	0.326	0.338	0.349
海南	0.083	0.021	0.067	0.171	0.228	0.245	0.266	0.281	0.307	0.317	0.331	0.342
重庆	0.099	0.062	0.094	0.152	0.210	0.289	0.324	0.349	0.355	0.362	0.373	0.384
四川	0.031	0.010	0.034	0.074	0.131	0.186	0.223	0.245	0.259	0.265	0.279	0.295
贵州	0.975	0.995	0.950	0.879	0.864	0.824	0.803	0.807	0.781	0.711	0.683	0.667
云南	0.107	0.140	0.162	0.218	0.269	0.308	0.344	0.357	0.369	0.373	0.378	0.384
陕西	0.049	0.047	0.002	0.059	0.111	0.158	0.199	0.221	0.233	0.252	0.277	0.298
甘肃	0.557	0.553	0.547	0.543	0.533	0.526	0.523	0.519	0.517	0.516	0.514	0.513
青海	0.027	0.007	0.046	0.085	0.113	0.164	0.188	0.210	0.230	0.254	0.280	0.301
宁夏	0.540	0.540	0.590	0.696	0.772	0.904	0.940	0.989	0.985	0.946	0.871	0.826
新疆	0.060	0.095	0.146	0.194	0.246	0.283	0.304	0.332	0.341	0.352	0.378	0.382

θ_L	2002	2003	2004	2005	2006	2007	2008	2009	2010	2011	2012	2013
全国	0.475	0.478	0.481	0.484	0.486	0.489	0.490	0.490	0.492	0.493	0.493	0.494
北京	0.550	0.544	0.537	0.527	0.525	0.522	0.521	0.520	0.516	0.514	0.514	0.513
天津	0.412	0.425	0.438	0.442	0.450	0.457	0.464	0.471	0.476	0.479	0.481	0.483
河北	0.508	0.507	0.506	0.506	0.504	0.504	0.503	0.503	0.502	0.502	0.502	0.502
山西	0.450	0.459	0.467	0.476	0.479	0.483	0.485	0.485	0.488	0.490	0.491	0.491
内蒙古	0.376	0.396	0.417	0.443	0.455	0.465	0.473	0.478	0.481	0.485	0.486	0.487
辽宁	0.426	0.434	0.442	0.445	0.453	0.460	0.467	0.469	0.475	0.479	0.481	0.483
吉林	0.358	0.372	0.393	0.408	0.421	0.436	0.447	0.452	0.460	0.466	0.470	0.472
黑龙江	0.494	0.494	0.495	0.495	0.496	0.496	0.497	0.496	0.497	0.498	0.498	0.497
上海	0.487	0.489	0.491	0.493	0.493	0.494	0.495	0.494	0.495	0.495	0.495	0.496
江苏	0.470	0.475	0.480	0.480	0.484	0.486	0.488	0.489	0.491	0.492	0.493	0.493
浙江	0.430	0.441	0.451	0.447	0.456	0.463	0.467	0.469	0.474	0.477	0.478	0.479

θ_L	2002	2003	2004	2005	2006	2007	2008	2009	2010	2011	2012	2013
安徽	0.360	0.374	0.394	0.400	0.414	0.429	0.442	0.444	0.455	0.463	0.467	0.470
福建	0.393	0.404	0.416	0.412	0.425	0.438	0.446	0.448	0.457	0.463	0.467	0.470
江西	0.323	0.344	0.371	0.389	0.403	0.418	0.430	0.436	0.448	0.457	0.462	0.465
山东	0.466	0.471	0.478	0.480	0.484	0.486	0.489	0.489	0.490	0.491	0.492	0.493
河南	0.369	0.386	0.407	0.417	0.431	0.443	0.454	0.450	0.456	0.461	0.466	0.469
湖北	0.451	0.454	0.460	0.457	0.464	0.469	0.475	0.478	0.482	0.485	0.487	0.488
湖南	0.402	0.406	0.421	0.426	0.438	0.447	0.455	0.463	0.471	0.476	0.479	0.480
广东	0.393	0.407	0.421	0.424	0.434	0.443	0.450	0.454	0.461	0.466	0.468	0.470
广西	0.363	0.378	0.399	0.401	0.418	0.434	0.445	0.449	0.461	0.468	0.471	0.473
海南	0.358	0.376	0.391	0.405	0.425	0.439	0.446	0.442	0.452	0.460	0.464	0.466
重庆	0.396	0.408	0.421	0.434	0.444	0.453	0.462	0.471	0.475	0.480	0.482	0.483
四川	0.309	0.326	0.352	0.357	0.379	0.398	0.414	0.418	0.432	0.444	0.449	0.453
贵州	0.651	0.631	0.615	0.598	0.584	0.571	0.563	0.539	0.533	0.527	0.523	0.520
云南	0.391	0.402	0.417	0.419	0.429	0.440	0.448	0.446	0.454	0.459	0.464	0.468
陕西	0.316	0.336	0.365	0.385	0.408	0.420	0.434	0.441	0.451	0.460	0.465	0.468
甘肃	0.512	0.510	0.509	0.506	0.505	0.504	0.504	0.504	0.503	0.503	0.502	0.502
青海	0.320	0.344	0.371	0.383	0.403	0.420	0.430	0.438	0.451	0.460	0.463	0.465
宁夏	0.782	0.721	0.671	0.630	0.604	0.582	0.566	0.553	0.542	0.533	0.531	0.529
新疆	0.410	0.398	0.416	0.430	0.442	0.447	0.455	0.453	0.462	0.468	0.474	0.476

附录6　2000~2013年制造业相关指标原始数据

2000	工业增加值（亿元）	规模以上工业企业主营业务收入（亿元）	规模以上工业企业利润总额（亿元）	制造业固定资产投资总额（亿元）	规模以上工业企业全部从业人员年平均数（万人）	规模以上工业企业单位数（个）
北京	745.32	2691.05	130.51	102.74	113.14	4572
天津	747.28	2656.98	164.86	170.21	120.19	5430
河北	2246.73	3425.08	184.94	494.72	269.75	7261

续表

2000	工业增加值（亿元）	规模以上工业企业主营业务收入（亿元）	规模以上工业企业利润总额（亿元）	制造业固定资产投资总额（亿元）	规模以上工业企业全部从业人员年平均数（万人）	规模以上工业企业单位数（个）
山西	706.39	1154.4	21.84	96.05	183.55	3275
内蒙古	455.21	739.54	16.1	51.45	85.33	1373
辽宁	2114.89	4311.86	176.25	259.45	295.17	6017
吉林	655.68	1569.75	85.58	117.93	134.85	2728
黑龙江	1664.35	2464.15	564.95	90.27	195.18	2666
上海	1956.66	6429.15	391.51	469.84	204.94	8574
江苏	3848.52	9971.01	370.03	781.65	518.19	18309
浙江	2883.37	6488.67	353.44	575.56	323.22	14575
安徽	1100.45	1688.08	38.22	112.24	162.61	3680
福建	1470.07	2468.69	110.8	199.33	155.55	6011
江西	539.78	896.87	12.42	66.19	108.84	3549
山东	3737.38	8061.39	544	688	522.38	11679
河南	2078.94	3297.78	139.97	208	345.20	9930
湖北	1903.28	2870.36	106.47	217.19	230.37	6282
湖南	1230.71	1563.26	34.48	111.67	166.73	4808
广东	4295.03	12380.65	564.75	451.76	572.80	19695
广西	619.84	987.51	35.94	49.44	91.26	3155
海南	65.76	174.75	4.67	14.02	12.01	596
重庆	527.48	959.36	15.64	52.74	90.78	2040
四川	1393.84	2073.17	71.32	191.83	207.99	4394
贵州	314.73	593.8	12.56	47.88	68.34	2087
云南	697.69	1058.91	69.75	62.45	77.07	2124
西藏	10.13	15.24	2.67	1.2	2.94	362
陕西	549.58	1133.82	63.8	83.21	124.99	2553
甘肃	328.41	770.85	10.35	52.47	91.24	2851
青海	80.55	195.74	0.79	10.25	15.86	445
宁夏	93	238.1	4.39	29.84	22.42	409
新疆	422.08	821.26	90.49	45.27	46.52	1455

2001	工业增加值（亿元）	规模以上工业企业主营业务收入（亿元）	规模以上工业企业利润总额（亿元）	制造业固定资产投资总额（亿元）	规模以上工业企业全部从业人员年平均数（万人）	规模以上工业企业单位数（个）
北京	816.24	3006.9	136.98	94.71	108.03	4356
天津	821.18	2983.26	185	174.37	123.44	5561
河北	2439.56	3776.67	188.21	500.28	272.97	7696
山西	779.78	1358.86	39.86	138.62	178.58	3308
内蒙古	506.69	821.16	19.46	73.18	81.44	1379
辽宁	2190.12	4580.34	144.46	340.69	260.68	5847
吉林	724.73	1790.21	85.62	161.19	124.53	2608
黑龙江	1767.79	2402.3	493.87	102.01	177.36	2500
上海	2121.19	7213.02	450.01	554.96	208.44	9762
江苏	4270.9	11247.52	419.85	980.85	514.80	19684
浙江	3106.29	7788.59	459.51	740.58	366.62	18626
安徽	1191.62	1771.34	62.64	140.34	149.74	3698
福建	1645.34	2789.09	118.22	236.13	161.93	6583
江西	595.55	973.6	13.49	77.67	100.64	3283
山东	4092.24	9088.82	560.91	848.62	523.07	12268
河南	2279.89	3642.32	141.62	223.47	335.74	9720
湖北	2066.47	3043.82	134.49	291.9	218.32	6197
湖南	1309.5	1699.15	51.42	154.53	154.93	4961
广东	4732.41	13891.46	595.6	655.68	578.94	20721
广西	648.19	1029.18	37.11	66.95	88.87	3126
海南	71.59	192.82	7.17	17.5	11.78	589
重庆	576.58	1073.25	23.82	64.38	84.19	2054
四川	1407.81	2290.88	84.77	255.01	195.98	4572
贵州	335	646.01	18.59	68.28	66.37	2054
云南	723.98	1161.38	82.19	76.33	70.95	2031
西藏	10.84	16.74	2.77	1.15	2.92	378
陕西	606.12	1292.71	62.96	100.8	115.46	2440
甘肃	356.51	818.85	7.68	89.95	85.98	3153

2001	工业增加值（亿元）	规模以上工业企业主营业务收入（亿元）	规模以上工业企业利润总额（亿元）	制造业固定资产投资总额（亿元）	规模以上工业企业全部从业人员年平均数（万人）	规模以上工业企业单位数（个）
青海	89.2	199.84	5.26	23.92	14.09	391
宁夏	102.23	269.76	4.3	38.72	22.01	410
新疆	450	873.47	95.59	61.77	42.37	1300

2002	工业增加值（亿元）	规模以上工业企业主营业务收入（亿元）	规模以上工业企业利润总额（亿元）	制造业固定资产投资总额（亿元）	规模以上工业企业全部从业人员年平均数（万人）	规模以上工业企业单位数（个）
北京	874.15	3182.78	165.52	113.46	107.56	4551
天津	909.24	3437.46	186.19	183.1	120.96	5346
河北	2695.69	4425	252.97	552.96	261.87	7618
山西	921.99	1707.637	62.25	200.51	181.54	3474
内蒙古	573.3	972.53	37.29	103.81	78.86	1440
辽宁	2331.95	5013.91	156.16	376.48	250.49	6017
吉林	803.53	2145.17	96.91	187.04	114.30	2572
黑龙江	1916.04	2538.73	459.23	130.17	168.82	2593
上海	2312.77	7976.61	544.63	627.79	208.97	10057
江苏	4826.58	13534.78	554.22	1211.17	531.67	21476
浙江	3580	9729.33	606.11	1038.46	412.74	21896
安徽	1290.52	2096.18	97.27	206.4	149.34	3918
福建	1882.55	3522.47	204.3	295.27	178.96	7462
江西	693.18	1143.26	23.1	183.99	95.73	3076
山东	4629.54	11038.53	621.89	1174.07	556.36	13468
河南	2531.72	4159.57	183.85	278.19	322.48	9671
湖北	2168.42	3378.31	175.6	325.97	205.83	6183
湖南	1440.8	1980.04	69.01	220.79	152.26	5438
广东	5288.53	16247.73	769.09	827.65	644.38	22619
广西	699.16	1160.41	35.62	99.29	82.30	2911
海南	83.78	243.63	15.9	19.85	13.10	601
重庆	651	1235.72	40.54	103.83	82.00	2060

2002	工业增加值（亿元）	规模以上工业企业主营业务收入（亿元）	规模以上工业企业利润总额（亿元）	制造业固定资产投资总额（亿元）	规模以上工业企业全部从业人员年平均数（万人）	规模以上工业企业单位数（个）
四川	1551.48	2691.91	122.6	342.3	191.63	4908
贵州	370.49	752.97	21.41	75.79	65.16	2067
云南	780.33	1313.29	73.16	98.78	68.59	2072
西藏	11.61	17.3	2.02	1.18	2.76	344
陕西	691.07	1503.3	93.18	124.59	113.88	2461
甘肃	390.61	914.19	20.91	111.96	81.83	3204
青海	100.19	230.72	11.3	25.24	13.48	399
宁夏	114.8	279.46	5.14	28.76	21.48	388
新疆	672.1	912.81	77.1	74.41	41.36	1267

2003	工业增加值（亿元）	规模以上工业企业主营业务收入（亿元）	规模以上工业企业利润总额（亿元）	制造业固定资产投资总额（亿元）	规模以上工业企业全部从业人员年平均数（万人）	规模以上工业企业单位数（个）
北京	1032.03	3885.65	235.29	190.55	100.81	4019
天津	1136.24	4202.02	237.62	223.11	115.28	5341
河北	3212.96	5920.88	386.76	806.39	270.24	7923
山西	1192.74	2465.30	135.07	357.04	182.49	3613
内蒙古	721.59	1357.52	64.97	268.53	72.15	1653
辽宁	2556.82	6340.92	235.95	573.65	241.99	6842
吉林	929.28	2638.91	159.75	256.43	101.48	2284
黑龙江	2248.59	2941.92	575.56	190.66	133.14	2567
上海	2865.85	10982.62	805.65	753.04	220.01	11098
江苏	6004.65	18020.17	793.98	2065.22	569.33	23862
浙江	4381.00	13002.63	793.63	1682.04	481.96	25526
安徽	1445.60	2620.12	168.52	366.48	148.94	4158
福建	2147.00	4822.24	314.40	366.52	221.35	9208
江西	849.32	1494.28	51.41	309.53	96.12	3051
山东	5860.63	14932.21	920.27	2140.9	595.42	16177
河南	3034.14	5284.81	255.91	470.87	317.32	9091
湖北	2254.50	3993.99	194.40	431.3	198.60	6271
湖南	1452.86	2604.98	111.25	349.75	158.44	5967

续表

2003	工业增加值（亿元）	规模以上工业企业主营业务收入（亿元）	规模以上工业企业利润总额（亿元）	制造业固定资产投资总额（亿元）	规模以上工业企业全部从业人员年平均数（万人）	规模以上工业企业单位数（个）
广东	6532.98	21566.93	1075.41	1250.88	741.17	24494
广西	813.81	1418.18	66.42	166.2	82.93	2871
海南	102.52	312.05	17.66	54.24	12.00	619
重庆	768.37	1595.07	85.97	150.22	84.47	2241
四川	1771.41	3482.36	153.08	479.25	201.62	5448
贵州	457.12	974.30	37.52	118.26	65.53	2129
云南	872.14	1537.37	108.06	134.17	66.36	1995
西藏	13.77	19.96	2.97	3.57	2.77	325
陕西	834.76	1843.33	158.62	181.5	112.12	2493
甘肃	449.81	1160.05	30.35	138.78	77.82	2884
青海	120.77	275.36	12.16	50.01	14.24	400
宁夏	143.31	378.33	8.92	66.61	22.80	418
新疆	571.00	1097.06	139.71	93.81	39.66	1254

2004	工业增加值（亿元）	规模以上工业企业主营业务收入（亿元）	规模以上工业企业利润总额（亿元）	制造业固定资产投资总额（亿元）	规模以上工业企业全部从业人员年平均数（万人）	规模以上工业企业单位数（个）
北京	1290.16	5110.84	310.85	245.49	99.93	4324
天津	1436.73	5494.61	412.53	305.08	117.97	5076
河北	4086.43	8132.17	513.18	1102.36	273.55	8006
山西	1568.47	3295.28	218.41	466.82	185.99	3355
内蒙古	1015.66	2064.03	123.89	394.05	78.62	2014
辽宁	2832.99	8320.43	389.31	940.45	247.71	7836
吉林	1142.08	3190.84	178.73	389.84	100.37	2486
黑龙江	2814.42	3613.08	760.24	241.5	132.57	2607
上海	3492.89	13863.25	1003.48	880.86	238.93	12557
江苏	7714.40	24492.28	1111.42	2499.94	623.10	27123
浙江	5381.40	16693.54	942.80	1934.99	563.00	31887
安徽	1735.99	3604.97	175.26	460.76	154.01	4456
福建	2532.68	6212.68	350.64	492.17	245.81	10428
江西	1110.74	2117.08	72.16	439.98	99.73	3445

2004	工业增加值（亿元）	规模以上工业企业主营业务收入（亿元）	规模以上工业企业利润总额（亿元）	制造业固定资产投资总额（亿元）	规模以上工业企业全部从业人员年平均数（万人）	规模以上工业企业单位数（个）
山东	7799.31	21055.08	1383.57	3049.02	647.81	20304
河南	3862.18	7065.33	376.53	833.84	326.92	9620
湖北	2593.88	5097.01	279.76	576.24	196.97	6542
湖南	1781.14	3452.44	156.51	503.56	158.66	6529
广东	8011.15	26691.35	1274.29	1645.14	814.21	25956
广西	1044.83	1834.93	121.84	225.25	85.59	3209
海南	119.68	348.14	27.66	80.09	9.62	532
重庆	927.51	2078.02	113.38	239.98	88.86	2600
四川	2165.22	4542.69	200.07	647.81	207.95	6481
贵州	574.62	1188.07	60.41	121.16	66.80	2329
云南	1053.36	1952.96	189.14	172.09	63.50	1987
西藏	15.43	19.18	2.99	7	1.83	164
陕西	1064.81	2496.96	245.33	231.18	115.39	2547
甘肃	576.22	1537.27	64.20	163.3	77.07	2918
青海	158.64	359.99	40.06	56.39	13.77	432
宁夏	186.30	507.38	15.79	88.34	23.92	482
新疆	745.00	1382.90	227.23	150.83	38.45	1231
2005	工业增加值（亿元）	规模以上工业企业主营业务收入（亿元）	规模以上工业企业利润总额（亿元）	制造业固定资产投资总额（亿元）	规模以上工业企业全部从业人员年平均数（万人）	规模以上工业企业单位数（个）
北京	1707.04	7278.96	413.50	261.9	116.97	6300
天津	1885.04	7125.93	551.60	417.8	122.17	6144
河北	4665.21	10745.98	690.38	1486.4	292.21	9936
山西	2117.68	4784.59	261.28	547.2	213.20	4441
内蒙古	1477.88	3050.96	235.13	572.9	83.70	2447
辽宁	3489.58	10747.31	355.98	1564	276.55	11510
吉林	1363.94	3634.64	141.00	650.9	101.83	2774
黑龙江	2696.30	4765.42	1067.09	344.6	136.85	2887
上海	4129.52	16353.73	939.56	873.8	259.63	14809

续表

2005	工业增加值（亿元）	规模以上工业企业主营业务收入（亿元）	规模以上工业企业利润总额（亿元）	制造业固定资产投资总额（亿元）	规模以上工业企业全部从业人员年平均数（万人）	规模以上工业企业单位数（个）
江苏	9334.69	32098.48	1384.64	3560.9	704.24	32224
浙江	6349.34	23044.63	1103.53	2256.7	659.12	40275
安徽	1818.45	4523.27	218.20	593.1	155.21	5277
福建	2842.43	7848.24	407.55	607.2	290.41	12396
江西	1455.50	2909.13	112.41	612.6	112.11	4403
山东	9568.58	30023.87	2164.70	4435.8	738.23	27540
河南	4896.01	10114.44	643.39	1315.8	362.79	10867
湖北	2436.55	5962.54	371.84	744.8	188.30	6813
湖南	2189.91	4585.31	189.25	617.6	169.25	8022
广东	10482.03	34781.58	1693.99	2292	1085.65	35157
广西	1264.84	2466.79	134.99	359.2	91.21	3687
海南	156.16	449.76	35.04	103.9	12.10	616
重庆	1023.35	2515.17	115.59	336.4	92.42	2943
四川	2527.08	6008.12	326.65	860.8	218.99	7959
贵州	714.24	1577.16	70.79	133.1	68.08	2585
云南	1180.83	2569.71	227.91	226.8	68.83	2362
西藏	17.48	28.39	4.47	4.3	1.99	197
陕西	1553.60	3302.51	400.65	280.3	118.97	2997
甘肃	685.80	1984.67	59.65	182.8	68.62	1733
青海	203.94	462.83	72.82	69.4	14.04	404
宁夏	229.07	647.47	21.09	98.5	25.58	685
新疆	961.61	2152.45	387.89	164.4	46.70	1445
2006	工业增加值（亿元）	规模以上工业企业主营业务收入（亿元）	规模以上工业企业利润总额（亿元）	制造业固定资产投资总额（亿元）	规模以上工业企业全部从业人员年平均数（万人）	规模以上工业企业单位数（个）
北京	1821.86	8794.35	531.15	229.9	117.36	6400
天津	2292.73	13124.58	693.00	508.8	116.33	6301
河北	5490.54	5849.43	884.74	2102.2	303.35	10634
山西	2485.06	4205.33	352.28	669.8	220.59	4668

2006	工业增加值（亿元）	规模以上工业企业主营业务收入（亿元）	规模以上工业企业利润总额（亿元）	制造业固定资产投资总额（亿元）	规模以上工业企业全部从业人员年平均数（万人）	规模以上工业企业单位数（个）
内蒙古	1978.19	13997.96	348.69	802.3	90.72	3075
辽宁	4175.33	4456.24	449.75	2078.7	302.02	14754
吉林	1659.29	5773.81	206.42	951.4	105.21	3249
黑龙江	3049.04	19266.93	1267.58	417.8	140.31	2956
上海	4670.11	41015.28	1096.92	1029.4	266.84	14404
江苏	11110.24	28577.90	1906.91	4840.2	774.50	36319
浙江	7590.57	5863.07	1375.49	2940.1	726.94	45686
安徽	2190.18	9661.48	253.93	967	164.81	6523
福建	3311.59	4173.74	586.52	731.8	324.89	13755
江西	1806.15	38116.06	194.19	825.5	125.80	5333
山东	11555.99	13809.07	2632.58	5347.2	788.11	31936
河南	6031.21	7314.81	1141.80	1984.8	365.28	11895
湖北	2929.19	5968.67	454.00	895.6	190.85	7546
湖南	2694.11	43550.87	272.69	757.4	178.15	8999
广东	12500.22	3176.21	2217.73	2486.5	1203.58	37494
广西	1592.33	598.44	190.69	534.5	91.37	4051
海南	217.55	3197.97	60.00	82.9	12.20	595
重庆	1234.12	7711.35	156.65	441.5	96.10	3208
四川	3144.72	1948.57	448.07	995.9	233.53	8995
贵州	855.56	3357.53	110.91	168.1	67.23	2594
云南	1408.76	33.71	310.18	237.9	71.55	2602
西藏	21.71	4380.18	5.54	4.6	2.16	204
陕西	2094.02	2513.89	523.95	437	122.53	3375
甘肃	868.13	657.08	106.70	223.7	68.93	1733
青海	265.12	841.77	113.23	71.2	14.64	435
宁夏	289.33	2742.02	26.52	95.6	24.64	761
新疆	1241.33	8914.16	585.63	230.3	47.93	1481

续表

2007	工业增加值（亿元）	规模以上工业企业主营业务收入（亿元）	规模以上工业企业利润总额（亿元）	制造业固定资产投资总额（亿元）	规模以上工业企业全部从业人员年平均数（万人）	规模以上工业企业单位数（个）
北京	2082.76	10440.17	695.61	264.3	119.25	6397
天津	2661.87	10180.91	767.12	679	120.76	6361
河北	6555.24	17109.89	1269.98	2821.7	303.21	10870
山西	3141.89	7855.75	570.05	770.8	216.34	4472
内蒙古	2742.67	5775.35	641.99	950.4	93.28	3364
辽宁	5199.89	17965.81	852.67	2832.7	328.02	16556
吉林	2170.74	5906.21	452.1	1405.6	109.33	3984
黑龙江	3326.90	6518.43	1277.34	547.6	142.94	3172
上海	5298.08	23112.35	1308.99	1152.1	282.12	15099
江苏	13016.84	52594.30	2765.77	6208	861.05	41841
浙江	9095.65	35248.46	1775.47	3352.4	790.93	51604
安徽	2752.08	7868.85	359.94	1531	178.21	8111
福建	4018.42	12227.31	894.51	1194	359.16	15178
江西	2277.69	6241.14	307.75	1267.6	140.73	6028
山东	13412.72	49186.24	3391.15	6069.6	830.48	36145
河南	7508.33	18936.82	1941.51	3197.4	382.23	13510
湖北	3451.62	9390.43	647.85	1258.7	200.35	8996
湖南	3375.87	8348.97	488.24	1118.1	195.47	10201
广东	14910.03	53927.94	3085.65	2777	1307.40	42260
广西	2090.10	4287.36	293.51	770.4	99.52	4408
海南	278.37	937.20	71.81	49.8	12.33	488
重庆	1572.26	4262.99	241.73	742	108.27	3916
四川	3913.92	10611.52	700.05	1455.6	257.46	10709
贵州	1007.75	2430.62	174.41	252.6	66.62	2296
云南	1711.78	4306.61	388.61	318.4	82.06	2698
西藏	27.62	36.73	7.15	9.4	2.02	100
陕西	2544.42	5512.63	691.83	619.3	124.11	3372
甘肃	1063.84	3193.35	214.78	260.8	66.74	1841
青海	344.52	785.91	136.27	119.9	15.56	471

2007	工业增加值（亿元）	规模以上工业企业主营业务收入（亿元）	规模以上工业企业利润总额（亿元）	制造业固定资产投资总额（亿元）	规模以上工业企业全部从业人员年平均数（万人）	规模以上工业企业单位数（个）
宁夏	380.22	1041.14	49.79	153.9	25.45	745
新疆	1405.11	3475.69	691.57	355.2	53.79	1575

2008	工业增加值（亿元）	规模以上工业企业主营业务收入（亿元）	规模以上工业企业利润总额（亿元）	制造业固定资产投资总额（亿元）	规模以上工业企业全部从业人员年平均数（万人）	规模以上工业企业单位数（个）
北京	2198.49	11275.82	557.00	205.7	123.38	7205
天津	3533.86	12914.20	752.79	983.2	133.12	7950
河北	7967.62	22474.08	1369.84	3823.0	316.85	12447
山西	3919.80	10130.61	634.25	838.0	214.93	4415
内蒙古	3798.60	8470.30	771.44	1169.0	104.57	3993
辽宁	6735.74	24372.24	781.58	3916.9	366.23	21876
吉林	2686.98	8119.17	396.23	2003.6	126.99	5257
黑龙江	3927.58	8212.36	1581.69	722.8	155.99	4392
上海	5784.99	26058.02	967.24	1147.3	304.01	18792
江苏	15068.98	66481.84	3972.93	7699.7	1104.06	65495
浙江	10359.77	39630.60	1634.20	3718.2	814.55	58816
安徽	3487.53	10980.44	606.73	2115.3	210.80	11392
福建	4755.45	14816.17	896.11	1509.6	380.06	17212
江西	2766.93	8526.41	507.96	2287.7	178.56	7367
山东	16102.19	62034.19	3923.56	6655.4	912.70	42629
河南	9546.08	25389.80	2287.78	4247.8	417.36	18700
湖北	4330.20	13081.90	909.03	1826.4	235.90	12067
湖南	4280.16	11285.44	663.56	1605.3	225.55	12391
广东	17254.04	63371.65	3272.60	3058.3	1493.38	52574
广西	2627.39	5668.99	231.14	1127.1	114.60	5427
海南	321.18	1077.81	80.74	70.9	12.61	548
重庆	2036.40	5667.61	308.68	1036.4	132.13	6119
四川	4922.84	14286.43	844.56	2018.6	297.54	13725
贵州	1242.56	2922.35	181.83	322.0	73.53	2676

2008	工业增加值（亿元）	规模以上工业企业主营业务收入（亿元）	规模以上工业企业利润总额（亿元）	制造业固定资产投资总额（亿元）	规模以上工业企业全部从业人员年平均数（万人）	规模以上工业企业单位数（个）
云南	2056.95	4961.12	310.14	469.4	84.34	3320
西藏	29.68	45.20	4.50	13.7	1.79	88
陕西	3293.95	7194.60	1008.99	968.9	131.83	4025
甘肃	1221.66	3752.44	109.46	317.3	69.13	1940
青海	442.85	1044.94	177.17	145.7	17.42	515
宁夏	490.14	1334.19	39.13	260.3	25.89	901
新疆	1790.70	4439.14	779.52	418.9	57.84	1859

2009	工业增加值（亿元）	规模以上工业企业主营业务收入（亿元）	规模以上工业企业利润总额（亿元）	制造业固定资产投资总额（亿元）	规模以上工业企业全部从业人员年平均数（万人）	规模以上工业企业单位数（个）
北京	2303.08	12173.06	742.92	219.2	120.41	6890
天津	3622.11	13243.33	831.68	1446.6	136.82	8326
河北	7983.86	24119.47	1440.28	4979.3	319.94	13096
山西	3518.88	9139.67	461.82	907.6	211.11	4023
内蒙古	4503.33	10410.15	988.17	1602.0	110.40	4465
辽宁	6925.63	27870.09	1381.95	4632.8	386.62	23364
吉林	3054.60	9690.67	540.03	2696.0	137.05	5936
黑龙江	3549.73	7729.74	872.62	1097.6	144.48	4408
上海	5408.75	25421.08	1431.97	976.4	284.12	17906
江苏	16464.94	71724.90	4099.58	9453.3	1026.16	60817
浙江	10518.21	39873.57	2115.65	3979.7	787.64	59971
安徽	4064.72	12787.17	819.04	2999.4	232.06	14122
福建	5106.38	16338.61	1104.05	1734.1	379.47	18154
江西	3196.56	9921.50	537.07	3144.4	174.94	7539
山东	16896.14	70826.13	4512.66	7844.9	926.60	45518
河南	9900.27	28246.65	2444.18	5587.1	449.14	18105
湖北	5183.68	15331.62	1092.47	2395.3	272.39	14027
湖南	4819.40	13077.27	758.48	2309.7	241.01	13311
广东	18091.56	66117.81	4204.40	3106.8	1436.02	52188

2009	工业增加值（亿元）	规模以上工业企业主营业务收入（亿元）	规模以上工业企业利润总额（亿元）	制造业固定资产投资总额（亿元）	规模以上工业企业全部从业人员年平均数（万人）	规模以上工业企业单位数（个）
广西	2863.84	6554.72	321.27	1420.7	122.88	5678
海南	300.63	1009.34	106.66	54.4	12.00	494
重庆	2917.40	6626.55	356.20	1381.5	137.29	6412
四川	5678.24	17479.21	1123.70	3016.9	311.76	13267
贵州	1252.67	3234.59	191.73	356.8	74.97	2791
云南	2088.17	4987.32	365.23	594.5	84.20	3489
西藏	33.11	48.88	6.82	18.2	1.69	90
陕西	3501.25	8188.52	854.11	1317.2	137.69	4480
甘肃	1203.70	3866.99	169.10	414.7	69.03	1987
青海	470.33	1092.31	100.02	195.6	17.80	523
宁夏	520.38	1390.09	83.76	279.2	27.28	969
新疆	1555.84	4001.38	484.58	451.2	58.25	2018

2010	工业增加值（亿元）	规模以上工业企业主营业务收入（亿元）	规模以上工业企业利润总额（亿元）	制造业固定资产投资总额（亿元）	规模以上工业企业全部从业人员年平均数（万人）	规模以上工业企业单位数（个）
北京	2763.99	17319.62	1028.34	355.3	124.15	3746
天津	4410.85	31628.93	1552.05	2263.0	148.91	5013
河北	9554.03	12712.50	2141.47	5462.6	344.67	11570
山西	4657.97	13387.83	958.25	1016.3	219.88	3675
内蒙古	5618.40	36049.59	1688.44	1931.2	125.19	4175
辽宁	8789.27	12647.34	2371.35	5839.6	401.74	16914
吉林	3929.31	9899.14	843.21	3427.3	139.81	5158
黑龙江	4608.27	32084.08	1248.82	1755.9	147.60	3377
上海	6536.21	91077.41	2299.66	1150.9	291.62	9962
江苏	19277.65	50536.31	5970.56	11656.4	1153.88	43368
浙江	12657.78	18164.60	3174.75	4357.2	857.58	34698
安徽	5407.40	21479.37	1445.57	4222.5	264.87	12432
福建	6397.71	14250.47	1754.18	2313.2	411.75	14116
江西	4286.76	83663.00	909.77	4433.7	199.16	6481

续表

2010	工业增加值（亿元）	规模以上工业企业主营业务收入（亿元）	规模以上工业企业利润总额（亿元）	制造业固定资产投资总额（亿元）	规模以上工业企业全部从业人员年平均数（万人）	规模以上工业企业单位数（个）
山东	18861.45	36163.12	6107.99	9459.0	931.50	35813
河南	11950.88	21151.56	3302.22	6967.9	479.27	18328
湖北	6726.53	18669.79	1668.55	3406.8	294.97	10633
湖南	6305.11	84114.85	1451.45	3114.2	272.44	12477
广东	21462.72	9235.85	6239.64	3772.5	1568.00	38305
广西	3860.46	1322.83	771.59	1944.9	150.51	5046
海南	385.21	9039.03	140.04	88.6	12.44	358
重庆	3697.83	23062.82	518.59	1754.4	146.56	4778
四川	7431.45	3926.01	1661.85	3368.7	351.67	12085
贵州	1516.87	6356.24	317.63	438.6	80.30	2329
云南	2604.07	59.71	599.34	758.1	92.60	2773
西藏	39.73	10888.80	10.82	35.5	1.91	56
陕西	4558.97	5148.40	1469.57	1543.2	151.08	3684
甘肃	1602.87	1525.08	231.51	521.7	71.34	1371
青海	613.65	1879.99	182.02	278.3	20.09	386
宁夏	643.05	5492.61	138.00	361.6	29.04	764
新疆	2161.39	14807.11	852.43	620.2	60.18	1738
2011	工业增加值（亿元）	规模以上工业企业主营业务收入（亿元）	规模以上工业企业利润总额（亿元）	制造业固定资产投资总额（亿元）	规模以上工业企业全部从业人员年平均数（万人）	规模以上工业企业单位数（个）
北京	3048.79	15753.36	1129.50	570.2	117.32	3746
天津	5430.84	21103.32	1933.72	2546.4	149.32	5013
河北	11770.38	40201.02	2639.01	6129.0	356.03	11570
山西	5959.96	16803.91	1282.96	1365.4	212.64	3675
内蒙古	7101.60	17542.37	2210.94	2787.5	123.57	4175
辽宁	10696.54	42845.44	2511.21	5976.4	368.92	16914
吉林	4917.95	16745.42	1175.97	3207.1	139.51	5158
黑龙江	5602.76	11454.60	1446.65	2012.7	134.23	3377
上海	7208.59	34299.95	2253.82	1097.5	269.34	9962

2011	工业增加值（亿元）	规模以上工业企业主营业务收入（亿元）	规模以上工业企业利润总额（亿元）	制造业固定资产投资总额（亿元）	规模以上工业企业全部从业人员年平均数（万人）	规模以上工业企业单位数（个）
江苏	22280.61	107030.09	7074.44	13103.6	1091.86	43368
浙江	14683.03	55358.44	3320.45	4504.7	719.40	34698
安徽	7062.00	24960.16	1663.16	5072.9	264.08	12432
福建	7675.09	26850.95	2114.54	3064.8	403.82	14116
江西	5411.86	18580.33	1215.94	4644.4	202.96	6481
山东	21275.89	99766.24	7097.71	10808.1	859.77	35813
河南	13949.32	47647.21	4131.59	7903.6	547.10	18328
湖北	8538.04	27081.87	1866.26	4733.9	279.64	10633
湖南	8122.75	25726.21	1832.99	3929.1	289.67	12477
广东	24649.60	92983.94	5872.23	4523.3	1451.14	38305
广西	4851.37	12216.87	894.82	2291.0	147.11	5046
海南	475.04	1602.00	154.84	132.6	11.65	358
重庆	4690.46	11382.34	660.35	2056.1	145.76	4778
四川	9491.05	29887.91	2197.84	3893.2	380.48	12085
贵州	1829.20	5022.11	456.20	792.4	84.48	2329
云南	2994.30	7621.91	639.70	988.3	90.62	2773
西藏	48.18	72.63	12.83	34.8	1.63	56
陕西	5857.92	13790.12	1976.31	1877.0	156.41	3684
甘肃	1923.95	6568.75	268.10	735.0	59.61	1371
青海	811.73	1722.80	222.85	360.0	18.11	386
宁夏	816.79	2425.70	175.68	423.2	29.91	764
新疆	2700.20	6782.25	963.74	1148.4	61.19	1738
2012	工业增加值（亿元）	规模以上工业企业主营业务收入（亿元）	规模以上工业企业利润总额（亿元）	制造业固定资产投资总额（亿元）	规模以上工业企业全部从业人员年平均数（万人）	规模以上工业企业单位数（个）
北京	3294.32	23645.72	1267.89	414.5	123.79	3692
天津	6123.06	43643.84	2100.66	2319.9	131.53	5342
河北	12511.60	18118.94	2559.47	8008.9	195.42	12360
山西	6023.55	18135.15	1010.91	1941.6	171.68	3905

续表

2012	工业增加值（亿元）	规模以上工业企业主营业务收入（亿元）	规模以上工业企业利润总额（亿元）	制造业固定资产投资总额（亿元）	规模以上工业企业全部从业人员年平均数（万人）	规模以上工业企业单位数（个）
内蒙古	7735.78	48199.85	1931.69	3829.4	76.11	4244
辽宁	11605.07	19835.58	2435.69	7493.1	217.32	17347
吉林	5582.48	12526.14	1215.04	4150.3	90.36	5286
黑龙江	5240.65	34096.29	1338.56	3026.9	120.41	3911
上海	7097.76	119286.78	2149.42	1080.6	224.61	9772
江苏	23908.47	57682.73	7250.20	14792.5	385.37	45859
浙江	15338.02	28905.07	3112.65	5333.7	387.17	36496
安徽	8025.84	29206.84	1870.26	6072.5	135.42	14514
福建	8541.94	22533.38	2023.27	3765.5	307.17	15333
江西	5828.20	118086.92	1506.51	5363.1	122.67	7217
山东	22798.33	52276.38	8016.35	12713.7	494.84	37625
河南	15017.56	32325.95	4016.39	9782.3	303.75	19237
湖北	9735.15	27823.31	2046.28	6250.1	190.75	12441
湖南	9138.50	93821.74	1790.96	4948.1	159.04	12785
广东	25810.07	14733.63	5464.90	4923.9	564.46	37790
广西	5279.26	1697.10	932.83	3238.8	86.98	5239
海南	521.15	12880.32	133.35	191.6	12.59	377
重庆	4981.01	31427.16	645.39	2268.6	100.14	4985
四川	10550.53	5966.52	2333.76	4327.5	186.59	12719
贵州	2217.06	8942.15	627.02	1020.3	74.23	2752
云南	3450.72	91.88	586.52	1223.4	102.52	3211
西藏	55.35	16328.25	12.89	44.8	1.63	64
陕西	6847.41	7787.26	2057.22	2338.6	125.78	4284
甘肃	2070.24	1889.37	285.23	970.9	50.70	1735
青海	895.89	2981.46	168.89	505.2	16.26	423
宁夏	878.63	7510.67	131.22	628.1	21.45	865
新疆	2850.06	16905.14	888.64	1581.5	57.03	1959

2013	工业增加值（亿元）	规模以上工业企业主营业务收入（亿元）	规模以上工业企业利润总额（亿元）	制造业固定资产投资总额（亿元）	规模以上工业企业全部从业人员年平均数（万人）	规模以上工业企业单位数（个）
北京	3536.89	18624.82	1254.78	451.7	118.97	3701
天津	6678.60	27011.12	1992.76	2548.7	134.43	5383
河北	13194.76	45766.25	2560.86	9566.5	198.22	12649
山西	6032.99	18404.65	547.91	2538.8	187.63	3946
内蒙古	7944.40	19550.83	1682.55	4516.0	82.41	4377
辽宁	12510.27	52150.40	2461.58	8632.1	229.94	17561
吉林	6033.35	21950.72	1230.10	4410.2	117.83	5353
黑龙江	5090.34	13569.81	1150.21	3518.4	121.68	4098
上海	7236.69	34533.53	2415.20	1072.2	217.08	9782
江苏	25612.24	132270.41	7834.06	17320.5	587.20	46387
浙江	16368.43	61765.48	3385.87	6150.5	372.46	36904
安徽	8928.02	33079.46	1758.77	7272.9	165.52	15114
福建	9455.32	32847.14	1959.45	4648.2	264.20	15806
江西	6434.41	26700.22	1756.66	6561.3	147.37	7601
山东	24222.16	132318.98	8507.73	15308.4	535.61	38654
河南	15960.60	59454.79	4410.82	11810.5	399.80	19773
湖北	10531.37	37864.54	2080.66	8050.5	217.94	13441
湖南	10001.00	31616.57	1585.06	6290.0	166.37	13323
广东	27426.26	103654.98	5854.93	5622.8	1055.37	38094
广西	5749.65	16726.00	874.00	3890.0	99.91	5396
海南	551.11	1640.70	110.80	225.2	13.62	391
重庆	5249.65	15417.07	878.43	2671.4	103.54	5237
四川	11578.55	35251.84	2168.37	4940.7	254.94	13163
贵州	2686.52	6878.40	477.33	1077.0	78.28	3139
云南	3767.58	9773.14	549.08	1454.9	107.22	3382
西藏	61.16	93.37	7.17	47.4	2.70	70
陕西	7507.34	17763.00	1973.32	2882.8	156.42	4489
甘肃	2225.22	8443.65	286.71	1110.4	59.81	1830
青海	970.53	2045.38	141.34	631.9	18.11	465
宁夏	944.50	3374.49	139.11	789.5	22.61	935
新疆	3024.27	8608.03	795.40	1693.5	61.72	2102

附录7 物流业相关指标原始数据

2000	物流业增加值（亿元）	货运量（万吨）	货物周转量（亿吨公里）	物流业固定资产投资总额（亿元）	物流业从业人员数（人）	公路里程数（公里）	民用载货汽车数量（万辆）
北京	190.12	30714	363.1	128.72	127000	13597	20.61
天津	178.83	26026	4621.9	64.51	97000	8946	21.31
河北	415.79	75604	2323.9	285.05	229000	59152	52.43
山西	146.01	86357	866	107.34	194000	55408	27.82
内蒙古	142.59	44434	943.2	95.54	145000	67346	16.7
辽宁	350.46	80663	1745.5	182.2	293000	45547	33.23
吉林	119.10	29450	492.1	78.68	161000	35216	16.84
黑龙江	203.13	53550	918.2	150.26	240000	50284	21.48
上海	315.42	46789	6286.9	141.35	169000	4325	14.38
江苏	557.37	86266	1459.3	329.04	343000	28198	31.47
浙江	428.30	75282	1199.8	382.69	154000	41605	34.46
安徽	179.85	43942	1050.9	164.44	175000	44493	19.23
福建	444.13	36110	929.2	187.13	105000	51073	15.8
江西	194.98	23502	645	109.71	145000	37138	13.11
山东	553.17	92499	4033	380.64	268000	70686	55.1
河南	391.88	60894	1553.5	254.81	299000	64453	37.55
湖北	256.94	39009	1081.1	216.27	285000	57850	21.72
湖南	277.69	50964	1066.4	225.53	224000	60848	23.5
广东	908.45	84626	3276.9	567.84	323000	102604	84.38
广西	160.87	29642	707	121.35	135000	52910	13.42
海南	46.97	6675	310	43.64	31000	17401	3.65
重庆	98.19	26716	289	98.11	130000	29252	9.8
四川	281.39	51477	622.9	274.11	198000	90875	31.38
贵州	64.59	15615	404.1	84.52	72000	34643	13.49
云南	119.77	52022	481.9	169.74	134000	109560	30.85
西藏	2.12	131	13.5	23.41	7000	22503	2.12
陕西	156.18	29201	573	149.98	171000	44006	14.02

2000	物流业增加值（亿元）	货运量（万吨）	货物周转量（亿吨公里）	物流业固定资产投资总额（亿元）	物流业从业人员数（人）	公路里程数（公里）	民用载货汽车数量（万辆）
甘肃	50.07	23070	639.5	100.06	96000	39344	10.62
青海	19.19	4697	86.6	47.36	28000	18679	3.93
宁夏	19.31	6493	205.2	37.06	24000	10171	4.46
新疆	121.79	23134	457.3	95.89	86000	34585	17.47

2001	物流业增加值（亿元）	货运量（万吨）	货物周转量（亿吨公里）	物流业固定资产投资总额（亿元）	物流业从业人员数（人）	公路里程数（公里）	民用载货汽车数量（万辆）
北京	218.53	30608	393.6	154.31	121772	13891	21.43
天津	203.98	27988	5158.2	89.85	96887	9647	15.44
河北	498.81	78886	2757.7	267.8	222261	62615	58.48
山西	157.20	93515	988.2	162.52	189610	56993	30.68
内蒙古	162.79	46296	985	103.28	137780	70408	18.05
辽宁	394.50	79623	1801.8	222.26	288210	46603	34.3
吉林	129.06	29380	500.1	78.89	157963	39747	17.83
黑龙江	239.10	54204	937.9	192.8	225079	62979	21.35
上海	344.85	50880	6721.7	175.99	157867	6078	15.98
江苏	644.87	86496	1473	399.88	309592	58866	34.93
浙江	503.68	78405	1372.5	417.24	135462	44005	41.4
安徽	195.30	43433	1066.6	173.35	156044	65807	23.02
福建	468.49	31478	984.4	238.2	99171	53547	17.71
江西	216.10	24174	653.6	138.59	133215	60314	14.04
山东	668.49	101775	4693.1	337.71	256258	71128	56.92
河南	442.07	65414	1651.3	296.64	283073	69041	39.48
湖北	282.45	41764	1069.3	230.21	261557	85757	22.04
湖南	294.90	50367	1111.6	227.39	204919	66593	24.73
广东	1073.82	88537	3147.7	572.87	307816	104798	89.39
广西	187.66	29982	736	143.2	130944	54752	14.41
海南	50.76	7176	247.8	53.75	29861	20667	3.17
重庆	109.48	28210	322.2	125.19	124233	30654	10.67

续表

2001	物流业增加值（亿元）	货运量（万吨）	货物周转量（亿吨公里）	物流业固定资产投资总额（亿元）	物流业从业人员数（人）	公路里程数（公里）	民用载货汽车数量（万辆）
四川	313.78	51977	675.1	298	180225	108724	34.36
贵州	75.37	16344	439.3	141.5	68872	34617	15.32
云南	139.01	52781	515.8	192.88	132009	163953	34.15
西藏	9.01	172	17.2	28.14	10184	35537	2.47
陕西	188.91	31364	676.3	183.58	169357	45273	15.33
甘肃	56.55	23639	679.3	112.63	97878	39844	11.15
青海	23.11	5042	97.5	53.35	26703	23328	3.82
宁夏	22.95	6822	223.4	42.47	25704	10899	4.65
新疆	118.60	20918	495.4	109.42	83686	80947	18.52

2002	物流业增加值（亿元）	货运量（万吨）	货物周转量（亿吨公里）	物流业固定资产投资总额（亿元）	物流业从业人员数（人）	公路里程数（公里）	民用载货汽车数量（万辆）
北京	235.56	30799	411.6	197.76	115277	14359	18.38
天津	230.88	30052	6302.1	92.54	102869	9696	14.26
河北	554.91	82226	2910.8	234.31	214453	63079	60.5
山西	177.60	99774	1111.6	166.77	183978	59611	29.39
内蒙古	188.08	48346	1077.1	130.07	134218	72673	18.3
辽宁	425.41	81044	1861.6	175.3	258108	48051	35.13
吉林	138.92	30642	502.4	82.81	144025	41095	17.72
黑龙江	264.89	54394	950.5	175.92	214510	63046	23.51
上海	382.82	54064	7391.8	176.42	147285	6286	17.21
江苏	717.76	87819	1502.3	399.34	282649	60141	37.39
浙江	602.00	91115	1616.4	386.04	133420	45646	46.97
安徽	219.44	50550	1223.7	160.57	140372	67547	25.86
福建	491.00	32789	1003.8	241.63	88968	54155	19.82
江西	243.61	26089	717.6	200.59	130864	60696	15.71
山东	667.75	110185	4149.2	375.27	242530	74029	64.79
河南	491.57	68633	1727.9	360.88	286470	71741	44.5
湖北	306.43	38944	1087.2	226.11	274838	86098	26.94

2002	物流业增加值（亿元）	货运量（万吨）	货物周转量（亿吨公里）	物流业固定资产投资总额（亿元）	物流业从业人员数（人）	公路里程数（公里）	民用载货汽车数量（万辆）
湖南	322.58	51916	1213.1	179.86	200529	84808	26.57
广东	1157.75	98900	3118.3	538.77	306759	108538	97.39
广西	225.81	30796	785.4	137.4	133206	56297	15.99
海南	54.62	7653	238.7	66.01	30402	20876	4.51
重庆	123.97	29784	337.3	145.17	115773	31060	13.45
四川	348.78	57577	741.1	283.51	176101	111898	36.99
贵州	84.35	17399	486	147.81	66371	44220	13.49
云南	150.56	54621	553.8	172.64	128254	164852	31.42
西藏	10.93	201	22.3	41.67	7188	39760	2.72
陕西	210.43	33540	776.9	171.82	165715	46564	14.62
甘肃	64.25	24016	700.6	107.24	101720	40223	11.66
青海	27.53	5224	108.2	59	25445	24003	3.5
宁夏	25.58	7056	240.9	42.51	24880	11245	4.31
新疆	131.43	22407	556.3	129.88	77850	82929	19.22

2003	物流业增加值（亿元）	货运量（万吨）	货物周转量（亿吨公里）	物流业固定资产投资总额（亿元）	物流业从业人员数（人）	公路里程数（公里）	民用载货汽车数量（万辆）
北京	253.80	30729	462.5	141.11	276291	14453	18.59
天津	244.48	32014	6521.1	100.45	110183	10168	14.09
河北	611.96	77089	3223.2	200.22	250063	65391	63.59
山西	203.77	106720	1259.1	141.71	205969	63122	31.89
内蒙古	216.76	50820	1160.3	197.18	148295	74135	20.23
辽宁	495.67	83515	2385.2	156.31	311852	50095	35.94
吉林	152.27	31436	531	92.44	176375	43779	17.63
黑龙江	278.32	54350	991.4	126.62	259875	65123	26.67
上海	420.53	58507	8492.3	268.47	279505	6484	17.87
江苏	821.48	92845	1772.6	457.86	320702	65565	41.79
浙江	700.88	103833	2047.2	351.99	182868	46193	48.3
安徽	254.32	54643	1328.6	158.33	156550	69560	30.17

续表

2003	物流业增加值（亿元）	货运量（万吨）	货物周转量（亿吨公里）	物流业固定资产投资总额（亿元）	物流业从业人员数（人）	公路里程数（公里）	民用载货汽车数量（万辆）
福建	532.04	34415	1222.9	189.2	131650	54876	21.43
江西	261.11	27709	768.6	211.94	145847	61233	16.61
山东	724.62	117051	3908.9	301.83	291812	76266	66.56
河南	561.17	69688	1891.6	376.38	303967	73831	46.97
湖北	334.59	41261	1212.6	214.7	299841	87813	29.25
湖南	359.83	60306	1350.6	219.13	231335	85233	27.4
广东	1207.67	100565	3158	464.97	410457	110253	93.79
广西	248.22	31525	863.4	117.39	154266	58451	17.01
海南	58.19	8008	250.7	39.62	33989	20877	4.91
重庆	136.56	32563	367.7	95.68	139707	31407	15.36
四川	381.25	57527	768.3	255.15	209853	112543	39.26
贵州	93.11	18224	547	108.41	87815	45304	14.46
云南	172.52	58170	612.2	184.97	138691	166133	32.32
西藏	19.21	266	27.1	45.56	7174	41302	2.3
陕西	226.01	34961	849.1	160.7	188866	50019	17.88
甘肃	70.91	24539	738.7	87.36	116664	40293	11.79
青海	32.58	5653	124.2	42.8	27635	24377	4.49
宁夏	27.84	7344	244.5	31.88	30366	11916	5.97
新疆	121.24	27078	636.6	117.62	102212	83633	18.99
2004	物流业增加值（亿元）	货运量（万吨）	货物周转量（亿吨公里）	物流业固定资产投资总额（亿元）	物流业从业人员数（人）	公路里程数（公里）	民用载货汽车数量（万辆）
北京	283.09	31321	537.7	159.4	303698	14630	17.69
天津	285.05	36237	11223.3	92.86	105482	10514	11.93
河北	724.34	83672	4029.2	270.09	242099	70200	70.64
山西	235.77	121633	1417.7	182.27	198351	65813	32.44
内蒙古	242.9624	57436	1311.9	264.16	150252	75976	24.06
辽宁	613.031	89625	2948	237.74	304659	52415	38.89
吉林	180.21	33286	595.9	129.24	172994	46796	17.21

续表

2004	物流业增加值（亿元）	货运量（万吨）	货物周转量（亿吨公里）	物流业固定资产投资总额（亿元）	物流业从业人员数（人）	公路里程数（公里）	民用载货汽车数量（万辆）
黑龙江	306.2253	57011	1097.1	141.69	252768	66821	23.93
上海	489.042	62986	10011.7	303.4	263136	7805	18.82
江苏	945.4331	99136	2348.3	540.91	306706	78262	44.36
浙江	834.95	118074	2701.6	536.64	180247	46935	51.86
安徽	312.22	58893	1455.9	198.53	156733	71783	29.83
福建	601.42	38253	1398.9	217.63	136732	56208	22.18
江西	300.27	31924	870.1	273.73	144672	61860	18.1
山东	990.65	129024	4752.5	359.21	291861	77766	72.17
河南	678.73	72730	2106.5	427.29	310114	75719	47.31
湖北	395.82	43879	1383.4	295.61	283197	89673	29.79
湖南	425.38	70320	1552.4	181.06	213182	87875	29.55
广东	1351.62	114790	3847.7	581.83	423160	111452	101.07
广西	286.44	34486	998.4	162.92	153588	59704	18.43
海南	66.81	8577	236.1	35.51	39885	20873	5.44
重庆	153.83	36430	517.6	169.62	137912	32344	14.62
四川	480.47	60155	837.3	263.63	203366	113043	40.66
贵州	99.64	19439	610.9	134.22	81009	46128	14.57
云南	212.56	59081	650.4	209.14	121016	167050	35.98
西藏	17.78	246	23.1	58.2	5603	42203	3.27
陕西	277.54	37961	963.5	198.75	186005	52720	19.02
甘肃	84.32	25686	878.3	116.73	115798	40751	8.88
青海	36.65	6211	137.2	50.31	32762	28059	4.39
宁夏	29.9	7853	242.5	39.87	30027	12456	5.78
新疆	138.49	28760	727.8	153.45	102992	86824	20.15
2005	物流业增加值（亿元）	货运量（万吨）	货物周转量（亿吨公里）	物流业固定资产投资总额（亿元）	物流业从业人员数（人）	公路里程数（公里）	民用载货汽车数量（万辆）
北京	404.66	32113	582.1	240.9	320145	14696	17.73
天津	227.16	39219	12593	151.7	95277	10836	11.96

续表

2005	物流业增加值（亿元）	货运量（万吨）	货物周转量（亿吨公里）	物流业固定资产投资总额（亿元）	物流业从业人员数（人）	公路里程数（公里）	民用载货汽车数量（万辆）
河北	702	88342	5068.1	420.5	242524	75894	70.86
山西	351.19	133662	1690.9	217.6	187746	69563	37.96
内蒙古	360.19	69187	1437.1	362.2	147060	79029	24.88
辽宁	509.37	95558	3350.5	301.6	300961	53521	42.39
吉林	208.1	34162	605.9	175.1	158805	50308	17.91
黑龙江	318.39	61800	1167.4	182.7	248342	67077	26.28
上海	582.6	68636	12128.1	416.2	250316	8110	19.16
江苏	741.06	111233	2993.2	585.5	303464	82739	43.35
浙江	512.94	126903	3417	723.7	179444	48600	55.9
安徽	358.71	67125	1566.1	246.5	145576	72807	33.21
福建	455.18	41200	1573.1	270.9	132261	58286	23.14
江西	300.6	33996	885.2	310.3	145243	62300	19.89
山东	968.64	144701	5551	405.7	276726	80131	72.89
河南	625.87	78699	2352.5	541.4	304275	79506	49.17
湖北	365.71	46766	1415.7	292.7	262234	91131	30.96
湖南	366.72	77534	1628.6	216.6	198006	88200	27.97
广东	990.53	119287	3860.3	635	440831	115337	118.84
广西	225.2	38226	1098.3	195.7	159680	62003	19.48
海南	64.34	10182	448.8	32.5	40816	21162	5.61
重庆	218.97	39329	625.5	228.3	131163	38215	20.09
四川	380.28	67351	916.6	278	212142	114694	39.39
贵州	115.82	21770	646.5	144.7	78911	46893	17.56
云南	163.08	62015	680.9	337.5	117841	167638	40.38
西藏	11.1	356	40.7	62.8	6152	43716	3.96
陕西	242.12	41551	1028.8	241.3	182472	54492	18.82
甘肃	144.7	26653	983.2	137.4	109406	41330	13.62
青海	31.88	6816	147.1	58.8	31719	29720	4.85
宁夏	45.81	8529	255.2	44	29399	13078	6.9
新疆	149.63	30041	806.6	211.6	104495	89531	20.46

2006	物流业增加值（亿元）	货运量（万吨）	货物周转量（亿吨公里）	物流业固定资产投资总额（亿元）	物流业从业人员数（人）	公路里程数（公里）	民用载货汽车数量（万辆）
北京	458.29	33008	653.2	409.2	373897	20503	17.69
天津	252.86	41939	12240.8	179.4	89462	11316	12.82
河北	971.5	90831	5556.6	548.9	243761	143778	70.39
山西	383.38	144010	1734.1	211.2	194847	112930	36.29
内蒙古	426.16	80371	1713.6	397.6	140620	128762	28.43
辽宁	565.67	105966	4044.4	571.7	313319	97786	47.31
吉林	236.82	35213	611.7	191.8	151214	84444	17.62
黑龙江	325.08	65847	1210.7	263.5	245678	139335	25.8
上海	669.01	72381	13830.2	600.8	246566	10392	19.98
江苏	928.41	123004	3548.2	632.3	299232	126972	44.9
浙江	630.94	140892	4363.8	865	181241	95310	59.74
安徽	409.64	74141	1702.7	315	136730	147611	36.45
福建	537.11	44855	1900.2	375.4	134026	86560	27.23
江西	306.14	37517	951.9	328.5	146358	128236	21.96
山东	1212.33	164132	6387.4	544.3	275827	204910	76.44
河南	739.29	86547	2438.2	628.8	292274	236351	51.88
湖北	425.37	49305	1489	442.5	256797	181791	30.96
湖南	426.09	85601	1743.5	281.9	193758	171848	29.46
广东	1113.77	132389	4045	807.7	447096	178387	118.88
广西	261.14	42994	1220.6	229.4	159148	90318	18.76
海南	73.81	14161	656.7	76.2	39873	17577	5.86
重庆	259.59	43009	824.8	263.4	123356	100299	22.61
四川	451.19	75071	968.7	370.5	215720	164688	40.33
贵州	134.63	24709	681	176.4	77271	113278	16.68
云南	175.98	66179	694.2	404.9	120434	198496	39.38
西藏	13.62	348	38.3	68.3	6772	44813	4.19
陕西	281.54	44217	1081.7	355.2	182033	113303	17.76
甘肃	169.58	28502	1042.8	135.9	104940	95642	13.6
青海	35.27	7271	144.2	70.4	30780	47726	4.83

续表

2006	物流业增加值（亿元）	货运量（万吨）	货物周转量（亿吨公里）	物流业固定资产投资总额（亿元）	物流业从业人员数（人）	公路里程数（公里）	民用载货汽车数量（万辆）
宁夏	50.46	9358	277.8	51.3	28305	19903	6.63
新疆	165.6	31163	893.2	182.6	101811	143736	21.45

2007	物流业增加值（亿元）	货运量（万吨）	货物周转量（亿吨公里）	物流业固定资产投资总额（亿元）	物流业从业人员数（人）	公路里程数（公里）	民用载货汽车数量（万辆）
北京	502.61	19877	724.8	536.8	395245	20754	17.56
天津	294.06	50261	15289	315.3	92792	11531	14
河北	1161.63	96891	6006.4	676.7	237847	147265	75.07
山西	437.62	155143	1839.7	247.2	203580	119869	38.72
内蒙古	510.42	98682	2023.3	501.3	151001	138610	30.52
辽宁	642.83	116917	5817.8	592.9	314268	98101	42.46
吉林	275.76	37935	655	241.5	140911	85445	20.8
黑龙江	364.63	70137	1282.4	307.9	246925	140909	27.96
上海	723.13	78340	16053.6	837.6	251644	11163	20.78
江苏	1039.46	141158	3988.4	674.7	292208	133732	47.99
浙江	739.44	154286	4962.5	761	183975	99812	63.81
安徽	483.04	83361	1988.7	365.2	136552	148372	40.58
福建	650.25	51263	2080.9	533.9	130374	86926	30.7
江西	337.6	40921	1029.1	280.2	141984	130515	24.69
山东	1399.94	195259	6413.4	600.2	282496	212237	79.36
河南	866.73	101341	2736.9	509.8	286962	238676	57.16
湖北	479.92	54909	1644.7	496.6	286410	183780	33.92
湖南	477.27	100076	1922.7	347.9	203549	175415	31.85
广东	1254.58	151282	4292.2	862.5	452553	182005	122.68
广西	311.22	48860	1404.3	314.4	164271	94202	21.66
海南	86.36	17876	823.8	89.9	39700	17789	6.24
重庆	265.74	50273	1051.6	353.4	117188	104705	23.86
四川	511.5	81426	1059.1	433.2	216350	189395	44.37
贵州	164.38	26787	721.3	194	78785	123247	19.1

2007	物流业增加值（亿元）	货运量（万吨）	货物周转量（亿吨公里）	物流业固定资产投资总额（亿元）	物流业从业人员数（人）	公路里程数（公里）	民用载货汽车数量（万辆）
云南	196.06	71512	801.5	421.1	116997	200333	43
西藏	20.48	372	41.6	68.5	7386	48611	5.04
陕西	311.86	49175	1191.1	389	182625	121297	19.89
甘肃	181.24	30528	1149.9	102	93676	100612	14.71
青海	40.9	8050	176.3	85.5	30786	52626	5.25
宁夏	55.56	10540	291.6	48.9	27425	20562	7.15
新疆	177.28	32669	956.1	169.4	99933	145219	23.17

2008	物流业增加值（亿元）	货运量（万吨）	货物周转量（亿吨公里）	物流业固定资产投资总额（亿元）	物流业从业人员数（人）	公路里程数（公里）	民用载货汽车数量（万辆）
北京	505.74	20525	758.9	615.2	412704	20340	18.13
天津	320.63	34114	2703.4	324	96453	12060	14.68
河北	1281.27	106922	5925.5	624	227637	149503	79.92
山西	476.52	126864	2562.2	309.9	202023	124773	42.65
内蒙古	640.5	99298	3658.7	472.6	149963	147288	33.80
辽宁	715.17	121346	7033.9	804.2	315557	101144	44.00
吉林	318.84	31105	1157.8	288.9	140000	87099	22.29
黑龙江	386.79	53976	1690.9	408	235539	150845	30.77
上海	769.64	84400	16029.8	783.3	253186	11497	21.39
江苏	1218.81	139711	4300.9	730.4	284741	140930	49.82
浙江	827.71	139111	4974.9	765	192532	103652	66.90
安徽	547.41	180169	5843.2	346.1	132107	148827	44.37
福建	735.44	57202	2396.2	614.5	141028	88607	32.85
江西	384.35	80932	2285.5	255.1	141010	133815	27.23
山东	1873.58	244587	10107.8	797.1	282535	220688	83.03
河南	1043.87	138441	5165.1	501.7	269058	240645	59.25
湖北	584.19	71900	2526.4	538.6	297726	188366	38.54
湖南	523.13	116145	2349.8	513.4	198961	184568	35.35
广东	1387.51	142468	4428.4	1108.8	452903	183155	122.97

续表

2008	物流业增加值（亿元）	货运量（万吨）	货物周转量（亿吨公里）	物流业固定资产投资总额（亿元）	物流业从业人员数（人）	公路里程数（公里）	民用载货汽车数量（万辆）
广西	359.46	83123	2079.0	432.4	156342	99273	24.48
海南	96.53	15305	597.7	127.8	40280	18563	6.32
重庆	309.59	63763	1490.3	449.2	126609	108632	25.47
四川	567.51	114719	1578.7	628.5	212550	224482	49.78
贵州	180.45	32692	805.3	258.2	80025	125365	22.26
云南	222.06	44682	821.3	375	123882	203753	47.16
西藏	19.9	737	35.5	73.8	7125	51314	4.62
陕西	352.57	83493	2027.0	448.3	179641	131038	22.08
甘肃	211.11	23741	1594.9	115.7	95414	105638	16.36
青海	40.72	9115	335.7	104.2	29718	56642	6.15
宁夏	63.83	26162	703.6	69.1	26711	21008	8.11
新疆	191.69	46087	1273.0	247.2	98615	146652	25.35

2009	物流业增加值（亿元）	货运量（万吨）	货物周转量（亿吨公里）	物流业固定资产投资总额（亿元）	物流业从业人员数（人）	公路里程数（公里）	民用载货汽车数量（万辆）
北京	556.64	20470	731.6	662.5	486676	20755	18.30
天津	471.01	42324	9606.6	483.7	112704	14316	16.62
河北	1491.92	123065	6405.2	1026.2	246593	152135	104.36
山西	523.38	109534	2390.4	735.9	203126	127330	48.54
内蒙古	773.29	113916	4116.9	786.4	155961	150756	42.20
辽宁	790.56	135055	7753.9	757.6	306015	101117	56.79
吉林	341.76	34771	1167.3	423.8	139458	88430	27.73
黑龙江	433.55	54208	1644.7	651.8	242111	151470	41.27
上海	635.01	76669	14372.6	882.8	342639	11671	22.19
江苏	1423.25	152581	4675.3	1020.2	298697	143803	61.23
浙江	888.02	151566	5659.9	1008.7	232306	106952	76.65
安徽	467.92	196654	6321.7	460.1	141497	149184	56.60
福建	751.42	58163	2471.3	885.4	156762	89504	38.46
江西	394.9	86057	2334.2	382	150639	137011	33.42

2009	物流业增加值（亿元）	货运量（万吨）	货物周转量（亿吨公里）	物流业固定资产投资总额（亿元）	物流业从业人员数（人）	公路里程数（公里）	民用载货汽车数量（万辆）
山东	1742.33	284086	11022.2	1032.5	320117	226693	112.87
河南	823.57	169942	6154.0	583.8	265621	242314	76.35
湖北	642.72	78984	2566.4	767.4	310551	197196	46.07
湖南	704.83	128921	2513.3	1027.8	211743	191405	41.07
广东	1595.34	169653	4769.7	1596.2	512690	184960	133.24
广西	378.75	94466	2337.2	602.3	169822	100491	30.10
海南	88.68	18393	792.5	186.4	41987	20041	7.00
重庆	374.98	68566	1650.5	643.4	129329	110950	29.30
四川	520.71	118253	1590.5	1250	231959	249168	61.24
贵州	399.77	34803	926.0	397.2	87643	142561	27.29
云南	179.45	46039	867.6	570.9	139891	206028	54.55
西藏	21.19	943	35.3	82.4	7134	53845	5.74
陕西	423.24	92557	2218.6	599.5	185445	144109	28.97
甘肃	213.64	26605	1619.5	155	99053	114000	20.91
青海	49.32	9874	364.2	124.1	31715	60136	7.42
宁夏	114.77	29242	750.4	90.1	29847	21805	10.75
新疆	209.1	45046	1255.9	339.9	104912	150683	31.38

2010	物流业增加值（亿元）	货运量（万吨）	货物周转量（亿吨公里）	物流业固定资产投资总额（亿元）	物流业从业人员数（人）	公路里程数（公里）	民用载货汽车数量（万辆）
北京	712.01	21762	876.9	694.4	496159	21114	19.39
天津	585.37	40013	10065.1	539.3	115057	14832	19.15
河北	1745.91	156596	8071.1	1521.2	242590	154344	121.50
山西	654.08	124367	2840.0	895.8	195163	131644	55.82
内蒙古	875.61	137231	4712.9	1043	156597	157994	48.51
辽宁	926.81	158484	9029.1	1080.4	291812	101545	67.42
吉林	373.93	40729	1282.2	580.9	133040	90437	32.85
黑龙江	469.31	59314	1826.9	794.9	231582	151945	48.98
上海	834.4	87256	18918.2	655.2	349051	11974	23.81
江苏	1768.3	179014	5589.5	1162.1	304311	150307	72.50

续表

2010	物流业增加值（亿元）	货运量（万吨）	货物周转量（亿吨公里）	物流业固定资产投资总额（亿元）	物流业从业人员数（人）	公路里程数（公里）	民用载货汽车数量（万辆）
浙江	1076.67	171038	7117.1	1068.7	243499	110177	87.29
安徽	527.02	228104	7153.4	477.9	145613	149382	66.34
福建	871.16	66083	2976.7	1189	161515	91015	45.11
江西	446.22	100365	2719.5	488.4	147001	140597	40.17
山东	1971	301313	11832.5	1362.3	326049	229859	134.45
河南	873.3	202962	7202.5	791.4	268239	245089	90.75
湖北	753.61	93422	3097.3	935.3	246592	206211	53.29
湖南	832.28	149540	2926.8	1178.6	204059	227998	48.22
广东	1825.29	192343	5711.4	1820	541013	190144	147.53
广西	480.17	115476	2926.8	842.5	174347	101782	36.82
海南	101.9	22455	995.0	164.1	42630	21236	8.58
重庆	389.55	81377	2015.6	645.3	137474	116949	34.03
四川	573.75	134305	1807.9	1576.2	225625	266082	70.45
贵州	480.32	39735	1005.9	518.5	91516	151644	32.73
云南	193.26	51564	947.3	977.6	131695	209231	63.39
西藏	22.12	982	38.5	115.5	6692	60810	6.32
陕西	474.6	104414	2464.6	739.6	184005	147461	36.32
甘肃	227.18	30270	1763.8	208.6	97642	118879	26.37
青海	61.26	11057	419.7	146.4	31190	62185	8.99
宁夏	145.17	32325	818.6	120.9	28320	22518	13.52
新疆	222.47	48459	1358.9	415.6	106726	152843	36.96
2011	物流业增加值（亿元）	货运量（万吨）	货物周转量（亿吨公里）	物流业固定资产投资总额（亿元）	物流业从业人员数（人）	公路里程数（公里）	民用载货汽车数量（万辆）
北京	808.95	34663	999.6	506	559095	21347	21.49
天津	632.1	43601	10337.3	506.5	106054	15163	21.34
河北	2046.22	189799	9630.4	1433.1	236101	156965	137.15
山西	756.29	134436	3062.5	935.8	210673	134808	61.27
内蒙古	1040.03	168320	5422.3	988	158054	160995	54.52
辽宁	1143.17	184982	10404.6	909.4	317906	104026	76.85

2011	物流业增加值（亿元）	货运量（万吨）	货物周转量（亿吨公里）	物流业固定资产投资总额（亿元）	物流业从业人员数（人）	公路里程数（公里）	民用载货汽车数量（万辆）
吉林	420.98	47451	1452.6	497.8	131169	91754	36.98
黑龙江	543.81	63216	1968.2	572.7	238685	155592	55.27
上海	868.31	92962	20309.6	519.8	397189	12084	24.83
江苏	2127.93	202528	6958.0	1225.6	306072	152247	82.39
浙江	1206.95	186376	8634.9	1119.2	264681	111776	97.00
安徽	589.82	268413	8446.4	464.8	160860	149535	74.51
福建	963.85	75191	3396.8	1207.6	173293	92322	51.77
江西	507.44	111851	2985.1	456.8	134935	146632	46.76
山东	2328.38	318407	12684.3	1456.8	335282	233190	149.06
河南	961.5	241017	8530.8	812.5	280151	247587	106.35
湖北	869.48	106913	3798.8	1030.8	248086	212747	59.72
湖南	948.82	168516	3370.0	1171.7	226176	232190	54.92
广东	2090.36	224394	6905.0	1677.2	596198	190724	159.92
广西	588.2	136132	3478.2	791.8	178845	104889	42.90
海南	119.74	25115	1368.5	100.3	45889	22916	10.17
重庆	456.25	96771	2528.7	714.7	145549	118562	28.34
四川	638.76	155310	2016.2	1742.7	221148	283268	77.49
贵州	590.91	44890	1060.7	588.9	93709	157820	34.23
云南	217.22	60170	1024.4	904	133361	214524	71.66
西藏	23.95	1028	40.0	146.1	5893	63108	7.42
陕西	552.54	120908	2824.7	809	190337	151986	41.74
甘肃	280.33	35269	2037.2	252.5	100119	123696	31.00
青海	67.53	12586	486.4	134	32835	64280	10.62
宁夏	174.1	36864	933.0	105.5	31278	24506	16.51
新疆	256.72	53252	1475.2	387.8	119175	155150	43.79
2012	物流业增加值（亿元）	货运量（万吨）	货物周转量（亿吨公里）	物流业固定资产投资总额（亿元）	物流业从业人员数（人）	公路里程数（公里）	民用载货汽车数量（万辆）
北京	816.31	26161.9	1001.1	696.4	578348	21492	23.70
天津	683.56	46015.2	7844.1	729.9	140762	15391	22.19

续表

2012	物流业增加值（亿元）	货运量（万吨）	货物周转量（亿吨公里）	物流业固定资产投资总额（亿元）	物流业从业人员数（人）	公路里程数（公里）	民用载货汽车数量（万辆）
河北	2212.93	219130.3	10605.0	1543.3	243019	163045	153.42
山西	847.44	144607.9	3341.1	1013.4	223140	137771	56.78
内蒙古	1185.30	189942.2	5870.3	1148.0	169479	163763	47.72
辽宁	1297.18	206788.7	11563.7	1070.1	328067	105562	82.22
吉林	462.13	54808.1	1596.1	547.3	159175	93208	36.99
黑龙江	598.78	65230.7	2002.3	519.3	256089	159063	55.86
上海	895.31	94038.3	20373.4	460.8	379549	12541	20.73
江苏	2352.40	220007.5	7904.1	1397.1	306102	154118	89.29
浙江	1278.91	191817.3	9183.4	1349.7	293640	113550	105.02
安徽	650.21	312436.8	9817.8	585.8	163223	165157	74.23
福建	1090.07	84345.1	3871.4	1441.9	186432	94661	57.49
江西	630.56	127195.5	3433.5	474.1	128752	150595	47.01
山东	2516.19	333602.6	11077.8	1657.2	373826	244586	159.88
河南	1151.91	272114.9	9490.3	927.9	308906	249649	109.61
湖北	934.96	122945.3	4439.8	1266.6	243822	218151	62.69
湖南	1077.65	191051.7	3976.9	1122.3	236033	234040	58.17
广东	2367.46	256076.7	9566.2	1729.7	617985	194943	169.86
广西	625.57	161356.0	4110.6	925.8	184799	107906	49.20
海南	133.40	26880.4	1548.1	143.2	45144	24265	11.12
重庆	515.15	86474.1	2653.3	835.0	157561	120728	31.56
四川	707.19	174349.3	2238.3	2086.6	235581	293499	83.77
贵州	687.45	52654.9	1174.7	756.2	91459	164542	36.72
云南	247.53	68734.9	1123.3	780.5	135612	219052	77.88
西藏	26.23	1126.6	46.2	136.6	6009	65198	8.33
陕西	617.39	136726.8	3192.1	805.4	183423	161411	45.54
甘肃	319.66	45831.7	2351.7	306.6	103610	131201	35.42
青海	71.87	13483.9	527.6	232.0	34000	65988	11.77
宁夏	196.49	41113.3	1065.7	113.3	35667	26522	19.41
新疆	357.90	58793.5	1614.1	437.2	125981	165909	51.18

续表

2013	物流业增加值（亿元）	货运量（万吨）	货物周转量（亿吨公里）	物流业固定资产投资总额（亿元）	物流业从业人员数（人）	公路里程数（公里）	民用载货汽车数量（万辆）
北京	883.58	25748	1051.14	656.8	592268	21673	25.71
天津	725.05	45233	3097.39	603.1	143455	15718	24.34
河北	2377.59	198009	11674.06	2123.6	275895	174492	150.01
山西	891.66	156045	3592.38	956.3	236392	139434	58.29
内蒙古	1303.73	164346	4461.96	1272.3	216843	167515	49.96
辽宁	1384.09	206868	11970.28	1582.4	376584	110973	73.51
吉林	486.18	44811	1681.35	586.7	171587	94191	40.23
黑龙江	616.03	61094	1930.04	544.8	280785	160206	58.14
上海	935.06	84305	14332.71	499.0	491586	12633	20.14
江苏	2530.02	181775	9924.59	1685.9	484064	156094	96.79
浙江	1326.02	188679	8951.22	1454.7	313698	115426	112.36
安徽	707.10	396391	12335.34	830.2	220051	173763	79.94
福建	1176.19	96674	3939.61	1572.6	243483	99535	62.36
江西	678.62	135172	3640.13	488.9	212442	152067	54.56
山东	2746.11	264100	8194.15	2055.8	506405	252786	176.22
河南	1309.30	184823	7259.81	1201.5	436185	249831	120.78
湖北	1078.11	131000	4751.83	1634.9	331914	226912	68.62
湖南	1174.29	184535	3832.33	1251.2	245341	235392	61.17
广东	2604.41	349011	9228.55	2444.4	833076	202915	178.89
广西	677.77	151143	3856.37	1121.2	212419	111384	55.74
海南	140.96	17325	621.04	278.7	54404	24852	12.14
重庆	580.93	87241	2298.90	1012.7	260920	122846	34.44
四川	751.55	167759	2248.60	2131.7	393826	301816	87.99
贵州	775.09	72703	1294.61	1020.0	113449	172564	41.50
云南	273.51	104329	1361.92	1135.2	167968	222940	78.46
西藏	28.80	1850	103.42	165.0	7239	70591	9.80
陕西	657.31	141579	3200.56	900.8	250381	165249	47.88
甘肃	347.18	51463	2361.97	434.2	126629	133597	39.89
青海	74.23	13372	451.95	290.4	47567	70117	12.79
宁夏	201.71	40914	873.05	154.2	40421	28554	22.35
新疆	422.37	66908	1796.79	551.6	174876	170155	55.61

附录8　基于 C^2R 模型考虑了投入导向的 2000～2013 年制造业子系统效率值

地区	2000	2001	2002	2003	2004	2005	2006	2007	2008	2009	2010	2011	2012	2013	2000～2013年均值
北京	1	1	1	1	1	1	1	1	1	1	1	1	1	1	1
天津	0.856	0.857	0.899	0.962	0.955	0.993	1	1	1	1	1	1	1	1	0.966
河北	0.994	0.979	1	0.952	0.975	1	1	1	1	1	1	1	1	1	0.993
山东	1	1	1	1	1	1	1	1	1	1	1	1	1	1	1
北部沿海综合经济区	**0.963**	**0.959**	**0.975**	**0.979**	**0.983**	**0.998**	**1**	**1**	**1**	**1**	**1**	**1**	**1**	**1**	**0.990**
辽宁	0.951	0.981	0.987	0.919	0.925	0.809	0.793	0.812	0.875	0.875	0.924	0.950	0.879	0.933	0.901
吉林	0.688	0.801	0.935	1	0.981	0.882	0.811	0.836	0.789	0.778	0.801	0.848	0.930	0.872	0.854
黑龙江	1	1	1	1	1	1	1	1	1	1	1	0.983	0.770	0.738	0.964
东北部综合经济区	**0.879**	**0.927**	**0.974**	**0.973**	**0.968**	**0.897**	**0.868**	**0.883**	**0.888**	**0.885**	**0.909**	**0.927**	**0.860**	**0.848**	**0.906**
上海	1	1	1	1	1	1	1	1	1	1	1	1	1	1	1
江苏	0.968	0.998	1	1	1	1	1	1	1	1	1	1	1	1	0.998
浙江	1	0.960	0.958	0.891	0.812	0.842	0.826	0.834	0.834	0.832	0.865	0.947	0.799	1	0.886
东部沿海综合经济区	**0.989**	**0.986**	**0.986**	**0.964**	**0.937**	**0.947**	**0.942**	**0.945**	**0.945**	**0.944**	**0.955**	**0.982**	**0.933**	**1**	**0.961**
福建	1	1	0.934	0.789	0.764	0.797	0.751	0.685	0.715	0.722	0.731	0.723	0.658	0.805	0.791
广东	1	1	1	1	1	1	1	1	1	1	1	1	1	1	1
海南	0.649	0.639	0.639	0.609	0.746	0.696	0.761	1	1	1	0.997	1	0.997	0.943	0.834
南部沿海综合经济区	**0.883**	**0.880**	**0.857**	**0.799**	**0.837**	**0.831**	**0.837**	**0.895**	**0.905**	**0.907**	**0.910**	**0.908**	**0.885**	**0.916**	**0.875**
陕西	0.566	0.629	0.689	0.665	0.729	0.741	0.784	0.852	0.888	0.923	0.995	1	1	1	0.819
山西	0.455	0.470	0.535	0.628	0.752	0.755	0.751	0.943	1	1	1	1	1	1	0.806

续表

地区	2000	2001	2002	2003	2004	2005	2006	2007	2008	2009	2010	2011	2012	2013	2000~2013年均值
河南	0.825	0.943	0.962	0.897	0.872	1	1	1	1	1	1	1	0.984	1	0.963
内蒙古	0.619	0.656	0.722	0.731	0.789	0.895	0.960	1	1	1	1	1	1	1	0.884
黄河中游综合经济区	**0.616**	**0.675**	**0.727**	**0.730**	**0.785**	**0.848**	**0.874**	**0.949**	**0.972**	**0.981**	**0.999**	**1**	**0.996**	**1**	**0.868**
安徽	0.769	0.790	0.747	0.612	0.653	0.646	0.659	0.669	0.648	0.653	0.699	0.748	0.760	0.822	0.706
江西	0.575	0.599	0.576	0.551	0.580	0.667	0.670	0.658	0.621	0.660	0.696	0.738	0.816	0.820	0.659
湖北	0.955	0.980	0.972	0.809	0.756	0.733	0.779	0.787	0.763	0.782	0.807	0.840	0.797	0.821	0.827
湖南	0.842	0.839	0.821	0.593	0.593	0.707	0.749	0.789	0.795	0.769	0.797	0.822	0.813	0.914	0.775
长江中游综合经济区	**0.785**	**0.802**	**0.779**	**0.641**	**0.646**	**0.688**	**0.715**	**0.726**	**0.707**	**0.716**	**0.750**	**0.787**	**0.796**	**0.844**	**0.742**
广西	0.794	0.735	0.690	0.611	0.621	0.699	0.761	0.776	0.680	0.660	0.657	0.720	0.759	0.760	0.709
重庆	0.698	0.720	0.709	0.667	0.633	0.612	0.603	0.611	0.528	0.661	0.663	0.746	0.797	0.849	0.678
四川	0.771	0.729	0.732	0.638	0.619	0.682	0.735	0.758	0.765	0.776	0.837	0.865	0.884	0.984	0.770
贵州	0.541	0.511	0.503	0.487	0.552	0.710	0.676	0.668	0.689	0.782	0.704	0.625	0.639	0.786	0.634
云南	1	0.991	0.870	0.820	0.856	0.864	0.902	0.925	0.897	0.933	0.885	0.879	0.807	0.832	0.890
大西南综合经济区	**0.761**	**0.737**	**0.701**	**0.645**	**0.656**	**0.713**	**0.736**	**0.748**	**0.712**	**0.762**	**0.749**	**0.767**	**0.777**	**0.842**	**0.736**
西藏	0.465	0.588	0.712	0.349	0.397	0.520	0.607	0.567	0.526	0.562	0.510	0.531	0.509	0.516	0.526
甘肃	0.537	0.443	0.432	0.452	0.493	0.745	0.785	0.882	0.898	0.899	1	1	1.000	0.929	0.750
青海	0.697	0.635	0.682	0.638	0.669	0.756	0.812	0.830	0.893	0.896	1	1	1	1	0.822
宁夏	0.678	0.745	0.768	0.784	0.765	0.612	0.625	0.646	0.654	0.634	0.672	0.698	0.780	0.737	0.700
新疆	1	1	1	0.914	1	1	1	1	1	1	1	1	0.963	0.930	0.986
大西北综合经济区	**0.675**	**0.682**	**0.719**	**0.627**	**0.665**	**0.727**	**0.766**	**0.785**	**0.794**	**0.798**	**0.836**	**0.846**	**0.850**	**0.822**	**0.757**
全国平均	**0.803**	**0.813**	**0.822**	**0.773**	**0.790**	**0.818**	**0.832**	**0.856**	**0.853**	**0.864**	**0.879**	**0.892**	**0.882**	**0.903**	**0.842**

附录9 2000~2013年各个省区市制造业有效性分析

地区	2000	2001	2002	2003	2004	2005	2006	2007	2008	2009	2010	2011	2012	2013
北京	有效	有效	有效	有效	有效	有效	有效	有效	有效	有效	有效	有效	有效	有效
天津	无效	无效	无效	无效	无效	无效	有效	有效	有效	有效	有效	有效	有效	有效
河北	无效	无效	有效	有效	无效	有效	有效	有效	有效	有效	有效	有效	有效	有效
山东	有效	有效	有效	有效	有效	有效	有效	有效	有效	有效	有效	有效	有效	有效
北部沿海综合经济区 DEA 有效性个数	2	2	3	2	2	2	4	4	4	4	4	4	4	4
辽宁	无效	无效	无效	无效	无效	无效	无效	无效	无效	无效	无效	无效	无效	无效
吉林	无效	无效	无效	有效	无效	无效	无效	无效	无效	无效	无效	无效	无效	无效
黑龙江	有效	有效	有效	有效	有效	有效	有效	有效	有效	有效	有效	无效	无效	无效
东北部综合经济区 DEA 有效性个数	1	1	1	2	1	1	1	1	1	1	1	0	0	0
上海	有效	有效	有效	有效	有效	有效	有效	有效	有效	有效	有效	有效	有效	有效
江苏	无效	无效	有效	无效	有效	有效	有效	有效	有效	有效	有效	有效	有效	有效
浙江	有效	无效	无效	无效	无效	有效	无效	无效	无效	无效	无效	无效	无效	有效
东部沿海综合经济区 DEA 有效性个数	2	1	2	2	2	2	2	2	2	2	2	2	2	3
福建	有效	有效	无效	无效	无效	无效	无效	无效	无效	无效	无效	无效	无效	无效
广东	有效	有效	有效	有效	有效	有效	有效	有效	有效	有效	有效	有效	有效	有效
海南	无效	无效	无效	无效	有效	无效	无效	有效	有效	有效	有效	有效	有效	有效
南部沿海综合经济区 DEA 有效性个数	2	2	1	1	1	1	1	2	2	2	2	2	1	1
陕西	无效	无效	无效	无效	无效	无效	无效	无效	无效	有效	无效	有效	有效	有效
山西	无效	无效	无效	无效	无效	无效	无效	无效	无效	有效	有效	有效	有效	有效

续表

地区	2000	2001	2002	2003	2004	2005	2006	2007	2008	2009	2010	2011	2012	2013
河南	无效	无效	无效	无效	无效	有效	有效	有效	有效	有效	有效	有效	无效	有效
内蒙古	无效	无效	无效	无效	无效	无效	无效	有效	有效	有效	有效	有效	有效	有效
黄河中游综合经济区 DEA 有效性个数	0	0	0	0	0	1	1	2	3	3	3	4	4	4
安徽	无效	无效	无效	无效	无效	无效	无效	无效	无效	无效	无效	无效	无效	无效
江西	无效	无效	无效	无效	无效	无效	无效	无效	无效	无效	无效	无效	无效	无效
湖北	无效	无效	无效	无效	无效	无效	无效	无效	无效	无效	无效	无效	无效	无效
湖南	无效	无效	无效	无效	无效	无效	无效	无效	无效	无效	无效	无效	无效	无效
长江中游综合经济区 DEA 有效性个数	0	0	0	0	0	0	0	0	0	0	0	0	0	0
广西	无效	无效	无效	无效	无效	无效	无效	无效	无效	无效	无效	无效	无效	无效
重庆	无效	无效	无效	无效	无效	无效	无效	无效	无效	无效	无效	无效	无效	无效
四川	无效	无效	无效	无效	无效	无效	无效	无效	无效	无效	无效	无效	无效	无效
贵州	无效	无效	无效	无效	无效	无效	无效	无效	无效	无效	无效	无效	无效	无效
云南	无效	无效	有效	无效	有效	有效	有效	有效	有效	有效	无效	无效	无效	无效
大西南综合经济区 DEA 有效性个数	0	0	1	0	1	1	1	1	1	1	0	0	0	0
西藏	无效	无效	无效	无效	无效	无效	无效	无效	无效	无效	无效	无效	无效	无效
甘肃	无效	无效	无效	无效	无效	无效	无效	无效	无效	无效	无效	无效	无效	无效
青海	无效	无效	无效	无效	无效	无效	无效	无效	无效	无效	有效	有效	有效	有效
宁夏	无效	无效	无效	无效	无效	无效	无效	无效	无效	无效	有效	有效	有效	无效
新疆	有效	有效	有效	无效	有效	有效	有效	有效	有效	有效	有效	有效	无效	无效
大西北综合经济区 DEA 有效性个数	1	1	1	0	1	1	1	1	1	1	3	3	2	1
全国 DEA 有效性个数	8	7	8	7	7	8	10	12	13	13	15	15	13	13

附录10 基于 C^2R 模型投入导向的 2000～2013 年我国物流业 DEA 效率值

地区	2000	2001	2002	2003	2004	2005	2006	2007	2008	2009	2010	2011	2012	2013	2000～2013年均值
北京	0.757	0.737	0.664	0.806	0.743	1	0.921	0.964	0.805	1	1	1	0.852	0.853	0.864
天津	1	1	1	1	1	1	1	1	0.970	1	1	1	1	1	0.998
河北	0.935	0.946	1	1	0.960	0.839	0.989	1	0.952	1	1	1	1	1	0.973
山东	1	1	1	1	1	1	1	1	1	1	1	1	1	1	1
北部沿海综合经济区	**0.923**	**0.921**	**0.916**	**0.951**	**0.926**	**0.960**	**0.978**	**0.991**	**0.932**	**1**	**1**	**1**	**0.963**	**0.963**	**0.959**
辽宁	1	1	1	1	1	0.876	0.827	0.859	0.804	0.884	0.896	0.956	1	0.990	0.935
吉林	0.731	0.912	0.763	0.674	0.596	0.693	0.742	0.659	0.590	0.565	0.489	0.495	0.509	0.564	0.642
黑龙江	0.799	0.822	0.773	0.807	0.873	0.903	0.779	0.744	0.542	0.496	0.436	0.555	0.642	0.712	0.706
东北部综合经济区	**0.843**	**0.911**	**0.845**	**0.827**	**0.823**	**0.824**	**0.783**	**0.754**	**0.645**	**0.648**	**0.607**	**0.669**	**0.717**	**0.755**	**0.761**
上海	1	1	1	1	1	1	1	1	1	1	1	1	1	1	1
江苏	1	1	1	1	1	1	1	1	0.976	1	1	1	1	1	0.998
浙江	1	1	1	1	1	1	1	1	0.965	0.974	0.993	0.977	0.916	0.931	0.983
东部沿海综合经济区	**1**	**1**	**1**	**1**	**1**	**1**	**1**	**1**	**0.980**	**0.991**	**0.998**	**0.992**	**0.972**	**0.977**	**0.994**
福建	1	1	1	1	1	1	1	1	0.934	0.958	0.895	0.782	0.758	0.817	0.939
广东	1	1	1	1	1	1	0.978	0.966	0.828	0.996	0.976	0.940	0.986	1	0.976
海南	0.645	0.740	0.620	0.678	0.618	0.864	0.699	0.781	0.647	0.792	0.774	0.769	0.683	0.486	0.700
南部沿海综合经济区	**0.882**	**0.913**	**0.873**	**0.893**	**0.873**	**0.955**	**0.892**	**0.916**	**0.803**	**0.915**	**0.882**	**0.831**	**0.809**	**0.768**	**0.872**
陕西	0.640	0.643	0.722	0.712	0.673	0.667	0.661	0.701	0.937	0.942	0.847	0.838	0.727	0.708	0.744
山西	1	1	1	1	1	1	1	1	0.871	0.720	0.734	0.701	0.697	0.788	0.894

续表

地区	2000	2001	2002	2003	2004	2005	2006	2007	2008	2009	2010	2011	2012	2013	2000~2013年均值
河南	0.832	0.793	0.741	0.740	0.765	0.784	0.746	0.821	0.890	0.929	0.831	0.848	0.898	0.788	0.815
内蒙古	0.844	1	0.836	0.858	0.740	0.967	0.969	0.999	0.872	1	1	1	1	1	0.935
黄河中游综合经济区	**0.829**	**0.859**	**0.825**	**0.827**	**0.795**	**0.854**	**0.844**	**0.880**	**0.892**	**0.898**	**0.853**	**0.847**	**0.830**	**0.821**	**0.847**
安徽	0.723	0.688	0.779	0.769	0.751	0.837	0.818	0.817	1	1	0.779	1	1	1	0.870
江西	0.757	0.768	0.664	0.721	0.692	0.718	0.639	0.684	0.823	0.836	0.779	0.745	0.878	1	0.767
湖北	0.621	0.677	0.636	0.632	0.630	0.673	0.643	0.645	0.613	0.645	0.638	0.630	0.603	0.663	0.639
湖南	0.749	0.744	0.784	0.825	0.931	0.958	0.915	0.895	0.820	1	1	0.951	0.877	0.883	0.881
长江中游综合经济区	**0.712**	**0.719**	**0.716**	**0.737**	**0.751**	**0.797**	**0.754**	**0.760**	**0.814**	**0.870**	**0.854**	**0.831**	**0.840**	**0.886**	**0.789**
广西	0.698	0.684	0.723	0.817	0.706	0.686	0.750	0.699	0.841	0.915	0.916	0.918	0.820	0.714	0.778
重庆	0.838	0.830	0.676	0.724	0.696	0.665	0.663	0.658	0.644	0.759	0.745	0.979	0.672	0.658	0.729
四川	0.696	0.689	0.701	0.661	0.718	0.693	0.681	0.637	0.637	0.628	0.619	0.619	0.597	0.531	0.650
贵州	0.512	0.468	0.497	0.479	0.455	0.505	0.530	0.502	0.427	0.846	0.815	0.843	0.923	0.957	0.626
云南	0.842	0.774	0.743	0.771	0.775	0.739	0.720	0.741	0.328	0.291	0.308	0.318	0.321	0.387	0.576
大西南综合经济区	**0.717**	**0.689**	**0.668**	**0.690**	**0.670**	**0.658**	**0.669**	**0.647**	**0.575**	**0.688**	**0.681**	**0.736**	**0.667**	**0.650**	**0.672**
西藏	0.088	0.187	0.276	0.663	0.685	0.515	0.458	0.556	0.421	0.491	0.459	0.469	0.479	0.462	0.444
甘肃	0.686	0.674	0.615	0.625	0.793	0.647	0.736	0.837	0.928	0.870	0.759	0.652	0.613	0.608	0.717
青海	0.412	0.463	0.482	0.496	0.451	0.434	0.436	0.432	0.373	0.423	0.412	0.379	0.342	0.301	0.417
宁夏	0.625	0.563	0.552	0.491	0.452	0.520	0.521	0.536	0.958	1	1	1	1	1	0.730
新疆	0.663	0.598	0.573	0.538	0.507	0.540	0.508	0.491	0.477	0.477	0.430	0.421	0.511	0.561	0.521
大西北综合经济区	**0.495**	**0.497**	**0.499**	**0.562**	**0.578**	**0.531**	**0.532**	**0.570**	**0.631**	**0.652**	**0.612**	**0.584**	**0.589**	**0.586**	**0.566**
全国平均	0.777	0.787	0.768	0.790	0.781	0.798	0.785	0.794	0.770	0.820	0.798	0.800	0.784	0.786	0.788

附录 11 2000～2013 年各个省区市物流业有效性分析

地区	2000	2001	2002	2003	2004	2005	2006	2007	2008	2009	2010	2011	2012	2013
北京	无效	无效	无效	无效	无效	有效	无效	无效	无效	有效	有效	有效	无效	无效
天津	有效	有效	有效	有效	有效	有效	有效	有效	有效	有效	有效	有效	有效	有效
河北	无效	无效	有效	有效	无效	无效	无效	有效	无效	有效	有效	有效	有效	有效
山东	有效	有效	有效	有效	有效	有效	有效	有效	有效	有效	有效	有效	有效	有效
北部沿海综合经济区	2	2	3	3	2	3	2	3	1	4	4	4	3	3
辽宁	有效	有效	有效	有效	有效	无效	无效	无效	无效	无效	无效	无效	有效	无效
吉林	无效	无效	无效	无效	无效	无效	无效	无效	无效	无效	无效	无效	无效	无效
黑龙江	无效	无效	无效	无效	无效	无效	无效	无效	无效	无效	无效	无效	无效	无效
东北部综合经济区	1	1	1	1	1	0	0	0	0	0	0	0	1	0
上海	有效	有效	有效	有效	有效	有效	有效	有效	有效	有效	有效	有效	有效	有效
江苏	有效	有效	有效	有效	有效	有效	有效	有效	无效	有效	有效	有效	有效	有效
浙江	有效	有效	有效	有效	有效	有效	有效	有效	无效	无效	无效	无效	无效	无效
东部沿海综合经济区	3	3	3	3	3	3	3	3	1	2	2	2	2	2
福建	有效	有效	有效	有效	有效	有效	有效	有效	有效	无效	无效	无效	无效	无效
广东	有效	有效	有效	有效	有效	有效	无效	无效	无效	无效	无效	无效	无效	有效
海南	无效	无效	无效	无效	无效	无效	无效	无效	无效	无效	无效	无效	无效	无效
南部沿海综合经济区	2	2	2	2	2	2	1	1	0	0	0	0	0	1
陕西	无效	无效	无效	有效	有效	无效	无效	无效	有效	无效	无效	无效	无效	无效
山西	有效	有效	有效	有效	有效	有效	有效	有效	有效	无效	无效	无效	无效	无效

续表

地区	2000	2001	2002	2003	2004	2005	2006	2007	2008	2009	2010	2011	2012	2013
河南	无效	无效	无效	无效	无效	无效	无效	无效	无效	无效	无效	无效	无效	无效
内蒙古	无效	有效	无效	无效	无效	无效	无效	无效	无效	有效	有效	有效	有效	有效
黄河中游综合经济区	1	2	1	1	1	1	1	1	0	1	1	1	1	1
安徽	无效	无效	无效	无效	无效	无效	无效	无效	有效	有效	有效	有效	有效	有效
江西	无效	无效	无效	无效	无效	无效	无效	无效	无效	无效	无效	无效	无效	有效
湖北	无效	无效	无效	无效	无效	无效	无效	无效	无效	无效	无效	无效	无效	无效
湖南	无效	无效	无效	无效	无效	无效	无效	无效	无效	无效	有效	无效	无效	无效
长江中游综合经济区	0	0	0	0	0	0	0	0	1	1	2	1	1	2
广西	无效	无效	无效	无效	无效	无效	无效	无效	无效	无效	无效	无效	无效	无效
重庆	无效	无效	无效	无效	无效	无效	无效	无效	无效	无效	无效	无效	无效	无效
四川	无效	无效	无效	无效	无效	无效	无效	无效	无效	无效	无效	无效	无效	无效
贵州	无效	无效	无效	无效	无效	无效	无效	无效	无效	无效	无效	无效	无效	无效
云南	无效	无效	无效	无效	无效	无效	无效	无效	无效	无效	无效	无效	无效	无效
大西南综合经济区	0	0	0	0	0	0	0	0	0	0	0	0	0	0
西藏	无效	无效	无效	无效	无效	无效	无效	无效	无效	无效	无效	无效	无效	无效
甘肃	无效	无效	无效	无效	无效	无效	无效	无效	无效	无效	无效	无效	无效	无效
青海	无效	无效	无效	无效	无效	无效	无效	无效	无效	无效	无效	无效	无效	无效
宁夏	无效	无效	无效	无效	无效	无效	无效	无效	无效	有效	有效	有效	有效	有效
新疆	无效	无效	无效	无效	无效	无效	无效	无效	无效	无效	无效	无效	无效	无效
大西北综合经济区	0	0	0	0	0	0	0	0	0	1	1	1	1	1
全国 DEA 有效性个数	9	10	10	10	9	9	7	8	3	10	10	9	9	10

附录12 各个年份制造业与物流业的 Malmquist 指数详细列表

地区	制造业 Malmquist 指数					物流业 Malmquist 指数				
2000~2001	Effch	Techch	Pech	Sech	Tfpch	Effch	Techch	Pech	Sech	Tfpch
北京	1	1.178	1	1	1.178	0.973	1.051	1.01	0.964	1.023
天津	1.001	1.092	1	1.001	1.094	1	0.987	1	1	0.987
河北	0.921	1.16	0.981	0.939	1.068	1.105	1.035	1.028	1.076	1.144
山西	1.029	1.013	1.055	0.975	1.042	1	0.883	1	1	0.883
内蒙古	1.059	1.071	1.029	1.03	1.135	1.184	0.848	1.105	1.072	1.004
辽宁	1.082	1.024	1.046	1.034	1.108	1.032	0.869	1	1.032	0.897
吉林	1.165	1.025	1.143	1.019	1.194	1.248	0.828	1.201	1.039	1.033
黑龙江	1	0.95	1	1	0.95	1.033	0.943	1.029	1.004	0.975
上海	1	1.056	1	1	1.056	1	0.935	1	1	0.935
江苏	1	1.071	1.038	0.963	1.071	0.987	1.004	1	0.987	0.991
浙江	0.864	1.102	0.95	0.909	0.952	1	1.118	1	1	1.118
安徽	1.017	1.131	1.025	0.992	1.15	0.952	0.989	0.965	0.987	0.941
福建	0.957	1.116	1	0.957	1.068	1	0.969	1	1	0.969
江西	1.041	1.094	1.041	0.999	1.138	1.015	0.881	0.988	1.027	0.894
山东	1.06	1.023	1	1.06	1.084	1.135	1.061	1	1.135	1.204
河南	1.006	1.101	1.203	0.836	1.108	1.071	0.924	1.035	1.035	0.989
湖北	0.984	1.146	1.027	0.958	1.127	1.127	0.925	1.126	1.001	1.042
湖南	0.985	1.126	0.996	0.989	1.108	0.996	1.011	1.002	0.994	1.007
广东	0.942	1.088	1	0.942	1.025	1.134	1.046	1	1.134	1.186
广西	0.926	1.052	0.925	1.001	0.974	0.98	0.991	1.006	0.974	0.971
海南	0.985	1.07	1.025	0.961	1.053	1.148	1.027	1	1.148	1.179
重庆	1.031	1.05	1.027	1.005	1.083	0.991	0.975	0.952	1.041	0.967
四川	0.914	1.161	0.936	0.976	1.062	1.066	1	1.071	0.995	1.066
贵州	0.945	1.093	0.941	1.003	1.032	0.914	1.077	0.962	0.95	0.985
云南	0.987	1.129	0.991	0.996	1.114	0.92	1.106	0.937	0.982	1.018
西藏	1.264	0.903	1	1.264	1.14	2.121	1.119	1	2.121	2.373

地区	制造业 Malmquist 指数					物流业 Malmquist 指数				
2000～2001	Effch	Techch	Pech	Sech	Tfpch	Effch	Techch	Pech	Sech	Tfpch
陕西	1.111	1.047	1.105	1.005	1.164	1.004	0.981	0.97	1.035	0.984
甘肃	0.824	1.059	0.823	1.001	0.872	0.984	0.994	0.944	1.043	0.978
青海	0.911	1.075	1	0.911	0.98	1.125	1.009	1.024	1.098	1.135
宁夏	1.099	1.034	1	1.099	1.136	0.9	1.098	1	0.9	0.988
新疆	1	1.118	1	1	1.118	0.902	0.997	0.959	0.94	0.899
mean	1	1.074	1.008	0.992	1.074	1.052	0.987	1.009	1.043	1.038
地区	制造业 Malmquist 指数					物流业 Malmquist 指数				
2001～2002	Effch	Techch	Pech	Sech	Tfpch	Effch	Techch	Pech	Sech	Tfpch
北京	1	0.97	1	1	0.97	0.901	1.141	0.97	0.929	1.028
天津	1.049	1.059	1.047	1.001	1.11	1	1.167	1	1	1.167
河北	0.874	1.33	1.028	0.85	1.162	1.067	1.108	1.06	1.007	1.182
山西	1.134	1.033	1.109	1.022	1.171	1	1.07	1	1	1.07
内蒙古	1.1	1.052	1.07	1.029	1.157	0.836	1.104	0.895	0.934	0.923
辽宁	1.018	1.06	1.007	1.011	1.08	1.043	1.182	1	1.043	1.232
吉林	1.167	1.058	1.157	1.009	1.235	0.836	1.203	0.998	0.837	1.006
黑龙江	1	0.909	1	1	0.909	0.951	1.068	0.965	0.985	1.016
上海	1	1.111	1	1	1.111	1	1.08	1	1	1.08
江苏	0.987	1.093	1.003	0.985	1.079	0.99	1.067	1	0.99	1.057
浙江	0.877	1.162	0.984	0.891	1.019	1	1.157	1	1	1.157
安徽	0.862	1.188	0.891	0.967	1.024	1.132	1.084	1.138	0.994	1.227
福建	0.814	1.271	0.923	0.881	1.034	1	1.046	1	1	1.046
江西	0.822	1.191	0.822	1	0.979	0.865	1.029	0.883	0.979	0.89
山东	1.05	1.061	1	1.05	1.114	0.953	1.074	1	0.953	1.024
河南	1.029	0.995	1.047	0.984	1.024	0.874	1.091	0.888	0.985	0.953
湖北	0.818	1.323	0.988	0.828	1.082	0.95	1.068	0.929	1.022	1.014
湖南	0.794	1.285	0.943	0.842	1.02	1.114	1.108	1.106	1.007	1.234
广东	1.007	1.034	1	1.007	1.041	1.051	1.065	1	1.051	1.12
广西	0.928	1.1	0.923	1.005	1.02	1.054	1.074	1.035	1.019	1.132
海南	1	1.099	1.013	0.987	1.099	0.837	1.056	1	0.837	0.883

地区	制造业 Malmquist 指数					物流业 Malmquist 指数				
2001~2002	Effch	Techch	Pech	Sech	Tfpch	Effch	Techch	Pech	Sech	Tfpch
重庆	0.986	1.034	1.022	0.964	1.019	0.814	1.039	0.872	0.933	0.846
四川	0.942	1.185	0.962	0.979	1.116	1.026	1.109	1.03	0.996	1.138
贵州	0.985	1.123	1.046	0.941	1.106	1.063	1.099	1.034	1.028	1.168
云南	0.863	1.21	0.861	1.002	1.044	0.959	1.123	0.968	0.991	1.077
西藏	1.211	0.83	1	1.211	1.005	1.471	1.168	1	1.471	1.719
陕西	1.095	1.035	1.081	1.013	1.133	1.124	1	1.167	0.963	1.123
甘肃	0.948	1.125	0.976	0.971	1.066	0.912	1.067	1.009	0.904	0.973
青海	1.074	1.072	1	1.074	1.151	1.041	1.096	1.105	0.942	1.141
宁夏	1.031	1.053	1	1.031	1.086	0.981	1.109	1	0.981	1.088
新疆	1	1.297	1	1	1.297	0.959	1.089	0.978	0.98	1.044
mean	0.977	1.102	0.995	0.982	1.077	0.987	1.094	0.999	0.988	1.08

地区	制造业 Malmquist 指数					物流业 Malmquist 指数				
2002~2003	Effch	Techch	Pech	Sech	Tfpch	Effch	Techch	Pech	Sech	Tfpch
北京	1	0.952	1	1	0.952	1.145	0.909	0.973	1.177	1.041
天津	1.049	1.062	1.059	0.99	1.114	1	1	1	1	1
河北	1.008	1.204	0.924	1.091	1.213	1	1.124	1	1	1.124
山西	1.115	1.165	1.094	1.019	1.298	1	1.105	1	1	1.105
内蒙古	1.013	1.236	1.017	0.996	1.252	1.026	0.925	0.986	1.04	0.948
辽宁	0.907	1.238	0.918	0.988	1.123	1	1.169	1	1	1.169
吉林	1.07	1.269	1.052	1.017	1.358	0.883	1.122	0.764	1.156	0.991
黑龙江	1	1.124	1	1	1.124	1.048	1.052	1.064	0.985	1.103
上海	1	1.288	1	1	1.288	1	0.848	1	1	0.848
江苏	0.933	1.215	1	0.933	1.133	1.155	0.857	1	1.155	0.991
浙江	0.904	1.171	0.864	1.046	1.059	1	0.961	1	1	0.961
安徽	0.909	1.178	0.876	1.037	1.07	0.987	1.07	0.985	1.002	1.056
福建	0.925	1.104	0.827	1.118	1.021	1	0.96	1	1	0.96
江西	1.119	1.126	1.132	0.989	1.261	1.085	0.923	1.039	1.044	1.002
山东	0.905	1.268	1	0.905	1.148	1.049	1.063	1	1.049	1.115
河南	0.92	0.95	0.883	1.041	0.874	1.049	0.987	1.012	1.036	1.036

地区	制造业 Malmquist 指数					物流业 Malmquist 指数				
2002～2003	Effch	Techch	Pech	Sech	Tfpch	Effch	Techch	Pech	Sech	Tfpch
湖北	0.964	1.14	0.738	1.306	1.099	1.049	1.021	1.059	0.99	1.071
湖南	0.879	1.111	0.734	1.198	0.977	1.042	0.973	1.04	1.002	1.014
广东	0.936	1.079	1	0.936	1.01	0.956	1.098	1	0.956	1.05
广西	0.896	1.032	0.914	0.98	0.925	1.132	1	1.092	1.037	1.132
海南	0.953	1.096	0.987	0.965	1.045	1.094	0.924	1	1.094	1.011
重庆	0.941	1.133	0.956	0.984	1.066	1.071	0.987	1.046	1.024	1.057
四川	0.905	1.278	0.87	1.04	1.156	0.96	1.046	0.959	1	1.004
贵州	0.969	1.031	0.975	0.994	0.999	0.964	0.975	0.937	1.029	0.939
云南	0.962	1.133	0.982	0.98	1.09	1.038	0.95	1.025	1.013	0.986
西藏	0.491	0.964	1	0.491	0.473	2.405	0.732	1	2.405	1.761
陕西	0.965	1.134	0.972	0.993	1.094	0.986	0.931	0.954	1.033	0.917
甘肃	1.079	1.048	1.073	1.005	1.131	1.015	0.997	1.051	0.966	1.013
青海	0.935	1.245	1	0.935	1.164	1.029	0.9	0.993	1.035	0.926
宁夏	1.021	1.228	1	1.021	1.254	0.889	0.998	1	0.889	0.887
新疆	0.914	1.217	0.978	0.934	1.112	0.939	1.077	0.908	1.035	1.012
mean	0.947	1.138	0.958	0.989	1.078	1.046	0.985	0.995	1.052	1.031

地区	制造业 Malmquist 指数					物流业 Malmquist 指数				
2003～2004	Effch	Techch	Pech	Sech	Tfpch	Effch	Techch	Pech	Sech	Tfpch
北京	1	1.105	1	1	1.105	0.869	1.234	0.92	0.944	1.072
天津	1.008	1.091	0.997	1.011	1.1	1	1.524	1	1	1.524
河北	1.083	1.202	1.04	1.042	1.302	0.932	1.045	0.958	0.973	0.974
山西	1.197	1.202	1.196	1	1.438	1	1.02	1	1	1.02
内蒙古	1.079	1.186	1.048	1.029	1.28	0.862	1.162	0.858	1.004	1.001
辽宁	0.995	1.173	1.012	0.982	1.167	0.897	0.966	1	0.897	0.866
吉林	0.981	1.161	0.991	0.99	1.138	0.865	1.077	0.848	1.021	0.932
黑龙江	1	1.139	1	1	1.139	1.054	0.985	1.028	1.026	1.039
上海	1	1.139	1	1	1.139	1	1.028	1	1	1.028
江苏	1.051	1.143	1	1.051	1.202	0.933	1.163	1	0.933	1.084
浙江	0.914	1.168	0.912	1.002	1.068	1	1.077	1	1	1.077

续表

地区	制造业 Malmquist 指数					物流业 Malmquist 指数				
2003~2004	Effch	Techch	Pech	Sech	Tfpch	Effch	Techch	Pech	Sech	Tfpch
安徽	1.05	1.201	1.047	1.002	1.261	0.976	1.066	0.969	1.007	1.04
福建	0.939	1.052	0.955	0.984	0.988	1	1.046	1	1	1.046
江西	1.051	1.222	1.028	1.023	1.285	0.928	1.165	0.906	1.024	1.081
山东	0.986	1.173	1	0.986	1.157	1	1.107	1	1	1.107
河南	0.921	1.099	0.945	0.974	1.011	0.955	1.136	1.062	0.899	1.085
湖北	0.975	1.213	0.975	1	1.183	0.855	1.193	0.871	0.982	1.02
湖南	1.023	1.214	1.015	1.008	1.242	1.072	1.151	1.132	0.947	1.234
广东	0.949	1.106	1	0.949	1.05	0.914	1.081	1	0.914	0.988
广西	1.016	1.209	1	1.016	1.229	0.798	1.196	0.774	1.031	0.954
海南	1.225	1.17	0.955	1.283	1.434	0.911	1.149	1	0.911	1.047
重庆	0.948	1.15	0.919	1.032	1.09	0.961	1.121	1.004	0.957	1.077
四川	0.962	1.186	0.958	1.004	1.141	1.082	1.066	1.077	1.005	1.153
贵州	1.133	1.064	1.101	1.03	1.206	0.951	1.137	1.018	0.934	1.081
云南	1.045	1.206	1.03	1.014	1.26	1.006	1.134	1.009	0.996	1.14
西藏	1.137	1.111	1	1.137	1.263	1.034	1.146	1	1.034	1.185
陕西	1.096	1.165	1.068	1.026	1.277	0.888	1.18	0.869	1.021	1.047
甘肃	1.091	1.078	1.096	0.995	1.177	1.27	1.099	1.272	0.998	1.396
青海	1.049	1.182	0.94	1.117	1.24	0.91	1.166	1.007	0.904	1.061
宁夏	0.975	1.196	1	0.975	1.167	0.921	1.121	1	0.921	1.033
新疆	1.094	1.3	1.022	1.07	1.423	0.942	1.076	0.949	0.993	1.014
mean	1.029	1.16	1.007	1.022	1.194	0.957	1.119	0.981	0.976	1.071
地区	制造业 Malmquist 指数					物流业 Malmquist 指数				
2004~2005	Effch	Techch	Pech	Sech	Tfpch	Effch	Techch	Pech	Sech	Tfpch
北京	1	1.184	1	1	1.184	1.514	0.776	1.421	1.065	1.175
天津	1.037	1.09	1.043	0.995	1.131	1	0.83	1	1	0.83
河北	0.967	1.127	1.041	0.929	1.09	0.9	0.872	0.882	1.02	0.784
山西	0.921	1.2	0.919	1.003	1.105	1	1.032	1	1	1.032
内蒙古	1.095	1.172	1.082	1.012	1.283	1.304	0.995	1.275	1.023	1.298
辽宁	0.85	1.145	0.852	0.997	0.973	0.977	0.806	0.877	1.114	0.787

地区	制造业 Malmquist 指数					物流业 Malmquist 指数				
2004~2005	Effch	Techch	Pech	Sech	Tfpch	Effch	Techch	Pech	Sech	Tfpch
吉林	0.87	1.201	0.884	0.984	1.045	1.188	0.815	1.094	1.085	0.968
黑龙江	1	0.954	1	1	0.954	1.061	0.813	1.06	1.001	0.863
上海	1	1.079	1	1	1.079	1	1.022	1	1	1.022
江苏	1.024	1.093	1	1.024	1.119	1.012	0.908	1	1.012	0.919
浙江	0.985	1.103	1.032	0.954	1.087	1	0.892	1	1	0.892
安徽	0.945	1.146	0.984	0.961	1.083	1.115	0.962	1.097	1.016	1.072
福建	0.955	1.007	1.009	0.947	0.961	1	0.747	1	1	0.747
江西	1.089	1.078	1.115	0.976	1.174	1.071	0.912	1.078	0.994	0.978
山东	0.967	1.154	1	0.967	1.115	1	0.958	1	1	0.958
河南	1.083	1.069	1.294	0.838	1.158	1.092	0.821	0.971	1.124	0.896
湖北	0.941	1.093	1.01	0.932	1.029	1.271	0.739	1.251	1.016	0.94
湖南	1.071	1.081	1.143	0.937	1.157	1.104	0.843	1.045	1.056	0.93
广东	0.899	1.061	1	0.899	0.954	0.778	0.902	1	0.778	0.703
广西	1.085	1.042	1.094	0.992	1.131	1.054	0.792	1.061	0.994	0.835
海南	0.932	1.108	0.947	0.984	1.033	1.399	0.775	1	1.399	1.085
重庆	0.921	1.163	0.896	1.027	1.071	0.952	0.983	0.842	1.131	0.936
四川	1.007	1.111	1.085	0.928	1.119	0.979	0.897	0.971	1.008	0.878
贵州	1.286	0.905	1.23	1.046	1.164	1.11	0.948	1.057	1.05	1.052
云南	0.987	1.062	0.985	1.002	1.048	0.953	1.076	0.946	1.008	1.026
西藏	1.308	0.904	1	1.308	1.182	0.752	0.759	1	0.752	0.571
陕西	1.017	1.116	1.015	1.002	1.135	1.056	0.885	1.036	1.019	0.935
甘肃	1.511	1.097	1.504	1.005	1.657	0.815	0.944	0.684	1.192	0.77
青海	1.129	1.216	1.064	1.061	1.373	0.962	0.995	1	0.962	0.958
宁夏	0.801	1.199	0.757	1.059	0.961	1.151	1.033	1	1.151	1.189
新疆	1	1.226	1	1	1.226	1.066	0.964	0.973	1.096	1.028
mean	1.014	1.1	1.024	0.99	1.115	1.041	0.889	1.012	1.029	0.925
地区	制造业 Malmquist 指数					物流业 Malmquist 指数				
2005~2006	Effch	Techch	Pech	Sech	Tfpch	Effch	Techch	Pech	Sech	Tfpch
北京	1	1.277	1	1	1.277	0.921	0.877	0.939	0.981	0.807

地区	制造业 Malmquist 指数					物流业 Malmquist 指数				
2005~2006	Effch	Techch	Pech	Sech	Tfpch	Effch	Techch	Pech	Sech	Tfpch
天津	1.014	1.249	1.008	1.006	1.266	1	0.968	1	1	0.968
河北	0.923	1.248	1	0.923	1.151	1.18	0.996	1.173	1.006	1.175
山西	0.984	1.154	0.989	0.995	1.135	1	0.936	1	1	0.936
内蒙古	0.975	1.245	1.075	0.907	1.213	1.005	1.121	1.008	0.997	1.127
辽宁	0.899	1.228	0.958	0.938	1.104	0.767	0.955	0.8	0.958	0.732
吉林	0.869	1.233	0.908	0.957	1.071	1.071	0.998	1.144	0.936	1.069
黑龙江	1	1.053	1	1	1.053	0.862	1.022	0.853	1.011	0.881
上海	0.957	1.193	1	0.957	1.141	1	0.937	1	1	0.937
江苏	0.94	1.22	1	0.94	1.146	1.077	1.086	1	1.077	1.17
浙江	0.918	1.188	0.995	0.922	1.091	1	0.979	1	1	0.979
安徽	0.926	1.21	0.974	0.951	1.121	0.978	1.107	0.989	0.988	1.082
福建	0.915	1.065	0.936	0.979	0.975	1	1.068	1	1	1.068
江西	0.897	1.253	0.965	0.929	1.124	0.891	1.09	0.925	0.964	0.971
山东	0.927	1.229	1	0.927	1.14	1	0.962	1	1	0.962
河南	0.984	1.187	1	0.984	1.168	1.046	1.034	1.045	1.001	1.082
湖北	0.962	1.207	1.054	0.912	1.161	0.955	0.978	0.97	0.985	0.934
湖南	0.983	1.156	1.045	0.941	1.137	0.954	1.038	0.952	1.002	0.99
广东	0.986	1.185	1	0.986	1.169	1.117	0.838	0.951	1.174	0.936
广西	0.999	1.209	1.053	0.949	1.208	1.092	0.991	1.101	0.992	1.083
海南	1.093	1.237	1.092	1.002	1.353	0.808	1.013	1	0.808	0.819
重庆	0.965	1.208	0.963	1.003	1.166	1	1.098	1.013	0.987	1.097
四川	0.975	1.187	1.051	0.928	1.157	0.982	1.072	0.976	1.005	1.052
贵州	0.952	1.016	0.947	1.005	0.968	1.049	1.136	1.025	1.023	1.192
云南	1.067	1.094	1.065	1.002	1.167	0.975	1.068	0.982	0.992	1.041
西藏	1.168	0.992	1	1.168	1.159	0.888	1.256	1	0.888	1.115
陕西	1.005	1.061	0.996	1.009	1.067	0.992	1.014	1.094	0.906	1.005
甘肃	1.053	1.162	1.053	1.001	1.224	1.138	1.008	1.263	0.901	1.146
青海	1.074	1.235	1	1.074	1.326	1.004	1.101	1	1.004	1.106
宁夏	1.021	1.198	0.993	1.028	1.223	1.001	1.033	1	1.001	1.034

地区	制造业 Malmquist 指数					物流业 Malmquist 指数				
2005～2006	Effch	Techch	Pech	Sech	Tfpch	Effch	Techch	Pech	Sech	Tfpch
新疆	1	1.27	1	1	1.27	0.94	1.127	1.023	0.919	1.06
mean	0.98	1.18	1.003	0.977	1.156	0.986	1.026	1.004	0.982	1.012

地区	制造业 Malmquist 指数					物流业 Malmquist 指数				
2006～2007	Effch	Techch	Pech	Sech	Tfpch	Effch	Techch	Pech	Sech	Tfpch
北京	1	1.078	1	1	1.078	1.046	0.863	1.065	0.982	0.904
天津	1	1.106	1	1	1.106	1	0.921	1	1	0.921
河北	1.146	1.084	1	1.146	1.243	1.011	1.136	1.009	1.001	1.148
山西	1.318	1.043	1.429	0.923	1.375	1	0.977	1	1	0.977
内蒙古	1.188	1.111	1.05	1.131	1.32	1.03	1.099	1.025	1.004	1.132
辽宁	1.044	1.115	1.031	1.013	1.165	1.219	0.952	1.168	1.043	1.16
吉林	1.05	1.144	1.023	1.027	1.202	0.888	1.06	0.935	0.95	0.942
黑龙江	1	0.907	1	1	0.907	0.957	1.033	1.007	0.95	0.989
上海	0.996	1.126	1	0.996	1.122	1	0.931	1	1	0.931
江苏	0.975	1.159	1	0.975	1.129	1.009	1.06	1	1.009	1.069
浙江	1.022	1.087	1.026	0.996	1.111	1	1.096	1	1	1.096
安徽	1.076	1.086	0.98	1.099	1.169	0.999	1.115	1.002	0.997	1.114
福建	0.892	0.989	0.872	1.022	0.882	1	1.123	1	1	1.123
江西	1.096	1.069	0.994	1.103	1.171	1.071	1.029	1.115	0.961	1.103
山东	1.005	1.173	1	1.005	1.179	1	1.082	1	1	1.082
河南	1.143	1.038	1	1.143	1.186	1.134	1.055	1.15	0.986	1.197
湖北	1.087	1.023	0.989	1.099	1.112	1.002	1.017	1.031	0.972	1.019
湖南	1.113	0.991	1.037	1.074	1.103	0.979	1.029	0.997	0.982	1.007
广东	1.027	1.055	1	1.027	1.083	1.119	0.961	0.977	1.146	1.075
广西	1.149	1.013	1.075	1.069	1.164	0.933	1.022	0.975	0.957	0.953
海南	1.315	1.136	1.134	1.16	1.493	1.118	1.033	1	1.118	1.155
重庆	1.011	1.083	1.002	1.009	1.095	0.993	1.09	1.024	0.97	1.082
四川	1.094	1.012	1.046	1.046	1.107	0.936	1.073	0.971	0.965	1.004
贵州	0.981	0.962	0.972	1.009	0.944	0.947	1.11	0.967	0.98	1.051
云南	1.009	0.998	1.021	0.988	1.007	1.029	1.075	1.037	0.992	1.106

地区	制造业 Malmquist 指数					物流业 Malmquist 指数				
2006~2007	Effch	Techch	Pech	Sech	Tfpch	Effch	Techch	Pech	Sech	Tfpch
西藏	0.934	0.978	1	0.934	0.914	1.215	1.135	1	1.215	1.379
陕西	1.124	1.005	1.122	1.002	1.13	1.06	0.946	1.014	1.045	1.003
甘肃	1.098	1.079	1.076	1.02	1.185	1.138	1.022	1.158	0.983	1.163
青海	1.022	1.077	0.915	1.117	1.101	0.992	1.079	1	0.992	1.07
宁夏	1.034	1.137	0.948	1.09	1.175	1.028	1.093	1	1.028	1.124
新疆	1	1	1	1	1	0.966	1.066	1.01	0.956	1.029
mean	1.059	1.058	1.021	1.038	1.121	1.024	1.039	1.019	1.004	1.064

地区	制造业 Malmquist 指数					物流业 Malmquist 指数				
2007~2008	Effch	Techch	Pech	Sech	Tfpch	Effch	Techch	Pech	Sech	Tfpch
北京	1	1.15	1	1	1.15	0.836	1.103	0.855	0.978	0.922
天津	1	1.124	1	1	1.124	0.97	0.645	1	0.97	0.625
河北	1.041	1.16	1	1.041	1.208	0.952	1.196	0.966	0.986	1.139
山西	1.182	1.053	1.082	1.092	1.245	0.871	0.896	0.9	0.968	0.781
内蒙古	1	1.217	1	1	1.217	0.874	1.181	0.903	0.968	1.032
辽宁	1.011	1.15	1.093	0.925	1.162	0.882	1.05	0.885	0.997	0.927
吉林	0.98	1.143	0.943	1.04	1.121	0.896	1.142	0.953	0.939	1.023
黑龙江	1	0.949	1	1	0.949	0.729	1.084	0.775	0.94	0.79
上海	0.962	1.067	1	0.962	1.027	1	1.047	1	1	1.047
江苏	0.848	1.097	1	0.848	0.93	0.976	1.13	0.983	0.993	1.103
浙江	1.002	1.085	1.027	0.976	1.087	0.965	0.998	0.968	0.997	0.963
安徽	0.936	1.191	0.933	1.003	1.115	1.224	1.513	1.175	1.041	1.853
福建	1.014	1.034	0.993	1.021	1.048	0.934	1.139	0.986	0.947	1.063
江西	0.92	1.154	0.925	0.995	1.062	1.203	1.123	1.147	1.049	1.351
山东	1.033	1.082	1	1.033	1.117	1	1.154	1	1	1.154
河南	0.959	1.198	1	0.959	1.149	1.084	1.112	1.093	0.992	1.206
湖北	0.925	1.151	0.932	0.993	1.065	0.951	1.145	0.976	0.974	1.088
湖南	0.916	1.126	0.957	0.956	1.031	0.916	1.079	0.912	1.005	0.989
广东	0.987	1.018	1	0.987	1.005	0.835	1.166	0.762	1.096	0.975
广西	0.86	1.177	0.859	1.001	1.011	1.203	1.063	1.167	1.031	1.279

地区	制造业 Malmquist 指数					物流业 Malmquist 指数				
2007～2008	Effch	Techch	Pech	Sech	Tfpch	Effch	Techch	Pech	Sech	Tfpch
海南	1	1.039	1	1	1.039	0.828	1.088	1	0.828	0.9
重庆	0.897	1.16	0.897	1	1.04	0.979	1.17	0.988	0.991	1.146
四川	0.943	1.121	0.99	0.953	1.058	0.972	1.166	0.958	1.015	1.134
贵州	1.038	1.016	1.052	0.987	1.055	0.85	1.232	0.863	0.985	1.047
云南	0.985	1.04	0.972	1.014	1.025	0.443	1.523	0.49	0.903	0.674
西藏	0.928	1.103	1	0.928	1.024	0.758	1.33	1	0.758	1.007
陕西	1.014	1.057	1.039	0.976	1.072	1.336	1.045	1.303	1.025	1.396
甘肃	1.042	1.036	1.021	1.02	1.079	1.109	0.967	1	1.109	1.072
青海	1.076	1.087	1.069	1.007	1.17	0.862	1.144	0.919	0.938	0.986
宁夏	1.012	1.108	0.961	1.053	1.121	1.788	1.119	1	1.788	2
新疆	1	1.058	1	1	1.058	0.972	1.11	0.896	1.085	1.08
mean	0.982	1.1	0.99	0.992	1.08	0.951	1.114	0.95	1	1.058

地区	制造业 Malmquist 指数					物流业 Malmquist 指数				
2008～2009	Effch	Techch	Pech	Sech	Tfpch	Effch	Techch	Pech	Sech	Tfpch
北京	1	1.124	1	1	1.124	1.242	0.855	1.17	1.062	1.061
天津	0.981	1.022	1	0.981	1.003	1.031	1.117	1	1.031	1.152
河北	0.924	1.109	1	0.924	1.025	1.05	0.901	1.035	1.015	0.946
山西	1	0.921	1	1	0.921	0.818	0.816	0.792	1.032	0.667
内蒙古	1	1.049	1	1	1.049	1.147	0.845	1.109	1.034	0.969
辽宁	1.054	1.022	1.016	1.038	1.077	1.221	0.868	1.218	1.003	1.06
吉林	0.971	1.124	0.968	1.004	1.092	0.957	0.833	0.904	1.059	0.798
黑龙江	0.957	0.743	1	0.957	0.711	0.915	0.822	0.864	1.059	0.752
上海	0.972	1.08	1	0.972	1.049	1	0.793	1	1	0.793
江苏	1.117	1.036	1	1.117	1.158	1.025	0.887	1.018	1.007	0.91
浙江	0.98	1.044	1.002	0.978	1.024	0.943	1.032	1.003	0.94	0.973
安徽	1.004	1.054	1.027	0.977	1.058	1	0.896	1	1	0.896
福建	1.002	1.017	1.122	0.893	1.019	1.026	0.887	0.996	1.03	0.911
江西	1.043	1.118	1.038	1.004	1.166	1.015	0.802	0.98	1.036	0.813
山东	1.009	1.082	1	1.009	1.092	1	0.848	1	1	0.848

地区	制造业 Malmquist 指数					物流业 Malmquist 指数				
2008~2009	Effch	Techch	Pech	Sech	Tfpch	Effch	Techch	Pech	Sech	Tfpch
河南	0.967	1.079	1	0.967	1.043	1.044	0.745	1.021	1.023	0.778
湖北	0.963	1.028	1.003	0.96	0.99	1.053	0.826	0.987	1.066	0.87
湖南	0.962	0.995	0.936	1.028	0.957	1.218	0.824	1.202	1.013	1.004
广东	1.061	0.983	1	1.061	1.043	1.077	0.872	1.397	0.771	0.939
广西	0.97	0.989	0.978	0.992	0.96	1.087	0.849	1.067	1.019	0.923
海南	1	1.051	1	1	1.051	1.226	0.822	1	1.226	1.008
重庆	1.234	0.986	1.253	0.985	1.217	1.178	0.843	1.111	1.06	0.992
四川	1.061	1.038	1.053	1.007	1.102	0.972	0.835	0.953	1.021	0.812
贵州	1.011	0.943	1.109	0.912	0.953	1.982	0.821	1.699	1.167	1.628
云南	0.952	0.954	1.037	0.918	0.909	0.887	0.884	0.828	1.071	0.784
西藏	1.067	0.963	1	1.067	1.028	1.166	0.912	1	1.166	1.063
陕西	1.018	0.873	1.028	0.99	0.888	1.006	0.85	0.984	1.022	0.855
甘肃	0.989	0.967	0.999	0.99	0.956	0.938	0.806	0.995	0.942	0.757
青海	1.003	0.806	1.023	0.981	0.809	1.134	0.837	0.998	1.136	0.949
宁夏	0.97	1.006	0.983	0.987	0.976	1.044	1.012	1	1.044	1.057
新疆	1	0.707	1	1	0.707	0.999	0.815	0.924	1.081	0.814
mean	1.006	0.992	1.017	0.989	0.998	1.064	0.86	1.029	1.034	0.915
地区	制造业 Malmquist 指数					物流业 Malmquist 指数				
2009~2010	Effch	Techch	Pech	Sech	Tfpch	Effch	Techch	Pech	Sech	Tfpch
北京	1	1.213	1	1	1.213	1	1.209	1	1	1.209
天津	1.019	1.312	1	1.019	1.337	1	1.058	1	1	1.058
河北	1.014	1.31	1	1.014	1.328	1	1.096	1	1	1.096
山西	1	1.393	1	1	1.393	1.03	1.028	1.039	0.992	1.059
内蒙古	1	1.343	1	1	1.343	1	1.063	1	1	1.063
辽宁	1.059	1.2	1.062	0.998	1.271	0.94	1.1	1	0.94	1.034
吉林	1.081	1.245	1.082	1	1.346	0.865	1.106	0.838	1.032	0.957
黑龙江	1.005	1.429	1	1.005	1.436	0.879	1.052	0.891	0.987	0.925
上海	1.044	1.36	1	1.044	1.419	1	1.327	1	1	1.327
江苏	0.955	1.285	1	0.955	1.227	1	1.108	1	1	1.108

续表

地区	制造业 Malmquist 指数					物流业 Malmquist 指数				
2009～2010	Effch	Techch	Pech	Sech	Tfpch	Effch	Techch	Pech	Sech	Tfpch
浙江	1.032	1.17	1.041	0.992	1.208	1.012	1.099	1.022	0.99	1.111
安徽	1.066	1.163	1.07	0.996	1.24	1	1.069	1	1	1.069
福建	1.039	1.149	0.917	1.134	1.194	0.934	1.164	0.937	0.997	1.087
江西	1.063	1.325	1.063	1.001	1.409	0.932	1.032	0.94	0.991	0.962
山东	0.978	1.279	1	0.978	1.251	1	0.964	1	1	0.964
河南	0.984	1.228	1	0.984	1.209	0.895	0.913	0.894	1.001	0.817
湖北	1.055	1.207	1.035	1.02	1.273	0.989	1.062	0.99	1	1.05
湖南	1.019	1.106	1.039	0.981	1.127	1.001	1.025	1	1.001	1.027
广东	0.932	1.254	1	0.932	1.168	0.926	1.124	0.918	1.008	1.041
广西	0.978	1.15	0.975	1.003	1.125	1.001	1.025	1.003	0.998	1.026
海南	1	1.331	1	1	1.331	0.977	1.038	1	0.977	1.014
重庆	1.026	1.156	1.019	1.007	1.186	0.983	1.015	1.01	0.973	0.998
四川	0.989	1.284	1.061	0.932	1.27	0.994	1.017	1.005	0.989	1.011
贵州	0.988	1.163	0.906	1.09	1.148	0.963	1.143	0.958	1.006	1.101
云南	1.005	1.146	0.944	1.065	1.153	1.058	1.081	0.983	1.077	1.144
西藏	0.908	1.314	1	0.908	1.193	0.936	1.19	1	0.936	1.113
陕西	1.083	1.454	1.101	0.983	1.575	0.899	1.034	0.909	0.989	0.93
甘肃	1.103	1.546	1.114	0.99	1.706	0.872	0.913	0.855	1.02	0.796
青海	1.116	1.578	1	1.116	1.762	0.974	1.024	0.965	1.01	0.998
宁夏	1.059	1.375	0.999	1.06	1.456	1	1.062	1	1	1.062
新疆	1	1.565	1	1	1.565	0.903	1.039	0.957	0.943	0.938
mean	1.018	1.286	1.013	1.006	1.309	0.965	1.067	0.97	0.995	1.03

地区	制造业 Malmquist 指数					物流业 Malmquist 指数				
2010～2011	Effch	Techch	Pech	Sech	Tfpch	Effch	Techch	Pech	Sech	Tfpch
北京	1	0.895	1	1	0.895	1	1.11	1	1	1.11
天津	1	1.213	1	1	1.213	1	1.066	1	1	1.066
河北	0.997	1.233	1	0.997	1.229	1	1.181	1	1	1.181
山西	1	1.133	1	1	1.133	0.955	1.06	0.954	1.001	1.012
内蒙古	1	1.177	1	1	1.177	1	1.126	1	1	1.126

地区	制造业 Malmquist 指数					物流业 Malmquist 指数				
2010~2011	Effch	Techch	Pech	Sech	Tfpch	Effch	Techch	Pech	Sech	Tfpch
辽宁	1.073	1.203	1.039	1.033	1.291	1.062	1.105	1.071	0.991	1.173
吉林	1.056	1.251	1.054	1.001	1.321	1.013	1.094	1.046	0.968	1.108
黑龙江	1.01	1.171	0.982	1.029	1.183	1.266	1.099	1.187	1.067	1.391
上海	1.075	1.017	1	1.075	1.094	1	1.14	1	1	1.14
江苏	1.06	1.166	1	1.06	1.236	1	1.111	1	1	1.111
浙江	1.197	1.067	1.12	1.068	1.277	0.92	1.136	0.981	0.938	1.046
安徽	1.107	1.234	1.139	0.972	1.365	1	1.124	1	1	1.124
福建	1.018	1.063	0.994	1.025	1.082	0.874	1.161	0.884	0.989	1.015
江西	1.04	1.233	1.068	0.973	1.282	0.956	1.082	0.972	0.983	1.034
山东	1.095	1.171	1	1.095	1.282	1	1.102	1	1	1.102
河南	0.926	1.227	1	0.926	1.136	0.932	1.163	0.946	0.985	1.085
湖北	1.079	1.197	1.059	1.019	1.292	0.984	1.061	0.989	0.995	1.044
湖南	1.039	1.158	1.078	0.964	1.203	0.94	1.061	0.942	0.998	0.997
广东	1.145	0.898	1	1.145	1.028	1.03	1.15	0.941	1.094	1.185
广西	1.112	1.077	1.134	0.981	1.198	1.003	1.038	1.001	1.002	1.041
海南	1	1.076	1	1	1.076	0.994	1.107	1	0.994	1.1
重庆	1.112	1.058	1.144	0.972	1.177	1.313	1.043	1.283	1.024	1.37
四川	1.067	1.08	1.061	1.006	1.153	0.996	1.061	0.998	0.998	1.057
贵州	0.873	1.049	0.885	0.987	0.916	1.034	1.155	1.031	1.003	1.194
云南	0.968	1.053	0.998	0.969	1.019	1.034	1.095	1.072	0.965	1.131
西藏	1.041	1.232	1	1.041	1.283	1.021	1.204	1	1.021	1.23
陕西	1.068	1.115	1.006	1.062	1.191	0.99	1.037	0.98	1.01	1.026
甘肃	1.021	1.203	1	1.021	1.228	0.859	1.18	0.778	1.105	1.013
青海	1	1.239	1	1	1.239	0.92	1.077	1.003	0.918	0.991
宁夏	1.036	1.22	1.037	0.999	1.264	1	1.161	1	1	1.161
新疆	1	1.023	1	1	1.023	0.976	1.108	0.953	1.024	1.081
mean	1.037	1.129	1.024	1.013	1.171	0.999	1.109	0.997	1.002	1.107

地区	制造业 Malmquist 指数					物流业 Malmquist 指数				
2011~2012	Effch	Techch	Pech	Sech	Tfpch	Effch	Techch	Pech	Sech	Tfpch
北京	1	1.258	1	1	1.258	0.798	1.154	0.827	0.964	0.921

续表

地区	制造业 Malmquist 指数					物流业 Malmquist 指数				
2011～2012	Effch	Techch	Pech	Sech	Tfpch	Effch	Techch	Pech	Sech	Tfpch
天津	1	1.153	1	1	1.153	1	0.763	1	1	0.763
河北	1.163	1.323	1	1.163	1.539	1	1.049	1	1	1.049
山西	1	0.91	1	1	0.91	0.995	1.131	1.011	0.983	1.125
内蒙古	1	1.266	1	1	1.266	1	1.165	1	1	1.165
辽宁	1.062	1.512	0.929	1.144	1.606	1.067	0.994	1.056	1.011	1.061
吉林	1.095	1.391	1.095	1	1.523	1.027	1.017	1.037	0.991	1.045
黑龙江	0.791	0.984	0.782	1.011	0.778	1.157	1.038	1.154	1.003	1.201
上海	1	1.125	1	1	1.125	1	1.091	1	1	1.091
江苏	1.412	1.62	1	1.412	2.288	1	1.031	1	1	1.031
浙江	1.212	1.257	0.858	1.412	1.523	1.011	0.961	0.929	1.087	0.971
安徽	1.138	1.6	1.08	1.054	1.821	1	1.028	1	1	1.028
福建	1.06	1.1	0.988	1.073	1.166	0.969	1.078	1.002	0.967	1.045
江西	1.189	1.308	1.162	1.023	1.554	1.174	1.006	1.121	1.047	1.181
山东	1.196	1.436	1	1.196	1.717	0.947	1.002	1	0.947	0.949
河南	1.209	1.307	0.975	1.239	1.58	1.052	0.999	1.103	0.953	1.05
湖北	1.077	1.342	1.003	1.074	1.446	0.925	1.122	0.944	0.98	1.039
湖南	1.242	1.29	1.094	1.135	1.602	0.89	1.223	0.89	1	1.089
广东	1.167	1.241	1	1.167	1.448	1.08	1.019	1.106	0.976	1.1
广西	1.082	1.283	1.06	1.021	1.388	0.893	1.167	0.899	0.993	1.043
海南	0.997	0.978	1	0.997	0.974	0.888	1.05	1	0.888	0.932
重庆	1.11	1.083	1.074	1.033	1.202	0.686	1.217	0.756	0.907	0.835
四川	1.35	1.175	1.093	1.235	1.586	0.866	1.203	0.877	0.987	1.041
贵州	1.064	1.013	1.048	1.016	1.078	1.095	1.064	1.083	1.011	1.165
云南	0.971	0.998	0.925	1.05	0.97	1.009	1.112	1.042	0.969	1.122
西藏	0.958	1.089	1	0.958	1.043	1.022	1.051	1	1.022	1.074
陕西	1	0.961	1	1	0.961	0.867	1.206	0.903	0.96	1.046
甘肃	1	1.025	1	1	1.025	0.929	1.034	0.938	0.991	0.96
青海	1	0.949	1	1	0.949	0.904	1.064	0.926	0.976	0.961
宁夏	1.122	1.115	1.139	0.985	1.251	1	1.028	1	1	1.028

续表

地区	制造业 Malmquist 指数					物流业 Malmquist 指数				
2011~2012	Effch	Techch	Pech	Sech	Tfpch	Effch	Techch	Pech	Sech	Tfpch
新疆	0.963	0.913	0.972	0.991	0.88	1.158	0.999	1.057	1.095	1.157
mean	1.078	1.179	1.006	1.071	1.27	0.975	1.063	0.985	0.99	1.036

地区	制造业 Malmquist 指数					物流业 Malmquist 指数				
2012~2013	Effch	Techch	Pech	Sech	Tfpch	Effch	Techch	Pech	Sech	Tfpch
北京	1	1.012	1	1	1.012	0.954	1.061	0.93	1.025	1.011
天津	1	1.013	1	1	1.013	1	0.802	1	1	0.802
河北	1.016	1	1	1.016	1.016	1	0.906	1	1	0.906
山西	1	0.972	1	1	0.972	1.13	0.928	1.135	0.995	1.048
内蒙古	1	0.899	1	1	0.899	1	0.9	1	1	0.9
辽宁	1.059	0.963	1.059	1	1.019	1.017	0.921	0.988	1.03	0.937
吉林	0.932	1.048	0.932	1	0.977	1.109	0.852	1.066	1.04	0.945
黑龙江	0.961	0.983	0.961	1	0.944	1.114	0.87	1.121	0.994	0.969
上海	1	1.064	1	1	1.064	1	0.768	1	1	0.768
江苏	0.917	0.89	1	0.917	0.816	1	0.845	1	1	0.845
浙江	1.151	0.908	1.25	0.921	1.046	0.966	0.991	1.011	0.955	0.957
安徽	1.082	0.869	1.081	1	0.94	1	0.991	1	1	0.991
福建	1.206	0.924	1.262	0.956	1.114	1.063	0.854	0.994	1.069	0.908
江西	1.01	1.024	1.025	0.985	1.034	1.144	0.838	1.138	1.005	0.959
山东	1	1.003	1	1	1.003	1.023	0.808	1	1.023	0.827
河南	0.9	1.011	1.026	0.877	0.91	0.929	0.826	0.885	1.05	0.767
湖北	0.992	0.988	1.002	0.991	0.981	1.055	0.896	1.007	1.047	0.945
湖南	1.055	0.921	1.092	0.966	0.972	1.053	0.919	1.054	0.998	0.968
广东	0.801	0.924	1	0.801	0.74	1.043	0.9	1.057	0.986	0.939
广西	1.001	0.958	1	1.001	0.959	0.86	1.031	0.866	0.993	0.886
海南	0.947	0.997	1	0.947	0.944	0.712	0.877	1	0.712	0.624
重庆	1.066	0.907	1.065	1	0.966	0.98	0.925	0.995	0.985	0.907
四川	1.008	0.889	1.12	0.9	0.896	0.891	0.938	0.913	0.976	0.836
贵州	1.23	0.922	1.227	1.003	1.134	1.037	0.903	1.033	1.004	0.936
云南	1.031	0.955	1.031	0.999	0.985	1.206	0.902	1.177	1.025	1.088

地区	制造业 Malmquist 指数					物流业 Malmquist 指数				
2012～2013	Effch	Techch	Pech	Sech	Tfpch	Effch	Techch	Pech	Sech	Tfpch
西藏	1.014	0.95	1	1.014	0.964	0.963	0.946	1	0.963	0.911
陕西	1	0.913	1	1	0.913	0.974	0.986	0.996	0.978	0.961
甘肃	0.929	1.1	0.94	0.988	1.022	1.005	0.8	1.057	0.951	0.803
青海	1	0.944	1	1	0.944	0.88	0.868	1.098	0.802	0.764
宁夏	0.944	1.104	1	0.944	1.043	1	0.806	1	1	0.806
新疆	0.966	0.943	0.971	0.995	0.91	1.141	0.82	1.138	1.002	0.936
mean	1.004	0.966	1.031	0.974	0.969	1.003	0.89	1.019	0.985	0.893

附录 13　考虑了制造业为投入指标，物流业系统的效率值

地区	2000	2001	2002	2003	2004	2005	2006	2007	2008	2009	2010	2011	2012	2013	2000~2013 年均值
北京	1	1	1	1	1	1	1	1	1	1	1	1	1	1	1
天津	1	1	1	1	1	1	1	1	1	1	1	1	1	1	1
河北	1	1	1	1	1	1	1	1	1	1	1	1	1	1	1
山东	0.881	1	0.953	1	1	1	1	1	0.913	1	1	0.935	0.947	0.969	0.982
北部沿海综合经济区	**0.970**	**1**	**0.988**	**1**	**1**	**1**	**1**	**1**	**0.978**	**1**	**1**	**0.984**	**0.987**	**0.992**	**0.996**
辽宁	1	1	1	1	1	1	1	0.960	0.913	0.890	0.855	0.935	0.979	1	0.967
吉林	0.745	0.914	0.821	0.730	0.708	0.826	0.871	0.805	0.795	0.720	0.658	0.630	0.612	0.644	0.748
黑龙江	0.835	0.926	0.878	0.926	0.935	0.959	0.848	0.871	0.670	0.670	0.621	0.674	0.796	0.850	0.818
东北部综合经济区	**0.860**	**0.947**	**0.900**	**0.885**	**0.881**	**0.928**	**0.906**	**0.879**	**0.793**	**0.760**	**0.711**	**0.746**	**0.796**	**0.831**	**0.844**
上海	1	1	1	1	1	0.922	0.992	1	0.976	1	1	1	1	1	0.983
江苏	1	0.987	0.983	0.989	0.910	1	1	1	0.965	0.910	0.920	0.889	0.885	0.827	0.957
浙江	1	1	1	1	1	1	1	1	1	1	1	1	1	1	1
东部沿海综合经济区	**1**	**0.996**	**0.994**	**0.996**	**0.970**	**0.974**	**0.997**	**1**	**0.980**	**0.970**	**0.973**	**0.963**	**0.962**	**0.942**	**0.980**
福建	1	1	1	1	1	1	1	1	1	0.991	0.955	0.913	0.942	0.897	0.978
广东	0.836	0.948	0.996	0.953	0.909	0.827	0.796	0.850	0.715	0.762	0.764	0.774	0.819	0.856	0.843
海南	1	1	1	1	1	1	1	1	1	1	1	1	1	1	1
南部沿海综合经济区	**0.945**	**0.983**	**0.999**	**0.984**	**0.970**	**0.942**	**0.932**	**0.950**	**0.905**	**0.918**	**0.906**	**0.896**	**0.920**	**0.918**	**0.941**
陕西	0.846	0.960	1	0.964	0.975	0.838	0.902	0.827	0.915	0.879	0.919	0.882	0.771	0.777	0.904
山西	1	1	1	1	1	1	1	1	0.915	0.879	0.878	0.853	0.974	1	0.964

续表

地区	2000	2001	2002	2003	2004	2005	2006	2007	2008	2009	2010	2011	2012	2013	2000~2013年均值
河南	0.854	0.905	0.959	1	1	0.926	0.835	0.951	1	0.964	0.851	0.775	0.815	0.757	0.899
内蒙古	1	1	1	1	1	1	1	1	1	1	1	1	1	1	1
黄河中游综合经济区	**0.925**	**0.966**	**0.990**	**0.991**	**0.994**	**0.941**	**0.934**	**0.945**	**0.979**	**0.961**	**0.912**	**0.877**	**0.890**	**0.884**	**0.942**
安徽	0.921	0.753	0.838	0.901	0.949	1	1	1	0.925	0.911	0.870	0.827	1	1	0.955
江西	1	1	1	1	1	1	1	0.988	1	1	1	1	0.915	1	0.960
湖北	0.698	0.771	0.695	0.710	0.705	0.769	0.815	0.821	0.794	0.773	0.779	0.759	0.676	0.656	0.744
湖南	0.954	1	1	1	1	1	1	1	0.902	1	1	0.958	0.928	0.926	0.976
长江中游综合经济区	**0.893**	**0.881**	**0.883**	**0.903**	**0.914**	**0.942**	**0.954**	**0.952**	**0.905**	**0.921**	**0.912**	**0.886**	**0.880**	**0.896**	**0.909**
广西	0.876	0.950	1	1	0.993	0.887	0.985	0.973	1	1	1	1	0.993	0.915	0.971
重庆	0.996	0.985	0.850	0.843	0.844	1	1	0.868	0.859	0.897	0.923	1	0.993	0.783	0.917
四川	0.758	0.802	0.873	0.951	0.970	0.813	0.810	0.786	0.718	0.618	0.622	0.611	0.553	0.495	0.742
贵州	0.696	0.734	0.809	0.743	0.788	0.838	0.809	0.814	0.826	1	1	1	1	1	0.860
云南	0.882	0.870	0.886	0.962	1	0.864	0.804	0.842	0.633	0.439	0.472	0.515	0.540	0.871	0.756
大西南综合经济区	**0.842**	**0.868**	**0.884**	**0.900**	**0.919**	**0.880**	**0.882**	**0.857**	**0.807**	**0.791**	**0.803**	**0.825**	**0.817**	**0.813**	**0.849**
西藏	0.518	1	1	1	1	1	1	1	1	1	1	1	1	1	0.966
甘肃	1	1	0.955	1	0.993	1	1	1	1	1	1	1	0.865	1	0.987
青海	1	0.615	0.676	0.733	0.683	0.598	0.542	0.562	0.581	0.537	0.528	0.519	0.509	0.583	0.619
宁夏	0.959	1	1	1	0.990	0.990	1	0.898	1	1	1	1	1	1	0.989
新疆	0.851	0.772	0.838	0.778	0.788	0.640	0.694	0.737	0.679	0.590	0.534	0.524	0.622	0.755	0.700
大西北综合经济区	**0.865**	**0.877**	**0.894**	**0.902**	**0.893**	**0.845**	**0.847**	**0.839**	**0.852**	**0.825**	**0.812**	**0.809**	**0.799**	**0.868**	**0.852**
全国平均	0.907	0.932	0.936	0.941	0.940	0.926	0.926	0.921	0.899	0.889	0.876	0.872	0.875	0.889	0.909

附录14 考虑制造业作为投入项的物流业有效性分析

地区	2000	2001	2002	2003	2004	2005	2006	2007	2008	2009	2010	2011	2012	2013
辽宁	有效	有效	有效	有效	有效	有效	有效	无效	无效	无效	无效	无效	无效	有效
吉林	无效	无效	无效	无效	无效	无效	无效	无效	无效	无效	无效	无效	无效	无效
黑龙江	无效	无效	无效	无效	无效	无效	无效	无效	无效	无效	无效	无效	无效	无效
东北综合经济区	1	1	1	1	1	1	1	0	0	0	0	0	0	1
北京	有效	有效	有效	有效	有效	有效	有效	有效	有效	有效	有效	有效	有效	有效
天津	有效	有效	有效	有效	有效	有效	有效	有效	有效	有效	有效	有效	有效	有效
河北	有效	有效	有效	有效	有效	有效	有效	有效	有效	有效	有效	有效	有效	有效
山东	无效	有效	有效	有效	有效	有效	有效	有效	有效	有效	有效	有效	有效	有效
北部沿海综合经济区	3	4	4	4	4	4	4	4	4	4	4	4	4	4
上海	有效	有效	有效	有效	有效	有效	无效	有效	有效	有效	有效	有效	有效	有效
江苏	有效	有效	有效	有效	无效	无效	有效	有效	无效	无效	无效	无效	有效	有效
浙江	有效	有效	有效	有效	有效	有效	有效	有效	无效	无效	无效	无效	无效	无效
东部沿海综合经济区	3	2	2	2	2	2	2	3	1	2	2	2	2	2
福建	有效	有效	有效	有效	有效	有效	有效	有效	有效	无效	无效	无效	无效	无效
广东	无效	无效	无效	无效	无效	无效	无效	无效	无效	无效	无效	无效	无效	无效
海南	有效	有效	有效	有效	有效	有效	有效	有效	有效	有效	有效	有效	有效	有效
南部沿海综合经济区	2	2	2	2	2	2	2	2	2	1	1	1	1	1
陕西	无效	无效	有效	无效	无效	无效	无效	无效	无效	无效	无效	无效	无效	无效
山西	有效	有效	有效	有效	有效	有效	有效	有效	无效	无效	无效	无效	无效	有效

续表

地区	2000	2001	2002	2003	2004	2005	2006	2007	2008	2009	2010	2011	2012	2013
河南	无效	无效	无效	有效	有效	无效	无效	无效	有效	无效	无效	无效	无效	无效
内蒙古	有效	有效	有效	有效	有效	有效	有效	有效	有效	有效	有效	有效	有效	有效
黄河中游综合经济区	2	2	3	3	3	2	2	2	3	1	1	1	1	1
安徽	无效	有效	有效	有效	无效	有效	有效	有效	有效	有效	有效	有效	有效	有效
江西	有效	有效	有效	无效	有效	有效	有效	无效	无效	无效	无效	无效	无效	有效
湖北	无效	无效	有效	无效	有效	无效	无效	有效	无效	有效	无效	无效	无效	无效
湖南	无效	有效	有效	有效	有效	有效	有效	有效	无效	有效	有效	无效	无效	无效
长江中游综合经济区	1	2	2	2	2	3	3	3	1	2	2	1	1	2
广西	无效	无效	无效	无效	有效	无效	无效	无效	有效	无效	有效	有效	有效	无效
重庆	无效	无效	无效	有效	无效	有效	有效	无效	无效	无效	无效	无效	无效	无效
四川	无效	无效	无效	无效	无效	无效	无效	无效	无效	有效	无效	无效	无效	无效
贵州	无效	无效	无效	有效	有效	无效	有效	无效	无效	有效	有效	有效	有效	有效
云南	无效	无效	无效	有效	有效	有效	无效	有效	无效	无效	无效	无效	无效	无效
大西南综合经济区	0	0	0	0	2	1	1	0	1	2	2	3	2	1
西藏	无效	有效	有效	有效	有效	有效	有效	有效	有效	有效	有效	有效	有效	有效
甘肃	有效	有效	无效	有效	无效	有效	有效	有效	有效	有效	有效	有效	无效	有效
青海	有效	无效	无效	无效	无效	无效	无效	无效	无效	无效	无效	无效	无效	无效
宁夏	无效	有效	有效	有效	有效	无效	有效	无效	有效	有效	有效	有效	有效	有效
新疆	无效	无效	无效	无效	无效	无效	无效	无效	无效	无效	无效	无效	无效	无效
大西北综合经济区	2	3	2	3	2	2	3	2	3	3	3	3	2	3
全国	14	16	16	17	18	17	18	16	15	15	15	15	13	15

附录 15　基于 C^2R 模型、以投入为导向的，制造业为产出指标的效率值

地区	2000	2001	2002	2003	2004	2005	2006	2007	2008	2009	2010	2011	2012	2013	2000~2013年均值
辽宁	0.974	1	1	0.993	0.91	0.799	0.684	0.794	0.725	0.863	0.852	0.944	0.926	1.014	0.891
吉林	0.748	0.875	0.984	1	0.999	0.903	0.827	0.889	0.86	0.906	0.883	0.941	1	0.985	0.914
黑龙江	1	1	1	1	1	1	1	1	1	1	1	1	1	0.925	0.995
东北综合经济区	0.907	0.958	0.995	0.998	0.970	0.901	0.837	0.894	0.862	0.923	0.912	0.962	0.975	0.975	0.933
北京	1	1	1	1	1	1	1	1	1	1	1	1	1	1	1
天津	1	1	1	1	1	1	1	1	1	1	1	1	1	1	1
河北	0.964	0.95	0.995	0.987	1	1	1	1	1	1	1	1	1	1	0.993
山东	1	1	1	1	1	1	1	1	1	1	1	1	1	1	1
北部沿海综合经济区	0.991	0.988	0.999	0.997	1	1	1	1	1	1	1	1	1	1	0.998
上海	1	1	1	1	1	1	1	1	1	1	1	1	1	1	1
江苏	1	1	1	1	1	1	1	1	1	1	1	1	1	1	1
浙江	1	1	1	1	1	1	1	1	1	1	1	1	1	1	1
东部沿海综合经济区	1	1	1	1	1	1	1	1	1	1	1	1	1	1	1
福建	1	1	1	1	1	1	0.941	0.891	0.829	0.868	0.913	0.876	0.881	0.799	0.928
广东	1	1	1	1	1	1	1	1	1	1	1	1	1	1	1
海南	0.649	0.639	0.639	0.609	0.746	0.708	0.789	1	1	1	1	1	0.997	0.943	0.837
南部沿海综合经济区	0.883	0.880	0.880	0.870	0.915	0.903	0.910	0.964	0.943	0.956	0.971	0.959	0.959	0.914	0.922
陕西	0.574	0.629	0.695	0.678	0.756	0.773	0.889	0.973	1	1	1	1	1	1	0.855
山西	0.579	0.51	0.547	0.646	0.789	0.821	0.867	1	1	1	1	1	1	1	0.840

续表

地区	2000	2001	2002	2003	2004	2005	2006	2007	2008	2009	2010	2011	2012	2013	2000~2013年均值
河南	0.839	0.942	0.928	0.906	0.856	0.973	0.996	1	1	1	1	1	1	1	0.960
内蒙古	0.619	0.656	0.722	0.731	0.796	0.914	0.976	1	1	1	1	1	1	1	0.887
黄河中游综合经济区	0.653	0.684	0.723	0.740	0.799	0.870	0.932	0.993	1	1	1	1	1	1	0.885
安徽	0.772	0.801	0.797	0.779	0.746	0.754	0.718	0.732	0.702	0.76	0.834	0.989	0.94	1	0.809
江西	0.578	0.6	0.605	0.594	0.614	0.736	0.69	0.753	0.727	0.782	0.85	0.906	0.983	1	0.744
湖北	0.977	0.967	0.922	0.779	0.731	0.72	0.73	0.748	0.707	0.817	0.824	0.805	0.817	0.776	0.809
湖南	0.842	0.838	0.807	0.628	0.639	0.758	0.758	0.833	0.743	0.749	0.819	0.81	0.849	0.958	0.788
长江中游综合经济区	0.792	0.802	0.783	0.695	0.683	0.742	0.724	0.767	0.720	0.777	0.832	0.878	0.897	0.934	0.787
广西	0.794	0.735	0.711	0.611	0.621	0.715	0.803	0.848	0.741	0.743	0.724	0.754	0.781	0.778	0.740
重庆	0.737	0.742	0.709	0.68	0.653	0.627	0.635	0.647	0.555	0.745	0.813	0.868	0.839	0.849	0.721
四川	0.794	0.753	0.746	0.715	0.693	0.719	0.741	0.773	0.711	0.731	0.809	0.898	0.952	0.895	0.781
贵州	0.545	0.52	0.539	0.522	0.595	0.776	0.773	0.753	0.771	0.841	0.764	0.641	0.661	0.8	0.679
云南	1	0.987	0.852	0.82	0.856	0.898	0.923	0.965	0.914	0.956	0.91	0.879	0.846	0.864	0.905
大西南综合经济区	0.774	0.747	0.711	0.670	0.684	0.747	0.775	0.797	0.738	0.803	0.804	0.808	0.816	0.837	0.765
西藏	0.465	0.588	0.712	0.349	0.397	0.52	0.607	0.567	0.526	0.561	0.51	0.531	0.509	0.516	0.526
甘肃	0.537	0.452	0.456	0.468	0.546	0.768	0.818	1	0.954	1	1	1	1	0.929	0.781
青海	0.697	0.635	0.682	0.638	0.67	0.764	0.839	0.851	0.904	0.896	1	1	1	1	0.827
宁夏	0.688	0.749	0.774	0.799	0.837	0.7	0.698	0.79	0.746	0.763	0.783	0.8	0.857	0.737	0.766
新疆	1	1	1	0.914	1								0.963	0.93	0.986
大西北综合经济区	0.6774	0.6848	0.7248	0.634	0.69	0.7504	0.792	0.842	0.826	0.844	0.8586	0.866	0.8658	0.822	0.777
全国	0.818	0.825	0.833	0.801	0.821	0.850	0.861	0.897	0.875	0.903	0.913	0.924	0.929	0.926	0.870

附录16　考虑物流业作为投入项的制造业有效性分析

地区	2000	2001	2002	2003	2004	2005	2006	2007	2008	2009	2010	2011	2012	2013
辽宁	无效	有效	有效	无效	无效	无效	无效	无效	无效	无效	无效	无效	无效	有效
吉林	无效	无效	无效	有效	无效	无效	无效	无效	无效	无效	无效	无效	有效	无效
黑龙江	有效	有效	有效	有效	有效	有效	有效	有效	有效	有效	有效	有效	有效	无效
东北综合经济区	1	2	2	2	1	1	1	1	1	1	1	1	2	1
北京	有效	有效	有效	有效	有效	有效	有效	有效	有效	有效	有效	有效	有效	有效
天津	有效	有效	有效	有效	有效	有效	有效	有效	有效	有效	有效	有效	有效	有效
河北	无效	无效	无效	无效	有效	有效	有效	有效	有效	有效	有效	有效	有效	有效
山东	有效	有效	有效	有效	有效	有效	有效	有效	有效	有效	有效	有效	有效	有效
北部沿海综合经济区	3	3	3	3	4	4	4	4	4	4	4	4	4	4
上海	有效	有效	有效	有效	有效	有效	有效	有效	有效	有效	有效	有效	有效	有效
江苏	有效	有效	有效	有效	有效	有效	有效	有效	有效	有效	有效	有效	有效	有效
浙江	3	3	3	2	3	3	3	3	3	3	3	3	3	3
东部沿海综合经济区	3	3	3	2	3	3	3	3	3	3	3	3	3	3
福建	有效	有效	有效	有效	有效	有效	无效	无效	无效	无效	无效	无效	无效	无效
广东	有效	有效	有效	有效	有效	有效	有效	有效	有效	有效	有效	有效	有效	有效
海南	无效	无效	无效	无效	无效	无效	无效	无效	有效	有效	有效	有效	无效	无效
南部沿海综合经济区	2	2	2	2	2	2	1	2	2	2	2	2	1	1
陕西	无效	无效	无效	无效	无效	无效	无效	无效	有效	有效	有效	有效	有效	有效
山西	无效	无效	无效	无效	无效	无效	无效	有效	有效	有效	有效	有效	有效	有效

续表

地区	2000	2001	2002	2003	2004	2005	2006	2007	2008	2009	2010	2011	2012	2013
河南	无效	无效	无效	无效	无效	无效	无效	有效	有效	有效	有效	有效	有效	有效
内蒙古	无效	无效	无效	无效	无效	无效	无效	有效	有效	有效	有效	有效	有效	有效
黄河中游综合经济区	0	0	0	0	0	0	0	3	4	4	4	1	4	4
安徽	无效	无效	无效	无效	无效	无效	无效	无效	无效	无效	无效	无效	无效	有效
江西	无效	无效	无效	无效	无效	无效	无效	无效	无效	无效	无效	无效	无效	有效
湖北	无效	无效	无效	无效	无效	无效	无效	无效	无效	无效	无效	无效	无效	无效
湖南	无效	无效	无效	无效	无效	无效	无效	无效	无效	无效	无效	有效	无效	无效
长江中游综合经济区	0	0	0	0	0	0	0	0	0	0	0	1	0	2
广西	无效	无效	无效	无效	无效	无效	无效	无效	无效	无效	无效	无效	无效	无效
重庆	无效	无效	无效	无效	无效	无效	无效	无效	无效	无效	无效	无效	无效	无效
四川	无效	无效	无效	无效	无效	无效	无效	无效	无效	无效	无效	无效	无效	有效
贵州	无效	无效	无效	无效	无效	无效	无效	无效	无效	无效	无效	无效	无效	无效
云南	有效	无效	无效	无效	无效	无效	有效	有效	有效	有效	有效	有效	无效	无效
大西南综合经济区	1	0	0	0	0	0	1	2	1	1	3	3	0	2
西藏	无效	无效	无效	无效	无效	无效	无效	无效	无效	无效	无效	无效	无效	无效
甘肃	无效	无效	无效	无效	无效	无效	无效	有效	有效	有效	有效	有效	有效	无效
青海	无效	无效	无效	无效	无效	无效	无效	无效	无效	无效	有效	有效	有效	有效
宁夏	无效	无效	无效	无效	无效	无效	无效	无效	无效	无效	无效	无效	无效	无效
新疆	有效	有效	有效	无效	有效	有效	有效	有效	有效	有效	有效	有效	无效	无效
大西北综合经济区	1	1	1	0	1	1	1	2	1	1	3	3	2	1
全国	11	11	11	10	11	11	10	15	15	15	17	14	16	16

后　记

时光如水，总是无言，博士毕业已近四年光阴，本书是在我的博士学位论文的基础上修改完善而成的。2011年中山大学博士毕业后曾经萌生过出版此书的想法，但一直觉得书中还有不少需要进一步完善的地方。在近四年的工作时间里，我结合博士论文研究中提出的"研究展望"部分，又将其做了进一步的深化补充，同时对相关的数据重新进行了测算。在书稿付梓之际，谨向全力支持我进行研究工作的老师、家人、朋友表示深深的谢意！

回顾在中山大学岭南学院攻读管理学博士学位的点点滴滴，总是令人难以忘怀。在这片美丽而富有灵气的土地上，有过泪，有过错，有过伤，有过喜，有过欢，有过笑。这期间，偶遇众多的良师益友，在我失落彷徨感伤的时候，陪我攻破一道道难题，渡过一个个难关，让我明白人生的真谛、生命的意义。

首先，要衷心感谢我的恩师陈功玉教授。我在攻读博士学位期间，不论是在学习研究上，还是在生活工作上，都得到了老师的言传身教。老师渊博的知识、严谨的治学态度、创新求真的精神，使学生在学业上受益匪浅；老师睿智深邃的思想、正直宽厚的品德、豁达开朗的性格、敏锐的洞察力，更是学生一生中学习的瑰宝。犹记得每次在办公室里、在中大校园里抑或是在餐桌上，老师风趣诙谐而又富有哲理的话语，都令学生茅塞顿开，恍然大悟。师母李素云老师，亦在生活上给予了学生百般的关心和照顾，她的平易近人和宽厚仁慈使学生体会到了慈母般的关怀，让远离家乡的学生时时能够感受到如家般的温暖。在此，谨向恩师陈功玉教授及师母李素云老师致以最真挚的谢意和最崇高的敬意。还要由衷地感谢学生硕士阶段的导师张烨教授，她一直是学生生命中的灯塔，是她的支持和鼓励才让学生选择了读博的道路，激励学生在这三年里对学习孜孜不倦，更知道了有一种收获叫作永不懈怠。

由衷地感谢中山大学岭南学院诸位老师的传道授业解惑，他们分别是张建琦老师、孙洛平老师、王珺老师、才国伟老师、张宏斌老师、宋海清老师、张斌老师、傅科老师、陈刚老师、王小青老师、冯灏霖老师、潘峡老师等。岭南学院老师严谨的治学态度、虚怀若谷的风范，令学生深深折服。衷心感谢各位评审专家、预答辩与答辩委员会的老师能够在百忙之中审阅学生的论文并提出宝贵建议，您们渊博的学识、独到的见解、透彻的分析将是学生不断攀登高峰的源源不绝的动力。感谢书中所引用文献的各位著者、编者和译者。

其次，要感谢福建师范大学经济学院各位领导、老师、同事三年多来对我工作上给予的帮助和支持。特别感谢黄茂兴院长的指导、帮助和支持。毕业后，有幸进入福建师范大学，有幸作为竞争力团队的一员，与中心的同事们一起参与了省域蓝皮书、环境绿皮书、创新黄皮书等皮书报告的编写，有幸和大家一起成长，在这三年里，很艰辛，但也收获了很多。

再次，特别要感谢我的家人，我的父亲在这二十几年的求学生涯中，给予了我极大的鼓励和帮助，从高考的落榜、考研的艰辛，到考博的茫然、读博的困惑、论文写作的痛苦，每次在我失意的时候，父亲总是会在身边默默无闻地支持我、鼓励我。每次远离家门的一个小红包、每次失意时候的一条鼓舞人心的短信，都让我对人生充满了信心。妹妹弟弟亦在我的求学生涯中给予了极大的鼓励和理解。感谢我的先生鲍星华及其家人在我繁忙工作过程中给予的理解、关心和帮助，在我生病期间给予的无微不至的关怀。我的公公婆婆都是最为纯朴的农村人，但他们有着一颗爱护儿女、无私奉献的心。

最后，特别感谢福建省社会科学规划博士文库项目对本书出版的资助，感谢社会科学文献出版社为本书的出版所提出的诸多修改意见，尤其是书中有大量的公式、图表，在校对的过程中给他们增加了很多的工作量，在此，一并向他们表示由衷的谢意。

仅以此书献给赐予我生命的伟大的母亲，在离开您的第三十三个年头里，女儿每时每刻都在感受着您的气息。"想你的时候，就抬头微笑，你知道不知道"，这是与您沟通的一种最简单、最朴实的方式。因为，您一直在我身边，不曾离去，像风像雨像空气一直将我包围，鼓励我，呵护我；因为，您一直在我身边，让我虔诚地相信"心活着，一切都不会远去"；因为，您一直在我身边，让我明白生命的来之不易，让我明白"爱是一种信仰"；因为，您一直在我身边，让我学习您一样要有一颗真挚善良的心；因为，您一直在我身边，让我执着地追求"明天不一定会更美好，但更美好的明天一定会来到"；因为，您一直在我身边，让我永怀感恩的心，感谢生命中所有关心、支持和帮助过我的老师、朋友和亲人们！好人一生平安！

由于水平所限，本书难免存在纰漏和不足之处，敬请读者批评指正！

王珍珍

2015 年 6 月

图书在版编目（CIP）数据

制造业与物流业的联动发展：机理、模式及效率评价/王珍珍
著.—北京：社会科学文献出版社，2015.12
福建省社会科学规划博士文库项目
ISBN 978 - 7 - 5097 - 8407 - 5

Ⅰ.①制… Ⅱ.①王… Ⅲ.①制造工业 - 产业发展 - 研究
②物流 - 产业发展 - 研究 Ⅳ.①F407.4 ②F252

中国版本图书馆 CIP 数据核字（2015）第 276638 号

福建省社会科学规划博士文库项目

制造业与物流业的联动发展：机理、模式及效率评价

著　者 / 王珍珍

出 版 人 / 谢寿光
项目统筹 / 王　绯
责任编辑 / 赵慧英

出　　版 / 社会科学文献出版社·社会政法分社（010）59367156
　　　　　　地址：北京市北三环中路甲 29 号院华龙大厦　邮编：100029
　　　　　　网址：www.ssap.com.cn
发　　行 / 市场营销中心（010）59367081　59367090
　　　　　　读者服务中心（010）59367028
印　　装 / 三河市东方印刷有限公司

规　　格 / 开本：787mm × 1092mm　1/16
　　　　　　印张：29.75　字数：482 千字
版　　次 / 2015 年 12 月第 1 版　2015 年 12 月第 1 次印刷
书　　号 / ISBN 978 - 7 - 5097 - 8407 - 5
定　　价 / 119.00 元